交互式

船舶结构与货运

CHUANBO JIEGOU YU HUOYUN

（二/三副）

主编 / 崔刚　董远志　王威

大连海事大学出版社
DALIAN MARITIME UNIVERSITY PRESS

2024版

图书在版编目(CIP)数据

船舶结构与货运 : 二/三副 / 崔刚, 董远志, 王威
主编. — 大连 : 大连海事大学出版社, 2023.12
海船船员交互式适任考试指南
ISBN 978-7-5632-4510-9

Ⅰ.①船… Ⅱ.①崔… ②董… ③王… Ⅲ.①船舶结
构—结构设计—资格考试—教材 ②水路运输—货物运输—
资格考试—教材 Ⅳ.①U663 ②U695.2

中国国家版本馆 CIP 数据核字(2023)第 245907 号

大连海事大学出版社出版

地址:大连市黄浦路523号 邮编:116026 电话:0411-84729665(营销部) 84729480(总编室)
http://press.dlmu.edu.cn E-mail:dmupress@ dlmu.edu.cn

大连天骄彩色印刷有限公司印装　　　　　大连海事大学出版社发行
2023 年 12 月第 1 版　　　　　　　　　2023 年 12 月第 1 次印刷
幅面尺寸:184 mm×260 mm　　　字数:603 千　　　印张:24.25
出版人:刘明凯

责任编辑:李继凯　　　　　　　　　　责任校对:张　慧　席香吉
封面设计:解瑶瑶　　　　　　　　　　版式设计:解瑶瑶

ISBN 978-7-5632-4510-9　　　　　定价:73.00 元

前　言

为实施高素质船员队伍建设,进一步提升海船船员适任能力,加强考试管理,根据《中华人民共和国海船船员适任考试和发证规则》和《海船船员培训大纲(2021 版)》,中华人民共和国海事局编制了《海船船员考试大纲(2022 版)》并于 2022 年 7 月发布。

本套教材严格按照《海船船员考试大纲(2022 版)》编写,符合培训大纲对船员适任培训的要求,具有权威、准确、交互、实用的特点,重点突出船员适任和航海实践需掌握的知识,旨在培养船员具备在实践中应用知识的能力,可作为船舶工具书使用。

为了更加有效地帮助考生理解和掌握《海船船员考试大纲(2022 版)》中所列考点,船员通联合青岛远洋船员职业学院、山东交通职业学院、江苏海事职业技术学院、江苏航运职业技术学院的优秀专业教师,在深入解读《海船船员培训大纲(2021 版)》、研究中华人民共和国海事局公布的海船船员培训大纲熟悉训练资源的基础上,针对海船船员适任考试的特点,共同编写了"海船船员交互式适任考试指南"。

本书由崔刚、董远志、王威担任主编,王有生、孔祥生、成松刚担任副主编。青岛船长协会、青岛兴亚国际海事服务有限公司、洲际船员联合管理培训中心、青岛韦立国际船舶管理有限公司在本书的编写过程中给予了大力支持,在此表示感谢。

"海船船员交互式适任考试指南"基于考生实际学习应用需求,利用数字信息技术,使教材、试题、考试大纲相互关联,并对内容动态更新,同时支持教师在线建立班级、抽题成卷,及时掌握学生的学习状况,使教师、学生、系统连接互动,进而有针对性地辅导教学,使学生学习效果事半功倍。

"海船船员交互式适任考试指南"包括:

《航海学》(二/三副)

《船舶操纵与避碰》(二/三副)

《船舶结构与货运》(二/三副)

《船舶管理》(二/三副)

《航海英语》(二/三副)

《主推进动力装置》(二/三管轮)

《船舶辅机》(二/三管轮)

《船舶电气与自动化》(二/三管轮)

《船舶管理》(二/三管轮)

《轮机英语》(二/三管轮)

山东中航海事技术服务有限公司

2023 年 10 日

扫码学习《深入学习贯彻党的二十大精神　加快建设交通强国　当好中国式现代化开路先锋》

使用说明

一、教师端（PC 端）

教师在线建立班级,抽题成卷,查看学生学习报告,实时掌握学生的学习状况。

第一步　建立班级

登录 PC 端:www.chuanyuantong.com。注册认证后,即可新建、编辑"我的班级信息"。

第二步　抽题成卷、查看报告

教师可根据章节、考点等分类自行选题,生成试卷并分发给班级学生。学生练习后自动生成学习分析报告(未答题、做错题、班级易错题等),及时掌握学生的学习状况,进而有针对性地对其辅导教学。

二、学生端（移动端）

第一步　下载船员通 APP

IOS、安卓系统均可下载。

第二步　加入班级

点击"班级建群",选择专业,按照操作提示,学生输入教师指定口令加入班级,即可查看教师分发的学习任务。

第三步　兑换权益

点击"二维码兑换",兑换学习权益。
本套丛书一书一码,贴码见封底。

交互式权益

交互式学习

兑换	搜题	答疑	班级
验证码兑换	搜搜试题	老师答疑	班级建群

特色功能

新题更新	高频归类
专项攻破	知识点梳理
考纲关联	共享白板

扫描二维码下载

目　录

第一章

船舶常识

第一节　船舶的基本组成及主要标志

1.上层连续甲板是指_____。
　A.水密横舱壁上伸到达的连续甲板　　　B.船体的最高一层甲板
　C.平台甲板　　　　　　　　　　　　　D.船体的最高一层全通甲板

2.平台甲板是指_____。
　A.沿船长方向布置并计入船体总纵强度的不连续甲板
　B.沿船长方向布置并不计入船体总纵强度的不连续甲板
　C.沿船长方向布置并计入船体总纵强度的连续甲板
　D.沿船长方向布置并不计入船体总纵强度的连续甲板

3.上甲板以下的第一层甲板称为_____。
　A.第一甲板　　　　　　　　　　　　　B.驾驶甲板
　C.平台甲板　　　　　　　　　　　　　D.第二甲板

4.主船体各层甲板中受力最大的一层甲板是_____。
　A.平台甲板　　　　　　　　　　　　　B.艇甲板
　C.起居甲板　　　　　　　　　　　　　D.强力甲板

5.最上一层首尾统长甲板,一般称为_____。
　A.水密甲板　　　　　　　　　　　　　B.艇甲板
　C.上甲板　　　　　　　　　　　　　　D.游步甲板

6.主船体两舷舷侧在后部的线型弯曲部分称为_____。
　A.尾舷(尾部)　　　　　　　　　　　　B.船尾(尾端)
　C.船端　　　　　　　　　　　　　　　D.船头

7.就普通货船而言,下列有关主船体中甲板的描述正确的是_____。
　①为主船体垂向上成上下层并沿船长方向水平布置的大型纵向连续板架;②上甲板为主船体的最高一层全通甲板;③平台甲板沿船长方向布置并计入船体总纵强度
　A.②③　　　　　　　　　　　　　　　B.①②

C.①②③   D.①③

8.船首两侧船壳弯曲处称_____。

    A.肋骨   B.首楼

    C.舭部   D.胯部

9.下图中油船的部位名称 1 是_____。

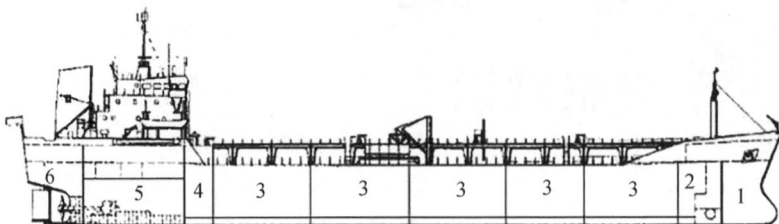

    A.首尖舱   B.尾尖舱

    C.货油舱   D.干隔空舱

10.深舱是指_____。

    A.隔离空舱和双层底舱

    B.污油水舱

    C.双层底以外的压载舱及船用水舱等

    D.用于载货的舱室

11.深舱一般对称布置于首尾纵中线的两侧并水密分隔,这样做的主要目的是_____。

    A.减少自由液面的影响

    B.便于注入或排出压载水

    C.使全船舱室布置更加紧凑

    D.使货物积载和装卸更加容易

12.压载水舱的作用包括_____。

    ①调节船舶的吃水差;②调节船舶的横倾;③调节船舶的稳性;④改善船舶空舱适航性;⑤减少船体变形,使船体免受过大的弯曲力矩

    A.②④⑤   B.①③⑤

    C.①②③④⑤   D.①②③④

13.隔离空舱的主要作用是_____。

    A.防火、防爆与防渗漏   B.加强局部强度

    C.作深舱用   D.分隔货舱

14.隔离空舱(又称干隔舱)一般是一个仅有_____肋骨间距的狭窄空舱。

    A.一个   B.两个

    C.四个   D.三个

15.下列有关隔离空舱的描述正确的是_____。

    ①用于隔开油舱与淡水舱;②至少有两个肋骨间距的狭窄空舱;③隔离空舱又称干隔舱

    A.①②   B.①③

    C.②③   D.①②③

16.隔离空舱专门用于_____。

①油舱与淡水舱的分隔；②货油舱与机舱的分隔；③货舱与货舱之间的分隔

A.①②③   B.①③

C.①②   D.②③

17.下图中杂货船的部位名称3是_____。

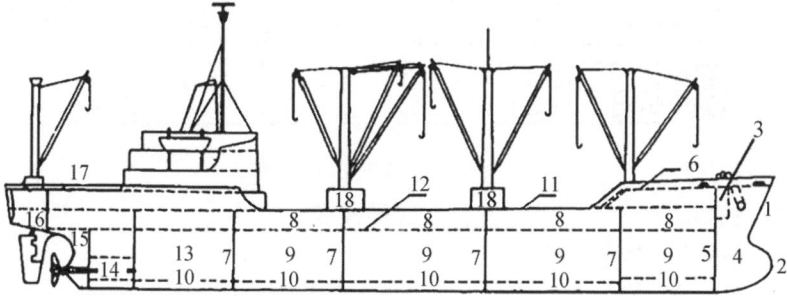

A.舵机舱   B.锚链舱

C.首尖舱   D.尾尖舱

18.下图中杂货船的部位名称10是_____。

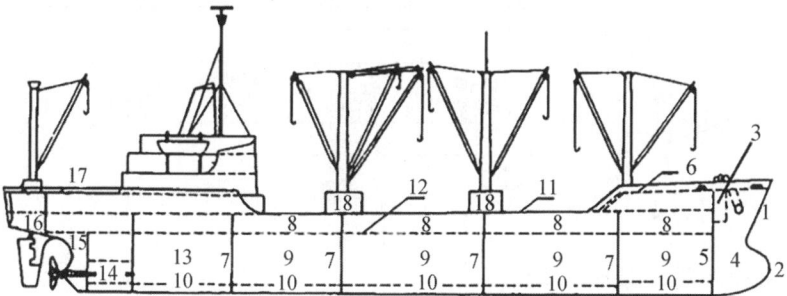

A.底舱   B.甲板间舱

C.双层底   D.深舱

19.下图中杂货船的部位名称9是_____。

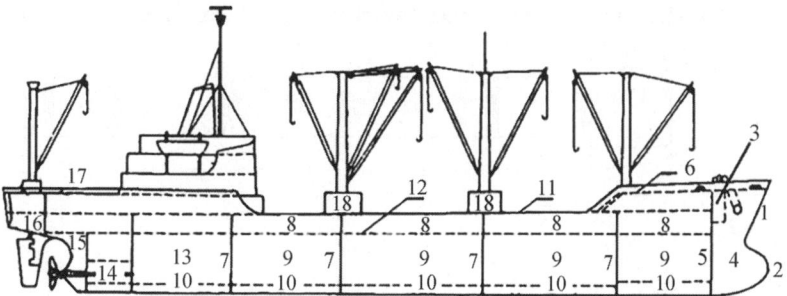

A.底舱   B.甲板间舱

C.双层底   D.深舱

20.下图中杂货船的部位名称2是_____,部位名称14是_____。

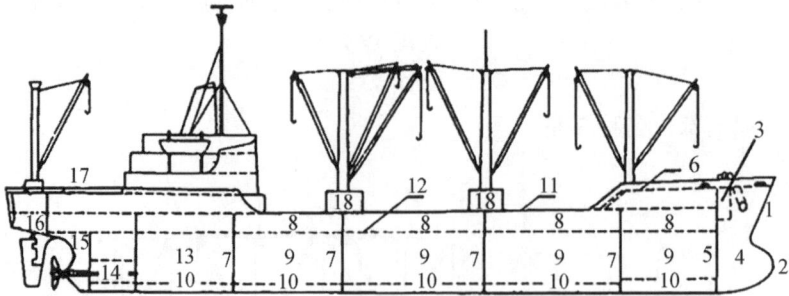

　　A.尾突出体;桅屋　　　　　　　　　B.球鼻首;轴隧

　　C.强胸肘板;轴隧　　　　　　　　　D.尾柱;桅屋

21.下图中散货船的部位名称6是_____。

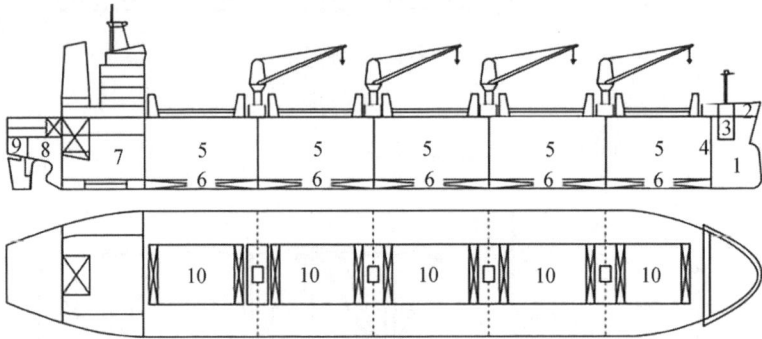

　　A.深舱　　　　　　　　　　　　　　B.压载舱

　　C.货舱　　　　　　　　　　　　　　D.机舱

22.下图中散货船的部位名称5是_____。

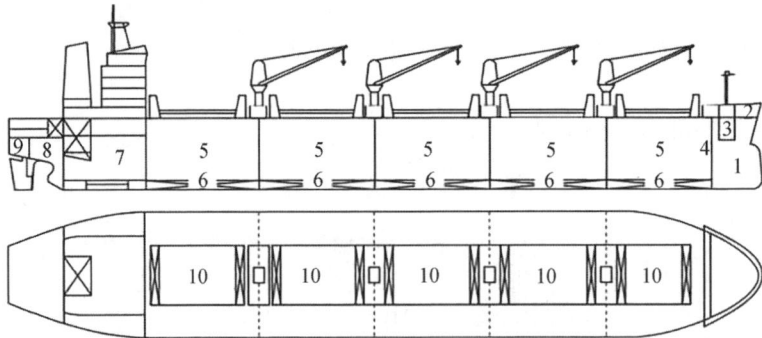

　　A.首尖舱　　　　　　　　　　　　　B.尾尖舱

　　C.压载舱　　　　　　　　　　　　　D.货舱

23.下图中散货船的部位名称 10 是_____。

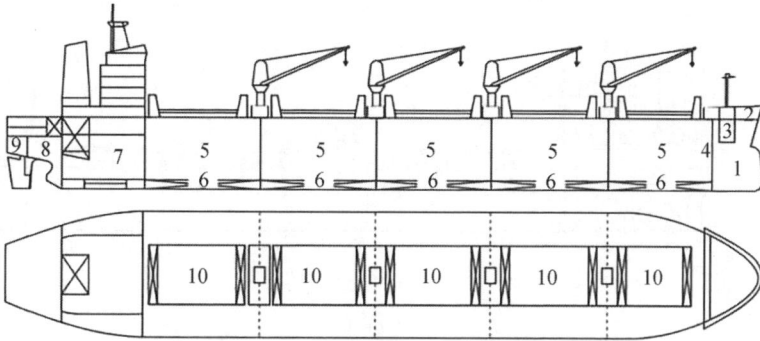

    A.压载舱   B.货舱口

    C.桅屋   D.深舱

24.下图中油船的部位名称 5 是_____。

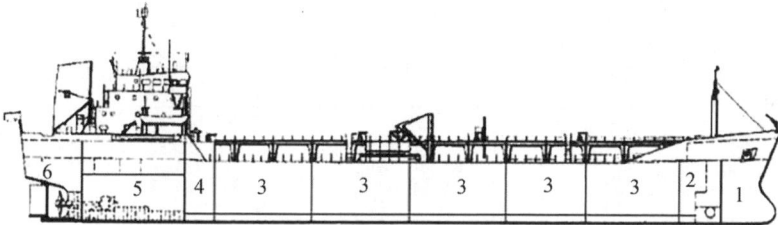

    A.首尖舱   B.尾尖舱

    C.机舱   D.泵房

25.下图中散货船的部位名称 7 是_____。

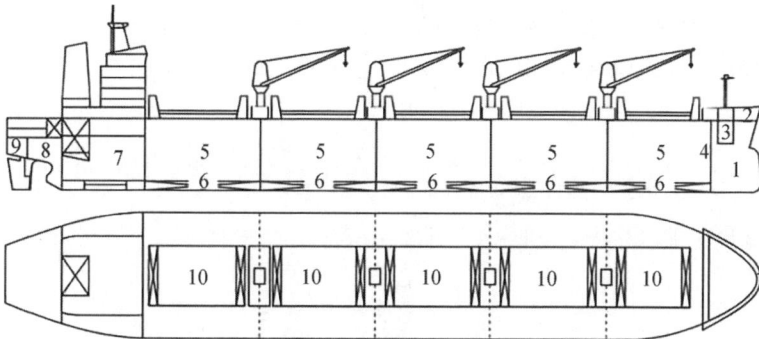

    A.深舱   B.压载舱

    C.货舱   D.机舱

26.下图中油船的部位名称 3 是_____。

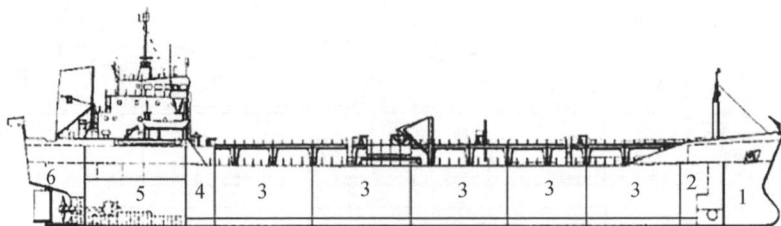

A.压载舱
B.干隔空舱

C.货油舱
D.深舱

27.下图中油船的部位名称 2 是_____。

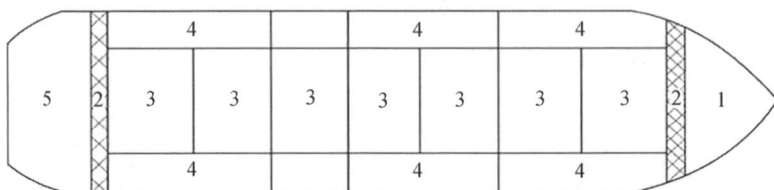

A.压载舱
B.货油舱

C.干隔空舱
D.尖舱

28.压载水舱一般包括_____。

①油舱；②首尖舱；③尾尖舱；④双层底舱

A.①②③④
B.①②④

C.②③④
D.①②③

29.对于一些特殊用途船舶,压载舱可以协助完成一些特殊作业,包括_____。

①破冰船的破冰作业；②半潜船的沉浮作业；③大件船的平衡作业

A.①②③
B.②③

C.①②
D.①③

30.船舶的_____等均可作为压载水舱。

①首尖舱；②尾尖舱；③双层底舱；④边舱；⑤深舱

A.①②③④
B.②③④⑤

C.②③④
D.①②③④⑤

31.规范所述的深舱为双层底以外的_____。

①压载舱；②船用水舱；③植物油舱；④按闭杯试验闪点不低于 60 ℃的燃油舱

A.①②
B.①②③

C.②③④
D.①②③④

32.以下属于上层建筑的是_____。

①首楼；②桥楼；③尾楼；④桅屋

A.①②④
B.①②③

C.②③④
D.①③④

33.一般用来布置驾驶室的上层建筑为_____。

A.尾楼　　　　　　　　　　　　B.首楼

C.桥楼　　　　　　　　　　　　D.桅楼

34.驾驶台顶层甲板,按其用途应称为_____。

A.驾驶台甲板　　　　　　　　　B.救生艇甲板

C.起居甲板　　　　　　　　　　D.罗经甲板

35.驾驶室、海图室和引航员房间大都布置在_____。

A.顶甲板　　　　　　　　　　　B.起居甲板

C.艇甲板　　　　　　　　　　　D.驾驶甲板

36.以下有关首楼的描述,正确的是_____。

①减少首部上浪;②改善航行条件;③首楼的舱室可用作储藏室

A.①②　　　　　　　　　　　　B.②③

C.①②③　　　　　　　　　　　D.①③

37.以下属于甲板室的是_____。

A.桥楼　　　　　　　　　　　　B.桅屋

C.首楼　　　　　　　　　　　　D.尾楼

38.下图中杂货船的部位名称 18 是_____。

A.桅屋　　　　　　　　　　　　B.管隧

C.轴隧　　　　　　　　　　　　D.首楼

39.下图中杂货船的部位名称 11 是_____。

A.首楼甲板　　　　　　　　　　B.下甲板

C.上甲板　　　　　　　　　　　D.罗经甲板

40.下图中杂货船的部位名称 6 是_____。

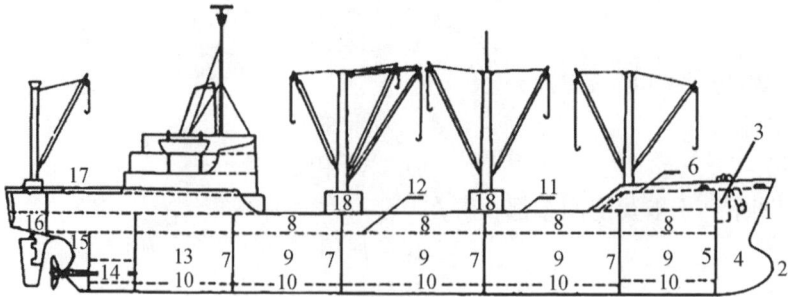

    A.上甲板   B.下甲板

    C.首楼甲板   D.罗经甲板

41.下图中散货船的部位名称 2 是_____。

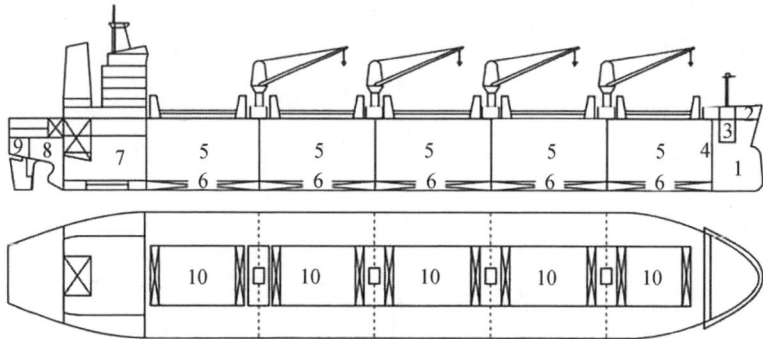

    A.首楼   B.尾楼

    C.舵机舱   D.锚链舱

42.以下有关首楼的描述正确的是_____。

    ①减少首部上浪;②改善航行条件;③首楼的舱室可用作储藏室

    A.①②   B.②③

    C.①③   D.①②③

43.上层建筑与甲板室的主要区别在于围蔽建筑的侧壁板离舷侧船壳板向内不大于船宽 B 的_____。

    A.2%   B.4%

    C.6%   D.8%

44.通常设有信号灯架、探照灯和罗经的甲板为_____。

    A.驾驶甲板   B.上层建筑甲板

    C.艇甲板   D.罗经甲板

45.国际航线船舶的船尾标志一般有_____。

    ①船名;②船籍港;③国际海事组织(IMO)统一的编号

    A.①②③   B.②③

    C.①②   D.①③

46.在船首船壳上有如下图所示的标志,表明该船有_____。

A.侧推器　　　　　　　　　　　B.球鼻首
C.暗车　　　　　　　　　　　　D.测深仪

47.在船首船壳上有如下图所示的标志,表明该船有_____。

A.暗车　　　　　　　　　　　　B.螺旋桨
C.侧推器　　　　　　　　　　　D.球鼻首

48.在船体外板上有如下图所示的标志,该标志是_____。

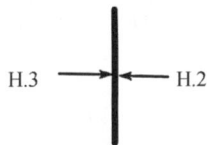

A.顶推标志　　　　　　　　　　B.警告标志
C.分舱标志　　　　　　　　　　D.水尺标志

49.船舶船名、船籍港标志在船舶上的位置是_____。
A.船名写在船首,船籍港写在船尾
B.船名写在船尾,船籍港写在船首
C.船名写在船首尾,船籍港写在船尾
D.船名写在船首,船籍港写在船首尾

50.船舶识别号应永久性标记在_____。
①船尾或船体中部左舷或右舷的最深核定载重线以上位置;②船舶上层建筑正面的可见位置;③船舶上层建筑左舷或右舷的可见位置
A.①②均可　　　　　　　　　　B.①③均可
C.②③均可　　　　　　　　　　D.①②③均可

51.船舶识别号最常勘绘在_____。
A.桥楼正前方的上部
B.油船货油泵舱明显处
C.船尾船籍港标志的下方
D.滚装船滚装处

52.下列有关烟囱标志的表述正确的是_____。
①用以表示船舶所属公司;②勘绘于烟囱左、右两侧的高处;③由中国船级社统一规定其颜色和图案

船舶结构与货运（二／三副）

A.①②　　　　　　　　　　B.①③

C.②③　　　　　　　　　　D.①②③

53.有首侧推器的船舶,其标志勘绘在_____。

A.球鼻首标志前面　　　　　B.球鼻首标志上面

C.球鼻首标志后面　　　　　D.球鼻首标志下面

54.球鼻首标志勘绘在船首两侧_____。

A.满载水线以下　　　　　　B.半载水线以下

C.满载水线以上　　　　　　D.空载水线以上

55.主船体两舷舷侧及首、尾一般有_____标志。

①船名及船籍港;②载重线;③球鼻首与首侧推器;④分舱与顶推位置

A.①②③　　　　　　　　　B.①②④

C.②③④　　　　　　　　　D.①②③④

第二节　船舶尺度

1.船型尺度用来_____。

①计算稳性;②计算吃水差;③计算干舷

A.①②　　　　　　　　　　B.②③

C.①③　　　　　　　　　　D.①②③

2.船型尺度包括_____。

A.最大长度、最大宽度、最大高度

B.垂线间长、最大宽度、最大型深

C.登记长度、登记宽度、登记深度

D.垂线间长、型宽、型深

3.在一些主要的船舶图纸上均使用和标注的尺度是_____。

A.最大尺度　　　　　　　　B.型尺度

C.全部尺度　　　　　　　　D.登记尺度

4.用于计算水对船舶的阻力和船体系数的船舶尺度是_____。

①最大尺度;②船型尺度;③登记尺度

A.②③　　　　　　　　　　B.①②

C.①②③　　　　　　　　　D.②

5.船型尺度的用途是_____。

A.确定泊位长度

B.确定能否通过桥梁、架空电缆等问题的尺度依据

C.计算总吨位和净吨位的尺度

D.计算船舶稳性、吃水差、干舷高度和水对船舶的阻力等

6.型宽是指_____。

①在船长中点处,由一舷肋骨外缘量至另一舷肋骨外缘的横向水平距离;②在船体最宽处,由一舷船壳板内缘量至另一舷船壳板内缘的横向水平距离;③在船体最宽处,由一舷肋骨外缘量至另一舷肋骨外缘的横向水平距离

A.①②　　　　　　　　　　　　B.①③

C.②③　　　　　　　　　　　　D.①②③

7.在船舶最宽处由一舷肋骨外缘量至另一舷肋骨外缘的横向水平距离称为_____。

A.全宽　　　　　　　　　　　　B.型宽

C.登记宽度　　　　　　　　　　D.设计宽度

8.通常又可称为两柱间长的船舶尺度是_____。

A.型长　　　　　　　　　　　　B.登记长度

C.最大长度　　　　　　　　　　D.全长

9.船舶尺度根据不同的用途和计量方法可分为_____。

A.船长、船宽、船深和吃水

B.船长、登记宽度、型深和吃水

C.船型尺度、最大尺度和登记尺度

D.船长、型宽和型深

10.船舶型吃水是指_____。

A.水面到海底表面的深度

B.船长中点处,水面到船底平板龙骨下表面的距离

C.船长中点处,设计水线到船底平板龙骨上表面的距离

D.船长中点处,设计水线到船底平板龙骨下表面的距离

11.在船长中点处,沿船舷自平板龙骨上缘量至干舷甲板横梁舷端上缘的垂直距离为_____。

A.型深　　　　　　　　　　　　B.登记深度

C.最大高度　　　　　　　　　　D.船高

12.船舶主尺度是_____。

A.垂线间长、型宽和型深

B.最大尺度、最大宽度和最大高度

C.吃水与吨位

D.登记长度、登记宽度和登记深度

13.船舶型尺度是_____。

A.垂线间长、型宽和型深

B.最大长度、最大宽度和最大高度

C.登记长度、登记宽度和登记深度

D.吃水与吨位

14.船舶型尺度通常是指_____。

A.造船时所用的尺度

B.操纵时所用的尺度

C.丈量船舶吨位时所用的尺度

D.计算港口使费时所用的尺度

15.船舶在设计时所使用的尺度为_____。
　　A.船型尺度　　　　　　　　　　　B.实际尺度
　　C.最大尺度　　　　　　　　　　　D.登记尺度

16.计算船型系数时所使用的尺度为_____。
　　A.船型尺度　　　　　　　　　　　B.最大尺度
　　C.登记尺度　　　　　　　　　　　D.周界尺度

17.沿夏季载重线由首柱前缘量至舵柱后缘的长度称_____。
　　A.最大长度　　　　　　　　　　　B.登记长度
　　C.垂线间长　　　　　　　　　　　D.设计长度

18.最大尺度是船舶_____的依据。
　　①靠离码头;②进出船坞;③狭水道操纵;④计算船舶稳性和吃水差;⑤避让
　　A.①②③④⑤　　　　　　　　　　B.①②③⑤
　　C.①②③　　　　　　　　　　　　D.②③④

19.船舶最大尺度_____。
　　A.是交纳靠泊费的依据
　　B.是确定泊位长度及能否通过船闸、运河、大桥和架空电缆等的依据
　　C.用于船舶丈量登记注册
　　D.港口报关纳税、交灯塔费

20.最大高度是指_____。
　　A.从船底平板龙骨上缘至桅顶的垂直距离
　　B.从船底平板龙骨下缘至船体最高桅顶的垂直距离
　　C.从船底平板龙骨下缘至桅顶的垂直距离
　　D.从空载水线面至船体最高点的垂直距离

21.船舶最大长度是指_____。
　　A.从首柱最前端到尾柱最后端的水平距离
　　B.从首柱前缘量到尾柱后缘的水平距离
　　C.从船首最前端到船尾最后端的水平距离
　　D.从首柱前缘量到舵柱后缘的水平距离

22.船舶系离浮筒,进出船闸依据的尺寸是_____。
　　A.型尺度　　　　　　　　　　　　B.最大尺度
　　C.理论尺度　　　　　　　　　　　D.等级尺度

23.判断船舶能否停靠某一码头时所使用的尺度是_____。
　　A.型尺度　　　　　　　　　　　　B.理论尺度
　　C.登记尺度　　　　　　　　　　　D.最大尺度

24.《1969年国际船舶吨位丈量公约》中定义的尺度是_____。
　　A.最大尺度　　　　　　　　　　　B.计算尺度
　　C.登记尺度　　　　　　　　　　　D.理论尺度

25.登记尺度的用途是_____。

　　A.计算船舶航海性能

　　B.计算船舶总吨位和净吨位

　　C.确定泊位长度

　　D.作为确定能否安全通过狭窄航道的依据

26.下列属于船舶登记尺度的是_____。

　　A.垂线间长度　　　　　　　　　　B.最大深度

　　C.总长　　　　　　　　　　　　　D.登记深度

27.登记和丈量船舶时所用的尺度是_____。

　　①最大尺度;②型尺度;③登记尺度

　　A.①　　　　　　　　　　　　　　B.②

　　C.①或②或③　　　　　　　　　　D.③

28.用来计算船舶总吨位和净吨位的尺度是_____。

　　A.登记尺度　　　　　　　　　　　B.型尺度

　　C.最大尺度　　　　　　　　　　　D.理论尺度

29.载明于船舶吨位证书中的尺度是_____。

　　A.最大尺度　　　　　　　　　　　B.计算尺度

　　C.登记尺度　　　　　　　　　　　D.理论尺度

第三节　船舶种类及特点

1.SOLAS 公约规定,载客超过_____的船舶视为客船。

　　A.10 人　　　　　　　　　　　　　B.11 人

　　C.12 人　　　　　　　　　　　　　D.13 人

2.集装箱船采用双层船壳的主要目的是_____。

　　A.增加压载水舱　　　　　　　　　B.提高装卸效率

　　C.增加抗沉性　　　　　　　　　　D.提高抗扭强度

3.集装箱船的一般特点是_____。

　　①为单层甲板;②货舱开口宽大;③主机功率大,航速高;④舷墙较高;⑤方形系数小于0.6

　　A.①②③⑤　　　　　　　　　　　B.①②③④

　　C.②③④⑤　　　　　　　　　　　D.①②③④⑤

4.通常情况下,集装箱船的特性是_____。

　　A.单甲板、单层底、双船壳　　　　B.单船壳、单甲板

　　C.单甲板、双层底、双船壳　　　　D.多甲板、双层底

5.下列需要考虑扭转强度的船型是_____。

　　A.拖船　　　　　　　　　　　　　B.液化天然气船

　　C.集装箱船　　　　　　　　　　　D.客船

6.集装箱船的特点是_____。

①舱口大，双层壳；②一般为多层甲板结构；③舱内有箱格导轨装置

A.①③　　　　　　　　　　　　　B.①②③

C.①②　　　　　　　　　　　　　D.②③

7.集装箱船的货舱尺寸较大，且舱口与货舱同宽，一般其舱口宽度可达船宽的_____。

A.50%～60%　　　　　　　　　　B.60%～70%

C.70%～80%　　　　　　　　　　D.70%～90%

8.甲板为平直甲板且货舱为单层甲板的船是_____。

A.木材船　　　　　　　　　　　　B.滚装船

C.散装船　　　　　　　　　　　　D.集装箱船

9.为了保证集装箱船的船体强度，其主船体结构采用了_____。

①多层甲板；②双层底和双层壳舷侧结构；③多道纵向舱壁；④舷侧的顶部设置有效的抗扭箱

结构

A.①②　　　　　　　　　　　　　B.②③

C.②④　　　　　　　　　　　　　D.①③④

10.吊装式全集装箱船舱口宽大，有利于_____。

A.集装箱导轨的设置　　　　　　　B.船舶扭转强度

C.集装箱装卸　　　　　　　　　　D.船舶稳性

11.吊装式全集装箱船舱口宽大，不利于_____。

A.配积载　　　　　　　　　　　　B.集装箱装卸

C.船舶扭转强度　　　　　　　　　D.集装箱导轨的设置

12._____不是集装箱船的结构特点。

A.舱内有格栅　　　　　　　　　　B.货舱口与货舱同宽

C.单层平直甲板　　　　　　　　　D.单层船壳

13.集装箱船的结构特点有_____。

①单层平直甲板；②货舱尺寸大、舱口与货舱同宽；③舱内有格栅，甲板设绑扎桥；④除双层底

外采用单层船壳；⑤方形系数较大

A.①②③　　　　　　　　　　　　B.①③④

C.②③④　　　　　　　　　　　　D.③④⑤

14.散装货船的特点是_____。

①为单层或双层船壳结构的单甲板船；②具有双层底舱；③在货舱区域内有底边舱和顶边舱

A.①②③　　　　　　　　　　　　B.①②

C.②③　　　　　　　　　　　　　D.①③

15.专用矿石船属于_____。

A.中机型单层甲板船　　　　　　　B.中机型多层甲板船

C.尾机型单层甲板船　　　　　　　D.尾机型多层甲板船

16.矿砂船的特点是_____。

A.舱容小，双层底较高，采用高强度钢制造

B.舱容小,双层底较低,采用高强度钢制造

C.舱容大,双层底较高,采用高强度钢制造

D.舱容大,双层底较低,采用高强度钢制造

17.矿砂船的特点是_____。

①货舱口较宽大;②双层底高;③内底板均采取加厚措施;④有的对货舱采取重货加强措施;

⑤货舱两侧的边舱较小

　A.②③⑤　　　　　　　　　　　　　B.①②③④⑤

　C.①②③⑤　　　　　　　　　　　　D.①②③④

18.关于滚装船运输,下列表述错误的是_____。

　A.提高装卸效率

　B.减少码头装卸设备的投资

　C.降低装卸成本

　D.特别适合潮差较大的港口之间的短程海上运输

19.滚装运输的特点包括_____。

①能减少码头装卸设备的投资;②能提高装卸效率;③适合潮差大的港口之间的运输;④能降

低装卸成本

　A.①②③④　　　　　　　　　　　　B.②③④

　C.①③④　　　　　　　　　　　　　D.①②④

20.滚装船的首门结构形式有_____。

①罩壳式;②边铰链式;③滚动式

　A.①②③　　　　　　　　　　　　　B.①②

　C.②③　　　　　　　　　　　　　　D.①③

21.滚装式集装箱船的特点包括_____。

①货舱内无横舱壁;②装卸效率高;③装卸可同时进行;④舱容利用率低;⑤船舶造价低;⑥采

用水平装卸方式

　A.①②③④⑥　　　　　　　　　　　B.①②③④⑤⑥

　C.②③④⑤　　　　　　　　　　　　D.②③④⑤⑥

22.滚装船的特点有_____。

①上甲板平整,无舷弧和梁拱;②舱容利用率低、抗沉性差;③甲板层数多,一般有2~4层;

④多为尾机型,方形系数不大于0.6;⑤货舱无分隔舱壁但有极多的支柱

　A.①②③④　　　　　　　　　　　　B.①③④⑤

　C.②③④⑤　　　　　　　　　　　　D.①②③⑤

23.滚装船的结构较特殊,上甲板平整,_____。

　A.无舷弧和梁拱　　　　　　　　　　B.有舷弧和梁拱

　C.有舷弧,无梁拱　　　　　　　　　D.无舷弧,有梁拱

24.下图船型是_____。

A.拖船   B.起重船

C.破冰船   D.消防船

25.下列各项中属于工程船的是_____。

A.消防船   B.海洋调查船

C.破冰船   D.供应船

26.下列各项中属于工程船的是_____。

A.挖泥船   B.海难救助船

C.供应船   D.修理船

27.下图中的船是_____。

A.货船   B.客船

C.起重船   D.渔船

28.货舱常为球形或矩形的船舶是_____。

A.油船   B.液体化学品船

C.油船或液体化学品船   D.液化天然气船

29.在静止或运动时,全部重量或大部分重量能被连续产生的气垫所支承的船舶是_____。

A.双体船   B.气垫船

C.滑行船   D.水翼船

30.在非排水状态航行时能被水翼产生的水动升力支承在水面以上的船舶是_____。

A.滑行船   B.气垫船

C.双体船   D.水翼船

31.具有大宽长比、小水线面面积的一种特殊船型的双体船称_____。

A.滑行船   B.穿浪双体船

C.双体船   D.水翼船

32.木材船的特点是_____。

①舱口大、舱内无支柱;②甲板强度要求高;③舷墙较高;④起货机安装于桅楼平台上

A.①②③   B.①②③④

C.①③④   D.②③④

33.用于为他船开辟航路,结构坚固,功率大的船舶称为_____。

A.海洋开发用船   B.航标船

C.拖带(顶推)船   D.破冰船

34.一般运输船舶跟随破冰船编队通过冰区,编队时把船体强度较差、主机功率较小的船放在_____。

A.船队之前,紧跟破冰船   B.船队的中部

C.船队的前部   D.船队的尾部

35.以下船型中舱口最小的是_____。

A.油船   B.集装箱船

C.杂货船   D.散货船

36.油船的特点是_____。

①一般采用纵骨架式船体结构;②采用单层连续甲板,甲板上设有许多用于货油装卸的管系;③机舱通常设置在尾部;④货油舱区前、后两端设隔离舱,与机舱、居住舱室、淡水舱等隔离

A.①②   B.②③

C.①②③   D.①②③④

37.既可单独用于载运普通件杂货、袋装货,又可用于载运集装箱的船舶是_____。

A.杂货船   B.液货船

C.多用途船   D.兼用船

38.冷藏船的特点是_____。

①货舱口较小;②具有隔热和制冷设备;③甲板层数多,速度快

A.①②   B.②③

C.①③   D.①②③

参考答案

第一节 船舶的基本组成及主要标志

1.D	2.B	3.D	4.D	5.C	6.A	7.B	8.A	9.A	10.C
11.A	12.C	13.A	14.A	15.B	16.C	17.B	18.C	19.A	20.B
21.B	22.D	23.B	24.C	25.D	26.C	27.C	28.C	29.A	30.D

31.D	32.B	33.C	34.D	35.D	36.C	37.B	38.A	39.C	40.C
41.A	42.D	43.B	44.D	45.A	46.A	47.D	48.C	49.C	50.D
51.C	52.A	53.C	54.C	55.D

第二节　船舶尺度

1.D	2.D	3.B	4.D	5.D	6.C	7.B	8.A	9.C	10.C
11.A	12.A	13.A	14.A	15.A	16.A	17.C	18.B	19.B	20.B
21.C	22.B	23.D	24.C	25.B	26.D	27.D	28.A	29.C

第三节　船舶种类及特点

1.C	2.D	3.A	4.C	5.C	6.A	7.D	8.D	9.C	10.C
11.C	12.D	13.A	14.A	15.C	16.A	17.D	18.D	19.D	20.B
21.A	22.A	23.A	24.A	25.B	26.A	27.C	28.D	29.B	30.D
31.B	32.B	33.D	34.B	35.A	36.D	37.C	38.D

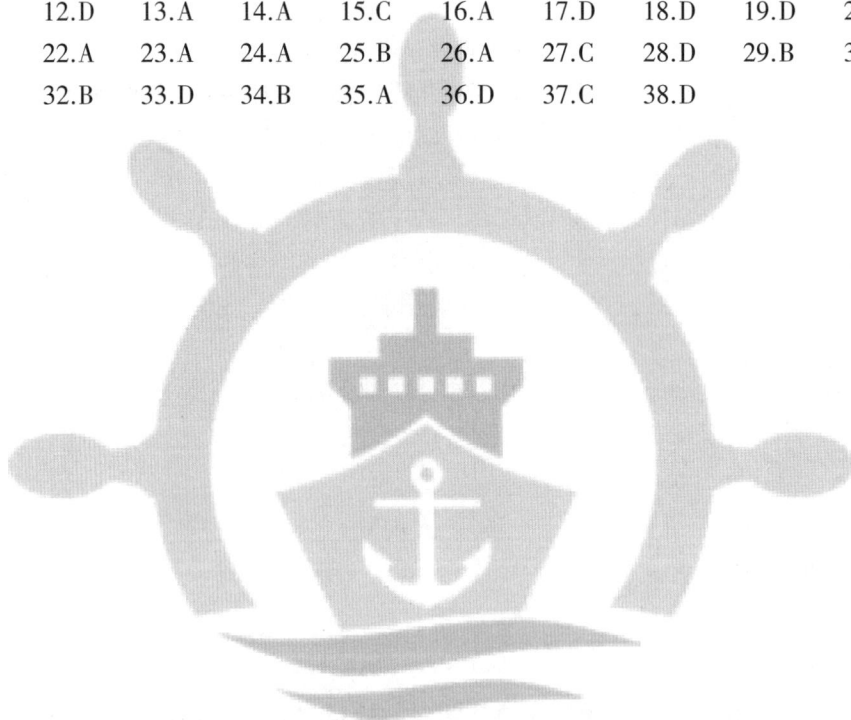

第二章

船体结构

第一节　船体结构的形式

1.下图为船体局部骨架结构,图中骨架所用的型钢材料名称为_____。

    A.角钢　　　　　　　　　　　　　B.工字钢

    C.T 型钢　　　　　　　　　　　　D.H 型钢

2._____是船用钢板。

    A.

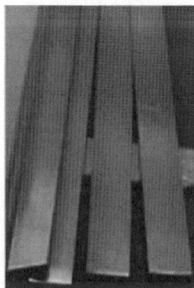

    B.

    C.

    D.

3._____是船用型钢中的工字钢。

A.

B.

C.

D.

4._____是船用型钢材料中的不等边角钢。

A.

B.

C.

D.

5._____是船用型钢材料中的扁钢。

A.
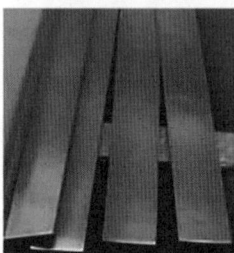

B.

C.

D.

6.船体结构中次要构件所使用的型钢材料主要包括_____。

①T 型钢;②角钢;③球扁钢;④钢管

A.①②③④   B.②③④

C.①③④   D.①②③

7.目前在船舶修造中,船体构件的连接方法基本都采用_____。

A.铆接法   B.焊接法

C.对接法   D.铰接法

8.高强度船体结构钢按其最小屈服强度划分强度级别,又称为_____。

A.低温韧性钢   B.淬火回火钢

C.船用低合金钢   D.船用低碳钢

9.一般强度船体结构钢分为 A、B、D 和 E 四级,又称为_____。

A.船用低碳钢   B.船用低合金钢

C.淬火回火钢   D.低温韧性钢

10._____是船用材料中的圆钢。

A.

B.

C.
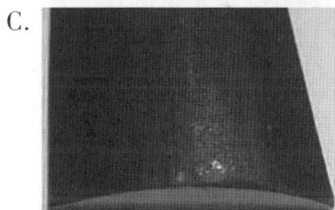

D.

11._____是船用材料中的花钢板。

A.
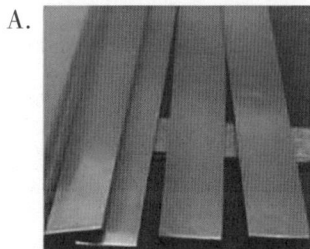

B.

C.

D.
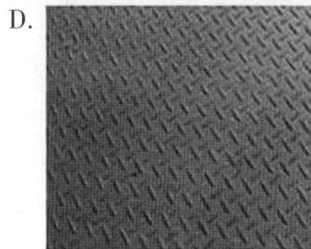

12.下图中的船体结构属于_____。

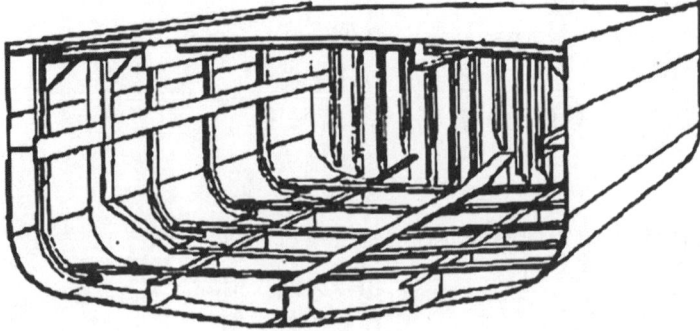

A.横骨架式 B.纵骨架式
C.混合骨架式 D.特殊骨架式

13.下图中的船体结构属于_____。

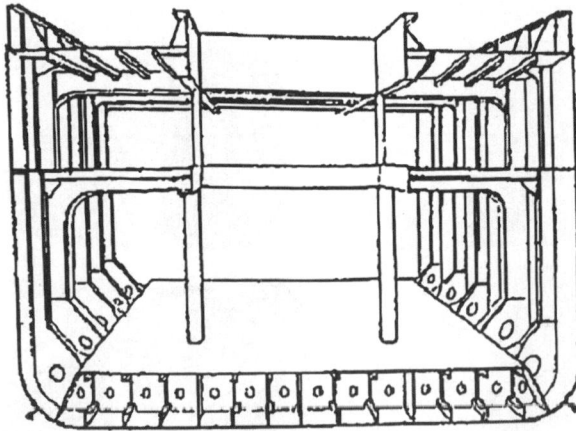

A.横骨架式 B.纵骨架式
C.混合骨架式 D.特殊骨架式

14.下图所示为某船双层壳舷侧结构,其骨架结构为_____。

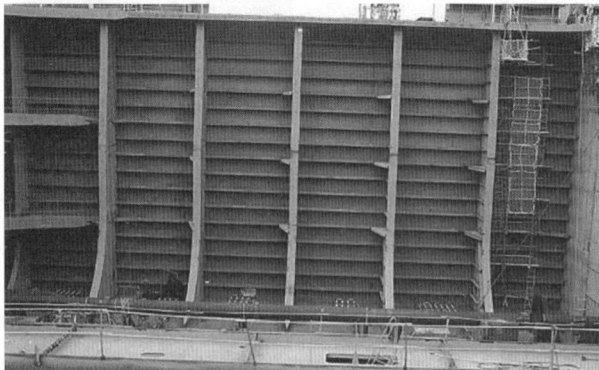

A.横骨架式 B.纵骨架式
C.纵横混合骨架式 D.混合骨架式

15.下图中的船体骨架类型属于_____。

A.横骨架式   B.纵骨架式

C.混合骨架式   D.特殊骨架式

16.下图中的船体骨架类型属于_____。

A.纵骨架式   B.横骨架式

C.混合骨架式   D.特殊骨架式

17.纵横强度合理,大中型船普遍使用的船体骨架形式是_____。

A.横骨架式   B.自由骨架式

C.纵横混合骨架式   D.纵骨架式

18.货舱容积损失少的骨架排列形式是_____。

A.纵骨架式   B.横骨架式

C.纵横混合骨架式   D.自由骨架式

19.货舱容积利用率低的骨架排列形式是_____。

A.纵骨架式   B.横骨架式

C.纵横混合骨架式   D.自由骨架式

20.船体纵向构件排列密而小,横向构件排列疏而大的骨架结构属于_____。

A.横骨架式   B.纵骨架式

C.纵横混合骨架式　　　　　　　　　D.特殊骨架式

21.因布置大型肋骨框架而导致舱容利用率低、装卸不便的骨架结构是_____。

　　A.纵横混合骨架式　　　　　　　　　B.纵骨架式

　　C.横骨架式　　　　　　　　　　　　D.混合骨架式

22.纵横混合骨架式船体结构一般采用的骨架组合方式是_____。

　　①上甲板采用纵骨架式结构；②船底采用纵骨架式结构；③首尾端采用横骨架式结构；④舷侧和下层甲板采用横骨架式结构

　　A.①②③④　　　　　　　　　　　　B.①③④

　　C.①②④　　　　　　　　　　　　　D.②③④

23.船体纵横结构强度较好，可简化施工工艺且充分利用了舱容、方便装卸的船体骨架是_____。

　　A.混合骨架式　　　　　　　　　　　B.纵骨架式

　　C.普通骨架式　　　　　　　　　　　D.横骨架式

24.某船船体结构为纵骨架式而其舷侧结构为横骨架式，则该船骨架为_____。

　　①横骨架式；②纵骨架式；③纵横混合骨架式

　　A.②　　　　　　　　　　　　　　　B.①

　　C.③　　　　　　　　　　　　　　　D.①②③

25.纵骨架式船体结构的优点是_____。

　　①纵向强度大；②相比横骨架式结构,船体重量轻；③适用于大型油船；④舱容利用率高

　　A.②④　　　　　　　　　　　　　　B.②③④

　　C.①③④　　　　　　　　　　　　　D.①②

26.关于图中船体骨架类型的特点，下列说法正确的是_____。

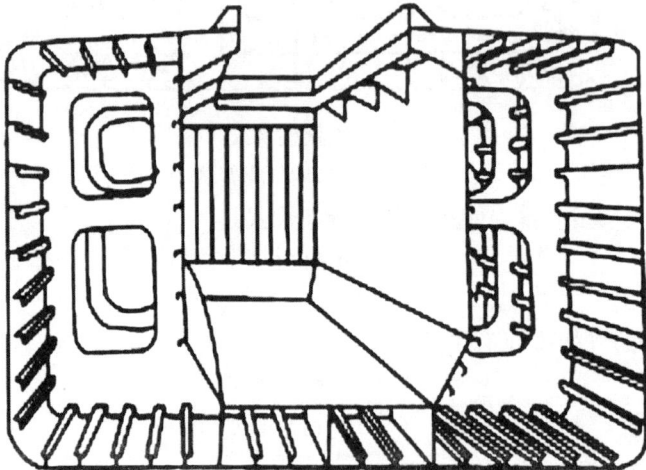

　　A.舱容利用率较高　　　　　　　　　B.船体的总纵强度好

　　C.主要应用于内河船舶　　　　　　　D.具有较强的横向强度

27.船体纵骨架式结构的特点是_____。

　　A.纵向构件排列疏而小,横向构件排列密而大

B.纵向构件排列密而小,横向构件排列疏而大

C.纵向构件排列疏而大,横向构件排列密而小

D.纵向构件排列密而大,横向构件排列疏而小

28.船体横骨架式结构的特点是_____。

A.纵向构件排列密而大,横向构件排列疏而大

B.纵向构件排列疏而大,横向构件排列密而小

C.纵向构件排列密而小,横向构件排列疏而大

D.纵向构件排列密而小,横向构件排列密而大

29.纵骨架式船舶的_____好。

A.纵向强度　　　　　　　　B.横向强度

C.局部强度　　　　　　　　D.总强度

30.船体的纵向强度大,甲板和船体外板可以做得薄一些,船体重量轻,但舱容利用率较低的这种船体骨架结构属于_____。

①横骨架式;②纵骨架式;③纵横混合骨架式

A.①　　　　　　　　　　　B.②

C.③　　　　　　　　　　　D.①②③

31.以下有关横骨架式船舶特点的描述正确的是_____。

A.横向构件间距大,尺寸大　　B.船舶自重相对减轻

C.货舱容积损失少　　　　　　D.空船重量轻

32.横骨架式船体结构的优点是_____。

①横向与局部强度好;②舱容利用率低;③结构简单;④装卸方便

A.①②④　　　　　　　　　　B.②③④

C.①③④　　　　　　　　　　D.①②③④

33.不属于船舶纵骨架式特征的是_____。

A.舱容利用率低,装卸不便　　B.纵骨架小而密

C.容易建造,结构简单　　　　D.船体重量轻

34.在大型油船中普遍使用的船体结构是_____。

A.横骨架式　　　　　　　　B.纵骨架式

C.混合骨架式　　　　　　　D.强骨架式

35.船体主要构件中不包括_____。

A.强肋骨　　　　　　　　　B.横梁

C.甲板纵桁　　　　　　　　D.舱壁桁材

第二节　外板和甲板板

1.船壳外板由_____组成。

①平板龙骨;②船底列板;③舭列板;④舷侧列板;⑤舷顶列板;⑥龙骨

A.①②③④⑤⑥   B.①②③④⑤

C.①②③④   D.②③④⑤⑥

2.船壳板中钢板逐块端接而成的连续长条板称为_____。

A.外板   B.船底板

C.舷侧板   D.列板

3.外板是指构成_____的板,又称船舶外板。

A.船底、舷侧及艏部外壳   B.船底和艏部

C.甲板和舷侧   D.船底、舷侧及甲板外壳

4.船体外板(又称船壳板)包括主船体中的_____。

①船底板;②舷侧外板;③舭列板

A.①②   B.②③

C.①③   D.①②③

5.某船在修船中需要更换编号为"SC4"的船壳外板,它是_____。

A.舷顶列板向下,右舷第4行第C块板

B.右舷C列第4块板

C.左舷C列第4块板

D.舷顶列板向下,右舷C行第4块板

6.某船在修船中需要更换编号为"SE4"的船壳外板,它是_____。

A.左舷E列第4块板

B.右舷E列第4块板

C.舷顶列板向下,右舷第4行第E块板

D.舷顶列板向下,右舷E行第4块板

7.在船舶事故报告中受损外板的编号为"SF6",其含义是_____。

A.左舷F列第6块板   B.右舷第6列第F块板

C.右舷F列第6块板   D.左舷第6列第F块板

8.在外板名称中K列板也叫_____。

A.舭列板   B.船底板

C.舷顶列板   D.平板龙骨

9.船壳外板中各列板编号的排列顺序是_____。

A.以平板龙骨(K列板)为基准分别向左、右舷将各列板编为A、B、C、D等直至舷顶列板

B.自平板龙骨(K列板)始向右按A、B、C、D等至右舷顶列板,然后自左舷由上向下按英文字母排列顺序编出行列

C.由各舷的舷顶列板向下按英文字母排列顺序编出行列,平板龙骨为K列板

D.以平板龙骨(K列板)为基准,两舷各自独立排列编号

10.并板位于_____。

A.船底   B.甲板

C.船中   D.首尾部

11.普通货船的强力甲板是_____。

A.平台甲板 　　　　　　　　　　B.上层连续甲板

C.首楼甲板 　　　　　　　　　　D.下层连续甲板

12.同一层甲板中强度最大的区域是_____。

A.首端 　　　　　　　　　　　　B.首、尾两端

C.尾端 　　　　　　　　　　　　D.船中前后

13.下列有关甲板厚度分布特点的描述正确的是_____。

A.甲板边板是上甲板中最薄的一列板

B.同一层甲板,首、尾两端的甲板最厚

C.对多层甲板而言,强力甲板最厚

D.同一层甲板,舱口之间的甲板最厚

14.下列关于甲板板的说法,正确的是_____。

①舱口边至舷边的钢板长边按纵向方向布置;②大开口之间允许横向布置;③首、尾两端允许横向布置

A.②③ 　　　　　　　　　　　　B.①③

C.①②③ 　　　　　　　　　　　D.①②

15.组成甲板板的钢板布置方式是:在舱口边至舷边的钢板长边按_____方向布置,在舱口之间及首尾端,钢板长边允许按_____方向布置。

A.横向;纵向 　　　　　　　　　B.纵向;横向

C.横向;横向 　　　　　　　　　D.纵向;纵向

第三节　船底结构

1.双层底可用作压载水舱调整船舶的_____。

①吃水;②纵倾;③横倾;④稳性

A.①②④ 　　　　　　　　　　　B.②③

C.①②③ 　　　　　　　　　　　D.①②③④

2.可在船舶的双层底内装载_____来调节船舶吃水、纵横倾及稳性。

A.淡水 　　　　　　　　　　　　B.燃料

C.货物 　　　　　　　　　　　　D.压载水

3.关于双层底的作用,以下说法错误的是_____。

A.增加船底的局部强度 　　　　　B.增加船体的横向强度

C.增加船体的总纵强度 　　　　　D.可作为货舱使用

4.船底结构的主要作用是保证船体的_____。

①总纵强度;②总横强度;③船底局部强度;④扭转强度

A.①③ 　　　　　　　　　　　　B.①③④

C.①②③ 　　　　　　　　　　　D.①②③④

5.舭龙骨装在船舶的中部,长度为船长的_____。

A.1/5～1/4   B.1/4～1/2

C.1/4～1/3   D.1/3～1/2

6.下图为纵骨架式双层底结构,图中1、2所指分别是_____。

  A.船底纵骨和货舱纵骨   B.船底纵骨和货舱横骨

  C.内底纵骨和船底纵骨   D.船底扶强材和舱底扶强材

7.下图为纵骨架式双层底结构,图中4、5所指分别是_____。

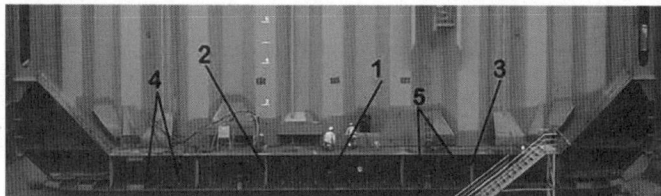

  A.船底纵骨和货舱纵骨   B.船底纵骨和货舱横骨

  C.船底纵骨和内底纵骨   D.船底扶强材和舱底扶强材

8.双层底结构中可用于集中布置各种管路和电气线路,并便于保护和维修这些设备的纵向构件称为_____。

  A.中底桁   B.箱形龙骨

  C.中桁材   D.轴隧

9.下图为水密肋板结构示意图,图中箭头所示的构件为_____。

  A.旁桁材   B.加强筋

  C.肋板   D.旁肋板

10.下图中箭头所示的构件为_____。

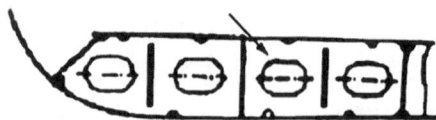

A.实肋板   B.旁肋板

C.旁桁材   D.孔肋板

11.双层底横向构件中开有较大减轻孔的肋板为_____。

    A.实肋板   B.水密肋板

    C.组合肋板   D.轻型肋板

12.双层底的作用是_____。

    ①增强船体总纵强度和船底局部强度;②用作油水舱,并可调整船舶吃水;③提高船舶抗沉能力和承受负载

    A.①②③   B.①②

    C.②③   D.①③

13.实肋板上有许多孔,其作用是_____。

    ①减轻结构重量;②保证双层底油和水流通;③保证双层底空气流通;④增加舱底强度

    A.②③④   B.①②③

    C.①③④   D.①②③④

14.纵骨架式双层底结构中的横向构件之一称为_____。

    A.肋骨   B.横梁

    C.桁材   D.肋板

15.双层底横向构件中,上缘开有气孔、下缘开有油水孔、中间开有减轻孔的肋板称为_____。

    A.组合肋板   B.实肋板

    C.轻型肋板   D.水密肋板

16.一般在水密横舱壁下设置的肋板是_____。

    A.实肋板   B.水密肋板

    C.组合肋板   D.轻型肋板

17.连接船底板和内底板的横向构件是_____。

    A.肋骨   B.桁材

    C.横梁   D.肋板

18.下图为组合肋板结构示意图,图中 A 所指为_____。

    A.内底板   B.内底边板

    C.外底板   D.旁桁材

19.舭肘板的作用是_____。

    A.保证舭部的局部强度和船体的横向强度

    B.保证舭部的局部强度和船体的纵向强度

    C.保证船体总纵强度,减轻纵摇

    D.保证船体总纵强度,减轻横摇

20.下图为轻型肋板结构示意图,图中 A 所指为_____。

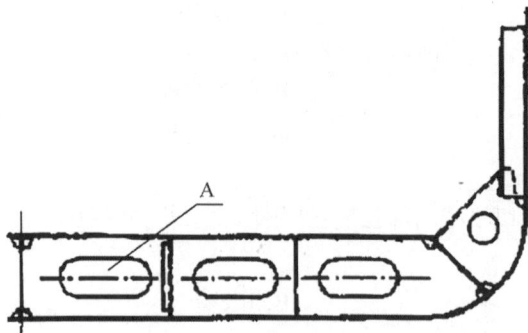

A.减轻孔   B.舭肘板

C.旁桁材   D.中桁材

21.船底与舷侧之间的圆弧过渡部分称为_____。

A.舭肘板   B.舭龙骨

C.舭列板   D.舭部

22.一般船舶均装设有舭龙骨,其作用是_____。

A.加固舭部   B.提高船舶航速

C.改善船舶航行性能   D.减轻船舶横摇

23.紧靠船底的每个水舱内至少设有_____。

A.四个船底塞   B.一个船底塞

C.五个船底塞   D.三个船底塞

24.下图为船舶双层底结构,图中 1、2 所指分别是_____。

A.货舱面板和船底板   B.货舱舱底和船底

C.内底纵骨和船底纵骨   D.内底板和船底板

25.关于舭龙骨,以下说法正确的是_____。

①承受船体总纵强度;②设在沿船长方向的舭部;③减轻横摇;④减轻纵摇

A.②③④   B.①④

C.①②   D.②③

26.散装货船与矿砂船较多采用的内底边板结构是_____。

A.下倾式   B.上倾式

C.水平式   D.曲折式

27.内底边板的结构有_____。

①下倾式;②水平式;③上倾式;④直角式;⑤曲折式

A.①②③   B.②③④

C.②③④⑤   D.①②③⑤

28.为防止舭龙骨损坏时使船体外板受损,舭龙骨一般焊接在_____。

　　A.舭部外板上   B.舷侧列板上

　　C.船底列板上   D.与舭部外板连接的覆板上

29.曲折式内底边板的最大特点是_____。

　　A.施工方便   B.可提高船舶的抗沉性

　　C.可与舭列板构成污水沟   D.增加舱容

30.水平式内底边板的特点有_____。

　　①施工方便;②舱内平坦且强度好;③可提高船舶的抗沉性;④散装货船广泛采用

　　A.①②   B.②③

　　C.③④   D.①②③

31._____不是内底边板的特点。

　　A.内底边板比内底板厚

　　B.普通干货船较多采用下倾式内底边板

　　C.散装货船与矿砂船多采用上倾式内底边板

　　D.使用曲折式内底边板可提高船舶的稳性

32.船底板向上升高称为_____。

　　A.舷弧   B.梁拱

　　C.底升   D.横梁

33.下图所示为船舶舭部,箭头所示构件为_____。

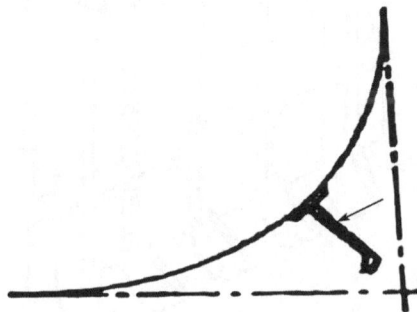

　　A.扁钢   B.球扁钢

　　C.舭龙骨   D.舭部外板

第四节　舷侧结构

1.肋骨编号法可用于_____。

　　①海船事故报告受损部位;②船舶修造中指明肋骨位置;③明确船体受力位置

    A.①②   B.①③

    C.①②③   D.②③

2.强肋骨属于_____的构件。

    A.甲板结构   B.舷侧结构

    C.舱壁结构   D.船底结构

3.舷墙的作用与特点有_____。

①减少甲板上浪；②保障人员安全；③防止甲板物品滚落舷外；④不参与总纵弯曲；⑤与舷顶列板牢固焊接成一体

    A.①②③④   B.②③④⑤

    C.①③④⑤   D.①②④⑤

4.舷侧结构由_____等组成。

①舷侧外板；②肋骨、舷侧纵桁；③舷边

    A.②③   B.①②

    C.①②③   D.①③

5.下图所示为船舶横骨架式舷侧结构局部,图中4、5所示分别是_____。

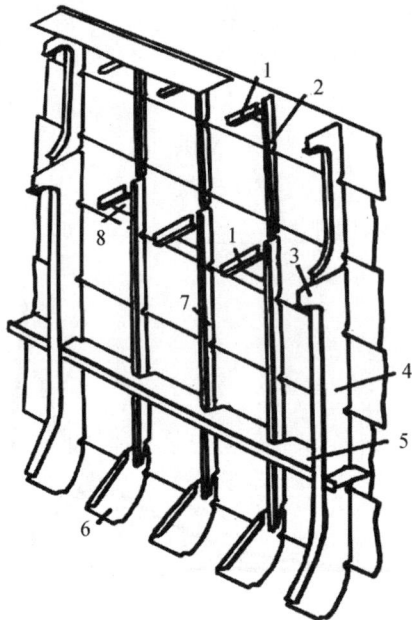

    A.强肋骨和舷侧纵桁   B.舷侧肋骨和舷侧纵桁

    C.舷侧肋骨和舷侧纵骨   D.强肋骨和强纵骨

6.下图所示为船舶横骨架式舷侧结构局部,图中2、7所示分别是_____。

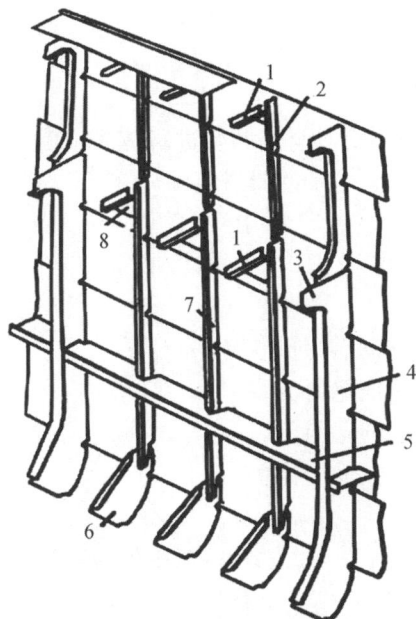

A.甲板间肋骨和主肋骨　　　　　　　　B.普通横梁和强肋骨

C.甲板间肋骨和强肋骨　　　　　　　　D.普通横梁和主肋骨

7.下图所示为船舶横骨架式舷侧结构局部,图中1、2所示分别是_____。

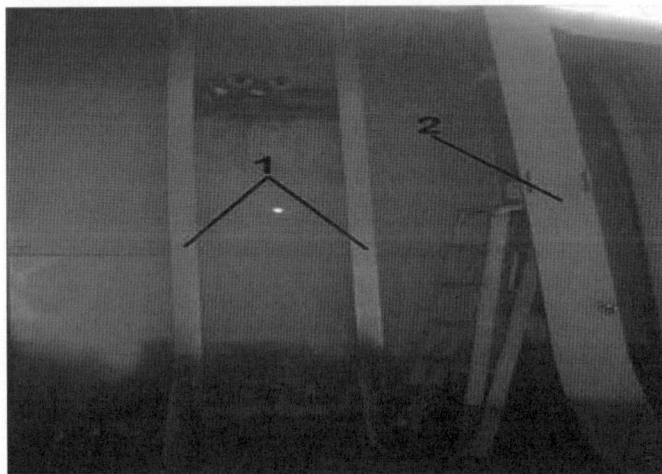

A.普通肋骨和主肋骨　　　　　　　　　B.肋板和强肋骨

C.普通肋骨和强肋骨　　　　　　　　　D.肋板和加大肋骨

8.肋骨按其所在位置的不同一般可分为_____。

①主肋骨;②甲板间肋骨;③尖舱肋骨;④强肋骨

A.①②③　　　　　　　　　　　　　　B.①③④

C.②③④　　　　　　　　　　　　　　D.①②③④

9.肋骨按其受力可分为_____。

①主肋骨;②普通肋骨;③尖舱肋骨;④强肋骨

A.②③④   B.①②③
C.②④   D.①②

10.肋骨编号方法是_____。
①习惯上以舵杆中心线为"0"号,对全船肋骨进行编号;②以舵柱后缘为"0"号,对全船肋骨进行编号;③以船中为"0"号,对全船肋骨进行编号
A.①②   B.②③
C.①③   D.①②③

11.肋骨编号方法是_____。
A.以首柱为"0"号,向前为正,向后为负
B.以尾柱为"0"号,向首为正,向尾为负
C.以船中为"0"号,向首为正,向尾为负
D.以尾垂线为"0"号,向首为正,向尾为负

12.肋骨编号方法是_____。
A.以首垂线处为"0"号   B.以船中处为"0"号
C.以舵杆后缘处为"0"号   D.以舵杆中心线处为"0"号

13.舷顶列板和甲板边板的连接处称舷边,其连接方法有_____。
①舷边角钢连接;②圆弧连接;③舷边直角焊接;④上倾式和下倾式连接
A.①②③   B.②③④
C.①③④   D.①②③④

14.舷墙的主要组成部分包括_____。
①舷墙板;②舷顶列板;③支撑肘板;④扶手;⑤甲板边板
A.①②④   B.②④⑤
C.①③④   D.①④⑤

15.肋骨编号法主要用于_____。
①海损事故后报告受损部位;②船舶修造中指明肋骨位置;③明确船体受力部位
A.①③   B.①②
C.②③   D.①②③

16._____不是舷边结构的圆弧连接法的特点。
A.多应用于船舶首尾部分
B.减小了甲板的有效利用面积,甲板排水易弄脏舷侧
C.通过圆弧舷板使舷顶列板和甲板边板连成一个整体
D.结构刚性较大

17._____不是舷边结构的直角焊接法的特点。
A.工艺复杂、工作量大
B.多用于中小型船舶
C.把舷顶列板和甲板边板直接焊接起来
D.易造成应力集中而产生裂缝

第五节 甲板结构

1.甲板结构的主要组成部分有_____。
　①横梁;②甲板纵桁;③甲板纵骨;④舱口围板;⑤强肋骨
　A.①③④⑤　　　　　　　　　B.①②④⑤
　C.①②③④　　　　　　　　　D.①②③④⑤

2.下图为纵骨架式甲板结构示意图,图中 6、7 所示分别是_____。

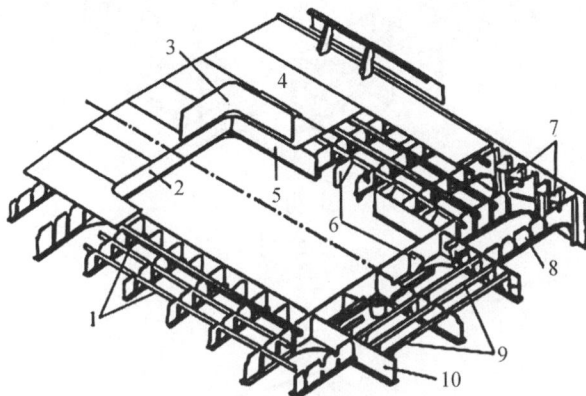

　A.肘板和肘板　　　　　　　　B.舭肘板和舭肘板
　C.梁肘板和梁肘板　　　　　　D.防倾肘板和梁肘板

3.下图所示为船舶横骨架式舷侧结构局部,图中 1、3 所示分别是_____。

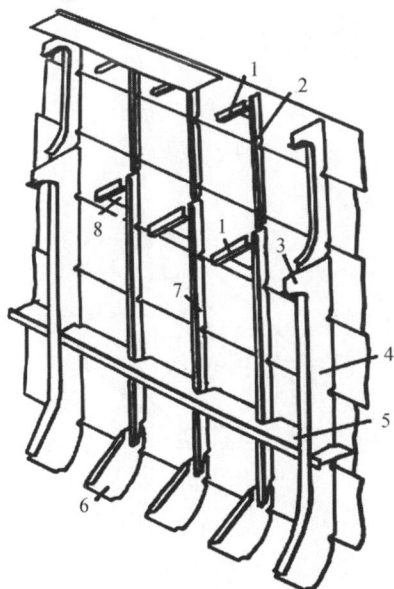

　A.甲板横梁和强肋骨　　　　　B.甲板横梁和强横梁

C.普通横梁和强横梁　　　　　　　　D.普通横梁和强肋骨

4.图中 8 所示构件名称为_____。

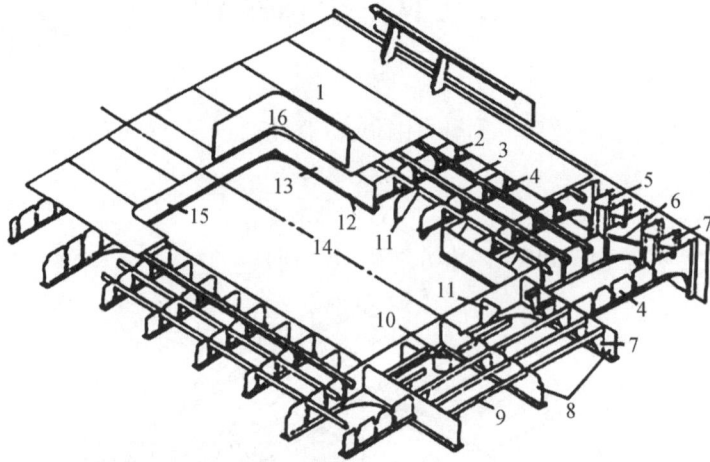

A.甲板纵桁　　　　　　　　　　　　B.肋骨

C.横梁　　　　　　　　　　　　　　D.桁材

5.船舶货舱口图中 4 所示为_____。

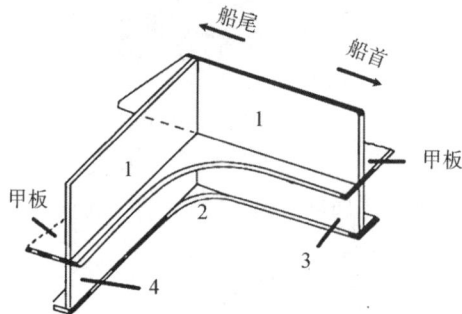

A.菱形板　　　　　　　　　　　　　B.舱口纵桁

C.舱口端梁　　　　　　　　　　　　D.半梁

6.船舶货舱图中 3 所示为_____。

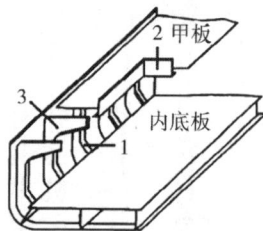

A.悬臂梁　　　　　　　　　　　　　B.肋骨

C.肋板　　　　　　　　　　　　　　D.舱口围板

7.图中 7 所示构件名称为_____。

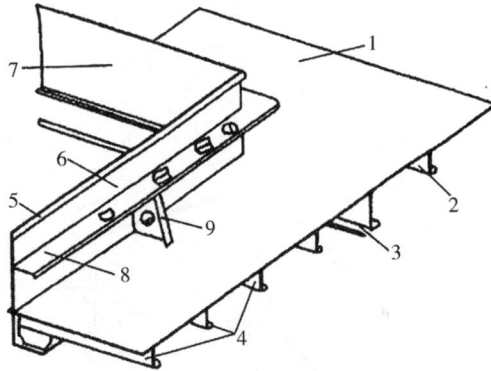

A.舱口纵桁　　　　　　　　　B.甲板纵桁
C.舱口围板　　　　　　　　　D.舷墙

8.设置于露天甲板(上甲板)货舱开口四周的纵向和横向并与甲板垂直的围板称为_____。
A.舱口围板　　　　　　　　　B.甲板纵桁
C.横梁　　　　　　　　　　　D.舱口端梁

9.为防止甲板开口角隅处因应力集中而产生裂缝,该处应设计成_____并应采取加强措施。
①抛物线形;②椭圆形;③圆形
A.①②　　　　　　　　　　　B.②③
C.①③　　　　　　　　　　　D.①②③

10.船舶货舱口图中 2 所示为_____。

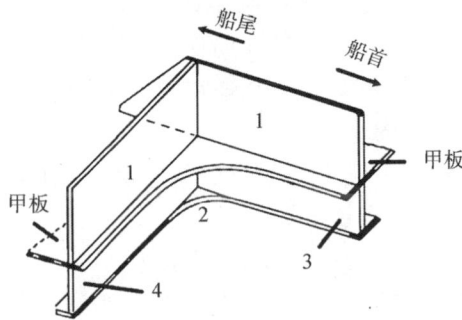

A.肘板　　　　　　　　　　　B.舱口纵桁
C.舱口端梁　　　　　　　　　D.菱形板

11.船舶货舱口图中 1 所示为_____。

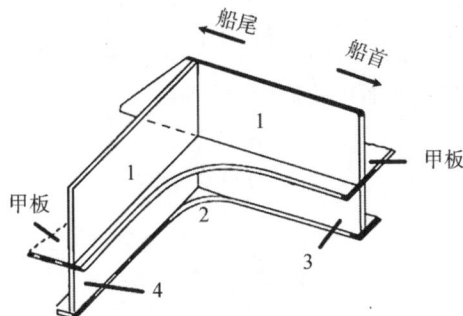

A.舷墙   B.舱口纵桁

C.舱口端梁   D.舱口围板

12.船舶货舱口图中 3 所示为_____。

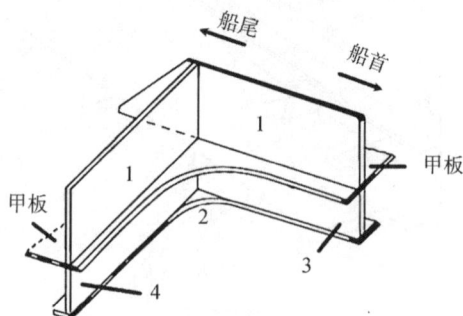

A.舱口纵桁   B.肋板

C.舱口端梁   D.半梁

13.船舶货舱图中 2 所示为_____;1 所示为_____。

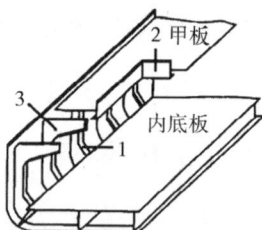

A.悬臂梁;肋骨   B.肋骨;主甲板

C.舷墙;舱口围板   D.舱口围板;肋骨

14.关于舱口围板,以下说法正确的是_____。
①防止海水渗入舱内;②增加甲板开口处的强度;③保证工作人员的安全;④围板在甲板上的最小高度应为 600 mm

A.②③④   B.①②③④

C.①②③   D.①③④

15.甲板板位于舱口边至舷边的钢板_____布置。

A.短边按船长方向   B.长边按船宽方向

C.长边按横向方向   D.长边按纵向方向

16.舱口角隅处的加强方法有_____。
①将舱口围板下伸超过甲板;②增加水平加强筋和肘板;③将围板分成两部分,分别焊接在甲板开口边缘的上、下面,并在下面用菱形面板加强

A.①②   B.②③

C.①③   D.①②③

17.甲板纵向弯曲称为_____。

A.梁拱   B.舷弧

C.底升   D.横梁

18.甲板横向弯曲称为_____。

    A.横梁　　　　　　　　　　　　　B.底升

    C.梁拱　　　　　　　　　　　　　D.舷弧

19.舷弧是甲板的纵向曲度,其作用是_____。

    ①减少甲板上浪;②增加甲板强度;③便于甲板排水;④使船体外形美观;⑤增加保留浮力

    A.①③④⑤　　　　　　　　　　B.①②④⑤

    C.②③④⑤　　　　　　　　　　D.①②③④

20.梁拱是甲板的横向曲度,其作用是_____。

    ①增加甲板强度;②增加储备浮力;③增加总纵强度;④便于甲板排水;⑤防止甲板上浪

    A.①②③　　　　　　　　　　　B.①④⑤

    C.②④⑤　　　　　　　　　　　D.①②④

21.下图中 2 所示为_____。

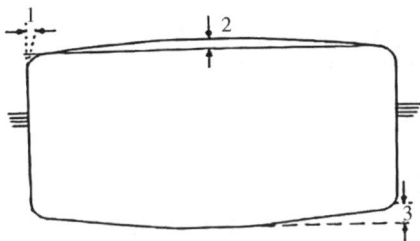

    A.舷弧　　　　　　　　　　　　B.梁拱

    C.舷侧外倾　　　　　　　　　　D.舷侧内倾

22.下图中 1 所示为_____。

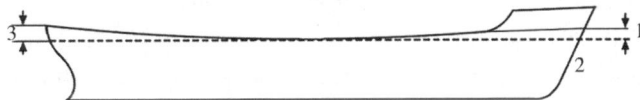

    A.舷弧　　　　　　　　　　　　B.梁拱

    C.倾斜度　　　　　　　　　　　D.龙骨倾斜

23.下图中 3 所示为_____。

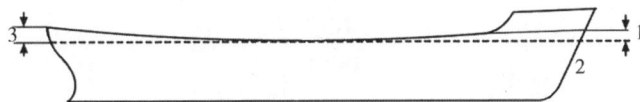

    A.舷弧　　　　　　　　　　　　B.梁拱

    C.倾斜度　　　　　　　　　　　D.龙骨倾斜

第六节　舱壁结构

1.舱壁的作用有_____。
①分隔舱容；②阻止火灾蔓延；③减少自由液面的影响；④提高船舶的抗沉性能
A.①②③　　　　　　　　　　　B.②③④
C.①③④　　　　　　　　　　　D.①②③④

2.位于船舶最前端的一道水密舱壁被称为_____。
①首尖舱舱壁；②防撞舱壁；③制荡舱壁
A.①②　　　　　　　　　　　　B.②③
C.①③　　　　　　　　　　　　D.①②③

3.舱壁按用途的不同可分为_____。
①水密舱壁；②防火舱壁；③液体舱壁；④制荡舱壁
A.①②④　　　　　　　　　　　B.②③④
C.①②③④　　　　　　　　　　D.①②③

4.按舱壁结构类型,舱壁可划分为_____。
A.制荡舱壁　　　　　　　　　　B.防火舱壁
C.平面舱壁　　　　　　　　　　D.水密舱壁

5.对保证船舶的抗沉性起主要作用的舱壁是_____。
A.水密横舱壁　　　　　　　　　B.水密纵舱壁
C.制荡舱壁　　　　　　　　　　D.对称槽形舱壁

6.制荡舱壁的主要作用是_____。
A.减小自由液面的影响　　　　　B.减小液体摇荡时产生的冲击力
C.增加纵横强度　　　　　　　　D.制止液体横荡

7.下列有关制荡舱壁的描述正确的是_____。
①设在液舱内；②可减少自由液面的影响；③无须在液舱内采用横向布置；④在液舱内一般纵向布置
A.①②③　　　　　　　　　　　B.②③④
C.①②④　　　　　　　　　　　D.①②③④

8.制荡舱壁一般设置在_____。
①首尖舱；②尾尖舱；③双层底舱
A.①②　　　　　　　　　　　　B.①③
C.②③　　　　　　　　　　　　D.①②③

9.机舱在船中部的货船,至少要有_____道水密横舱壁。
A.3　　　　　　　　　　　　　B.4
C.2　　　　　　　　　　　　　D.1

10.机舱在船尾部的货船,至少要有_____道水密横舱壁。

A.3　　　　　　　　　　　　　　B.4

C.2　　　　　　　　　　　　　　D.1

11.船舶最重要的一道水密横舱壁是_____。

　　A.尾尖舱舱壁　　　　　　　　　B.首尖舱舱壁

　　C.大舱与大舱之间的舱壁　　　　D.大舱与机舱之间的舱壁

12.钢质海船一般在_____设置防火舱壁。

　　①货舱与货舱之间;②机舱;③客船起居处所

　　A.①②　　　　　　　　　　　　B.②③

　　C.①③　　　　　　　　　　　　D.①②③

13.下图为船舶平面舱壁结构,图中"垂直和水平横向布置的骨架"的正确名称分别是_____。

　　A.舱壁扶强材和舱壁横桁　　　　B.主肋骨和水平桁

　　C.舱壁扶强材和水平桁　　　　　D.肋骨和水平桁

14._____的主要作用是保证船舶的抗沉性。

　　A.制荡舱壁　　　　　　　　　　B.水密纵舱壁

　　C.对称型舱壁　　　　　　　　　D.水密横舱壁

15.水密舱壁一般设置在_____之间。

　　①对单层底船为船底板与舱壁甲板;②对双层底船为内底板与舱壁甲板;③船底与下甲板

　　A.①③　　　　　　　　　　　　B.①②③

　　C.②③　　　　　　　　　　　　D.①②

16.防撞舱壁位于_____。

　　A.尾尖舱与货舱之间　　　　　　B.首尖舱与货舱之间

　　C.货舱与货舱之间　　　　　　　D.货舱与机舱之间

17.设有双层底的船舶,货舱区域的水密舱壁一般设置在_____之间。

　　A.内底板与上甲板　　　　　　　B.船底板与上甲板

　　C.内底板与下甲板　　　　　　　D.船底板与下甲板

18.万吨级船舶至少有四道水密横舱壁,它的主要作用是_____。

A.分隔舱容   B.防止火灾

C.减少自由液面   D.保证抗沉性

19.客船和货船至少应设置以下哪种水密横舱壁？_____。

①防撞舱壁；②尾尖舱舱壁；③机器处所前端舱壁；④机器处所后端舱壁

A.①②③   B.①②④

C.①③④   D.①②③④

20.对称槽形舱壁的优点是_____。

①结构重量轻；②建造工艺简单；③充分利用舱容；④货船普遍采用

A.①②③   B.①②

C.①④   D.①②③④

第七节　首尾结构

1.下图为横骨架式单层底船首结构示意图,图中 10 所示为_____。

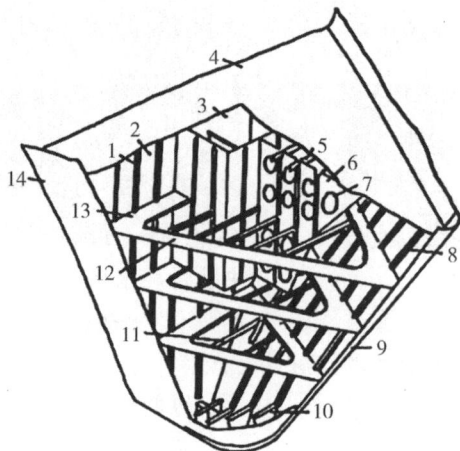

A.实肋板   B.内底板

C.水密肋板   D.升高肋板

2.与钢板焊接首柱和铸铁首柱相比,下列有关混合首柱的优点描述正确的是_____。

A.可以改变船舶的航行性能

B.使船体外形美观

C.制造工艺简单,成本低

D.在保证船首强度的基础上,减轻了船体重量

3.首柱按制造方法的不同,可分为_____。

①钢板焊接首柱；②铸钢首柱；③混合型首柱

A.①②③   B.①②

C.①③   D.②③

4.船舶球鼻首加强措施有:在球鼻首前端应设置间隔约_____的水平隔板,并与中纵桁连接。

    A.2 m   B.0.5 m

    C.1 m   D.1.5 m

5.船体首部设置球鼻首的主要作用是_____。

    A.增加形状阻力   B.增加首部强度

    C.减小碰撞对船体的损害   D.减少兴波阻力

6.球鼻首的作用是_____。

    A.防撞   B.装压载水

    C.增加船首强度   D.减少兴波阻力与形状阻力

7.首尖舱区域的加强方法有_____。

    ①设置升高肋板;②设置延伸至首柱并与其牢固连接的中内龙骨;③设置开孔平台;④在中纵剖面处增设制荡舱壁

    A.①②③   B.②③

    C.①②④   D.①②③④

8.在船尾突出体的后端呈放射状设置的骨架称为_____。

    A.扇形斜肋骨   B.强肋骨

    C.甲板间肋骨   D.主肋骨

9.关于轴隧作用的描述,以下正确的是_____。

    ①保护推进器轴;②便于维护保养工作;③可作为应急通道

    A.①②   B.①②③

    C.①③   D.②③

10.轴隧末端靠近尾尖舱舱壁处设有应急围井通至露天甲板上,其作用是_____。

    ①平时作为通风口;②应急时作为机舱和轴隧的逃生口;③作为测量孔

    A.①②   B.①③

    C.②③   D.①②③

11.每一个机器处所,应至少有_____脱险通道。

    A.一个   B.两个

    C.三个   D.四个

12.尾柱的作用是_____。

    ①连接尾端底部结构;②连接两舷侧外板和龙骨;③增强船尾的结构强度

    A.②③   B.①②③

    C.①③   D.①②

13.首柱的作用有_____。

    ①会拢外板;②保证船首局部强度;③保证船首形状

    A.①②   B.①②③

    C.①③   D.②③

14.首部结构的综合特点有_____。

    ①采用纵骨架式;②肋骨间距小;③构件尺寸大;④设有多个空间骨架

A.①②③   B.①②③④

C.②③④   D.①②④

15.船舶首柱和尾柱必须加强的原因是_____。

①离船中最远,受力大;②首部受风浪冲击;③首部要承受冰块和万一发生碰撞后产生的冲击力;④尾部受螺旋桨振动及舵的水动力作用

A.②③④   B.①③④

C.①②④   D.①②③

16.尾柱是船尾结构中的强力构件,其作用是_____。

①支撑舵与螺旋桨;②改善航行性能;③增强船尾结构强度;④保护舵与螺旋桨

A.②③④   B.①②④

C.①②③④   D.①③④

17.尾突出体的作用是_____。

①扩大甲板面积;②保护螺旋桨和舵;③改善航行性能

A.①②   B.①③

C.②③   D.①②③

第八节 冰区加强和防火结构

1.航行于冰区的船舶必须按规范的规定进行加强,其加强部位主要有_____。

①甲板;②船壳外板;③舷侧骨架;④首尾结构

A.①②③   B.①③④

C.②③④   D.①②③④

2.构成主竖区的舱壁必须满足_____要求。

A.丙级分隔   B.甲级分隔

C.乙级分隔   D.30 min 耐火试验

3.防火分隔等级最高的是_____。

A.甲级分隔   B.丁级分隔

C.丙级分隔   D.乙级分隔

4.航行于冰区船舶的加强方法有_____。

①增加板厚;②加大骨架间距;③加大骨架尺寸;④缩小骨架间距

A.①③④   B.②③④

C.①②③   D.①②④

5.B 级分隔是指由符合以下哪些衡准的舱壁、甲板、天花板或衬板所组成的分隔? _____。

①其构造能在最初 30 min 的标准耐火试验结束时,防止火焰通过;②具有符合规定的隔热值;③以认可的不燃材料制成

A.①②   B.②③

C.①②③   D.①③

6.船舶防火分隔中,其构造在 1 h 的标准耐火试验结束时,能防止烟及火焰通过的分隔是_____。
    A.丁级分隔   B.丙级分隔
    C.乙级分隔   D.甲级分隔

7.以下关于冰区加强及船舶防火结构的说法错误的是_____。
    A.B1*、B1、B2 和 B3 冰级标志的加强要求适用于冬季航行于北波罗的海的船舶,B 冰级适用于在中国沿海航行的船舶
    B.船舶的防火措施主要包括:控制可燃物、控制热源(火源)、控制通风及采取防火结构
    C.A 级分隔(甲级分隔)指由符合分隔要求的舱壁与甲板所组成的分隔
    D.冰带外板厚度至少应为船中部外板厚度的 1.5 倍

8.耐火分隔中的甲级分隔分为_____等级。
    A.2 个   B.1 个
    C.4 个   D.3 个

9."主竖区"系指船体、上层建筑及甲板室以_____。
    A."A 级分隔"分成的区段   B."B 级分隔"分成的区段
    C."C 级分隔"分成的区段   D."D 级分隔"分成的区段

第九节   船体水密与抗沉结构

1.船体结构上开口关闭装置中,按密性可分为_____。
    ①水密性关闭装置;②油密性关闭装置;③风雨密关闭装置;④非密性关闭装置
    A.①②③   B.①③④
    C.①②③④   D.①②④

2.舱壁甲板以上,第_____层甲板以下所有舷窗都有舷窗盖。
    A.1   B.2
    C.3   D.4

3.客船动力滑动水密门需要的电源由_____。
    ①应急配电板直接供电;②位于舱壁甲板上方的专用配电板供电;③船舶主电源供电
    A.①②③   B.①②
    C.①③   D.②③

4.客船驾驶室内水密门集控台用发光指示器表明每扇门所处状态的方法是_____。
    ①用红灯表示一扇门完全处于开启状态;②用绿灯表示一扇门完全处于关闭状态;③用绿灯表示一扇门完全处于开启状态;④用红灯表示一扇门完全处于关闭状态;⑤用红灯闪烁表示门处于关闭过程中;⑥用绿灯闪烁表示门处于关闭过程中
    A.①②⑤   B.①②⑥
    C.③④⑤   D.③④⑥

5.有关客船水密舱壁上每一动力滑动水密门现场独立手动机械操作装置,下列描述正确的

是_____。

①能从门所在舱壁的任一侧用手开、关门；②控制手柄装设在舱壁两侧地板以上至少 1.6 m 的高度处；③开、关门时手柄的运动方向与门的移动方向一致，并清楚地标明

A.①②③ B.①②

C.①③ D.②③

6.在船舶正浮时,用现场手动机械装置将客船滑动水密门完全关闭的时间应不超过_____。

A.30 s B.60 s

C.90 s D.120 s

7._____为船舶的水密结构和装置。

①制荡舱壁；②双层底；③水密门；④水密窗

A.①②④ B.②③④

C.①②③ D.①②③④

8._____为船舶的水密结构和装置。

①水密舱壁；②双层底；③水密门；④水密窗

A.①②③ B.①②④

C.②③④ D.①②③④

9.任何动力滑动水密门的操纵装置,无论是动力式还是手动式,均应能在船舶向任一舷横倾至_____的情况下将门关闭。

A.25° B.20°

C.15° D.8°

10._____不是客船上的水密门的设计要求。

A.每一动力滑动水密门,应为竖动式或横动式

B.船舶正浮时,手动机械装置的关门时间不超过 90 s

C.遥控关门时,以红灯闪烁表示关闭过程中

D.分隔货舱水密舱壁上装设的水密门必须是遥控的

11.关于货船上的水密门的操作要求,下列说法正确的是_____。

A.这类门为遥控操作的铰链式门、滚动式门或滑动式门

B.这类门的使用可以不经值班驾驶员的批准

C.这类门在港内开启的时间可以不计入航海日志

D.这类门在开航前应关妥,在航行中保持关闭

12.船舶设置水密横舱壁的主要作用是_____。

A.保证抗沉性 B.便于装卸货

C.调整前后吃水 D.增加船舶的承受负载

13.按规定,凡穿过防撞舱壁的管子应设有能在_____以上进行操作且阀体设在_____防撞舱壁上的截止阀,以便在首部破损时能立即将它关闭。

A.舱壁甲板；首尖舱内 B.舱壁甲板；首尖舱外

C.干舷甲板；首尖舱内 D.干舷甲板；首尖舱外

14.关于船舶水密完整性的作用和设置,说法错误的是_____。

A.水密完整性能起到控制浸入海水在船体内的流动的作用

B.《1966年国际船舶载重线公约》、《1974年国际海上人命安全公约》及有关规则对其水密完整性做了具体规定

C.水密分隔上的开口可以不装有关闭设备

D.船舶和海上移动平台均应满足水密完整性的要求

第十节　船舶总布置图

1.反映船舶总体布置情况的图纸是_____。

A.基本结构图 　　　　　　　　　　B.外板展开图

C.船中剖面图 　　　　　　　　　　D.船舶总布置图

2.识读总布置图组成部分中的俯视图(各层平台、甲板及舱底平面图)时需要互相对照的图是_____。

A.基本结构图 　　　　　　　　　　B.右舷侧视图

C.中剖面图 　　　　　　　　　　　D.外板展开图

3.比较集中体现船舶的用途、任务和经济性的图纸是_____。

A.基本结构图 　　　　　　　　　　B.外板展开图

C.线型图 　　　　　　　　　　　　D.总布置图

4.图上注有全船外板的排列、厚度及外板上开口的位置线,是造船或修理时确定船体钢板的规格和数量,申请订货或备料时主要依据的图纸是_____。

A.基本结构图 　　　　　　　　　　B.外板展开图

C.纵中剖面结构图 　　　　　　　　D.横剖面图

5.船体结构图中注有肋骨尺度和间距、甲板纵桁尺度、各种支柱尺度、纵舱壁厚度及其上的扶强材尺度、上层建筑的高度以及板的厚度和扶强材尺度等的图纸是_____。

A.各层甲板图 　　　　　　　　　　B.内底结构图

C.局部结构图 　　　　　　　　　　D.纵中剖面结构图

6.船体主要结构图的用途有_____。

①表明了船体构件的尺度;②作为造船时计算强度和选用材料的依据;③作为修船时更换板材或骨架的依据;④反映了全船各舱室及船舶设备的布置情况

A.①②③④ 　　　　　　　　　　　B.②③④

C.①②④ 　　　　　　　　　　　　D.①②③

7.船舶总布置图一般包括_____。

①右舷侧视图;②各层甲板与平台平面图;③船体主要尺度和技术性能数据;④首、尾俯视图

A.②③④ 　　　　　　　　　　　　B.①③④

C.①②④ 　　　　　　　　　　　　D.①②③

8.反映了船体纵、横构件的布置和结构情况的图纸是_____。

A.中横剖面图 　　　　　　　　　　B.舱壁图

C.外板展示图　　　　　　　　　　　D.基本结构图

9.总布置图的主要组成部分有_____。

①侧视图；②各层平台与甲板的俯视图；③舱底平面图及船体主要尺度和技术性能数据；④中剖面图；⑤局部结构图

A.①②③　　　　　　　　　　　　　B.①②③④⑤

C.②③④⑤　　　　　　　　　　　　D.①②③⑤

参考答案

第一节　船体结构的形式

1.C	2.C	3.A	4.D	5.B	6.D	7.B	8.C	9.A	10.B
11.D	12.A	13.C	14.B	15.B	16.B	17.C	18.B	19.A	20.B
21.B	22.A	23.A	24.C	25.D	26.B	27.B	28.B	29.A	30.B
31.C	32.C	33.C	34.B	35.B					

第二节　外板和甲板板

1.B	2.D	3.A	4.D	5.B	6.B	7.C	8.D	9.A	10.D
11.B	12.D	13.C	14.C	15.B					

第三节　船底结构

1.D	2.D	3.D	4.C	5.C	6.C	7.C	8.B	9.A	10.A
11.D	12.A	13.B	14.B	15.B	16.B	17.D	18.A	19.A	20.A
21.D	22.D	23.B	24.D	25.D	26.B	27.D	28.D	29.B	30.A
31.D	32.C	33.C							

第四节　舷侧结构

1.A	2.B	3.A	4.C	5.A	6.A	7.C	8.A	9.C	10.A
11.D	12.D	13.A	14.C	15.B	16.A	17.A			

第五节　甲板结构

1.C	2.D	3.B	4.A	5.C	6.A	7.C	8.A	9.D	10.D
11.D	12.A	13.D	14.C	15.D	16.C	17.B	18.C	19.A	20.D
21.B	22.A	23.A							

第六节　舱壁结构

1.D	2.A	3.C	4.C	5.A	6.A	7.C	8.A	9.B	10.A
11.B	12.B	13.C	14.D	15.D	16.B	17.A	18.D	19.D	20.B

第七节　首尾结构

1.D	2.D	3.A	4.C	5.D	6.D	7.D	8.A	9.B	10.A
11.B	12.B	13.B	14.C	15.A	16.D	17.D			

第八节　冰区加强和防火结构

1.D	2.B	3.A	4.A	5.C	6.D	7.D	8.C	9.A

第九节　船体水密与抗沉结构

1.C	2.A	3.B	4.A	5.A	6.C	7.B	8.D	9.C	10.D
11.D	12.A	13.A	14.C						

第十节　船舶总布置图

1.D	2.B	3.D	4.B	5.D	6.D	7.D	8.D	9.A

第三章

船舶管系

1.以下关于船舶污水系统组成部分中污水井的描述正确的是_____。
①污水井通常由肋板将其分成前、后相通的两部分；②污水井前、后两部分的容积大小特点为前大后小；③船舶用于装载干散货的货舱,应在装货前将污水井盖用麻布包好；④污水井的容积应不小于0.3 m³

    A.①②③④　　　　　　　　　　B.②③④

    C.①②　　　　　　　　　　　　D.①②③

2.舱底水管系主要用于_____。

    A.排除沟(井)内及机舱底部的污水　　B.泵排生活用水

    C.泵排舱内水以便于调整船舶稳性　　D.灭火

3.舱底水管系的作用是_____。
①排除沟(井)内的污水；②排除机舱底部的污水；③破损进水后可用作主排水设备

    A.①②　　　　　　　　　　　　B.②③

    C.①③　　　　　　　　　　　　D.①②③

4.关于舱底水管系,以下说法正确的是_____。

    A.主要用于船舶舱底　　　　　　B.用于供应机舱机械设备冷却水

    C.包含机舱污油水和货舱舱底水　　D.包含压载水

5.下列属于舱底水管系组成部分的是_____。
①测量管；②舱底水管路；③海底阀；④舱底泵

    A.①②④　　　　　　　　　　　B.②③④

    C.①②③　　　　　　　　　　　D.①③④

6.有关舱底水管系中污水沟或污水井的设置,下列说法正确的是_____。
①当内底边板为下倾式时设污水沟；②当内底边板为水平式时设污水井；③污水井的容积不小于1.5 m³

    A.①②　　　　　　　　　　　　B.②③

    C.①③　　　　　　　　　　　　D.①②③

7.按规范的规定,污水管路的设置应能满足船舶在正浮或向任何一舷横倾_____以内均能排干污水。

A.3° B.5°

C.7° D.9°

8.下列对船舶污水井的描述正确的有_____。

①排除货舱积水;②每次卸完货后应将污水井清洗干净;③装货前用麻袋布或其他等效材料铺盖舱内污水井;④货舱内所有污水,包括残余货物可以通过污水井排出

A.①②④ B.①②

C.①②③ D.①②③④

9.污水井的容积应不小于_____。

A.0.10 m³ B.0.15 m³

C.0.20 m³ D.0.25 m³

10.污水管系的组成部分包括_____。

①污水沟与污水井;②污水管路;③阀箱和污水泵;④泥箱和测量管

A.①③④ B.①②③

C.②③④ D.①②③④

11.货船上的污水沟一般设在_____。

A.双层底底部 B.舱内舭部

C.首尖舱底部 D.舱内中部

12.船舶压载管系中,压载舱设置空气管的作用是_____。

A.给舱室通气 B.为各压载舱提供空气出入通道

C.舱室之间通风 D.可兼作测量管

13.压载管系的作用是_____。

A.可代替水灭火系统 B.注入或排出压载水

C.可兼作舱底水管系 D.排出舱底污水

14.压载管路组成部分中的吸口一般布置在各压载舱的_____。

A.前部 B.中前部

C.后部 D.中部

15.压载管系的作用是_____。

①注入或排出压载水;②压载舱间相互调驳;③可排出舱底污水

A.①②③ B.①②

C.②③ D.①③

16.关于压载管系的主要用途,以下说法正确的是_____。

A.打排压载水

B.排出机舱污油水和货舱舱底水

C.主要用于船舶灭火

D.用于供应机舱机械设备冷却水

17.压载管系在船舶机舱后的位置一般在_____。

A.双层底内 B.箱形中桁材内

    C.内底板上　　　　　　　　　　　　　D.轴隧里

18.有关压载管系的作用,以下描述正确的是_____。

    ①可用于向用作压载的舱室注入或排出压载水;②可用于压载舱之间的压载水调驳;③半潜及潜水船可利用压载系统实现沉、浮作业

    A.①②③　　　　　　　　　　　　　　B.①③

    C.②③　　　　　　　　　　　　　　　D.①②

19.调驳阀箱属于_____管系。

    A.舱底水　　　　　　　　　　　　　　B.压载

    C.通风　　　　　　　　　　　　　　　D.消防

20.压载管系的组成部分包括_____。

    ①压载管路;②吸口;③调驳阀箱;④测量管和空气管

    A.①②③　　　　　　　　　　　　　　B.②③④

    C.①③④　　　　　　　　　　　　　　D.①②③④

21.机舱以前的各压载支管布置在_____。

    A.内底板上　　　　　　　　　　　　　B.轴隧内

    C.压载舱内　　　　　　　　　　　　　D.双层底或管隧内

22.每一个液舱、隔离空舱、管隧和不易经常接近的污水井中,均应设置_____,用于测量舱内的水深。

    A.测深管　　　　　　　　　　　　　　B.空气管

    C.洗舱管　　　　　　　　　　　　　　D.洒水管

23.常用于水柜或油柜上并设有滤网的通风筒是_____。

    A.菌形通风筒　　　　　　　　　　　　B.烟斗式通风筒

    C.鹅颈式通风筒　　　　　　　　　　　D.排风筒

24._____是自然通风系统的装置。

    A.排风筒　　　　　　　　　　　　　　B.风机

    C.空调　　　　　　　　　　　　　　　D.干燥通风

25.为满足一旦通风筒所在舱室发生火灾事故后能在外部将通风装置关闭,在_____帽盖的顶部或筒体侧面设置了操作手轮。

    A.菌形通风筒　　　　　　　　　　　　B.鹅颈式通风筒

    C.烟斗式通风筒　　　　　　　　　　　D.排风筒

26.筒口设有铰链式盖板、防鼠网,主要用于物料间、储物间等类似舱室的是_____。

    A.菌形通风筒　　　　　　　　　　　　B.烟斗式通风筒

    C.鹅颈式通风筒　　　　　　　　　　　D.排风筒

27.小型船舶通常利用_____向货舱内送入新鲜空气。

    A.排风筒　　　　　　　　　　　　　　B.圆形通风筒

    C.鹅颈式通风筒　　　　　　　　　　　D.烟斗式通风筒

28.能对外界空气进行过滤和温湿度处理,并将处理后的新鲜空气送至各舱室的装置是_____。

A.烟斗式通风筒　　　　　　　　　B.风机

C.排风筒　　　　　　　　　　　　D.空调系统

29.自然通风系统中常见的通风筒有_____。

①烟斗式通风筒;②排风筒;③菌形通风筒;④鹅颈式通风筒

A.②③④　　　　　　　　　　　　B.①②③

C.①③④　　　　　　　　　　　　D.①②③④

30.测量管的作用是_____。

①测量所有的压载水舱液位;②测量除饮用水外的淡水舱液位;③测量所有的燃油舱液位;④测量污水沟或污水井液位

A.①②③　　　　　　　　　　　　B.②③④

C.①③④　　　　　　　　　　　　D.①②③④

31.污水测量可显示_____。

①积存污水数量;②液体货物是否泄漏;③船舶相关部位是否渗漏

A.①②　　　　　　　　　　　　　B.②③

C.①③　　　　　　　　　　　　　D.①②③

32.关于船舶测量管的用途和设置,错误的是_____。

A.测量管的用途是测量舱内的水深

B.设有机械测量装置的船舶可以不设置人工测量的测深管

C.测量管的管口分为开式和闭式两种

D.测量管的盖上应标明所属舱室的铭牌

33.一般于液舱的_____设置测量管的下端口。

A.最顶部　　　　　　　　　　　　B.中部

C.最深处　　　　　　　　　　　　D.任意位置

34.对通风管系布置的要求有_____。

①通风筒口应设在开敞甲板的排气口附近;②通风筒上口在甲板上应具有一定高度;③通风管道不得穿过舱壁甲板以下的水密舱壁

A.①③　　　　　　　　　　　　　B.②③

C.①②　　　　　　　　　　　　　D.①②③

35.以下关于通风管系布置的要求说法错误的是_____。

A.通风筒结构应坚固,必须有专门的支撑

B.通风帽应尽量远离排气管口、天窗及升降口

C.必要时通风筒口可设置风雨密装置

D.通风管可以穿越舱壁甲板以下的水密舱壁

36.船用空调系统的设置形式一般有_____。

①中央集中式空调装置;②分组集中式空调装置;③独立式空调装置

A.①②　　　　　　　　　　　　　B.②③

C.①③　　　　　　　　　　　　　D.①②③

37.通风管系中的通风筒口应设在_____。

A.遮蔽甲板下 　　　　　　　　　　B.开敞甲板上

C.舷墙内侧 　　　　　　　　　　　D.任意舱壁上

38.为避免在恶劣或潮湿天气时因通风的原因而使湿空气进入货舱引起货物潮湿,甚至发霉变质造成货损,可在普通机械通风机上加设_____,从而使输入舱内的新鲜空气变干燥。

①加热装置;②空气调节系统;③除湿机;④除湿剂

A.①②③④ 　　　　　　　　　　　B.②③④

C.①④ 　　　　　　　　　　　　　D.③④

39.下图所示的通风筒在船上被广泛使用,常用于_____的通风。

①货舱;②厨房;③起居舱室;④油水舱

A.①③④ 　　　　　　　　　　　　B.②③④

C.①②③ 　　　　　　　　　　　　D.①②④

40.船上通风管系的作用是_____。

①防止货物变质或自燃;②改善人员的生活与工作条件;③调节舱内温度和湿度

A.①②③ 　　　　　　　　　　　　B.①②

C.②③ 　　　　　　　　　　　　　D.①③

41.水灭火系统消防甲板管系的主要作用是_____。

A.灭火 　　　　　　　　　　　　　B.冲洗甲板

C.冲洗锚链 　　　　　　　　　　　D.洗舱

42.仅在油船和液化气船上配备的固定式灭火系统是_____。

A.水雾灭火系统 　　　　　　　　　B.自动喷水系统

C.泡沫灭火系统 　　　　　　　　　D.惰气保护系统

43.在消防管系中,除了主要用于灭火外,平时还可用于冲洗甲板、起锚时冲洗锚链和锚,与手提式泡沫枪配套使用的灭火系统是_____。

A.水雾灭火系统 　　　　　　　　　B.自动喷水系统

C.水灭火系统 　　　　　　　　　　D.泡沫灭火系统

44._____是所有船舶均必须设置的固定式消防系统。

A.水消防系统 　　　　　　　　　　B.局部水雾灭火系统

C.泡沫灭火系统 　　　　　　　　　D.惰气灭火系统

45.只在液化气船和油船上配备的固定式灭火系统是_____。

A.气体灭火系统 　　　　　　　　　B.水雾灭火系统

C.泡沫灭火系统 　　　　　　　　　D.自动喷水系统

46.因其作用的特殊性,每艘船舶都配备的消防管系是_____。

A.泡沫灭火系统　　　　　　　B.气体灭火系统

C.水灭火系统　　　　　　　　D.惰气保护系统

47.所有船舶都要求配备的固定式灭火系统是_____。

A.气体灭火系统　　　　　　　B.泡沫灭火系统

C.水灭火系统　　　　　　　　D.水雾灭火系统

48.水灭火系统组成部分中的甲板管系平时可用于_____。

A.冲洗厕所　　　　　　　　　B.提供舱室卫生用水

C.冲洗甲板和锚链　　　　　　D.排污水

49.船舶配备的固定式灭火系统有_____。

①水灭火系统;②气体灭火系统;③泡沫灭火系统;④水雾灭火系统;⑤惰气保护系统;⑥自动喷水系统

A.①②③　　　　　　　　　　B.①④⑥

C.①②③⑤　　　　　　　　　D.①②③④⑤⑥

50.水灭火系统的用途包括_____。

①居住舱灭火;②冲洗锚链;③灌装压载水;④机舱集控室灭火;⑤冲洗甲板;⑥散货船洗舱

A.①②⑤⑥　　　　　　　　　B.①②③④⑥

C.①④⑤⑥　　　　　　　　　D.②③④⑥

51.水灭火系统的甲板管系除主要用于灭火外,平时还可用于_____。

①冲洗甲板;②起锚时冲洗锚链和锚;③提供船员房间卫生用水;④粮食船载货前洗舱

A.①②③④　　　　　　　　　B.①②③

C.②③④　　　　　　　　　　D.①②④

52.散货船消防管系中水灭火系统的功能应包括_____。

①冲洗锚链和锚;②对货舱进行初洗;③灭火;④冲洗甲板;⑤向顶边舱灌装压载水

A.①②③　　　　　　　　　　B.①②④

C.①②③⑤　　　　　　　　　D.①②③④⑤

53.以下关于管系的描述错误的是_____。

A.消防管系包括各种固定式灭火系统,如水灭火系统、气体灭火系统、泡沫灭火系统、水雾灭火系统、自动喷水系统及惰气保护系统等

B.日用水管系包括:日用淡水系统、日用热水系统及饮用水系统等

C.为防污物进入排水口而堵塞排水管,在排水口处设有多孔盖板,为防海水倒灌,在所有开口排至舷外的排水管下口处设有止回装置

D.卫生排泄系统不必经粪便处理系统处理即可排放入海

54.甲板排水管系以_____迅速排出舷外。

A.压力方式　　　　　　　　　B.自流方式

C.真空方式　　　　　　　　　D.泵抽方式

55.若甲板排水管系排水孔的位置无法避开救生艇及舷梯的吊放区域内时,则须_____或其他等效装置。

A.做成具有180°的弯头　　　　B.设置止回阀

C.设置挡水罩　　　　　　　　　　D.设置盖板

56._____是用于排出各层露天甲板或地板积水的系统。

A.消防管系　　　　　　　　　　B.日用水管系

C.卫生排泄系统　　　　　　　　D.甲板排水管系

57.关于甲板排水管系的设置和用途,说法错误的是_____。

A.排水口处应设有多孔的盖板

B.排水管应在外板处设置止回阀

C.穿过外板的排水管管壁必须加厚

D.非封闭处所的上层建筑的排水管也可引至舷内

参考答案

1.D	2.A	3.A	4.A	5.A	6.A	7.B	8.C	9.B	10.D
11.B	12.B	13.B	14.C	15.B	16.A	17.D	18.A	19.B	20.D
21.D	22.A	23.C	24.A	25.A	26.C	27.D	28.D	29.D	30.D
31.D	32.B	33.C	34.B	35.D	36.D	37.B	38.D	39.C	40.A
41.A	42.D	43.C	44.A	45.D	46.C	47.C	48.C	49.D	50.A
51.D	52.D	53.D	54.B	55.C	56.D	57.D			

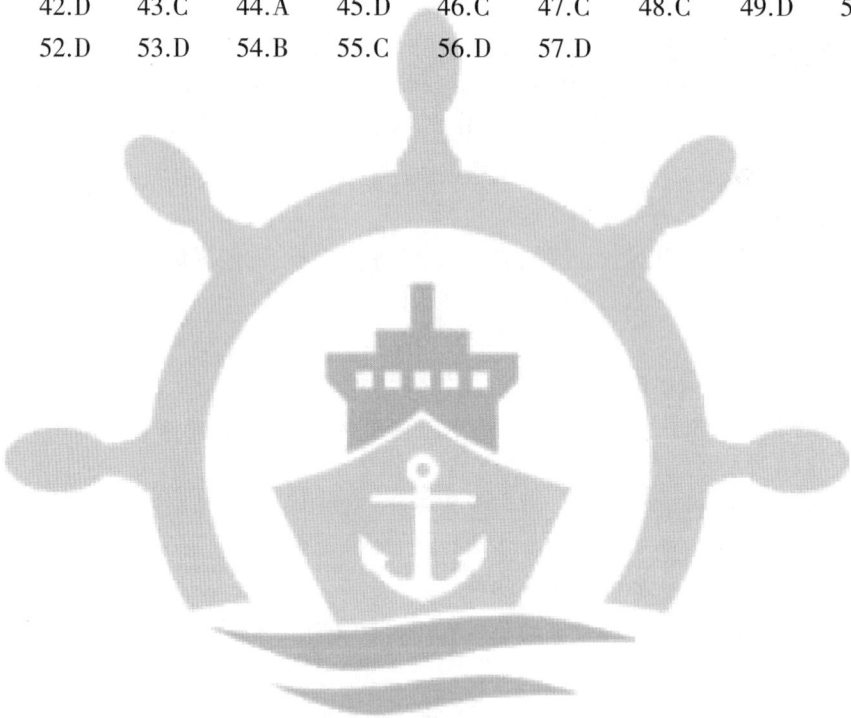

第四章
船舶装卸设备

第一节　吊杆装置

1.吊杆装置由_____等组成。

①吊杆;②绳索;③索具

A.①③   B.①②③

C.①②   D.②③

2.轻型吊杆装置主要由_____组成。

①起重柱;②吊杆装置;③起货机械;④旋转塔架

A.①②④   B.②③④

C.①②③   D.①③④

3.布置轻型单千斤索双杆时,舷外吊杆的仰角太小或其保险稳索下端系结点太靠前,都会_____。

A.使千斤索受力减小,甚至出现负值

B.增大稳索受力

C.增大千斤索受力

D.减小舷外跨距

4.任何情况下,轻型吊杆的最小仰角不得小于_____;重型吊杆的最小仰角不得小于_____。

A.25°;30°   B.15°;25°

C.30°;45°   D.20°;25°

5.下图中起重柱上部的滑车是_____。

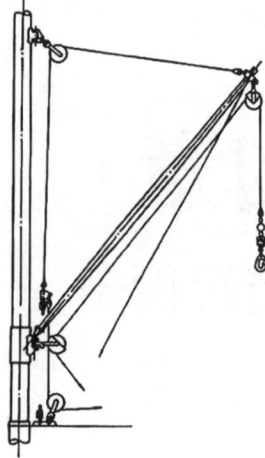

A.吊货滑车   B.千斤索导向滑车

C.吊货导向滑车   D.嵌入滑车

6.下图中吊杆头上的滑车是_____。

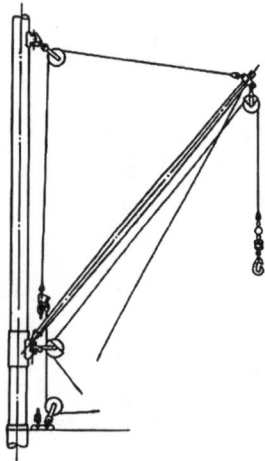

A.吊货滑车   B.千斤滑车

C.导向滑车   D.嵌入滑车

7.普通轻型单千斤索单杆的摆动稳索用于控制_____。

A.吊杆俯仰   B.吊杆左右摆动

C.货物升降   D.起重柱位置

8.双千斤索轻型单吊杆回转靠_____。

A.两千斤索同速一收一放   B.两千斤索同时收进或松出

C.两牵索一收一放   D.两牵索同时收或放

9.普通轻型(单千斤索)单吊杆的千斤索用于控制_____。

A.吊杆左右回转   B.吊杆俯仰

C.货物升降   D.起重柱位置

10.吊杆装置中的绳索主要包括_____。

①千斤索;②吊货索;③稳索;④牵引索

A.①②④　　　　　　　　　　　　　　B.①②③④

C.①②③　　　　　　　　　　　　　　D.②③④

11.轻型吊杆是指安全工作负荷等于和小于_____的吊杆装置或吊杆式起重机。

A.49 kN　　　　　　　　　　　　　　B.98 kN

C.117.6 kN　　　　　　　　　　　　D.147 kN

12.布置轻型单千斤索双杆时,舷内吊杆的最大仰角应小于_____,舷外吊杆的仰角应大于_____。

A.60°;15°　　　　　　　　　　　　B.65°;20°

C.75°;25°　　　　　　　　　　　　D.75°;15°

13.布置轻型单千斤索双杆时,舷内吊杆稳索下端系结点应接近舱口_____。

A.中部或稍偏前　　　　　　　　　　B.后部或偏前

C.前端或偏后　　　　　　　　　　　D.后端或偏后

14.布置轻型单千斤索双杆时,"八字关"是指_____。

A.两根吊杆同时伸出各自的舷外呈八字形,使吊货索受力大于所吊货物的重力

B.两根吊杆同时伸出同一舷的舷外呈八字形,使吊货索受力大于所吊货物的重力

C.两根吊杆同时伸出各自的舷外呈八字形,使吊货索受力小于所吊货物的重力

D.两根吊杆同时伸出同一舷的舷外呈八字形,使吊货索受力小于所吊货物的重力

15.在双杆作业时的布置要领中,舷外吊杆的仰角_____。

A.应大于27°　　　　　　　　　　　B.应大于25°

C.应大于15°　　　　　　　　　　　D.应大于8°

16.双杆作业时,用于调整吊杆位置的绳索是_____。

A.调整稳索和吊货索　　　　　　　　B.中稳索和吊货索

C.吊货索和千斤索　　　　　　　　　D.调整稳索和中稳索

17.双杆作业时,用于调节吊杆仰角的绳索是_____。

A.千斤索　　　　　　　　　　　　　B.中稳索

C.吊货索　　　　　　　　　　　　　D.边稳索

18.吊杆头端升起时,其轴线与水平面的夹角叫吊杆仰角(又称吊举角),装卸作业时,轻型吊杆仰角应控制在_____。

A.20°~75°　　　　　　　　　　　B.15°~60°

C.15°~75°　　　　　　　　　　　D.20°~60°

19.单千斤索轻型双吊杆,两吊杆头部至桅肩的引索称为_____。

A.桅杆稳索　　　　　　　　　　　　B.调节牵索

C.千斤索　　　　　　　　　　　　　D.吊杆稳索

20.单千斤索轻型双吊杆头部之间的牵索为_____。

A.千斤索　　　　　　　　　　　　　B.下稳索

C.中盖(中稳索)　　　　　　　　　　D.上稳索

21.轻型双杆作业中,受力最大的稳索是_____。

　　A.中稳索　　　　　　　　　　　　　B.调节稳索

　　C.保险稳索　　　　　　　　　　　　D.边稳索

22.普通轻型双吊杆的中稳索用于控制_____。

　　A.吊杆俯仰　　　　　　　　　　　　B.吊杆左右摆动

　　C.两吊杆头之间的距离　　　　　　　D.起重柱位置

23.在装卸货过程中,以下说法正确的是_____。

①吊杆下方严禁站人;②悬吊货物下禁止人员站立或行走;③暂不工作时,吊货索可以盘在甲板上;④暂不工作时,吊货索应收绞起,使吊货钩不碰到人头;⑤人员不得从内档甲板通行

　　A.①②④　　　　　　　　　　　　　B.①②④⑤

　　C.①②③④⑤　　　　　　　　　　　D.①②③⑤

24.为防止吊杆后翻(翻关)而失去控制,布置轻型单千斤索双杆时,应确保千斤索所受的张力_____。

　　A.出现极小值　　　　　　　　　　　B.出现负极大值

　　C.出现极大值　　　　　　　　　　　D.不至降为零

25.双杆作业前,布置舷内吊杆位置时应重点注意_____。

　　A.吊杆的仰角不应太大　　　　　　　B.防止八字关

　　C.防止超关　　　　　　　　　　　　D.防止拖关

26.布置双杆时,舷内吊杆的仰角不应过大,否则会_____。

　　A.发生后翻(千斤索所受的张力降至零)

　　B.增大千斤索所受的张力

　　C.增大稳索受力

　　D.使它在舷外的跨距减小

27.起落吊杆时,指挥者应站在_____。

　　A.操作人员能看清指挥动作的合适位置

　　B.吊杆下方

　　C.吊杆前方

　　D.吊杆后方

28.单杆最大受力工况,轻型吊杆的仰角一般取_____。

　　A.79°　　　　　　　　　　　　　　B.25°

　　C.15°　　　　　　　　　　　　　　D.75°

29.双吊杆作业时,吊杆头伸出舷外的吊杆俗称_____。

　　A.卸货吊杆　　　　　　　　　　　　B.小关

　　C.起货吊杆　　　　　　　　　　　　D.大关

30.双杆作业时严禁_____。

①超关;②拖关;③摔关;④游关;⑤调关

　　A.②③④⑤　　　　　　　　　　　　B.①②④⑤

　　C.①③④⑤　　　　　　　　　　　　D.①②③④

31.起货设备的绳索中,最易受损的是_____。

    A.边稳索　　　　　　　　　　　　B.吊货索

    C.千斤索　　　　　　　　　　　　D.中稳索

32.起落吊杆时,用于调整吊杆位置且其根部系结在舷墙眼板(或地令)上的绳索是_____。

    A.保险索　　　　　　　　　　　　B.中稳索

    C.附加索　　　　　　　　　　　　D.调整稳索

33.在双杆作业中,用于固定工作中吊杆的位置,并承受吊货时吊货索张力的稳索称为_____。

    A.摆动稳索　　　　　　　　　　　B.调整稳索(软盖)

    C.保险稳索(老盖)　　　　　　　D.中稳索(中盖)

34.在装卸爆炸品和易燃液体危险货物时,吊杆应降低其额定负荷的_____。

    A.25%　　　　　　　　　　　　　B.20%

    C.15%　　　　　　　　　　　　　D.10%

35.双杆作业时两根吊货索的夹角不得超过_____。

    A.90°　　　　　　　　　　　　　B.100°

    C.110°　　　　　　　　　　　　D.120°

36.起货机在使用前,下列描述正确的是_____。

    ①电动起货机在使用前应顺车、倒车空转片刻,检查电机是否正常;②液压起货机使用前要检查高压油泵是否正常工作;③起货机在使用前要检查离合器和刹车是否可靠;④使用前要检查卷筒上的钢丝排列是否正常

    A.①②③④　　　　　　　　　　　B.①②④

    C.①　　　　　　　　　　　　　　D.②

37.吊杆操作不稳,左右摇摆可能会导致_____。

    ①货物损坏;②舱口围板或其他构件损坏;③起货机损坏;④舱内人员受伤

    A.①②③④　　　　　　　　　　　B.②③④

    C.①③④　　　　　　　　　　　　D.①②③

38.起落吊杆时,以下做法正确的是_____。

    ①人员不准站在吊杆底下;②作业人员应足够;③起落双吊杆时,如人员不足,应一根一根地起落;④双杆必须互相配合好

    A.①②③　　　　　　　　　　　　B.②③④

    C.①②④　　　　　　　　　　　　D.①②③④

39.双吊杆作业时,对起货机操作人员的操作要求有_____。

    ①严禁突然换向;②避免急刹车;③避免用吊钩拖拉货物;④避免吊货索与舱口摩擦;⑤出现异常情况时可边作业边检查

    A.②③④⑤　　　　　　　　　　　B.①③④⑤

    C.①②④⑤　　　　　　　　　　　D.①②③④

40.双吊杆操作使用时的检查事项有_____。

    ①严禁加负荷,操作中应避免突然换向或急刹车;②禁止使用八字关;③货物不应吊起太高(以能过舱口围板和舷墙为准),以防两吊货索之间的夹角超过120°;④在作业中发现有异常

情况或声响,应立即停止工作,待检查并消除故障后再继续工作

A.②③④
B.①③④

C.①②③④
D.①②③

41.双杆作业中应注意避免_____。

①两吊货索之间的夹角超过120°;②"超关";③"游关";④"急顿""摔关"

A.①②③
B.②③④

C.①③④
D.①②③④

42.布置双杆联合作业时,保险稳索的布置要点是:舷内吊杆稳索的布置应尽量使其水平投影与吊杆的水平投影成_____,舷外吊杆稳索的下端系结点应尽可能_____布置并高一些。

A.小角度;向后
B.大角度;向前

C.90°;向后
D.90°;向前

第二节 起重机

1.船用起重机按使用方式的不同可分为_____。

①回转式;②悬臂式;③哈伦式;④组合式

A.①②④
B.①③④

C.②③④
D.①②③

2.甲板起重机回转塔架内装三部电机,其作用是控制_____。

①塔架基座的升降;②吊货索起升;③吊臂变幅;④塔架旋转

A.①②③
B.②③④

C.①②④
D.①③④

3.起重机的操纵主令分单主令和双主令,双主令是控制_____。

A.吊臂的旋转和吊臂的变幅
B.吊钩的升降和吊臂的旋转

C.吊钩的升降和吊臂的幅度
D.吊钩的升降和吊臂的仰角

4.克令吊单主令、双主令三个动作_____。

A.可单独或两两组合同时操作

B.单独或两两组合或三个动作同时进行均可操作

C.最多两两组合操作

D.只能单独进行操作

5.按使用动力方式的不同,船用起重机分为_____。

A.回转式、悬臂式、舷门式
B.电动式、液压式

C.舷门式、滑轨式、定柱式
D.回转式、悬臂式、组合式

6.按使用方式的不同,船用起重机可分为_____三种。

A.回转式、悬臂式、舷门式
B.悬臂式、舷门式、滑轨式

C.舷门式、滑轨式、定柱式
D.回转式、悬臂式、组合式

7.克令吊的吊臂根部固定在回转塔架底部,其头部有_____两套滑车组。

A.千斤索和边稳索   B.边稳索和吊货索

C.保险索和调整索   D.千斤索和吊货索

8.克令吊旋转手柄放在零位时是空挡,此时的状态是_____。

①刹车松开;②刹车合上;③定子断电;④电机转子为自由状态

A.①②   B.②③④

C.①③④   D.①②④

9.克令吊旋转手柄放在零位空挡位置时的状态是_____。

A.刹车刹紧   B.刹车松开

C.吊臂升降自由   D.吊货索可自由松出

10.船舶采用较多的两类起重设备是_____。

A.V形重吊和吊车   B.带式和链斗式运输机

C.吊杆式起重设备和起重机   D.普通型重吊和甲板起重机

11.克令吊的回转角度为_____。

A.150°   B.180°

C.270°   D.360°

12.克令吊操纵室内座椅右侧的单主令控制手柄用于控制_____,手柄向前,_____。

A.吊货索;吊钩下降   B.吊货索;吊钩上升

C.千斤索;吊钩上升   D.千斤索;吊钩下降

13.克令吊操纵室内座椅左侧的双主令控制手柄用于控制_____。

A.吊臂变幅   B.塔架旋转

C.吊货索升降   D.吊臂变幅和塔架旋转

14.克令吊单主令控制手柄的操作特点是_____。

A.手柄向前吊钩上升

B.手柄向后吊钩下降

C.手柄向前吊钩上升,手柄向后吊钩下降

D.手柄向前吊钩下降,手柄向后吊钩上升

15.克令吊起升卷筒旁的限位装置在限制吊臂最低、最高位置的同时也防止_____。

A.卷筒转动   B.电机定子通断

C.刹车开关通断   D.钢丝绳松脱

16.克令吊发生故障后,正确的安全操作顺序应是_____。

①慢慢松开电机刹车,将吊臂上的货物放到舱底或甲板或码头上;②将吊臂放下;③按压紧急按钮

A.②③①   B.③①②

C.③②①   D.①②③

17.悬臂式甲板起重机起吊和移动货物是靠_____来进行的。

A.吊臂和塔架   B.塔架和滑车组

C.水平悬臂和吊杆   D.水平悬臂和滑车组

18.回转式甲板起重机由_____等组成。

①基座;②回转塔架;③吊臂;④操纵室;⑤起重柱;

A.②③④⑤   B.①②③④⑤

C.①②③④   D.①②③⑤

19.回转式起重机使用前应注意_____。

①检查卷筒上钢丝排列是否整齐;②将吊臂起升至设计的最大工作臂幅处;③检查刹车情况及安全装置的可靠性;④关闭水密门

A.②③④   B.①③④

C.①②④   D.①②③

20.回转式起重机使用前需打开水密门以便通风,天气热时须_____。

A.另加水管冷却   B.另加风扇通风

C.启动轴流风机   D.间断停止作业

21.行走式悬臂起重机可沿甲板上轨道_____移动,悬臂可向_____伸出。

A.左右;前后   B.前后;前后

C.前后;两舷   D.上下;首尾

22.组合式起重机在"单吊"位时,在_____范围(干涉区)内设置相应极限开关,避免两吊发生碰撞。

A.140°   B.180°

C.100°   D.220°

23.组合式起重机在140°范围(干涉区)内设置相应极限开关的目的是_____。

A.控制两吊臂的货物升高范围

B.控制两吊臂旋转不超出规定范围

C.控制"单吊"位时公用大转盘的旋转范围

D.当一台吊进入干涉区时另一台旋转不超过140°

24.关于组合式起重机的结构特点,下列内容描述正确的为_____。

①两台起重机可各自单独作业;②单吊位回转角为140°~220°;③两台回转式起重机装在一个公用平台上;④起吊重大件货物时,可将两台起重机并联作业

A.①②③   B.①②④

C.①③④   D.①②③④

25.回旋式起重机使用前的准备工作包括_____。

①打开水密门以便检查和通风,天热时须启动轴流风机;②检查卷筒上的钢丝绳排列是否正常;③升起吊臂,使其处于工作臂幅范围内;④检查刹车及安全装置的可靠性

A.①②③④   B.②③④

C.①②④   D.①③④

26.组合式起重机的结构与操作特点有_____。

①两台回转式起重机装于同一个转动平台上;②两台起重机可各自单独作业;③当需起吊重量较大的货物时,可将两台起重机并联在一起作业;④双吊位时回转角度为220°

A.②③④   B.①③④

C.①②④   D.①②③

27.组合式起重机俗称_____。

    A.多用途起重机   B.多联式克令吊

    C.双联回转式起重机   D.双联悬臂式起重机

28.组合式起重机在"双吊"位时,两台起重机一起绕公共大转盘旋转_____。

    A.正反 360°有限制   B.正反 360°无限制

    C.正反 220°无限制   D.各自向相反方向转 220°有限制

29.组合式起重机在"单吊"位时,两台起重机各自绕小转盘旋转_____。

    A.正反 360°有限制

    B.正反 360°无限制

    C.正反 220°无限制

    D.其中一台最大旋转角度可达 220°,另一台则被限制为不超过 140°

30.起重设备金属结构件和固定零部件的最大耗蚀超过_____时,不得继续使用。

    A.10%   B.6%

    C.5%   D.15%

31.使用克令吊时,船舶横倾一般不应超过_____。

    A.2°   B.8°

    C.5°   D.4°

32.关于起重设备的航次检查保养,叙述正确的是_____。

    A.钢丝绳发现断丝应立即换新

    B.检查起货机绞车制动的可靠性及钢丝绳在卷筒上是否排列整齐

    C.对吊货滑车、导向滑车、卸扣转环进行拆解加油

    D.对吊杆头部的卸扣、滑车、环等进行拆解检查

33.甲板起重设备的航次检查包括_____。

    ①对吊杆头部的卸扣、滑车、环等外部检查;②对吊货与吊货导向滑车、卸扣、转环等加油润滑;③检查起货机与千斤索绞车制动的可靠性;④对千斤索进行清洁、除锈和加油

    A.②③④   B.①②③④

    C.①③④   D.①②③

34.操作回转式起重机时必须注意_____。

    ①不允许横向斜拉货物;②吊钩着地后不得再松钢丝绳;③钢丝绳切忌在舱口摩擦;④操纵者随时离开操纵室检查

    A.①③④   B.②③④

    C.①②④   D.①②③

35.放置克令吊吊臂前,应先将吊臂转到支架上方,再把旋转手柄放在_____。

    A.旋转位置   B.刹车位置

    C.零位空挡位置   D.松开位置

36.克令吊吊臂放置时,首先将吊臂转到支架上方,接下来的正确操作步骤依次为_____。

    ①把旋转手柄放在空挡;②将旋转手柄回到零位;③使用转换开关;④将吊臂落在支架上

    A.①②③④   B.②①③④

C.②④③①   D.①③④②

37.液压起重机的试验负荷,在任何情况下应不少于_____的安全工作负荷。

    A.1倍   B.2倍

    C.1.1倍   D.2.1倍

38.起重机绞车卷筒上钢丝绳的长度应能满足:在将吊货钩放至舱内最远处时,筒上留存的钢索在任何情况下应不少于_____圈。

    A.4   B.2

    C.3   D.5

39.克令吊在使用前首先要做的是_____。

    A.检查刹车是否有效   B.打开水密门通风

    C.松开刹车   D.调整吊臂仰角到大于15°

40.下列属于甲板起重设备航次检查内容的是_____。

    A.吊货与吊货导向滑车拆装,清洁加油,并记录滑车轴、衬套等磨损

    B.吊杆头部的卸扣、滑车、环等外部检查

    C.检查吊杆头部眼板和眼箍的磨损

    D.拆装千斤索导向滑车检查加油,记录滑车轴、衬套及转环等受力部分的磨损

41.以下有关防止船舶失电的安全措施中,正确的是_____。

    ①在狭水道航行、进出港前,增开一台发电机并联运行以策安全;②在港装卸货物期间,甲板值班人员应在起动起货机后及时通知机舱值班人员;③船舶机动航行时,应尽量避免配电板操作;④在狭水道航行、进出港时尽量避免同时使用几台大功率设备

    A.①②   B.①③④

    C.③④   D.①②③④

42.为防止吊装不当造成货损,船员在货物装卸值班工作中对_____现象应予以制止。

    ①工人违章作业;②卸货时工人"挖井"、拖关操作;③工人未按积载计划的要求进行装货作业

    A.①③   B.②③

    C.①②   D.①②③

43.为防止吊装不当造成货损,船员在货物装卸值班工作中对_____现象应予以制止。

    ①使用手钩操作袋装水泥;②单吊超重;③舱内货物的堆装存在很大空隙

    A.①②   B.②③

    C.①③   D.①②③

44.起重机应设有超负荷保护或负荷指示器,超负荷保护应调整在不超过_____安全工作负荷时动作。

    A.100%   B.110%

    C.120%   D.150%

45.具有不同安全工作负荷相应的不同臂幅的起重机,应设有在给定臂幅能自动显示最大安全工作负荷的载荷指示器,并应能在载荷达到安全工作负荷的_____时发出警报。

    A.85%   B.95%

    C.105%   D.110%

46.具有不同安全工作负荷相应的不同臂幅的起重机,应设有在给定臂幅能自动显示最大安全工作负荷的载荷指示器,并应能_____。

①在载荷达到95%安全工作负荷时发出警报;②在载荷超过95%安全工作负荷时发出警报;③在载荷达到110%安全工作负荷时自动切断运转动力;④在载荷超过110%安全工作负荷时自动切断运转动力

A.①③ B.②③
C.①④ D.②④

47.克令吊起升卷筒旁的限位装置的作用是_____。

①限制吊臂最低位置;②限制吊臂最高位置;③防止钢丝绳松脱;④限制吊钩组合进入吊臂头部

A.①②④ B.①②③
C.②③④ D.①③④

48.克令吊发生危急情况时,欲使各部动作停止应立即_____。

A.停止操作单主令 B.停止操作双主令
C.停止操作单主令和双主令 D.按紧急按钮

49.操作起重机过程中如发生危急情况,可_____使各动作停止。

A.将旋转手柄放在空挡 B.将旋转手柄放在零位
C.脚踏紧急开关 D.按紧急开关

50.克令吊传动装置失灵时,应_____。

A.立即关闭电源
B.将旋转手柄放在零位
C.将货物及吊臂放下,慢慢松开电机刹车
D.将旋转手柄置于空挡

51.使用回转式起重机装卸货时,若船舶横倾接近5°或风大时,应_____。

A.避免在最小幅度处旋转 B.快速旋转
C.避免在最大幅度处旋转 D.待横倾矫正后再作业

52.关于使用克令吊应注意的事项,下列说法正确的是_____。

①允许有限度的横向斜拉货物;②吊钩不能在码头上拖拉,但可以在舱底拖动;③紧急开关在发生紧急情况时按压;④在船舶横倾角较大时避免在最大幅度旋转吊臂

A.①② B.②③
C.③④ D.②③④

53.对于起重设备的零部件,要求吊货钩钩尖开口部分的伸长超过原有间距的_____或有裂纹时,必须换新。

A.8% B.10%
C.15% D.20%

54.不管起重机吊臂在什么位置,当吊钩组合向吊臂头部接近约剩_____时,吊钩的上升方向与吊臂的下降方向均会自动停止。

A.1 m B.2 m

C.3 m   D.4 m

第三节　甲板索具

1. 木滑车的大小是度量_____,铁滑车的大小是度量_____。
   A.车壳的长度;滑轮的直径　　　　　　B.滑轮的直径;滑轮的直径
   C.滑轮的直径;车壳的长度　　　　　　D.车壳的长度;车壳的长度

2. 铁滑车的大小规格是用_____来表示的。
   ①滑轮直径;②滑车起重量;③车壳的长度
   A.①②　　　　　　　　　　　　　　　B.①③
   C.②③　　　　　　　　　　　　　　　D.①②③

3. 某绞辘的定滑车与动滑车的滑轮数均为 3 个,则省力倍数为_____。
   A.12 倍　　　　　　　　　　　　　　B.3 倍
   C.9 倍　　　　　　　　　　　　　　D.6 倍

4. 若不计摩擦力,则对于辘绳根端系于动滑车上的绞辘来说,拉力 P 与货重 W 的关系是_____。
   A.$P=W/2$　　　　　　　　　　　　B.$P=W/3$
   C.$P=W/4$　　　　　　　　　　　　D.$P=W/5$

5. 下图中力端 P 与重物 W 的关系是_____。

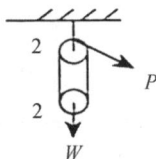

   A.$P=W/2$　　　　　　　　　　　　B.$P=W/3$
   C.$P=W/4$　　　　　　　　　　　　D.$P=W/5$

6. 下图所示为 2-2 绞辘,其力端 P 与重物 W 的关系是_____。

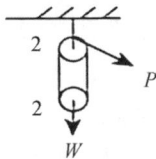

   A.$P=W/2$　　　　　　　　　　　　B.$P=W/3$
   C.$P=W/4$　　　　　　　　　　　　D.$P=W/5$

7. 对 3-3 绞辘,在穿引辘绳时,为保证辘绳的力端朝下引出,通常情况下,辘绳的根端应固定在_____。
   A.动滑车挂头上　　　　　　　　　　B.动滑车尾眼上
   C.定滑车尾眼上　　　　　　　　　　D.定滑车挂头上

8.在配对绞辘时,若两部滑车的滑轮数不相等,一般应将滑轮数少的作为_____。

A.定滑车、动滑车均可　　　　　　　　B.定滑车

C.辫索滑车　　　　　　　　　　　　　D.动滑车

9.铁滑车的滑轮与隔板的间隙不得超过_____,否则不能继续使用。

A.3 mm　　　　　　　　　　　　　　B.5 mm

C.7 mm　　　　　　　　　　　　　　D.9 mm

10.滑车的强度由_____的强度大小决定。

A.滑轮　　　　　　　　　　　　　　　B.滑轮轴

C.挂头　　　　　　　　　　　　　　　D.车带

11.配合绳索使用的配件统称为_____。

A.索头环　　　　　　　　　　　　　　B.心环

C.滑车附件　　　　　　　　　　　　　D.索具

12.穿引辘绳时应确保_____。

①滑车受力平衡;②辘绳不相互摩擦;③绞辘工作平稳,安全省力;④根端按逆时针方向穿引

A.①②③　　　　　　　　　　　　　　B.②③④

C.①③④　　　　　　　　　　　　　　D.①②④

13.绞辘省力的倍数是根据_____来计算的。

A.定滑车上经过的绳索根数　　　　　　B.动滑车上经过的绳索根数

C.定、动滑车上经过的绳索总数　　　　D.辘绳根端的系结位置

14.4-3 绞辘动、定滑轮数分别为_____个。

A.3、4　　　　　　　　　　　　　　　B.3、3

C.4、3　　　　　　　　　　　　　　　D.4、4

15.如不计滑车自重及摩擦阻力,一副复绞辘的省力倍数可以看作_____。

A.动滑车滑轮两侧的辘绳数　　　　　　B.定滑车滑轮两侧的辘绳数

C.定、动滑车的滑轮数之和　　　　　　D.定、动滑车的滑轮数之和再加 1

16.在对吊货钩的检查中,_____是可以接受、不需要对其进行更换的缺陷。

A.钩体上的小块凹陷、裂纹(small dents or cracks)

B.漆层磨蚀或沾有油渍(broken paints or contaminated with foreign oils)

C.钩体的磨损或变形(worn surfaces or distortions)

D.尖锐刻痕、切痕(sharp nicks or cuts)

17.关于吊货索具使用前的检查,以下说法正确的是_____。

①滑轮轮缘有裂纹或者折断,禁止使用;②吊钩钩尖开口部分伸长超过原有间距15%换新;

③钢丝绳过度磨损换新

A.①②③　　　　　　　　　　　　　　B.②③

C.①③　　　　　　　　　　　　　　　D.①②

18.吊货钩钩尖开口部分伸长不应超过原有间距的_____。

A.5%　　　　　　　　　　　　　　　B.10%

C.15%　　　　　　　　　　　　　　　D.20%

19.钩子斜钩在甲板上、舷墙等处活动眼环上时,应使钩头_____才不易滑脱。

A.朝下
B.水平
C.垂直
D.朝上

20.眼板的强度是根据_____来估算的。

A.眼板的大小
B.眼板外缘至眼孔外缘的距离
C.眼孔直径
D.眼板厚度

21.不属于船用系固设备使用注意事项的是_____。

A.多个系固设备串联使用构成设备系统,应以系固设备中最小的 MSL 作为整个设备系统的 MSL

B.对正在使用但又无主管机关签发证书的系固设备,使用前务必确认其系固的可靠性,如无法确认,则应弃之不用

C.船上需配备系固手册规定总数 10%的系固设备备品

D.集装箱船购置手柄式扭锁时,要注意新上扭锁与现有扭锁转锁方向是否一致

22.甲板索具中,滑车轴、轴衬、挂头等零部件磨损不得超过标准规格的_____。

A.2%
B.5%
C.10%
D.15%

23.就各种结构的索头环而言,其强度取决于_____。

①环部的强度;②横销的强度;③所配钢丝绳索的强度

A.①或②
B.①或③
C.②或③
D.①②③

24.图中的索具是_____。

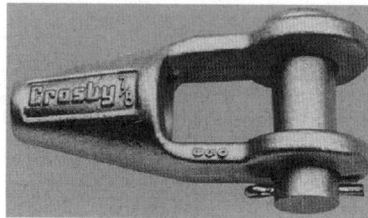

A.心环
B.索头环
C.漏斗
D.卸扣

25.图中的索具是_____。

A.卸扣
B.心环
C.索头环
D.锚链

26.关于物料上船及管理,以下说法不正确的是_____。

①物料供船后,船长和轮机长进行清点验收;②物料由大副和大管轮作为保管负责人;③不同

种类的物料不能混放

A.①③   B.①②③

C.①②   D.②③

27.关于物料上船及管理,以下说法正确的是＿＿＿＿。

①物料供船后,船长和轮机长进行清点验收;②物料由大副和轮机长作为保管负责人;③不同种类的物料不要混放

A.②③   B.①②③

C.①③   D.①②

28.船上常用的索具有＿＿＿＿。

①卸扣;②钩;③眼环;④吊货索

A.②③④   B.①③④

C.①②④   D.①②③

29.船上常用的索具有＿＿＿＿。

①紧索夹;②眼板;③心环;④边稳索

A.②③④   B.①③④

C.①②④   D.①②③

30.钩子的大小是以＿＿＿＿来衡量的。

A.直径   B.长度

C.钩背直径   D.钩背长度

31.卸扣是船上使用最广泛的索具之一,可以用于＿＿＿＿之间的连接。

①绳索与绳索;②索具与索具;③绳索与索具

A.①②   B.②③

C.①③   D.①②③

32.使用卸扣应注意＿＿＿＿。

①不可横向受力;②不许超负荷;③注重日常保养

A.①②③   B.②③

C.①②   D.①③

33.用于静索上的索具螺旋扣,应＿＿＿＿以防锈蚀和堵塞。

A.先涂油,再用帆布包扎   B.先用帆布包扎,再涂油

C.先涂油漆,再用帆布包扎   D.先用帆布包扎,再涂油漆

34.花篮螺丝可用于收紧＿＿＿＿。

①钢丝绳;②船用缆绳;③链索;④与拉杆组成的系固系统

A.①②③   B.①②④

C.①③④   D.②③④

35.确定绞辘的安全工作负荷时需要考虑＿＿＿＿。

①滑车和辘绳的强度;②固定滑车和吊挂重物的连接构件的强度;③以系统中最薄弱构件的安全工作负荷作为绞辘使用的强度标准,不允许超负荷使用

A.①②   B.①③

C.②③   D.①②③

36.吊货钩钩尖开口部分的间距超过原有尺寸的_____时,必须换新。

A.5%   B.10%

C.15%   D.20%

参考答案

第一节　吊杆装置

1.B	2.C	3.C	4.B	5.B	6.A	7.B	8.A	9.B	10.C
11.B	12.D	13.A	14.A	15.C	16.D	17.A	18.C	19.C	20.C
21.C	22.C	23.B	24.D	25.A	26.A	27.A	28.C	29.B	30.D
31.B	32.D	33.C	34.A	35.D	36.A	37.A	38.D	39.D	40.C
41.D	42.C								

第二节　起重机

1.A	2.B	3.A	4.B	5.B	6.D	7.D	8.B	9.A	10.C
11.D	12.A	13.D	14.D	15.D	16.B	17.D	18.C	19.D	20.C
21.C	22.A	23.D	24.C	25.A	26.D	27.C	28.B	29.D	30.A
31.C	32.B	33.D	34.D	35.C	36.D	37.C	38.D	39.B	40.B
41.B	42.D	43.D	44.B	45.B	46.A	47.B	48.D	49.D	50.C
51.C	52.C	53.C	54.B						

第三节　甲板索具

1.A	2.A	3.D	4.B	5.A	6.C	7.C	8.D	9.A	10.C
11.D	12.A	13.B	14.A	15.A	16.B	17.A	18.C	19.D	20.D
21.C	22.C	23.A	24.B	25.A	26.C	27.A	28.D	29.D	30.C
31.D	32.A	33.A	34.C	35.D	36.C				

第五章

舱盖、货舱及压载舱

第一节 舱盖

1.货舱盖按开/关动力的不同,主要分为_____。

　①机械牵引开关式;②液压动力开关式;③手动开关式

　A.②③　　　　　　　　　　　　B.①②③

　C.①②　　　　　　　　　　　　D.①③

2.对早期的滚翻式货舱盖而言,关舱前首先应做的工作是_____。

　A.整理好索具　　　　　　　　　B.启动动力装置

　C.调整偏心滚轮　　　　　　　　D.上好压紧装置

3.滚翻式货舱盖主要由_____几部分组成。

　①盖板;②水密装置;③滚轮装置;④导向曳行装置;⑤压紧装置

　A.①②③④⑤　　　　　　　　　B.②③④⑤

　C.①②④⑤　　　　　　　　　　D.①③④⑤

4.图中所示的舱口盖属于_____。

　A.滚动式舱口盖　　　　　　　　B.滑动式舱口盖

　C.折叠式舱口盖　　　　　　　　D.吊放式舱口盖

5.滚翻式货舱盖各块盖板之间的连接方式是_____。

　A.铰接　　　　　　　　　　　　B.铆接

　C.焊接　　　　　　　　　　　　D.链条连接

6.当滚翻式货舱盖用于舱口较长的货舱时,开启后的盖板可存放于_____。

  A.舱口一端   B.舱口两端

  C.舱口两旁   D.桅楼上面

7.目前较大的船舶普遍采用_____。

  A.钢质舱盖   B.玻璃舱盖

  C.木质舱盖   D.铝质舱盖

8.滚翻式货舱盖开舱时,在盖板进入舱口端收藏坡道后盖板便_____。

  A.顺序纵向叠加   B.顺序横向并靠

  C.自动水平堆积   D.翻转成直立状态存放

9.目前海船普遍使用滚动式舱口盖的类型主要有_____。

  ①滚翻式;②滚卷式;③滚移式

  A.②③   B.①③

  C.①②③   D.①②

10.下列属于滚动式舱口盖的特点的是_____。

  ①结构简单;②价格低,维修简单;③在尺度、布置用途上限制少;④存放空间大,作业所需时间长

  A.①②③   B.②③④

  C.①③④   D.①②③④

11.货舱盖按开／关方式的不同可分为_____。

  A.滚动式和推拉式   B.折叠式、卷叠式和吊移式

  C.吊移式和牵引式   D.滚动式、折叠式和吊移式

12.滚翻式货舱盖关舱完毕且滚轮入位之后,为防止舱盖移动并保证舱口水密,应_____。

  A.盖好帆布并固定牢固   B.打上所有压紧楔及压紧器

  C.在舱盖上用货物压实   D.在舱口四周用填料压紧压实

13.刚度差、容易老化剥蚀的舱盖是_____。

  A.木质舱盖   B.钢质舱盖

  C.铝质舱盖   D.玻璃舱盖

14.目前吨位较大的船舶多数采用_____。

  A.木质舱盖   B.钢质舱盖

  C.铝质舱盖   D.玻璃舱盖

15.按结构形式或启闭方式划分的舱盖形式不包含_____。

  A.滚动式   B.折叠式

  C.提升式   D.液压式

16.关于液压驱动式折叠舱盖,下列说法错误的是_____。

  A.为了相关作业便利,开关时可以将舱盖停在任意位置

  B.舱盖开启后,借助固定构件或止动器使盖板固定,使其在收藏处保持直立状态存放

  C.开关舱过程中确保操作平稳,切忌鲁莽,应服从指挥

  D.该类舱盖由成对且相互铰接在一起的盖板组成

17.船舶折叠式货舱盖发生较小变形损坏,_____。

　　A.这种损坏直接一次矫正完毕

　　B.通常须进坞修理,船上无法修复

　　C.采用保护焊等工艺尽量减少变形和火工矫正量

　　D.即使割换量较大,船上可自行修理

18.在折叠式舱口盖中,开闭较方便的方式应为_____。

　　A.铰链式　　　　　　　　　　B.液压驱动式

　　C.钢索驱动式　　　　　　　　D.直接拉动式

19.液压折叠式货舱盖在开关舱时,方法错误的是_____。

　　A.开舱前必须完全打开所有的压紧装置,并放置到位

　　B.开关舱前必须注意检查轨道上有无障碍物或其他杂物,并及时清除

　　C.当滚轮接近斜轨时,应加快速度,以便使舱盖迅速到位

　　D.盖板完全开启后用固定钩将盖板固定,使其在收藏处保持直立状态

20.液压折叠式货舱盖在开关舱时,应注意的事项有_____。

　　①开舱前必须完全打开所有的压紧装置,并放置到位;②开、关舱前必须注意检查轨道上有无障碍物或其他杂物,并及时清除;③当滚轮接近斜轨时,应加快速度,以便使舱盖迅速到位;④盖板完全开启后用固定钩将盖板固定,使其在收藏处保持直立状态

　　A.①②　　　　　　　　　　　B.①②④

　　C.①③④　　　　　　　　　　D.①②③④

21.折叠式货舱盖又称_____。

　　A.铰链式货舱盖　　　　　　　B.液压驱动式货舱盖

　　C.钢索驱动式货舱盖　　　　　D.吊杆绞车驱动式货舱盖

22.折叠式液压货舱盖盖板的组成特点是_____。

　　A.成对相互铰接　　　　　　　B.成对相互焊接

　　C.成对相互铆接　　　　　　　D.由链条成对连接

23.开/关较简便的折叠式货舱盖是_____。

　　A.绞车式　　　　　　　　　　B.起重机式

　　C.吊杆式　　　　　　　　　　D.液压式

24.由三块铰接盖板组成的折叠式货舱盖,通常利用起货机将盖板_____。

　　A.吊放在甲板上　　　　　　　B.收藏在舱口两侧面

　　C.收藏在舱口一端　　　　　　D.收藏在桅楼上

25.折叠式货舱盖盖板间采用_____。

　　A.链条连接　　　　　　　　　B.插销连接

　　C.铰链连接　　　　　　　　　D.钢索连接

26.四页液压铰链式舱口盖,当开启到收藏位置时_____。

　　A.盖板平置

　　B.盖板呈悬挂状态

　　C.盖板翻转成直立状态

D.盖板呈竖立状态,盖板由收藏钩自动落下或人工挂上扣住

27.箱形货舱盖广泛采用的制造材料是_____。

A.铝质材料 　　　　　　　　　B.钢质材料

C.木质材料 　　　　　　　　　D.玻璃钢

28.吊移式货舱盖又称_____。

A.箱形货舱盖 　　　　　　　　B.折叠式货舱盖

C.滚动式货舱盖 　　　　　　　D.铰链式货舱盖

29.箱形货舱盖盖板的上表面有_____。

A.偏心滚轮 　　　　　　　　　B.钢索导轮

C.专用吊环、眼板或吊移底座 　D.拖曳板眼

30.箱形货舱盖开启后可_____。

①存放于甲板上;②存放于码头上;③悬挂于吊杆上

A.①② 　　　　　　　　　　　B.②③

C.①③ 　　　　　　　　　　　D.①②③

31.开关舱作业前,工作人员应注意的事项包括_____。

①对开关舱设备、索具进行全面检查;②务必清除轨道上的垃圾杂质;③做到令行禁止、配合默契、协调一致

A.①②③ 　　　　　　　　　　B.①②

C.①③ 　　　　　　　　　　　D.②③

32.开关舱作业人员应注意的事项包括_____。

①开关舱时严禁任何人上下舱盖;②严禁将手脚放在舱盖、轨道上;③所有人避开链条危及范围;④所有人避开舱盖危及范围

A.①②③④ 　　　　　　　　　B.①④

C.①②③ 　　　　　　　　　D.②③④

33.开关舱作业人员_____情况应停止操作。

①发现机械设备声音异常;②发现制动设备不灵;③发现滑轮不活络;④发现链条松紧不合适

A.①②④ 　　　　　　　　　　B.①③④

C.①②③④ 　　　　　　　　　D.②③④

34.开关舱作业人员在开关舱作业时应注意的事项包括_____。

①必须穿工作鞋,戴安全帽;②清楚舱盖结构性能;③清晰各制动销的位置;④清楚链条的走向

A.①②③④ 　　　　　　　　　B.①④

C.①②③ 　　　　　　　　　D.②③④

第二节　舱内设施

1.关于散货船舱内水位探测器传感器的安装要求,下列描述正确的是_____。

①应安装在货舱后部尽可能靠近中心线的位置上;②应安装在货舱左、右舷有保护的位置上;③传感器测出的水位应能代表货舱的实际水位

　A.①②　　　　　　　　　　　　　B.②③

　C.①③　　　　　　　　　　　　　D.①②③

2.最常见的船舶压载舱防腐蚀的方法是_____。

　A.阳极保护法　　　　　　　　　　B.阴极保护法

　C.涂层法　　　　　　　　　　　　D.电化学法

3.按规定,_____国际航行的所有散货船,均应在货舱、压载舱和干燥处所安装符合规定要求和型式认可的_____。

　A.500 总吨及以上;火灾探测器　　B.1 500 总吨及以上;火灾探测器

　C.500 总吨及以上;水位探测器　　D.1 500 总吨及以上;水位探测器

4.500 总吨及以上的国际航行的散货船,除_____外,任何干燥处所或空舱,延伸至首货舱前方的任何部分,在水位高出甲板 0.1 m 时应发出一个听觉和视觉报警。

　A.锚链舱　　　　　　　　　　　　B.深舱

　C.干隔舱　　　　　　　　　　　　D.污油水舱

5.对装运件杂货的船舶而言,其货舱内的护舷条可为_____。

　①木质材料;②钢质材料;③玻璃钢

　A.①②　　　　　　　　　　　　　B.②③

　C.①③　　　　　　　　　　　　　D.①②③

6.有关杂货船的货舱设施,以下说法正确的是_____。

　A.货舱底舱通常不铺设木铺板

　B.货舱的二层或三层舱通常不铺设木铺板

　C.货舱的舷侧无须增设护舷板

　D.铺设木铺板的双层底柜顶板外表面无须涂刷任何涂料或油漆

7.一般在_____的货舱内设置舱底木铺板和舷侧护舷木条。

　①杂货船;②舱内设计成可装载杂货的多用途船;③木材船

　A.①②　　　　　　　　　　　　　B.②③

　C.①③　　　　　　　　　　　　　D.①②③

8.舱底木铺板和舷侧护舷木条的作用有_____。

　①保护货舱舱底与船壳板不被碰撞;②避免船舶在航行途中因船体"出汗"而使紧贴钢板的货物造成湿损;③增强船体强度

　A.①②　　　　　　　　　　　　　B.②③

　C.①③　　　　　　　　　　　　　D.①②③

9.杂货船的货舱内为了保护船壳板和内底板不被碰撞而装设的设施有_____。

　①护舷板;②挡板;③肋板;④舱底木铺板

　A.①②③④　　　　　　　　　　　B.①②④

　C.①③④　　　　　　　　　　　　D.①④

10.杂货船及多用途船在货舱内铺设木铺板和护舷木条的作用是_____。

①保护货舱内的双层底顶板（内底板）和船壳板；②保护货物不致因船体"出汗"而造成货损；
③使舱内显得更整齐、美观

A.①②   B.②③

C.①③   D.①②③

11.按规定,500 总吨及以上的国际航行的散货船的每一货舱内安装的水位探测器,均应能在该
舱水位达到或高出货舱内底_____时发出一个听觉和视觉报警,并在水位高度达到不小于
货舱深度 15%但不超过_____时发出一个听觉和视觉报警。

A.0.3 m;1.5 m   B.0.5 m;1.5 m

C.0.5 m;2.0 m   D.0.8 m;2.0 m

12.按规定,500 总吨及以上的国际航行的散货船的货舱内安装的水位探测器,均应能在该舱水
位达到或高出货舱内底_____时发出一个听觉和视觉报警。

A.0.3 m   B.0.5 m

C.1.0 m   D.1.2 m

13.按规定,500 总吨及以上的国际航行的散货船的货舱内安装的水位探测器,均应能在该舱水
位高度_____发出一个听觉和视觉报警。

A.达到货舱深度 15%但不超过 2 m 时

B.不小于货舱深度 15%但不超过 1.8 m 时

C.不小于货舱深度 15%但不超过 2.0 m 时

D.不小于货舱深度 15%但不超过 2.5 m 时

14.有关舱底木铺板,下列描述正确的是_____。
①双层底的舭部污水沟处应铺设遮蔽板并设置局部的活动铺板；②活动铺板间及与舱底板之
间的缝隙应塞严密；③货舱口下方木铺板下面所垫横向木条的厚度至少应为 30 mm

A.①②   B.②③

C.①③   D.①②③

第三节 货舱、舱盖及压载舱的检查、评估与报告

1.对于压载舱的检查,主要包括_____。
①上边柜；②下边柜；③首尖舱；④尾尖舱；⑤风暴压载舱

A.①②⑤   B.①③④⑤

C.①②③④⑤   D.①②③④

2.不能用于确认舱盖的水密性试验的是_____。

A.白垩试验   B.超声波试验

C.冲水试验   D.水压试验或电磁波试验

3.检查钢质风雨密舱盖应注意的是_____。
①舱盖上是否设有橡胶衬垫和排水槽,并确认其状况是否良好；②舱盖是否存在明显的变形；
③舱内是否存在漏光现象或对舱盖进行冲水试验以确定能否达到风雨密要求

A.①   B.②③

C.①②   D.①②③

4.若发现船舶货舱、舱盖和压载舱发生损坏,_____不是应立即采取的应对措施或行动。

　　A.整理并清除受损构件   B.确定损坏原因

　　C.取得证据   D.安排联合检验

5.若发现船舶货舱、舱盖和压载舱存在锈蚀情况,PSCO 应采取_____的应对措施或行动。

　　A.取得证据   B.安排联合检查

　　C.更详细检查   D.整理并清除受损构件

6.关于舱盖密封性,下列表述正确的是_____。

　　A.密封胶条平时应涂润滑油保养   B.刷油漆时应将密封胶条一起油漆

　　C.舱盖板压得越紧越能保证水密   D.密封胶条更换时通常是整体更换

7.船舶货舱舱口的检查项目有_____。

　　①舱口盖的橡皮胶条;②舱口围板;③舱口盖板;④通风筒的围壁

　　A.①②③④   B.①

　　C.②④   D.①②③

8.以下有关开关舱时应注意的事项描述正确的是_____。

　　①轨道应畅通无杂物;②滚动式舱盖应先挂好牵引钢丝绳并注意检查舱口端止位器是否完好
无损,开关舱动作迅速,以防盖板出轨;③禁止站立在舱盖上,开舱时存放舱盖板端应无人;
④正确挂脱舱盖保险钩;⑤吊放吊移式钢质舱盖时应确保挂钩挂妥,稳起稳落,盖板正下方不
得站人

　　A.①②③④   B.②③④⑤

　　C.①③④⑤   D.①②④⑤

9.杂货运输中,装货前应确保货舱盖板具有_____性。

　　A.尘密   B.水密

　　C.风雨密   D.油密

10.PSC 检查中,经常检查到的舱盖受腐蚀的部位有_____。

　　①舱盖面板;②舱盖横梁;③密封胶条压紧器;④舱口围板;⑤舱盖限位器

　　A.②③④⑤   B.①②③⑤

　　C.①②③④   D.①③④⑤

11.良好的船舶货舱盖必须_____。

　　①保证船体水密;②具备足够的强度;③开启方便、安全

　　A.①②   B.②③

　　C.①③   D.①②③

12.检查货舱舱盖水密性通常要检查_____。

　　①密封材料;②铰链;③封舱螺栓手柄;④货舱的舱口围壁、隔舱壁、双层底板、污水沟(井)的
盖板等

　　A.②③④   B.①②③

　　C.①②③④   D.①③④

13. 检查货舱舱盖水密性通常要检查_____。

①密封材料；②铰链；③舱盖压紧器；④货舱舱口排水孔的排水位置

A.①②③④　　　　　　　　　　　B.①②③

C.②③④　　　　　　　　　　　　D.①③④

14. 舱盖板的易腐蚀部位是_____。

A.上层舱盖的对接处　　　　　　　B.靠近首向或尾向舱周围的端部

C.顶部四角　　　　　　　　　　　D.左、右两侧

15. 为保证船舶货舱盖水密，有关水密压条的说法错误的是_____。

A.水密压条应保持完整　　　　　　B.水密压条表面应涂以油漆保护

C.水密压条应无明显漏水痕迹　　　D.水密压条应富有弹性

16. 为保证货舱盖水密，以下说法正确的是_____。

①水密压条应保持完整且有弹性；②水密压条表面应涂以油漆保护；③水密压条应无明显漏水痕迹

A.①②③　　　　　　　　　　　　B.①②

C.①③　　　　　　　　　　　　　D.③

17. 货舱舱口围及舱盖附近构件较多，不易保养，主要锈蚀部位包括_____。

①舱口围衬板边缘；②舱口围与甲板连接处；③舱口盖边缘；④舱盖胶条槽及边水槽

A.①②③　　　　　　　　　　　　B.②③④

C.①②③④　　　　　　　　　　　D.②④

18. 舱口盖操作系统在PSC自查时要注意的事项有_____。

①目视检查锁紧装置的腐蚀和变形情况，功能检查和验证操作灵活性；②目视检查止动装置的腐蚀和变形情况，检查止动装置及其下面的加强构件对位准确、焊接及腐蚀和变形情况；③目视检查导向装置的腐蚀和变形情况，功能检查和验证操作灵活性；④目视检查液压系统，功能检查和验证操作灵活性

A.①②③④　　　　　　　　　　　B.②③④

C.①③④　　　　　　　　　　　　D.①②③

19. 在对船舶货舱盖锁紧装置进行检验时，程序应是_____。

①进行功能检查；②进行操作灵活性验证；③目视检查锁紧装置的腐蚀、变形情况

A.③①②　　　　　　　　　　　　B.①③②

C.②①③　　　　　　　　　　　　D.③②①

20. 船尾舵板上加锌块属于_____控制腐蚀的方法。

A.外加电流阳极保护　　　　　　　B.牺牲阴极

C.牺牲阳极　　　　　　　　　　　D.外加电流阴极保护

21. 船舶压载舱内通过加锌块控制腐蚀的方法为_____。

A.牺牲阴极　　　　　　　　　　　B.外加电流阴极保护

C.牺牲阳极　　　　　　　　　　　D.外加电流阳极保护

22. 以下不属于船舶压载舱检查项目的是_____。

A.压载舱内空气管头是否严重锈蚀

B.压载舱内导门是否良好,有无严重锈蚀

C.压载舱内构件有无严重腐蚀、裂纹和洞穿

D.压载舱液位有无异常

23.船舶抵港前 PSC 自查项目中,涉及压载舱的内容应达到的标准为_____。

①压载舱液位无异常变化,其周围处所无进水发生;②压载舱道门状况良好,无严重锈蚀、螺栓丢失;③压载舱内构件无任何腐蚀、裂纹或洞穿

A.①②③
B.①②

C.②③
D.①③

24.船舶货舱内的构件上出现的断裂、严重减薄等缺陷一般是由_____等原因引发的。

①海水腐蚀;②货物腐蚀;③应力集中

A.①②③
B.①③

C.②③
D.①②

25.为了防止或减缓压载舱内的钢板与骨架等的腐蚀,船上的通常做法有_____。

①舱内相应位置设置一定数量的防腐保护材料;②舱内做好涂料处理;③增加钢板和骨材的支持构件

A.①②③
B.①②

C.②③
D.①③

26.货舱损害和腐蚀检查的要求有_____。

①污水井液位无异常变化;②无明显锈蚀、洞穿、裂纹和严重变形;③无明显渗漏痕迹

A.①③
B.①②③

C.①②
D.②③

27.以下有关船舶压载舱内腐蚀的说法错误的是_____。

A.舱内涂料脱落会导致钢板外露易锈蚀

B.舱内相关位置锌块缺失,会加快钢板腐蚀速度

C.纵、横骨架等构件边缘锈蚀严重没有割换,会导致局部强度降低

D.为了减少压载舱的腐蚀,通常船舶选用淡水压载

28.压载舱内的涂料脱落,防腐保护不到位,易导致_____。

A.舱内结构发生重大变化

B.舱内各种骨架强度迅速减弱

C.加快舱内钢板和框架的腐蚀速度

D.压载水不能正常排出

29.为了防范老旧船舶的首尖舱、上边舱内的结构腐蚀严重而影响安全,通常船舶利用进厂机会进行_____。

①测厚;②更换超耗构件;③舱室涂料处理

A.②③
B.①③

C.①②
D.①②③

30.PSCO 在检查压载舱的时候,通常必查的舱室是_____。

A.双层底压载舱
B.首尖舱

C.尾尖舱　　　　　　　　　　　　D.风暴压载舱

31.进入封闭处所前,若对其内的气体环境是否安全存在疑问,应配备_____。
①应急逃生呼吸器;②自给式呼吸器;③热电偶式温度计;④气体分析仪
A.①②　　　　　　　　　　　　B.②③
C.③④　　　　　　　　　　　　D.②④

32.以下关于进入封闭处所的说法,正确的是_____。
A.休息后复工前,无须对所要再次进入的封闭处所进行安全检查
B.紧急情况下,安全检查后,进入空气不安全的处所无须戴呼吸装置
C.当对是否已足够通风或测试存在疑问时,要求戴上呼吸器装置
D.进入封闭处所前氧气浓度达到正常值,进入之后无须机械通风

33.进入封闭舱室和有毒有害气体区域之前需做的防范措施包括_____。
①场所已彻底通风;②已对空气进行检测并证实安全;③已有专人在入口处守护;④已配备足够照明;⑤使用人员已懂得如何使用呼吸器;⑥已对呼吸器进行试验并证实有效
A.①④⑤⑥　　　　　　　　　　B.①②④⑤⑥
C.①③④⑤⑥　　　　　　　　　D.①②③④⑤⑥

34.进入封闭舱室之前,需经船长批准的行动计划包括_____。
①拟进入封闭舱室的名称;②拟进入封闭舱室人员的名单;③封闭舱室外的守护人员名单;④通信联络手段;⑤预计完成作业的时间
A.①③④⑤　　　　　　　　　　B.①②③④⑤
C.①②④⑤　　　　　　　　　　D.①②③⑤

35.涉及船舶被滞留的载重线方面的缺陷有关的船体结构的是_____。
A.压载舱内严重腐蚀　　　　　　B.货舱明显渗水痕迹
C.风雨密关闭装置结构损坏　　　D.水线上船壳板无开裂

36.引起船舶被滞留的载重线方面的缺陷涉及的设备主要有_____。
A.压载舱内构件严重腐蚀
B.货舱有明显渗水痕迹
C.风雨密门、通风筒、空气管等风雨密关闭装置
D.水线上船壳板无开裂

37.涉及载重线的结构设备损坏包括_____。
①货舱盖及水密压条漏水;②风雨密开关装置损坏或严重锈蚀,不能保证水密完整性;③上甲板人孔盖及测量管管口旋塞或螺纹盖丢失或严重锈蚀;④舱口围板破损、洞穿及变形
A.①②③④　　　　　　　　　　B.①②
C.①③④　　　　　　　　　　　D.②④

38.引起船舶被滞留的载重线方面的缺陷涉及的设备主要有_____。
①货舱盖及水密压条;②风雨密门、通风筒、空气管等风雨密关闭装置;③舱口围板
A.①②　　　　　　　　　　　　B.②③
C.①③　　　　　　　　　　　　D.①②③

39.与货舱、舱盖及压载舱有关的滞留缺陷主要涉及_____等方面。

①船体结构;②上层建筑;③载重线;④船舶标志

A.①③④　　　　　　　　　　　B.②③④

C.③④　　　　　　　　　　　　D.①③

40.货舱、舱盖与压载舱的检查报告应包括的内容是_____。

①检查项目;②检查结果;③缺陷说明

A.②③　　　　　　　　　　　　B.①③

C.①②　　　　　　　　　　　　D.①②③

41.船舶抵港前针对散货船舱内水位探测系统的 PSC 自查要求是检查_____进水报警系统是否正常。

①货舱;②压载舱;③油舱;④干隔舱

A.①②③　　　　　　　　　　　B.②③④

C.①②④　　　　　　　　　　　D.①③④

42.船舶抵港前针对货舱、舱盖与压载舱的 PSC 自查项目一般应包括_____。

①维护计划;②与载重线有关的结构与设备;③船体结构;④散货船舱内水位探测系统

A.①②③　　　　　　　　　　　B.②③④

C.①③④　　　　　　　　　　　D.①②③④

43.根据 SOLAS 公约中加强海上保安的特别措施的规定,船舶保安警报系统启动后不具有_____功能。

①发出声光报警;②向附近船舶发送警报,以获得援助;③向主管机关指定的主管当局发送船对岸的保安警报;④接收主管当局在保安方面的指示

A.①②④　　　　　　　　　　　B.①②③④

C.①②③　　　　　　　　　　　D.②③④

44.为避免散装货船产生不必要的滞留,应特别注意检查_____等船体结构部位。

①横舱壁;②上边舱的纵桁、横框架及斜底板;③舱口围板

A.①③　　　　　　　　　　　　B.①②③

C.①②　　　　　　　　　　　　D.②③

45.涉及船体结构方面的缺陷是_____。

①甲板、舱口围板及其加强结构的缺陷;②舷侧外板、舱壁板、肋骨及连接肘板的缺陷;③压载舱等的腐蚀、肋骨脱焊及顶边舱框架腐蚀渗漏

A.②③　　　　　　　　　　　　B.①③

C.①②③　　　　　　　　　　　D.①②

46.货舱内经常发现缺陷的构件有_____。

①舱盖板内框架;②船舷肋骨下肘板;③内底板;④顶边舱的斜顶板

A.①②③④　　　　　　　　　　B.①②③

C.②③④　　　　　　　　　　　D.①③④

47.压载舱内经常发现缺陷的构件有_____。

①环形框架;②加强筋;③三角肘板

A.①②③　　　　　　　　　　　B.①③

C.②③　　　　　　　　　　　　D.①②

48._____不是压载舱检验中的检验项目。

A.自由液面的大小及其对船舶稳性的影响

B.腐蚀程度

C.防腐电极的检测

D.总体完整性

49.压载舱检查包括_____。

①检查压载舱内测量管、空气管，发现破损及时封堵；②检查压载舱内顶板有无被洞穿；③检查压载舱道门状况；④检查压载舱内骨架的腐蚀情况

A.①②③　　　　　　　　　　　　B.①③④

C.①②③④　　　　　　　　　　　D.②③④

50._____不属于货舱、舱盖及压载舱涉及船体结构方面的主要滞留缺陷。

A.压载舱等腐蚀、肋骨脱焊及上边柜框架腐蚀渗漏等

B.舷侧外板、舱壁板、肋骨及连接肘板

C.甲板、舱口围板及其加强结构

D.货舱盖及水密压条

51.常规的船舶检验方式包括_____。

①现场核查；②查阅证书、文书及相关记录；③要求船员测试或操纵船舶设施、设备；④要求船方进行相关演习；⑤询问

A.①②③④⑤　　　　　　　　　　B.①②③④

C.①④⑤　　　　　　　　　　　　D.②④⑤

52.损坏报告需要考虑的项目包括_____。

①损坏的区域；②可能的原因；③对损坏的描述

A.①②　　　　　　　　　　　　　B.①③

C.①②③　　　　　　　　　　　　D.②③

53.船舶抵港前，根据PSC自查项目表的检查要求，货舱及其内部构件首先应进行_____。

A.探伤检查　　　　　　　　　　　B.射线检查

C.目视检查　　　　　　　　　　　D.灌水检查

54.船舶抵港前针对与载重线有关的结构与设备的PSC自查项目一般应包括_____。

①通风筒；②空气管；③载重线标志；④货舱舱口；⑤干舷甲板上除货舱舱口外的各种开口

A.①②③④　　　　　　　　　　　B.②③④⑤

C.①③④⑤　　　　　　　　　　　D.①②③④⑤

55.进入货舱检查之前的安全操作是_____。

①确认货舱良好通风，测量货舱内的氧气含量；②下舱通道安全，保持足够的照明；③避免单人下舱检查；④携带相应的通信设备

A.①③④　　　　　　　　　　　　B.②③④

C.①②③　　　　　　　　　　　　D.①②③④

56.为符合PSC检查要求，船舶抵港前自查货舱内部构件应_____。

①无明显锈蚀;②无洞穿;③无裂纹;④无严重变形

A.②③　　　　　　　　　　　　B.①②③

C.②③④　　　　　　　　　　　D.①②③④

57.根据PSC自查项目表的检查要求,平时维护保养时对货舱内的结构因锈蚀或受损而造成的穿孔、裂口、裂缝等需进行_____。

①临时性修复;②永久性修复;③点焊修复

A.①　　　　　　　　　　　　　B.②

C.③　　　　　　　　　　　　　D.②③

58.PSC自查项目中,有关货舱舱口的检查要求的说法正确的是_____。

①货舱盖应无明显锈蚀、无裂纹、无破损洞穿及变形;②舱口围板及附连的肘板应无明显锈蚀、无裂纹、无破损洞穿及变形;③货舱口开关装置的滚轮、导轨、铰链应无过度腐蚀

A.①②　　　　　　　　　　　　B.①③

C.②③　　　　　　　　　　　　D.①②③

59.PSC自查项目中,对货舱盖的检查主要有_____。

①货舱盖有无明显锈蚀;②货舱盖有无裂纹;③货舱盖有无变形

A.①②③　　　　　　　　　　　B.①③

C.②③　　　　　　　　　　　　D.①②

60.船舶抵港前针对船体结构的PSC自查项目一般应包括_____。

①船壳板;②压载舱;③货舱;④水密门;⑤甲板

A.②③④⑤　　　　　　　　　　B.①③④⑤

C.①②③④　　　　　　　　　　D.①②③④⑤

61.PSCO检查老旧船舶时的重点通常有_____。

①船体结构的腐蚀程度;②压载舱及货舱的涂层状况;③甲板机械的状况

A.②③　　　　　　　　　　　　B.①②

C.①③　　　　　　　　　　　　D.①②③

参考答案

第一节　舱盖

1.C	2.C	3.A	4.A	5.D	6.B	7.A	8.D	9.C	10.D
11.D	12.B	13.D	14.B	15.D	16.A	17.C	18.B	19.C	20.B
21.A	22.A	23.D	24.C	25.C	26.D	27.B	28.A	29.C	30.A
31.A	32.A	33.C	34.A						

第二节　舱内设施

1.D　　2.B　　3.C　　4.A　　5.A　　6.B　　7.A　　8.A　　9.D　　10.A

11.C　　12.B　　13.C　　14.D

第三节　货舱、舱盖及压载舱的检查、评估与报告

1.C　　2.D　　3.D　　4.D　　5.C　　6.D　　7.D　　8.C　　9.B　　10.B

11.D　　12.B　　13.B　　14.A　　15.B　　16.C　　17.C　　18.A　　19.A　　20.C

21.C　　22.A　　23.B　　24.A　　25.B　　26.B　　27.D　　28.C　　29.D　　30.D

31.D　　32.C　　33.D　　34.B　　35.C　　36.C　　37.A　　38.D　　39.D　　40.D

41.C　　42.D　　43.A　　44.B　　45.C　　46.B　　47.A　　48.A　　49.C　　50.D

51.A　　52.C　　53.C　　54.D　　55.D　　56.D　　57.B　　58.D　　59.A　　60.D

61.D

第六章

船舶系固设备

第一节　定义

1.非标准货系指_____。

　　A.已根据货物单元的特定形式在船上设置了经批准的系固系统的货物

　　B.在船上设置的系固系统仅适应货物单元的有限变化的货物

　　C.需要专门积载和系固安排的货物

　　D.普通件杂货

2.半标准货系指_____。

　　A.已根据货物单元的特定形式在船上设置了经批准的系固系统的货物

　　B.在船上设置的系固系统仅适应于有限种类货物单元的货物

　　C.需要专门积载和系固安排的货物

　　D.公路车辆和铁路车辆

3.以下关于系固设备的描述说法错误的是_____。

　　A.非标准货系指需要专门积载和系固安排的货物,如普通件杂货等

　　B.最大系固负荷系指船上系固设备的许用负荷

　　C.钢丝绳必须与紧索夹、花篮螺丝配套,或与紧索夹、花篮螺丝及卸扣配套

　　D.不是永久固定在船上的船舶自带装载设备或其他部件,不应被视作货物单元

4.需要专门积载(堆装)和系固安排的货物是_____。

　　A.普通件杂货　　　　　　　　　　B.非标准货

　　C.标准货　　　　　　　　　　　　D.半标准货

5.CSS 规则中的标准货物指_____。

　　A.已根据货物单元的特定形式在船上设置了经批准的系固系统的货物

　　B.在船上设置的系固系统仅适应有限种类的货物单元

　　C.需要专门积载和系固安排的货物

　　D.集装箱

6._____为标准货物。

A.杂货船上装载的集装箱　　　　　　B.滚装船上装载的集装箱
C.固体散货船上装载的卷钢　　　　　D.集装箱船上装载的集装箱

7._____属于便携式系固设备。

A.尾槽　　　　　　　　　　　　　　B.眼环
C.固定锥　　　　　　　　　　　　　D.轮楔

8._____属于固定式系固设备。

A.眼板　　　　　　　　　　　　　　B.底座扭锁
C.横向撑柱　　　　　　　　　　　　D.象脚

9.半潜船上运载的大型港口机械属于_____。

A.标准货　　　　　　　　　　　　　B.半标准货
C.非标准货　　　　　　　　　　　　D.不属于货物单元

第二节　标准货物系固设备

1._____用于甲板上上、下层集装箱之间的连接锁紧,以防集装箱的倾覆及滑移。

A. 　　　　　　　　B.

C. 　　　　　　　　D.

锁钩
调节螺母

2.仅与插座配套使用的堆锥是_____。

A.高度补偿锥　　　　　　　　　　　B.中间堆锥
C.可移动椎板　　　　　　　　　　　D.调整堆锥

3.集装箱船上,用于连接上、下两层集装箱或集装箱与船体的系固设备是_____。

A.桥锁　　　　　　　　　　　　　　B.扭锁
C.绑扎杆　　　　　　　　　　　　　D.锥板

4._____用于在装载某些非标准高度的集装箱时调整其高度至标准状态。

A.底座堆锥　　　　　　　　　　　　B.高度补偿器
C.自动定位锥　　　　　　　　　　　D.眼板

5.用于在装载某些非标准高度集装箱时,调整其高度至标准状态的堆锥是_____。

A.底座堆锥　　　　　　　　　　　　B.固定锥
C.调整堆锥　　　　　　　　　　　　D.自动定位锥

6.有关标准系固设备,下列描述正确的是_____。

①用于固定专用集装箱时所用的设备属于标准系固设备;②多用途船所有装载货物单元的处

所均使用标准货系固设备;③标准货系固设备均是经批准的专用设备

A.①③   B.①②③

C.①②   D.②③

7.货物单元系指_____。

①公路车辆、滚装拖车和铁路车辆;②集装箱与可拆集装箱构件;③包装单元与成组货;④散装液体或固体货物

A.②③④   B.①②③

C.①②③④   D.①③④

8._____是标准货便携式系固设备。

A.固定锥   B.眼板

C.集装箱绑扎桥   D.扭锁

9._____是标准货固定式系固设备。

A.导轨系统   B.扭锁

C.桥索   D.堆锥

10.集装箱船配备的固定式系固设备包括_____。

A.固定锥   B.花篮螺丝与绑扎杆

C.横向撑柱   D.堆锥

11.集装箱船配备的便携式系固设备包括_____。

①固定锥;②花篮螺丝与绑扎杆;③堆锥;④横向撑柱

A.①②③④   B.①②③

C.①③④   D.②③④

12.集装箱船配备的固定式系固设备包括_____。

①固定锥;②底座;③眼板;④扭锁

A.①②③④   B.②③④

C.①②③   D.①②④

13.顶层相邻集装箱之间的横向水平紧固系固设备是_____。

A.定位锥   B.绑扎杆

C.桥锁   D.角锁紧装置

14.锥板是_____。

A.连接上、下两层集装箱的系固设备

B.连接集装箱与底座的系固设备

C.连接横向两列集装箱的系固设备

D.连接纵向两行集装箱的系固设备

15.固定锥用于_____。

A.固定舱内最底层集装箱

B.固定甲板上上、下两层集装箱

C.固定甲板左、右两列集装箱

D.舱内无导轨时,对靠近两舷舷侧的最上层集装箱进行支撑

16.集装箱船上,用于连接甲板上上、下两层集装箱的系固设备是_____。
  A.扭锁   B.桥锁
  C.锥板   D.绑扎杆

17.下列_____设备属于集装箱的可移动式系固设备。
  A.底座扭锁   B.格栅与导轨
  C.地令   D.绑扎桥

18.以下属于标准货便携式系固设备的是_____。
  ①固定锥;②花篮螺丝与绑扎杆;③堆锥;④横向撑柱;⑤半自动扭锁
  A.①③⑤   B.①②③④⑤
  C.②④⑤   D.②③④⑤

19.桥锁用于_____的连接。
  A.相邻两行最上层集装箱顶部
  B.相邻两列最上层集装箱顶部
  C.甲板集装箱与底座之间
  D.上、下两层集装箱之间

20.按规范的规定,集装箱船舱内导轨系统应满足_____。
  ①与船体构件形成整体结构;②不受船体主应力的影响;③能将因船舶运动时产生的集装箱负荷传递至船体结构,并能承受由集装箱装卸时产生的负荷及阻止集装箱移动
  A.①②   B.①③
  C.①②③   D.②③

21.按规范的规定,集装箱船导轨舱内系统应满足_____。
  ①能将因船舶运动时产生的集装箱负荷传递至船体结构;②能承受由集装箱装卸时产生的负荷;③能阻止集装箱的移动
  A.②③   B.①②③
  C.①③   D.①②

22.集装箱的可移动式系固设备包括_____。
  A.地令   B.绑扎桥
  C.底座扭锁   D.格栅

23.在集装箱系固中,主要用于甲板的最下层集装箱与甲板连接的可移动式系固设备是_____。
  A.底座扭锁   B.锥板
  C.桥锁   D.地令

24._____是集装箱船舶专用的绑扎系固设备。
  ①桥锁;②扭锁;③钢丝绳;④连接板;⑤锥板;⑥高度补偿器;⑦横向撑柱
  A.①②③④⑤⑥⑦   B.①②④⑤⑥⑦
  C.①②⑤⑥⑦   D.①②⑤⑦

25._____是集装箱船舶专用的绑扎系固设备。
  ①桥锁;②扭锁;③钢丝绳;④绑扎杆;⑤定位锥;⑥花篮螺丝

A.②③④⑤⑥　　　　　　　　　　B.①②④⑤⑥

C.①②③⑤⑥　　　　　　　　　　D.①②③⑤

26.下列集装箱系固索具中,_____能够防止集装箱倾覆。

①底座扭锁;②桥锁;③高度补偿器;④定位锥;⑤锥板;⑥绑扎杆和花篮螺丝

A.①②④⑤　　　　　　　　　　B.①⑥

C.①②⑤　　　　　　　　　　　D.③⑤⑥

27.集装箱船的系固设备包括_____。

①扭锁;②桥锁;③拉紧装置;④高度补偿器;⑤定位锥;⑥连接板

A.①②③④⑤⑥　　　　　　　　B.①②④⑤⑥

C.①②③④⑤　　　　　　　　　D.①③⑤⑥

28.关于集装箱的系固设备及系固要求,下列说法正确的是_____。

①避免混合使用左旋扭锁和右旋扭锁;②禁止从高处将扭锁等扔到甲板上;③为保证系固效果,应尽最大可能收紧绑扎杆;④船方应提供系固图,绑扎工人应严格按照图示绑扎,不得擅自更改;⑤船上使用的系固索具应经过有关机构认证

A.①②③④⑤　　　　　　　　　B.③④⑤

C.②③④　　　　　　　　　　　D.①②④⑤

第三节　非标准与半标准系固设备

1.下列情况中所用的系固设备为半标准货物系固设备的是_____。

①滚装船在装载公路车辆及滚装拖车时;②滚装客船在装载公路车辆及滚装拖车时;③滚装船在装载铁路车辆时;④多用途船在装载铁路车辆及滚装拖车时

A.①②　　　　　　　　　　　　B.①②③

C.①④　　　　　　　　　　　　D.②③

2.有关半标准货物便携式系固设备的作用,下列描述正确的是_____。

①绑扎带用于系固车辆及滚装拖车;②象脚用于插入槽座并通过其他便携式系固设备相连;③快速释放紧索器用于收紧并快速释放系固链条;④拖车千斤顶用拖车有轮端,并起到一定支撑作用,以减少车轮发生滚动的风险

A.①②③④　　　　　　　　　　B.①②③

C.②③④　　　　　　　　　　　D.①②④

3.可折地令主要用于_____上。

①舱盖;②甲板;③集装箱支柱;④绑扎桥

A.①②③　　　　　　　　　　　B.①②④

C.①③④　　　　　　　　　　　D.①②③④

第四节　系固设备的系固原则,检查、维护保养,使用注意事项

1.关于索具可承受的最大系固负荷 MSL,以下说法错误的是_____。

　　A.卸扣的 MSL 取破断强度的 50%

　　B.可重复使用钢丝绳的 MSL 取破断强度的 30%

　　C.一次性钢丝绳的 MSL 取破断强度的 80%

　　D.纤维绳的 MSL 取破断强度的 50%

2.便携式系固设备内部转动部分允许的磨损、锈蚀一般不应超过原有尺寸的_____。

　　A.8%　　　　　　　　　　　　　　　　B.6%

　　C.10%　　　　　　　　　　　　　　　D.5%

3.系固设备磨损、锈蚀后的尺寸一般不应小于原有尺寸的_____。

　　A.90%　　　　　　　　　　　　　　　B.95%

　　C.85%　　　　　　　　　　　　　　　D.80%

4.船上系固设备应在_____的负责下进行定期的检查和维修保养。

　　A.水手长　　　　　　　　　　　　　B.木匠

　　C.船长　　　　　　　　　　　　　　D.大副

5.船舶系固设备检查、维修保养记录簿应由_____。

　　A.大副记录和保管　　　　　　　　B.木匠记录、水手长保管

　　C.水手长记录、大副保管　　　　　D.大副记录、船长保管

6._____不属于钢丝绳要换新的指标。

　　A.钢丝绳有轻度损坏

　　B.钢丝绳严重腐蚀

　　C.钢丝绳 10 倍直径长度内有 5%钢丝断裂

　　D.钢丝绳过度磨损

7.系固设备中,最大系固负荷系指_____。

　　A.船上系固设备的许用负荷　　　　B.船上系固设备的试验负荷

　　C.船上系固设备的破断负荷　　　　D.船上系固设备的验证负荷

8.最大系固负荷(MSL)系指_____。

　　A.船上系固设备的许用负荷　　　　B.船上系固设备的破断强度

　　C.船上系固设备的试验强度　　　　D.船上系固设备的 SWL

9.新钢丝绳的最大系固负荷为其破断强度的_____。

　　A.50%　　　　　　　　　　　　　　　B.70%

　　C.80%　　　　　　　　　　　　　　　D.30%

10.对于无主管机关签发证书的系固设备,无法确认其可靠性,则_____。

　　A.反复试验予以确认　　　　　　　B.报公司申请确认

　　C.弃之不用　　　　　　　　　　　D.如无替代设备,可用到靠港

11. 配套使用系固设备时,必须注重考虑_____。
①系固系统中各自最大系固负荷的协调性;②应以系固系统中各设备 MSL 的平均值作为整个系统的 MSL;③应以系固系统中最大的 MSL 作为整个系固系统的 MSL;④应以系固系统中最小的 MSL 作为整个系固系统的 MSL

A.①③
B.①②④
C.②③
D.①④

12. 在货物系固索具的检修与保养中,若花篮螺丝的_____,则应进行矫直,而不必更换或报废。

A.螺杆弯曲
B.钩头损坏
C.锁销受损或丢失
D.螺杆扭曲

13. 对所有便携式系固设备进行一次详细检查和加油活络的时间间隔为_____。

A.1 个月
B.3 个月
C.6 个月
D.12 个月

14. 有关系固设备的使用注意事项,下列描述正确的是_____。
①所有系固设备必须具有由主管机关签发的合格证书;②补充或更新系固设备的 MSL 不应低于原有的同类设备;③补充或更新的手柄式扭锁转锁方向可灵活选用

A.①②③
B.①②
C.①③
D.②③

15. 有关系固设备的使用注意事项,下列描述正确的是_____。
①所有系固设备必须具有由主管机关签发的证书;②配套使用系固设备时,应以系固系统中最小的 MSL 作为整个系固系统的 MSL;③对重复使用的钢丝绳,其 MSL 可取破断强度的30%;④补充或更新手柄式扭锁时,新上扭锁应与现有扭锁的转锁方向一致

A.①②④
B.①②③④
C.②③④
D.①②③

参考答案

第一节　定义

1.C　2.B　3.D　4.B　5.A　6.D　7.D　8.A　9.C

第二节　标准货物系固设备

1.A　2.C　3.B　4.B　5.C　6.A　7.B　8.D　9.A　10.A
11.D　12.C　13.C　14.B　15.A　16.A　17.A　18.D　19.B　20.D

21.B 22.C 23.A 24.B 25.B 26.B 27.A 28.D

第三节　非标准与半标准系固设备

1.B 2.D 3.D

第四节　系固设备的系固原则,检查、维护保养,使用注意事项

1.D 2.B 3.A 4.C 5.A 6.A 7.A 8.A 9.C 10.C
11.D 12.A 13.B 14.B 15.B

第七章

船舶与货物基础知识

第一节　船体形状及参数

1._____是粗略表征船体形状的特征参数,随船舶吃水而变化。

   A.船型系数 　　　　　　　　　　　　　B.每厘米吃水吨数

   C.每厘米纵倾力矩 　　　　　　　　　　D.型线图

2.船型系数是表示_____。

   A.船体水下部分面积或体积肥瘦程度的无因次系数

   B.船体水上部分面积或体积肥瘦程度的无因次系数

   C.船体大小的无因次系数

   D.船体全部体积肥瘦程度的无因次系数

3.放射性物质放出的射线,会杀伤或破坏人体组织细胞,危害人体安全。该种性质属于放射性物质的_____。

   A.物理性质 　　　　　　　　　　　　　B.化学性质

   C.机械性质 　　　　　　　　　　　　　D.生物性质

4.表征水线以下船体肥瘦程度的船型系数是_____。

   A.棱形系数 　　　　　　　　　　　　　B.水线面系数

   C.中横剖面系数 　　　　　　　　　　　D.方形系数

5.已知某船垂线间长 $L=120$ m,吃水 $d=5.80$ m,排水体积 7 350 m^3,方形系数 $C_b=0.62$,水线面系数 $C_W=0.75$,则船舶水线面面积 A_W 为_____。

   A.4 557.0 m^2 　　　　　　　　　　　B.61.3 m^2

   C.1 533.0 m^2 　　　　　　　　　　　D.1 267.2 m^2

6.某船方形系数 $C_b=0.45$,垂向棱形系数 $C_P=0.64$,则船舶船中剖面系数 $C_m=$_____。

   A.0.188 　　　　　　　　　　　　　　 B.0.395

   C.0.526 　　　　　　　　　　　　　　 D.0.703

7.某集装箱船的船长 $L=272.2$ m,型宽 $B=32.2$ m,吃水 $d=12.5$ m,水线面系数 $C_W=0.785$,则该船的水线面面积为_____。

A.6 533.2 m^2 B.7 360.5 m^2

C.7 850.7 m^2 D.6 880.4 m^2

8.某船 $L = 78$ m，吃水 $d = 4.80$ m，船宽 $B = 12.2$ m，排水体积 2 924 m^3，则其方形系数 C_b 为_____。

A.0.684   B.0.640

C.0.737   D.0.532

9.已知某船吃水 $d = 2.05$ m，长宽比 $L/B = 6.7$，宽度吃水比 $B/d = 2.46$，方形系数 $C_b = 0.53$，则船舶的型排水体积 ∇ 是_____。

A.185.1 m^3 B.267.2 m^3

C.33.8 m^3 D.83.1 m^3

10.某船的船长 $L = 125.6$ m，型宽 $B = 22$ m，吃水 $d = 8.32$ m，船体水线以下排水体积 $V = 12 580$ m^3，则该船的方形系数为_____。

A.0.485   B.0.547

C.0.613   D.0.720

11.某船方形系数 $C_b = 0.5$，长宽比 $L/B = 6$，宽吃水比 $B/d = 5$，$d = 20$ m，则该船的型排水体积为_____。

A.6 500 m^3 B.600 000 m^3

C.60 000 m^3 D.7 600 m^3

12.某船方形系数 $C_b = 0.5$，长宽比 $L/B = 6$，宽吃水比 $B/d = 4$，平均型吃水 5 m，则船舶排水体积为_____。

A.7 600 m^3 B.6 500 m^3

C.60 000 m^3 D.6 000 m^3

第二节 船舶浮性

1.按我国规范建造的船舶，通常坐标系原点在_____。

A.船中   B.船尾

C.船首   D.任意点

2.船舶的浮心 B 是指船舶_____。

A.水下排水体积的几何中心   B.受风面积的中心

C.水线面面积的中心   D.总重量的中心

3.船舶的浮心 B 是指_____。

①船舶排水体积的形心；②船舶排水体积的几何中心；③船舶所受浮力的作用中心

A.③   B.②

C.①②③   D.①

4.船舶水下排水体积的几何中心是指船舶的_____。

A.转心   B.漂心

C.浮心　　　　　　　　　　　　　　D.重心

5.船舶在一定装载情况下的漂浮能力称为_____。

   A.适航性　　　　　　　　　　　　B.稳性

   C.浮性　　　　　　　　　　　　　D.抗沉性

6.船舶在静水中横倾的原因为_____。

   A.船舶重心不在纵中剖面上

   B.船舶重力和浮力不相等

   C.船舶重力和浮力作用在同一垂线上

   D.重心和浮心距基线距离不相等

7.关于船舶倾斜前后浮性的变化,以下说法正确的是_____。

   ①浮力大小不变;②浮心位置不变;③浮力作用点改变

   A.①②　　　　　　　　　　　　　B.①②③

   C.①③　　　　　　　　　　　　　D.②③

8.船舶装载后重心不在中纵剖面上,船舶必然存在_____。

   A.横倾　　　　　　　　　　　　　B.纵倾

   C.横倾和纵倾　　　　　　　　　　D.船体变形

9.平静水面看水尺时,如读得整数,则以水线在_____。

   A.数字的上缘为准　　　　　　　　B.数字的中间为准

   C.数字的下缘为准　　　　　　　　D.两相邻数字的中间为准

10.水尺是勘绘在船壳板上的_____。

   A.载重线标志　　　　　　　　　　B.吃水标志

   C.吨位标志　　　　　　　　　　　D.干舷标志

11.船舶实际吃水与型吃水相比,_____。

   A.相差50 mm　　　　　　　　　　B.相差龙骨板厚度

   C.相差无定值　　　　　　　　　　D.两者在数值上一致

12.下图为某一时刻实际水线所在的水尺位置,此时的吃水为_____。

21

20　水线

19

   A.19.90 m　　　　　　　　　　　B.20 ft

   C.20 in　　　　　　　　　　　　D.20 m

13.下图为某一时刻实际水线所在的水尺位置,此时的吃水为_____。

9 M　　水线

8

6

   A.8.90 m　　　　　　　　　　　B.9.10 m

   C.8.80 m　　　　　　　　　　　D.8.00 m

14.平静水面中,当水面与吃水标志数字上端相切时,吃水的读取方法是_____。

A.以该数字加上 10 cm

B.以相切处相邻两数字的平均值为准

C.以该数字为准

D.以水面上第一数字为准

15.在平静水面查看船舶水尺为 9.7 m,其水线是位于_____。

A.数字 6 的上边缘   B.数字 9 的上边缘

C.数字 9 的下边缘   D.数字 6 的下边缘

16.下图中对应的船舶夏季满载吃水是_____。

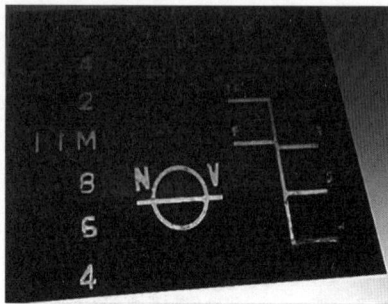

A.11.2 m   B.11 m

C.10.55 m   D.10.75 m

17.关于船舶吃水,下列说法正确的是_____。

①船舶吃水是指水面到船舶甲板的高度;②船舶吃水是指船舶所装淡水的重量;③相同条件下,对同一船舶,吃水越大,对应的排水量越大;④船舶吃水是指船舶浸在水中的深度;⑤船舶吃水是随水密度改变而变化的

A.②④⑤   B.③④⑤

C.①③④   D.①③⑤

18.船舶水尺读数表示_____。

A.水面至海底表面的深度

B.水面至船底平板龙骨外表面的深度

C.海底表面至船底板的深度

D.水面到甲板的高度

19.英制水尺中,数字的高度是_____。

A.6 英寸   B.8 英寸

C.9 英寸   D.10 英寸

20.英制水尺中数字的高度及相邻两数字间的间距是_____。

A.6 in   B.10 in

C.12 in   D.15 in

21.船舶公制水尺用阿拉伯数字表示,其数字的高度为_____ cm,上、下相邻两数字间距为_____ cm。

A.20;20   B.10;10

C.15;15   D.5;5

22.如平静水面看水尺为 8.5 m,其水线位于_____。

　　A.数字 8 的下缘   B.数字 8 的上缘

　　C.数字 6 的下缘   D.数字 4 的上缘

23.公制水尺中相邻两个数字之间的间隔高度为_____。

　　A.6 cm   B.8 cm

　　C.10 cm   D.12 cm

24.测得某船船尾水线位于水尺标志"Ⅸ"字体的底边缘,则其尾吃水为_____。

　　A.8 英尺 6 英寸   B.9 英尺

　　C.9 英尺 3 英寸   D.9 英尺 6 英寸

25.下图所示为某船船尾右舷吃水水面,其实际吃水可读取为_____。

　　A.7.60 m   B.7.00 m

　　C.6.00 m   D.6.71 m

26._____有利于提高观测吃水的精度。

　　①借助小艇使观察者的观测位置可能接近水尺;②观察者的观测视线与水面的夹角应尽可能减小;③借助吊板、绳梯使观测者的观测位置尽可能接近水面所在的水尺位置

　　A.①   B.②

　　C.③   D.①②③

27.下列有关吃水读取方法表述正确的是_____。

　　①以水面与吃水标志相切处按比例读取;②当水面与某数字的下端相切时,该数字即表示船舶当时的吃水;③有波浪时,应以波浪来回几个高低点的平均值所在水尺位置读取吃水

　　A.①②   B.①③

　　C.②③   D.①②③

28.有波浪时看水尺,应以水线在_____。

　　A.波浪的最高点为准   B.波浪的最低点为准

　　C.波浪高、低点的平均值为准   D.估算为准

29.下图为某船一处水尺标点及水线,该处的吃水读数是_____。

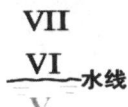

VII

VI——水线

V

　　A.5.18 m   B.5.08 m

　　C.5 ft 10 in   D.5 ft 4 in

第三节　船舶重量性能和容积性能

1.船舶载重量是指_____。
   A.各国造船工业的发展水平　　　　　B.船舶的载重能力
   C.船舶大小　　　　　　　　　　　　D.港口报关纳税的依据

2.下列不属于空船排水量的是_____。
   A.船舶备品　　　　　　　　　　　　B.供试车的锅炉中的燃料和水
   C.船舶舾装　　　　　　　　　　　　D.仪器设备

3.通常情况下,表征船舶载重能力大小的指标是_____。
   A.总吨位 GT　　　　　　　　　　　B.总载重量 DW
   C.空船重量 Δ_L　　　　　　　　　　D.船舶装载排水量 Δ

4.船舶资料中列出的满载排水量通常是指_____。
   A.冬季排水量　　　　　　　　　　　B.夏季排水量
   C.热带排水量　　　　　　　　　　　D.淡水排水量

5._____在营运管理中常被用作航线配船、定舱配载、船舶配积载等的重要依据。
   A.总载重量 DW　　　　　　　　　　B.夏季满载排水量 Δ_S
   C.船舶装载排水量 Δ　　　　　　　D.净载重量 NDW

6.在签订租船合同时,_____常被用来表征普通货船的装载能力。
   A.空船排水量　　　　　　　　　　　B.净载重量 NDW
   C.总载重量 DW　　　　　　　　　　D.夏季满载排水量 Δ_S

7.衡量船舶重量性能的指标中,_____常被用来表示货船的大小。
   A.总载重量 DW　　　　　　　　　　B.总吨位 GT
   C.满载排水量 Δ_S　　　　　　　　D.净载重量 NDW

8.通常用重量来表示货船大小时,所指的是_____。
   A.总载重量　　　　　　　　　　　　B.总吨位
   C.满载排水量　　　　　　　　　　　D.总载货量

9.表示船舶装载排水量的符号为_____。
   A.Δ_L　　　　　　　　　　　　　B.Δ_S
   C.Δ_T　　　　　　　　　　　　　D.Δ

10.符号 Δ_S 通常表示_____。
   A.满载排水量　　　　　　　　　　　B.装载排水量
   C.半载排水量　　　　　　　　　　　D.空船排水量

11.船舶总载重量 DW 是指_____。
   A.船舶装载货物重量之和
   B.船舶的总吨位
   C.在任一水线时船舶所能装载的重量

D.船舶装载货物重量、燃料油和淡水的重量之和

12._____常被用来统计普通货船的重量拥有量。
　A.装载排水量 Δ 　　　　　　　B.热带满载排水量 Δ_T
　C.总吨位 GT 　　　　　　　　　D.总载重量 DW

13.通常把_____作为船舶大小的指标。
　A.空船排水量　　　　　　　　B.装载排水量
　C.轻载排水量　　　　　　　　D.满载排水量

14.下列有关船舶重量性能指标用途的描述不正确的是_____。
　A.表示船舶的载重能力　　　　B.计算船舶净吨位的依据
　C.空船排水量表示船舶的空船重量　D.排水量表示船舶的重量

15.空船及船舶装载后货物、船存油水、压载水、船员行李及备品、船舶常数等重量之和称为_____。
　A.装载排水量　　　　　　　　B.夏季排水量
　C.热带排水量　　　　　　　　D.冬季排水量

16.船舶装载排水量是指_____。
　A.冬季排水量　　　　　　　　B.夏季排水量
　C.热带排水量　　　　　　　　D.装载后实际排水量

17.总载重量 DW 的主要用途有_____。
①作为签订租船合同的依据;②作为收取运费的依据;③作为船舶配积载的依据;④统计船舶拥有量;⑤作为计算航次净载重量的依据
　A.①②③　　　　　　　　　　B.①②③④
　C.①②③④⑤　　　　　　　　D.①③④⑤

18.对一般干散货船而言,表征其重量性能的指标为_____。
　A.净吨　　　　　　　　　　　B.总吨
　C.舱容系数　　　　　　　　　D.载重量

19.下列关于船舶排水量的叙述,正确的是_____。
　A.船舶排水量越大,其总吨位就越大
　B.船舶排水量就是船舶受到的浮力
　C.船舶排水量在数值上等于船舶的总重量
　D.同一船舶在装载状态一定的前提下,其排水量在不同水域大小不相等

20.船舶的空船重量是指_____。
　A.船上存留的备件、残件及废件,货舱内及甲板上存留的残余货物、废料及多余的垫料,燃料舱、淡水舱、压载舱、污水沟及其他液柜中的不能排出的残液及污泥,船底附着物
　B.船舶备件,船员行李,航次应装载的粮食、蔬菜、水果、烟酒等
　C.船体结构、动力装置、舾装、仪器设备、锅炉中燃料和水、冷凝器中的水等重量
　D.船上的油水即燃油、柴油、滑油和淡水

21.船舶的空船重量包括_____。
　A.船体、机器设备及船员行李的重量

B.锅炉中的燃料、冷凝器中的水及粮食的重量

C.船体、机器设备及船舶舾装的重量

D.船上库存的破旧机件、器材和各种废旧物料

22.总吨位的用途有_____。

①是划分船舶等级的依据；②是比较船舶大小的依据；③是收取港口使费的依据；④是船舶配员的依据；⑤是计算船舶保险费用的依据

A.①②③④⑤ B.①②③④

C.①②④⑤ D.①③④⑤

23.下列物品计入总载重量的是_____。

A.船用备品 B.螺旋桨

C.机器及设备 D.锅炉中的水

24.船舶资料中给出的空船排水量通常是指_____。

A.营运后空船的排水量 B.不包括舾装空船的排水量

C.无货时空船的排水量 D.新船出厂时空船的排水量

25.船舶的重量性能包括_____。

A.排水量和总吨位

B.排水量和载重量

C.排水量、总载重量、总吨位和净吨位

D.总吨位和净吨位

26.船舶排水量通常被定义需满足_____条件下的值。

A.自由漂浮 B.船速为零

C.无风浪 D.自由漂浮、无风浪且船速为零

27.船舶的总载重量等于船舶的满载排水量减去_____。

A.船舶常数 B.空船重量

C.航次储备量 D.净载重量

28.普通杂货船的包装舱容为散装舱容的_____。

A.85%~90% B.90%

C.95%~100% D.90%~95%

29.货船的舱容系数是指_____。

①全船货舱总容积与船舶净载重量之比；②每一净载重吨所占有的货舱容积；③船舶对每一吨装在船上的货物所能提供的货舱容积

A.① B.②

C.③ D.①②③

30.船舶的舱容系数是指船舶的_____。

A.货舱舱容与船舶净载重量之比 B.货舱舱容与实际装货重量之比

C.散货舱容与排水量之比 D.包装舱容与总载重量之比

31.船舶的舱容系数是指_____。

A.每吨货物所占舱容

B.每一总载重吨所占的货舱容积

C.每立方米货舱容积所能装载货物的重量

D.对每一净载重吨货物船舶所能提供的货舱容积

32.用以表征船舶容积能力的指标包括_____。

A.船舶装载排水量 　　　　　　　　B.货舱容积

C.总装载量 　　　　　　　　　　　　D.空船重量

33.运河吨通常_____船舶吨位证书中的登记吨。

A.等于 　　　　　　　　　　　　　　B.小于

C.大于 　　　　　　　　　　　　　　D.两者关系不一定

34.有关船舶的舱容系数,以下说法错误的是_____。

A.具体船舶其舱容系数随航线的变化而变化

B.散货船的舱容系数是散装舱容与其航次净载重量之比

C.舱容系数大的船舶装运大量重货,会降低其容量能力

D.舱容系数小的船舶装运大量轻泡货,可充分利用船舶的载重能力

35.包装舱容主要作为衡量_____容积性能的指标。

A.集装箱船 　　　　　　　　　　　　B.固体散货船

C.杂货船 　　　　　　　　　　　　　D.液体散货船

36.普通杂货船的散装舱容较包装舱容_____。

A.大 10%~15% 　　　　　　　　　　B.大 5%~10%

C.小 10%~15% 　　　　　　　　　　D.小 5%~10%

37.甲板货位属于船舶的_____。

A.载货重量能力 　　　　　　　　　　B.净载重能力

C.载货容量能力 　　　　　　　　　　D.特殊载货能力

38.对一般杂货船而言,船舶提供给每一净载重吨的包装舱容称为_____。

A.积载因数 　　　　　　　　　　　　B.自然减量

C.亏舱率 　　　　　　　　　　　　　D.船舶舱容系数

39.货舱内所能容纳件杂货的最大体积称为_____。

A.货舱散装容积(Grain Capacity) 　　B.货舱包装容积(Bale Capacity)

C.液货舱容积(Liquid Capacity) 　　　D.液体舱柜容积(Tank Capacity)

40.船舶的燃料、润料舱柜,淡水舱柜,压载水舱内所能容纳相应液体载荷的最大容积称为_____。

A.货舱散装容积(Grain Capacity) 　　B.货舱包装容积(Bale Capacity)

C.液货舱容积(Liquid Capacity) 　　　D.液体舱柜容积(Tank Capacity)

41.货舱内所能容纳特定液体货物的最大容积称为_____。

A.货舱散装容积(Grain Capacity) 　　B.货舱包装容积(Bale Capacity)

C.液货舱容积(Liquid Capacity) 　　　D.液体舱柜容积(Tank Capacity)

42.舱容系数较小的船舶,装运密度_____的货物易达到满舱满载。

A.大 　　　　　　　　　　　　　　　B.中等

C.小   D.无法确定

43.舱容系数较大的船舶,装运密度_____的货物易达到满舱满载。

    A.大   B.小

    C.中等   D.无法确定

44.由舱容系数的定义可知,舱容系数较大的船舶,适合装运_____货。

    A.轻   B.重

    C.袋装   D.中等

45.固体散货船载货能力中的容量能力是指_____。

    A.舱柜容积   B.液舱舱容

    C.散装舱容   D.包装舱容

46.船舶载货能力中的容量能力对集装箱船而言,是指_____。

    A.换算箱容量   B.散装舱容

    C.液舱舱容   D.包装舱容

47.下列对船舶载货的容量能力的叙述正确的是_____。

    ①杂货船装载件杂货时的容量能力一般指船舶货舱的包装舱容;②固体散装货船载运固体散货时的容量能力一般指舱的散装舱容;③液体散装货船的载货容量能力应为液体舱柜容积;④木材船的载货容量能力指所能装载甲板木材的上甲板空间容积

    A.①②   B.③④

    C.①②③   D.①②③④

48.对于不同种类船舶载货能力的描述正确的是_____。

    A.对于杂货船,在整船装运散装固体货物时,其载货能力指船舶的散装舱容

    B.对于液体散装货船,其载货容量能力指船舶货舱的包装容积

    C.对于集装箱船,其载货容量能力指船舶的包装容积和散装容积

    D.对于固体散装货船,在运输件杂货时,其载货容量能力指船舶货舱的包装容积

49.关于舱容系数,下列说法错误的是_____。

    A.舱容系数较小的船,更适合装重货

    B.在具体的航次中,舱容系数均是定值

    C.当货物的积载因数小于船舶的舱容系数时,船舶会满载不满舱

    D.舱容系数是每一净载重吨所占有的货舱容积

50.下列关于船舶资料中的舱容系数的说法,错误的是_____。

    A.随着船舶净载重量的增大而减小

    B.船舶满载状态下保持最大续航能力时的数值

    C.定值

    D.装载杂货时,全船货舱总容积取包装容积

51.船舶净吨的大小是根据_____决定的。

    A.总载重量   B.所有围蔽载货处所的总舱容

    C.密闭处所总容积   D.液舱容积

52.船舶总吨是根据船舶的_____确定的。

A.货舱总舱容　　　　　　　　　　　B.航次载货量

C.船舶总重量　　　　　　　　　　　D.船舶所有围蔽处所的总容积

53.对于普通船舶,通常按_____计算运河通行费。

　　A.运河净吨　　　　　　　　　　　B.总吨

　　C.运河总吨　　　　　　　　　　　D.净吨

54.船舶缴纳吨税通常以_____为基准。

　　A.总吨　　　　　　　　　　　　　B.净吨

　　C.运河总吨　　　　　　　　　　　D.运河净吨

55.船舶总吨位的用途是_____。

　　A.表明船舶的载重能力

　　B.表明各国造船工业的发展水平和国家的运输力量

　　C.作为比较船舶大小及计算海损事故赔偿费的依据

　　D.作为港口向船舶收取港口使费和税金的依据

56.净吨位是从总吨位中扣除_____构成的。

　　①水手长仓库;②海图室;③驾驶员和船员专用空间

　　A.①②　　　　　　　　　　　　　B.②③

　　C.①③　　　　　　　　　　　　　D.①②③

57.船舶净吨位的用途是_____。

　　A.作为计算海事赔偿费的依据　　　B.作为国家统计船舶吨位的依据

　　C.表示船舶的大小　　　　　　　　D.作为计算税收和港口费用的依据

58._____对船舶载重能力不产生影响。

　　A.空船重量　　　　　　　　　　　B.船舶总吨

　　C.航区水密度　　　　　　　　　　D.航次储备

59.依据船舶登记尺度丈量出船舶容积后再按规定公式计算而得出的吨位是_____。

　　A.总载重量　　　　　　　　　　　B.排水量

　　C.重量吨　　　　　　　　　　　　D.登记吨

60.下列有关运河吨位的表述正确的是_____。

　　①分总吨位和净吨位两种;②在数值上比根据《1969年国际船舶吨位丈量公约》丈量测定的吨位要稍小些;③作为船舶过运河时向运河管理当局缴纳费用的依据

　　A.①②　　　　　　　　　　　　　B.②③

　　C.①③　　　　　　　　　　　　　D.①②③

61.国际公约中划分船舶等级、提出技术管理和设备要求通常以_____为基准。

　　A.净吨　　　　　　　　　　　　　B.总吨

　　C.运河总吨　　　　　　　　　　　D.运河净吨

第四节　船舶静水力资料

1. 在静水力曲线图中不能直接查到的是_____。

　　A.每厘米纵倾力矩　　　　　　　　B.船舶重心高度

　　C.方形系数　　　　　　　　　　　D.横稳心距基线高度

2. 静水力曲线图中提供了标准海水和标准淡水下的_____曲线值。

　　A.排水量　　　　　　　　　　　　B.浮心纵坐标

　　C.每厘米纵倾力矩　　　　　　　　D.每厘米吃水吨数

3. 静水力曲线图中包括_____。

　　A.甲板浸水角和初稳性高度曲线

　　B.重量沿船长方向的分布曲线

　　C.横摇角及浸水角曲线

　　D.漂心距船中距离曲线和横稳心距基线高度曲线

4. 表征船舶在静止正浮状态下其平均吃水与船舶若干性能参数的一组关系曲线称为_____。

　　A.静水力特性参数表　　　　　　　B.静稳性曲线图

　　C.静水力曲线图　　　　　　　　　D.动稳性曲线图

5. 根据我国的规定,在使用静水力曲线图查取浮心距船中距离 x_b 时,以下说法正确的是_____。

　　A.浮心 B 在船中前或船中后,x_b 均为负值

　　B.浮心 B 在船中后,x_b 为负值;反之,为正值

　　C.浮心 B 在船中后,x 为正值;在船中前,为负值

　　D.浮心 B 在船中后,x_b 为正(+);在船中前,为负(−)

6. 根据我国的规定,在使用静水力曲线图查取_____曲线时,其计量长度应自船中处量起。

　　A.方形系数 C_b　　　　　　　　　B.浮心距船中距离 x_b

　　C.漂心距基线高度　　　　　　　　D.横稳心 M 距船中距离

7. 下列资料不属于船舶静水力资料的是_____。

　　A.静水力参数表　　　　　　　　　B.静水力曲线图

　　C.静稳性曲线图　　　　　　　　　D.载重表尺

8. 某船在 $\rho = 1.015 \text{ g/cm}^3$ 的水域中实际观测船舶吃水 $d = 8.00$ m,利用静水力参数表查到海水排水量为 20 000 t,则船舶的实际排水量为_____。

　　A.19 804.9 t　　　　　　　　　　B.20 000.0 t

　　C.20 197.0 t　　　　　　　　　　D.19 700.8 t

9. 船舶静水力曲线中各条曲线表示船舶在_____时的特性要素和平均吃水的函数关系。

　　A.任何漂浮状态　　　　　　　　　B.静止正浮

　　C.等容倾斜　　　　　　　　　　　D.有纵倾但无横倾

10. 在实际工作中,为了计算不同吃水时的装货重量,船舶可供查取的资料是_____。

①载重表尺;②邦金曲线图;③静水力曲线图;④静水力参数表

A.①②③④   B.①②④

C.①③④   D.③④

11.按我国的相关规定,静水力曲线图中,关于浮心的曲线有_____。

①浮心距船中曲线;②浮心距基线曲线;③浮心距船首曲线

A.①   B.②

C.③   D.①②

12.静水力曲线图中的垂向坐标为_____,坐标原点在船中的有_____。

A.实际吃水;漂心、浮心纵坐标   B.型吃水;漂心、浮心纵坐标

C.型吃水;浮心、稳心纵坐标   D.实际吃水;漂心、稳心纵坐标

13.船舶静水力资料一般包括_____。

①干舷;②静水力曲线;③静水力参数表;④载重表尺;⑤空船重量

A.①②⑤   B.②③④

C.①③④   D.②③⑤

14.静水力曲线图中,由型排水体积计算船舶排水量时,应进行_____修正。

A.漂心   B.首尾垂线

C.纵倾   D.船壳系数

15.船壳系数是指_____,因此,其值_____。

A.型排水体积与实际排水体积之比;大于1

B.实际排水体积与型排水体积之比;大于1

C.船底厚度与舷侧厚度的比值;大于1

D.舷侧厚度与船底厚度的比值;小于1

16.静水力曲线图中,由型排水体积计算船舶排水量时,应进行船壳系数的修正,对排水量大的船舶,其值_____。

A.相同   B.不定

C.稍大   D.稍小

17.某船的船壳系数为1.006,在某一吃水时其总排水体积为12 500 m^3,则其型排水体积为_____ m^3。

A.12 425   B.12 450

C.12 500   D.12 575

18.某船的船壳系数为1.006,在某一吃水时其型排水体积为10 000 m^3,则其水下外板及附体的排水体积之和为_____ m^3。

A.60   B.90

C.120   D.10 060

19.某船的船壳系数为1.006,在某一吃水时其型排水体积为15 000 m^3,则其水下外板及附体的排水体积之和为_____ m^3。

A.90   B.15 090

C.14 910   D.180

20.某船的船壳系数为1.005,在某一吃水时其实际排水体积为18 000 m³,则其型排水体积为_____ m³。

    A.18 090   B.17 910

    C.18 180   D.17 820

21.用平均吃水查排水量,排水量在_____上可以查得。

    A.静稳性力矩曲线图   B.静水力力矩曲线图

    C.静稳性力臂曲线图   D.静水力曲线图

22.船舶的每厘米吃水吨数TPC在_____的情况下,计算船舶的_____误差较小。

    ①大量装卸;平均吃水改变量。②少量载荷变动;排水量改变量。③少量载荷变动;平均吃水改变

    A.①   B.②

    C.③   D.②③

23.对于箱形驳船,其_____。

    A.水线面积不随吃水而变化,TPC为确定值

    B.水线面积随吃水而变化,TPC为变量

    C.水线面积随吃水而变化,TPC为确定值

    D.水线面积不随吃水而变化,TPC为变量

24.某船排水量18 750.0 t,装载状态下每厘米吃水吨数为25.8 t/cm,观测并计算得两次平均吃水减少了0.38 m,其船上载荷改变量为_____ t。

    A.870.8   B.-980.4

    C.980.4   D.-870.8

25.船舶的每厘米吃水吨数与船舶_____有关。

    A.水线面面积   B.水线下船体形状

    C.初稳性   D.纵稳性

26.船舶的每厘米吃水吨数TPC曲线的用途主要是计算船舶的_____。

    A.平均吃水及装载量的变化值   B.吃水差的改变量

    C.初稳性高度的变化量   D.重心高度的变化量

27.船舶的每厘米吃水吨数TPC在数值上等于_____。

    ①船舶平均吃水变化1 cm时,船舶浮力的改变量;②船舶平均吃水变化1 cm时,其排水量的改变量;③正浮时,船舶排水量变化1 t,其吃水变化的厘米数

    A.①   B.②

    C.③   D.①②

28.箱形驳船正浮时,对于漂心纵向坐标 x_f,下列说法正确的是_____。

    A.$x_f = 0$ B.$x_f > 0$

    C.$x_f < 0$ D.x_f随吃水不同而变化

29.某船排水量为3 000 t,以下利用TPC计算平均吃水改变量并且误差较小的是_____。

    A.加载400 t货物   B.卸载350 t货物

    C.卸载450 t货物   D.加载250 t货物

30.某船排水量为 2 000 t,以下利用 TPC 计算平均吃水改变量并且误差较小的是_____。

A.加载 350 t 货物　　　　　　　　B.卸载 160 t 货物

C.加载 250 t 货物　　　　　　　　D.加载 300 t 货物

31.通常情况下,每厘米吃水吨数 TPC 随船舶吃水的增大而_____。

A.增大　　　　　　　　　　　　B.减小

C.不变　　　　　　　　　　　　D.变化趋势不定

32.对于箱形船而言,船舶的每厘米吃水吨数 TPC 随船舶吃水的增加而_____。

A.增加　　　　　　　　　　　　B.不变

C.减少　　　　　　　　　　　　D.变化不定

33.船舶每厘米吃水吨数 TPC 曲线的主要作用是计算船舶_____。

①吃水差的变化量;②初稳性高度的变化量;③平均吃水变化量;④装载量的变化量;⑤重心高度的变化量

A.①②　　　　　　　　　　　　B.②③

C.③④　　　　　　　　　　　　D.④⑤

34.某船平均吃水为 4.7 m($TPC = 8.5$ t/cm),因卸货,平均吃水变为 4.2 m($TPC = 7.9$ t/cm),则卸货量为_____。

A.735 t　　　　　　　　　　　　B.624 t

C.569 t　　　　　　　　　　　　D.410 t

35.船舶的每厘米吃水吨数 TPC 是指船舶_____。

A.平均吃水变化 1 cm 时所需要的纵倾力矩值

B.平均吃水变化 1 cm 时所需要加减载荷的吨数

C.吃水差变化 1 cm 时所需要的纵倾力矩值

D.吃水差变化 1 cm 时所需要加减载荷的吨数

36._____是箱形驳船 TPC 曲线的变化规律。

A.随吃水的增加而增大

B.随吃水的增加而减小

C.不随吃水变化而变化

D.当吃水较小时,随吃水的增加而减小;当吃水较大时,随吃水的增加而增大

37.每厘米吃水吨数 TPC 的值通常随船舶吃水的变化而变化,但_____除外。

A.客船　　　　　　　　　　　　B.散货船

C.集装箱船　　　　　　　　　　D.箱形船

38.当船舶吃水增加时,船舶的_____一定增大。

A.浮心距船中距离　　　　　　　B.漂心距船中距离

C.横稳心距基线高度　　　　　　D.浮心距基线高度

39.船舶的漂心 F 是指_____。

A.船舶所受重力的作用中心

B.船舶倾斜前、后两条浮力作用线的交点

C.船舶水线面积的几何中心

D.船舶排水体积的形心

40.根据我国的规定,关于使用静水力曲线图查取漂心距船中距离 x_f,以下说法正确的是_____。

A.不论漂心 F 在船中的前或后,x_f 均为负($-$)

B.不论漂心 F 在船中的前或后,x_f 均为正($+$)

C.漂心 F 在船中后,x_f 为负($-$);在船中前,为正($+$)

D.漂心 F 在船中后,x_f 为正($+$);在船中前,为负($-$)

41.船舶由海水水域进入淡水水域,_____将发生变化。

①浮心;②重力;③吃水

A.①   B.②

C.③   D.①③

42.船舶受外力作用发生等容微倾时,其_____会发生较明显变化。

A.浮心   B.重心

C.稳心   D.漂心

43.按我国的相关规定,静水力曲线图中,关于漂心的曲线有_____曲线。

A.漂心距船尾   B.漂心距船中

C.漂心距船首   D.漂心距基线

44.船舶静水力曲线图一般由浮性参数曲线、稳性参数曲线和_____曲线组成。

A.吃水   B.排水量

C.主尺度比   D.船型系数

45.某船吃水 $d = 9.0$ m,水线面面积 $A_W = 1\,800$ m^2,则此时船舶的海水每厘米吃水吨数为_____ t/cm。

A.16   B.18.1

C.18.45   D.16.4

46.箱形驳船正浮时,对于漂心纵向和横向坐标 x_f、y_f,_____。

A.$x_f = 0$,$y_f = 0$ B.漂心在船中前后一定距离内

C.$x_f \neq 0$,$y_f = 0$ D.x_f 随吃水不同而变化

47.某船吃水 $d = 7.00$ m,水线面面积 $A_W = 1\,200$ m^2,则此时船舶的淡水每厘米吃水吨数为_____ t/cm。

A.12.0   B.13.5

C.13.0   D.12.3

48.某船吃水 $d = 7.00$ m,水线面面积 $A_W = 1\,200$ m^2,则此时船舶的淡水每厘米吃水吨数为_____ t/cm。

A.12.0   B.12.3

C.13.0   D.13.5

49.在对某杂货船做舱底、甲板及舱盖结构的加强改造后将其改装成集装箱船,原有船舶资料中的_____可以继续使用。

A.稳性报告书   B.静水力性能资料

C.总纵强度资料　　　　　　　　　　　　D.局部强度资料

50.船舶正浮,漂心 F 在某吃水的位置可以用两个坐标来表示,其中 x_f 通常不为零,而 y_f
为_____。

A.零　　　　　　　　　　　　　　　　B.负值

C.正值　　　　　　　　　　　　　　　D.$d/2$

51.把某油船的纵舱壁和甲板等进行结构改造,使其成为杂货船,原有船舶资料中的_____还
可以继续使用。

A.稳性报告书　　　　　　　　　　　　B.静水力资料

C.总纵强度资料　　　　　　　　　　　D.基本结构图

52.在船舶静水力曲线图上可以查到_____的值。

①干舷;②每厘米纵倾力矩;③浮心垂向坐标;④方形系数;⑤载重量;⑥稳心距基线高

A.①②③④　　　　　　　　　　　　　B.①②③⑥

C.②③④⑤　　　　　　　　　　　　　D.②③④⑥

53.在静水力资料中,使用_____可查到总载重量。

A.载重表尺　　　　　　　　　　　　　B.吃水差曲线

C.吃水差比尺　　　　　　　　　　　　D.静水力曲线图

54.某船载重表尺如下图所示,若船舶平均吃水 $d_m = 12.85$ m,水密度 $\rho = 1.010$ t/m³,则其总载重
量 DW 为_____t。

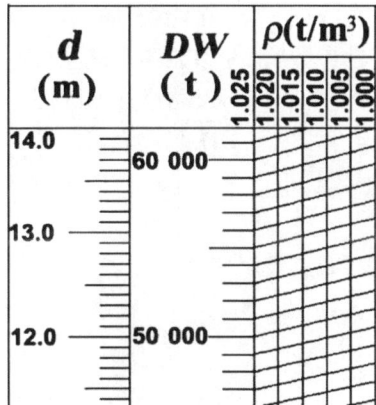

A.54 300　　　　　　　　　　　　　　B.54 000

C.53 500　　　　　　　　　　　　　　D.55 000

55.某船载重表尺如下图所示,若船舶总载重量 $DW = 53\ 000$ t,水密度 $\rho = 1.015$ t/m³,则其吃水 d
为_____m。

A.12.72   B.12.45

C.12.62   D.12.50

56.载重表尺的查取方法为:根据装载状态下的_____作一水平线,该线与所查参数栏刻度相交,直接读出刻度对应数值即为所查参数值。

    A.空船平均吃水   B.平均型吃水

    C.船中实际吃水   D.实际平均吃水

57.关于载重表尺,下列叙述正确的是_____。

    A.查载重表尺的引数是船中吃水   B.能查到总载重量

    C.查到的排水量需要进行船壳修正   D.能查到净载重量

58.以数值图表形式给出船舶浮性参数、稳性参数与平均实际吃水的关系表称为_____。

    A.静稳性曲线图   B.动稳性曲线图

    C.静水力曲线图   D.载重表尺

59.在下列船舶静水力资料中,一般从_____中可查到纵倾情况下的船舶静水力参数。

    A.载重表尺

    B.静水力曲线、静水力参数表、载重表尺

    C.静水力曲线

    D.静水力参数表

第五节　船舶平均吃水

1.实际营运中,在判断船舶是否超载时常以_____为准。

    A.漂心处的平均吃水   B.中部平均吃水

    C.左、右舷平均吃水   D.首、尾平均吃水

2.经证明,船舶等容微倾时,倾斜轴通过其初始水线面的_____。

    A.漂心   B.重心

    C.浮心   D.稳心

3.关于船舶平均吃水概念的描述,正确的是_____。

A.船舶的平均吃水是船舶首吃水与尾吃水之和的1/2

B.船舶发生横倾时,其平均吃水一定增大

C.船舶的平均吃水又叫船舶的等容吃水

D.船舶发生中垂变形时不会影响船舶的平均吃水

4.船舶等容吃水是指_____。

A.横倾时左、右舷吃水平均值　　　　B.纵倾时首、尾吃水平均值

C.任意浮态时左、右舷吃水平均值　　D.以上都不对

5.当船舶做等容倾斜时,其_____一定会发生变化。

A.等容吃水　　　　　　　　　　　　B.局部吃水

C.平均吃水　　　　　　　　　　　　D.漂心处吃水

6.关于船舶吃水概念的描述,正确的是_____。

A.船舶的型吃水一定大于船舶的实际吃水

B.船舶的船中处吃水大于船舶的首尾吃水

C.船舶排水量越大,其吃水越大

D.船舶从海水水域进入淡水水域,不会影响其吃水

7.船舶平均吃水是指_____。

A.首、尾吃水平均值　　　　　　　　B.首、尾吃水之差

C.首、尾吃水之和　　　　　　　　　D.首、尾吃水之比

8.当船舶首吃水增大时,船舶的排水量将_____。

A.减小　　　　　　　　　　　　　　B.不变

C.都有可能　　　　　　　　　　　　D.增大

9.当船舶尾吃水减少时,船舶的排水量将_____。

A.增大　　　　　　　　　　　　　　B.减小

C.不变　　　　　　　　　　　　　　D.都有可能

10.当船舶首、尾平均吃水等于船中两舷平均吃水时,船舶_____。

A.中拱变形　　　　　　　　　　　　B.中垂变形

C.平吃水　　　　　　　　　　　　　D.无拱垂变形

11.当船舶首、尾平均吃水大于船中两舷平均吃水时,船舶_____。

A.中拱变形　　　　　　　　　　　　B.中垂变形

C.首倾　　　　　　　　　　　　　　D.尾倾

12.当船舶首、尾平均吃水小于船中两舷平均吃水时,船舶_____。

A.尾倾　　　　　　　　　　　　　　B.首倾

C.中垂变形　　　　　　　　　　　　D.中拱变形

13.当_____时,船舶首、尾平均吃水等于等容吃水。

①尾倾且漂心在船中前;②尾倾且漂心在船中后;③尾倾且漂心在船中

A.①　　　　　　　　　　　　　　　B.②

C.①②③都有可能　　　　　　　　　D.③

14.当_____时,船舶首、尾平均吃水等于等容吃水。

①首倾且漂心在船中；②船舶平吃水；③尾倾且漂心在船中

A.①   B.②

C.③   D.①②③

15.当_____时,船舶首、尾平均吃水小于等容吃水。

①尾倾且漂心在船中后；②尾倾且漂心在船中前；③尾倾且漂心在船中前

A.①   B.②

C.③   D.①或③

16.当船舶仅有横倾时,平均吃水为_____。

A.首、中、尾的左舷平均吃水   B.首、中、尾的右舷平均吃水

C.首、尾的右舷平均吃水   D.中部两舷的平均吃水

17.当漂心位于船中且船体无拱垂变形时,按 $d_m=(d_F+d_A)/2$ 计算的平均吃水为_____。

A.近似值   B.准确值

C.经验值   D.视吃水差的大小而定

18.船舶平均吃水等于(首吃水+尾吃水)/2 成立的条件是_____。

A.漂心与稳心重合   B.浮心与重心重合

C.稳心与重心重合   D.漂心在船中

19.某船 $L_{bp}=76$ m, $d_F=4.61$ m, $d_A=5.27$ m, $x_f=-1.83$ m,则船舶平均吃水为_____m。

A.4.92   B.4.94

C.4.96   D.5.11

20.某船船长 100 m, $x_f=-1.5$ m, $d_F=8.65$ m, $d_A=9.2$ m,则其平均吃水为_____m。

A.8.917   B.8.925

C.8.933   D.9.107

21.某船尾倾且漂心位于船中后时,首吃水比尾吃水_____,平均吃水比船中吃水_____。

A.大;小   B.小;大

C.小;小   D.大;大

22.某船漂心在船中前,且无拱垂,则船舶的船中吃水_____等容吃水。

A.大于

B.等于

C.小于

D.两者的关系取决于船舶的纵倾状态

23.某船漂心在船中前,则船首、尾平均吃水小于等容吃水的条件是_____。

A.船舶首倾   B.船舶尾倾

C.船舶平吃水   D.两者关系与船舶的纵倾状态无关

24.某船漂心在船中前,则船首、尾平均吃水大于等容吃水的条件是_____。

A.船舶首倾   B.船舶尾倾

C.船舶平吃水   D.两者关系与船舶的纵倾状态无关

25.某船装载后漂心在船中且船体无拱垂变形,则船舶的船中平均吃水_____等容吃水。

A.大于

B.小于

C.等于

D.两者的关系取决于船舶的纵倾状态

26.某船 $L_{bp}=67.4$ m,$x_f=0$ m,$d_F=5.31$ m,$d_A=6.15$ m,则该船经纵倾修正后的平均吃水为_____ m。

A.5.68　　　　　　　　　　B.5.71

C.5.75　　　　　　　　　　D.5.73

27.某船 $L_{bp}=66.1$ m,$x_f=1.48$ m,$d_F=6.03$ m,$d_A=6.95$ m,则该船经纵倾修正后的平均吃水为_____ m。

A.6.49　　　　　　　　　　B.6.47

C.6.51　　　　　　　　　　D.6.53

28.某船 $L_{bp}=68.8$ m,$x_f=-1.4$ m,$d_F=5.48$ m,$d_A=6.02$ m,则该船经漂心修正后的平均吃水为_____ m。

A.5.70　　　　　　　　　　B.5.76

C.5.80　　　　　　　　　　D.5.86

29.某船 $L_{bp}=68.6$ m,$x_f=1.32$ m,$d_F=6.13$ m,$d_A=6.97$ m,则该船经漂心修正后的平均吃水为_____ m。

A.6.59　　　　　　　　　　B.6.57

C.6.53　　　　　　　　　　D.6.45

30.当船舶处于纵倾状态时,其平均吃水的计算式为_____。

A.$d_m=(d_F+d_A)/2$

B.$d_m=(d_F+d_A)/2+t\times x_f/L_{bp}$

C.$d_m=(d_F+d_A)/2+(d_F-d_A)\times x_f/2$

D.$d_m=(d_F+d_A)/2+(L_{bp}+x_f)/(d_F-d_A)$

31.当船舶有纵倾和横倾时,平均吃水为_____。

A.首、中、尾的平均吃水加漂心修正

B.首、尾的平均吃水加漂心修正

C.左、右舷的六面平均吃水加漂心修正

D.中部两舷的平均吃水加漂心修正

32.船舶发生微小纵倾时,其纵倾轴是过_____。

A.漂心的纵轴　　　　　　　B.初始水线面漂心的纵轴

C.初始水线面漂心的垂向轴　　D.初始水线面漂心的横轴

33.某船首、尾平均吃水为8.80 m,吃水差为-1.25 m,两柱间长为145 m,漂心在船中后3.72 m,则该船经纵倾修正后的平均吃水为_____ m。

A.8.93　　　　　　　　　　B.8.77

C.8.83　　　　　　　　　　D.8.87

34.某船首、尾平均吃水 $d_m=6.2$ m,吃水差 $t=-1.2$ m,两柱间长 $L_{bp}=120$ m,漂心在船中后1.6 m,则该船经修正后的平均吃水为_____ m。

A.6.18   B.6.44

C.6.22   D.6.53

35.某船首、中、尾的吃水分别是 7.45 m、7.80 m、7.50 m,且存在拱垂,则其平均吃水为_____ m。

A.7.48   B.7.72

C.7.58   D.7.60

36.某船 L_{bp} = 68.6 m,观测得船首吃水为 5.42 m、5.46 m,船尾吃水为 6.18 m、6.24 m,漂心在船中后 1.15 m,则船舶平均吃水为_____ m。

A.5.44   B.5.81

C.5.84   D.6.21

37.某船测得首吃水为 4.44 m、4.38 m,尾吃水为 6.33 m、6.37 m,船中吃水为 5.44 m、5.48 m,则该船_____,变形值为_____ cm。

A.中拱;8   B.中拱;6

C.中垂;8   D.中垂;12

38.在相同条件下,通常海船储备浮力_____河船储备浮力。

A.大于   B.小于

C.等于   D.小于等于

39.某船观测得首、尾吃水分别为 8.50 m、9.50 m,且船中垂,则可以判断其等容吃水_____ 9.00 m。

A.大于   B.小于

C.等于   D.不能确定

40.已知 FWA = 0.15 m,则船舶由标准海水水域进入水密度 ρ = 1.010 g/cm³ 的水域时船舶吃水增加_____ m。

A.0.11   B.0.08

C.0.10   D.0.09

41.已知船舶在某吃水时的 FWA = 0.18 m,该船自水密度 ρ = 1.009 g/cm³ 的水域驶入标准海水水域时吃水减少_____ m。

A.0.10   B.0.12

C.0.16   D.0.14

42.当舷外水密度不变时,船舶吃水增大,船舶的排水量_____。

A.不变   B.增大

C.减小   D.无法确定

43.关于淡水水尺超额量 FWA,下列说法正确的是_____。

A.$FWA = \Delta/(4\,000TPC)$

B.淡水水尺超额量是船舶由淡水密度水域进入标准海水密度水域时平均吃水的增加量

C.同一船舶的淡水水尺超额量是定值

D.同一船舶的淡水水尺超额量的大小无法确定

44.船舶的淡水水尺超额量 FWA 是指船舶_____。

A.由标准海水进入标准淡水时平均吃水的增加量

B.由标准淡水进入标准海水时平均吃水的减少量

C.由淡水进入海水时平均吃水的增加量

D.由海水进入半淡水时平均吃水的增加量

45.FWA 的含义为_____。

A.淡水超额量　　　　　　　　　　　B.半淡水超额量

C.每厘米吃水吨数　　　　　　　　　D.每厘米纵倾力矩

46.某船装货前平均吃水为 11.73 m,每厘米吃水吨数为 25.2 t/cm,则在装 853 t 货物后平均吃水为_____ m。

A.11.94　　　　　　　　　　　　　　B.12.17

C.11.85　　　　　　　　　　　　　　D.12.07

47.船舶由海水进入半淡水,排水量将_____。

A.增大　　　　　　　　　　　　　　B.减小

C.不变　　　　　　　　　　　　　　D.无法确定

48.船舶_____时,其平均吃水的增加量属于半淡水超额量范畴。

A.由 $\rho = 1.000$ g/cm³ 的水域进入 $\rho = 1.010$ g/cm³ 的水域

B.由 $\rho = 1.010$ g/cm³ 的水域进入 $\rho = 1.000$ g/cm³ 的水域

C.由 $\rho = 1.025$ g/cm³ 的水域进入 $\rho = 1.010$ g/cm³ 的水域

D.由 $\rho = 1.010$ g/cm³ 的水域进入 $\rho = 1.025$ g/cm³ 的水域

49.某船装货后根据其平均吃水 $d_m = 4.20$ m 查得 $\Delta = 6\,830$ t,实测舷外水密度 $\rho = 1.023$ g/cm³,查得 $TPC = 11.7$ t/cm,驶往 $\rho = 1.005$ g/cm³ 的目的港,途中油水消耗共 171 t,抵港时船舶平均吃水为_____ m。

A.4.23　　　　　　　　　　　　　　B.4.20

C.4.16　　　　　　　　　　　　　　D.4.26

50.某船始发港开航时平均吃水 $d_m = 5.9$ m,$TPC = 9.7$ t/cm,航行及停泊中油水消耗 140 t,并计划在中途港卸下 635 t 后又加装 416 t 货物,则该船驶离中途港时的船舶平均吃水为_____。

A.5.41 m　　　　　　　　　　　　　B.5.53 m

C.5.39 m　　　　　　　　　　　　　D.5.82 m

51.某船排水量 $\Delta = 10\,000$ t,$d = 9.0$ m,$TPC = 20$ t/cm,此时若由标准淡水区域进入标准海水区域,则吃水_____。

①增加 0.125 m;②减少 0.125 m;③变为 8.875 m

A.②　　　　　　　　　　　　　　　B.②③

C.③　　　　　　　　　　　　　　　D.①

52.某船从水密度 $\rho_1 = 1.024$ g/cm³ 的水域驶入水密度 $\rho_2 = 1.005$ g/cm³ 的水域,船舶排水量 $\Delta = 7\,234$ t,每厘米吃水吨数 $TPC = 12.4$ t/cm,则船舶平均吃水改变量 $\delta_d = $ _____ cm。

A.20　　　　　　　　　　　　　　　B.9

C.11　　　　　　　　　　　　　　　D.13

53.船舶由半淡水驶入淡水时_____。

A.排水量不变,吃水增加,浮心位置及船舶纵倾状态的变化趋势无法确定

B.排水量不变,吃水减少,浮心后移,略有首倾

C.排水量不变,吃水减少,浮心前移,略有尾倾

D.排水量不变,吃水增加,浮心后移,略有首倾

54.某万吨船在标准密度淡水中满载吃水为 7.00 m,进入标准密度海水水域后船舶吃水为_____。

A.6.65 m 　　　　　　　　　B.6.83 m

C.7.10 m 　　　　　　　　　D.7.28 m

55.船舶由海水驶入淡水时,_____。

A.排水量不变,吃水增加,浮心后移,略有首倾

B.排水量不变,吃水增加,浮心前移,略有尾倾

C.排水量不变,吃水增加,浮心位置及纵倾状态的变化趋势不定

D.排水量不变,吃水减少,浮心位置及纵倾状态的变化趋势不定

56.船舶由水密度 $\rho = 1.010 \ g/cm^3$ 的水域驶入标准海水水域,吃水约减小_____。

A.3.0% 　　　　　　　　　B.4.5%

C.6.0% 　　　　　　　　　D.1.5%

57.某船从水密度为 $1.005 \ g/cm^3$ 的水域驶入水密度为 $1.023 \ g/cm^3$ 的水域,吃水约_____。

A.增加 1.0% 　　　　　　　B.减少 1.8%

C.减少 2.2% 　　　　　　　D.减少 1.3%

58.某船从水密度为 $1.002 \ g/cm^3$ 的水域驶入水密度为 $1.023 \ g/cm^3$ 的水域,吃水约减少_____。

A.1.0% 　　　　　　　　　B.1.6%

C.2.1% 　　　　　　　　　D.1.3%

59.某船从水密度为 $1.023 \ g/cm^3$ 的水域驶入水密度为 $1.007 \ g/cm^3$ 的水域,吃水约增加_____。

A.1.0% 　　　　　　　　　B.1.6%

C.2.1% 　　　　　　　　　D.1.3%

60.某船从水密度为 $1.006 \ g/cm^3$ 的水域驶入水密度为 $1.022 \ g/cm^3$ 的水域,吃水约减少_____。

A.1.9% 　　　　　　　　　B.1.6%

C.1.8% 　　　　　　　　　D.1.4%

61.某船观测得首、尾吃水分别为 7.30 m、8.70 m 且船中拱,则可以判断其船中平均吃水_____8.00 m。

A.大于 　　　　　　　　　B.小于

C.等于 　　　　　　　　　D.不能确定

62.船舶由标准海水水域进入标准淡水水域时,其平均吃水的增加量为淡水超额量,其值大小为_____。

A.$\Delta/(40TPC)$(cm) 　　　　B.$\Delta/(40MTC)$(m)

C.$\Delta/(40TPC)$(m) 　　　　D.$\Delta/(40MTC)$(cm)

63.某船排水量 $\Delta = 20\ 342$ t,$TPC = 25.4$ t/cm,从标准海水港口装货驶往 $\rho = 1.007 \ g/cm^3$ 的目的港,抵港时平均吃水为 8.5 m,途中共消耗油水 304 t,出发时该船平均吃水为_____ m。

第七章　船舶与货物基础知识

A.8.5   B.8.48

C.8.52   D.8.43

64.船舶的淡水超额量是指船舶由＿＿＿＿＿＿＿＿时,其平均吃水的增加量。

   A.1.000 g/cm³<ρ<1.025 g/cm³ 的水域进入 ρ = 1.000 g/cm³ 的水域

   B.标准密度淡水的水域进入标准密度海水的水域

   C.标准密度海水的水域进入标准密度淡水的水域

   D.1.000 g/cm³<ρ<1.025 g/cm³ 的水域进入 ρ = 1.025 g/cm³ 的水域

65.船舶的半淡水水尺超额量是指船舶由＿＿＿＿＿＿＿＿时,其平均吃水的增加量。

   A.ρ = 1.025 g/cm³ 的水域进入 1.000 g/cm³<ρ<1.025 g/cm³ 的水域

   B.1.000 g/cm³<ρ<1.025 g/cm³ 的水域进入 ρ = 1.000 g/cm³ 的水域

   C.ρ = 1.000 g/cm³ 的水域进入 1.000 g/cm³<ρ<1.025 g/cm³ 的水域

   D.1.000 g/cm³<ρ<1.025 g/cm³ 的水域进入 ρ>1.025 g/cm³ 的水域

66.船舶由淡水水域驶入半淡水水域时,船舶所受浮力＿＿＿＿＿＿＿＿。

   A.减少   B.增加

   C.不变   D.变化不定

67.船舶由半淡水水域驶入海水水域时,若不计油水消耗,则船舶所受浮力＿＿＿＿＿＿＿＿。

   A.减少   B.增加

   C.不变   D.变化不定

68.某船从水密度为 1.024 t/m³ 的水域驶入标准淡水水域时,吃水约增加＿＿＿＿＿＿＿＿。

   A.2.4%   B.2%

   C.1.6%   D.2.9%

69.当排水量一定时,船舶由淡水港进入海水港,则＿＿＿＿＿＿＿＿。

   A.吃水增加   B.吃水减少

   C.吃水不变   D.变化趋势不定

70.某船 L_{bp} = 146 m,装载后测得首、尾吃水分别为 7.5 m 和 8.4 m,船舶漂心纵标 x_f = -5.0 m,则船舶平均吃水为＿＿＿＿＿＿＿＿ m。

   A.7.98   B.8.05

   C.8.25   D.8.30

71.其他条件相同,船舶的半淡水水尺超额量随舷外水密度的增大而＿＿＿＿＿＿＿＿。

   A.视具体条件而定   B.无关

   C.减小   D.增大

72.船舶淡水水尺超额量的计算公式为＿＿＿＿＿＿＿＿(单位:m)。

   A.$\Delta/(36TPC)$ B.$\Delta/(4\ 000TPC)$

   C.$\Delta/(40TPC)$ D.$\Delta/(48TPC)$

73.舷外水密度改变时影响船舶＿＿＿＿＿＿＿＿,不影响船舶＿＿＿＿＿＿＿＿。

   A.吃水;排水量   B.排水量;吃水

   C.排水量;吃水差   D.吃水差;吃水

74.某船标准海水中吃水为 5.51 m 时排水量 Δ = 5 484 t,TPC = 12.4 t/cm,现该船从标准海水区域

驶入标准淡水区域中,则船舶吃水变为_____。

A.5.51 m   B.5.62 m

C.5.57 m   D.5.64 m

75.某船根据平均吃水 d_m = 5.84 m 查得排水量 Δ = 6 871 t,当时舷外 ρ = 1.020 g/cm³,TPC = 12.8 t/cm,现该船驶往 ρ = 1.005 g/cm³ 的目的港,途中油水消耗共 219 t,抵港时船舶平均吃水为_____ m。

A.5.79   B.5.87

C.5.75   D.5.89

76.某船首、尾平均吃水 d_m = 5.47 m,吃水差 t = -1.55 m,两柱间长 L_{bp} = 85 m,漂心在船中后 1.72 m,则该船经漂心修正后的平均吃水为_____ m。

A.5.47   B.5.44

C.5.50   D.5.73

77.船舶由海水驶入淡水时_____。

A.排水量不变,吃水减少,浮心位置及纵倾状态的变化趋势不定

B.排水量不变,吃水增加,浮心位置及纵倾状态的变化趋势不定

C.排水量不变,吃水增加,浮心后移,略有首倾

D.排水量不变,吃水增加,浮心前移,略有尾倾

78.某船从 ρ = 1.020 g/cm³ 的港口装货驶往最大吃水 5.23 m 且 ρ = 1.005 g/cm³ 的目的港,途中共耗油水 117 t,则该船出发时最大平均吃水约为_____ m。（由平均吃水查得:TPC = 11.74 t/cm。）

A.5.42   B.5.25

C.5.36   D.5.16

79.如果某船由淡水水域行驶进入海水水域,则该船的平均吃水变化量_____。

A.大于零   B.等于零

C.小于零   D.无法确定

80.如果某船在半淡水中的平均吃水为 10.00 m,在不考虑船舶消耗的情况下,该船在进入淡水水域后平均吃水可能为_____。

A.9.60 m   B.9.70 m

C.10.00 m   D.10.10 m

81.船舶在淡水中吃水为 7.0 m,则驶入海水水域后吃水最有可能是_____。

A.6.90 m   B.7.00 m

C.7.10 m   D.6.38 m

82.当船舶舷外水密度减小时,船舶所受浮力_____。

A.减少   B.增加

C.不变   D.变化不定

83.某船排水量为 12 000 t,TPC = 15 t/cm,由标准淡水水域驶进标准海水水域,则船舶的平均吃水将_____。

A.减少 0.2 m   B.增加 0.2 m

C.不变　　　　　　　　　　　　　　D.无法计算

84.某船由密度 $\rho_1 = 1.021$ g/cm³ 的水域驶入密度 $\rho_2 = 1.004$ g/cm³ 的水域,船舶排水量 $\Delta = 12\ 015$ t,每厘米吃水吨数 $TPC = 16.82$ t/cm,则船舶平均吃水改变量 $\delta_d = $ _____ cm。

　　A.10　　　　　　　　　　　　　　B.12

　　C.14　　　　　　　　　　　　　　D.8

85.某船在海水中的排水量 $\Delta = 10\ 000$ t,吃水为 8 m,$TPC = 25$ t/cm,现该船从标准海水水域驶入标准淡水水域中,则船舶吃水变为 _____ m。

　　A.8.1　　　　　　　　　　　　　　B.8.13

　　C.8.15　　　　　　　　　　　　　　D.8.18

86.某船在始发港开航时吃水 $d = 9.00$ m,$TPC = 20.0$ t/cm,途中消耗油水 200.0 t,则该船到达目的港时的吃水为 _____。

　　A.9.10 m　　　　　　　　　　　　B.9.50 m

　　C.8.90 m　　　　　　　　　　　　D.9.00 m

87.某船原平均吃水为 6.10 m,加载 100 t 货物后平均吃水变为 6.18 m,此时的 TPC 为 _____ t/cm。

　　A.8.0　　　　　　　　　　　　　　B.10.0

　　C.12.0　　　　　　　　　　　　　　D.12.5

88.杂货船的排水量为 2 000 t,则应用 TPC 曲线可以较准确地计算 _____ 后平均吃水的改变量。

　　①加载 300 t 货物;②卸载 160 t 货物;③加载 90 t 货物

　　A.①　　　　　　　　　　　　　　B.②

　　C.③　　　　　　　　　　　　　　D.②③

89.杂货船的排水量为 3 000 t,则应用 TPC 曲线可以较准确地计算 _____ 后平均吃水的改变量。

　　①加载 210 t 货物;②卸载 390 t 货物;③加载 120 t 货物

　　A.①②　　　　　　　　　　　　　B.①③

　　C.②③　　　　　　　　　　　　　D.①②③

90.某船在始发港开航时吃水 $d = 10.00$ m,$TPC = 20.0$ t/cm,途中耗油水 300 t,中途港卸货 1 000 t 后又加装货物 500 t,其他因素不计,则该船从中途港开出后吃水为 _____ m。

　　A.9.6　　　　　　　　　　　　　　B.9.9

　　C.10.1　　　　　　　　　　　　　　D.10.4

91.某船在始发港开航时吃水 $d = 9.80$ m,$TPC = 20.0$ cm,至中途港消耗油水 300 t,中途港卸货 1 000 t 后又加装货物 600 t,其他重量不变,则该船从中途港开出时吃水为 _____ m。

　　A.9.65　　　　　　　　　　　　　B.9.45

　　C.9.60　　　　　　　　　　　　　D.9.30

92.当船舶由海水水域进入淡水水域时 _____。

　　A.平均吃水增加　　　　　　　　　B.平均吃水减少

　　C.尾吃水增加,首吃水减少　　　　　D.尾吃水减少,首吃水增加

93.已知某船卸货前平均吃水为 11.62 m,每厘米吃水吨数为 27.5 t/cm,卸货重量为 898 t,则该船新的平均吃水为_____ m。

A.11.29　　　　　　　　　　　　　B.13.95

C.15.11　　　　　　　　　　　　　D.12.79

94.某船出港时排水量为 19 000 t,$TPC=24$ t/cm,到港时船舶平均吃水减小 0.2 m,则到港时排水量为_____ t。

A.18 520　　　　　　　　　　　　B.16 600

C.15 200　　　　　　　　　　　　D.11 800

95.下表为某船静水力参数表的一部分,若该船初始平均吃水 $d_{m0}=8.88$ m,卸货后减小为 $d_{m1}=8.78$ m,则其卸货重量约为_____ t。

d_m/m	TPC/(t/cm)
8.80	24.46
8.90	24.87

A.287.4　　　　　　　　　　　　B.248.0

C.284.0　　　　　　　　　　　　D.213.4

96.杂货船排水量为 10 000 t,平均吃水为 8 m,$TPC=25$ t/cm,加载 500 t 货物后平均吃水为_____ m。

A.8.3　　　　　　　　　　　　　B.8.2

C.8.1　　　　　　　　　　　　　D.8.0

97.某船装货前平均吃水为 12.63 m,每厘米吃水吨数为 26.7 t/cm,则该船装载 562 t 货物后平均吃水为_____ m。

A.12.87　　　　　　　　　　　　B.12.84

C.8.84　　　　　　　　　　　　　D.12.90

98.某杂货船在某一装载状态下的平均吃水为 5.00 m($TPC=24.0$ t/cm),因装货,平均吃水增为 5.60 m($TPC=25.0$ t/cm),则装货量为_____ t。

A.2 000　　　　　　　　　　　　B.1 500

C.1 470　　　　　　　　　　　　D.1 440

99.某船排水量为 10 000 t,则可利用 TPC 计算平均吃水改变量的是_____。

A.加载 950 t 货物　　　　　　　B.减载 1 150 t 货物

C.加载 1 100 t 货物　　　　　　D.减载 1 050 t 货物

100.某杂货船排水量为 8 000 t,则下列不能利用 TPC 近似计算平均吃水改变量的是_____。

①打排压载水 500 t;②卸载 700 t 货物;③装载 1 200 t 货物

A.①　　　　　　　　　　　　　B.②

C.③　　　　　　　　　　　　　D.①②

101.某船排水量为 8 000 t,为了减小计算误差,则下列可利用 TPC 计算平均吃水改变量的状态是_____。

A.装 950 t 货物　　　　　　　　B.卸 900 t 货物

122

C.装 850 t 货物   D.卸 700 t 货物

102.某杂货船排水量为 7 000 t,则下列不能利用 TPC 近似计算平均吃水改变量的是_____。

①打排压载水 500 t;②卸载 600 t 货物;③装载 1 000 t 货物

A.①   B.②

C.③   D.①②

103.如果在某船的漂心前进行装货,则该船的平均吃水_____。

A.增加   B.减少

C.不变   D.变化规律不确定

104.如果将某船尾部舱室的部分货物移动到首部舱室,则该船的平均吃水_____。

A.增加   B.减少

C.不变   D.变化规律不确定

第六节　载重线标志与载重线海图

1.关于干舷,下列错误的是_____。

A.冬季干舷大于冬季木材干舷

B.夏季干舷大于夏季木材干舷

C.北大西洋冬季干舷大于北大西洋冬季木材干舷

D.夏季木材干舷与冬季木材干舷相差 1/36 夏季木材型吃水

2.对于某国际航行的散货船,其载重线标志中的夏季最小干舷是_____。

A.从干舷甲板线上边缘向下到载重线圈圆环中心的垂直距离

B.从干舷甲板线下边缘向下到载重线圈圆环中心的垂直距离

C.从干舷甲板线中线向下到热带载重线上边缘的垂直距离

D.从干舷甲板面下边缘向下到热带载重线下边缘的垂直距离

3.船舶的"干舷"是根据_____勘定的。

A.建造规范   B.稳性规范

C.载重线公约   D.抗沉性规范

4.船舶的夏季最小干舷是确定其他最小干舷的基准,而夏季最小干舷由_____等因素决定。

①船舶主尺度;②船舶丰满度;③船舶类型;④上层建筑;⑤舷弧

A.①②③④⑤   B.①②③④

C.①②③   D.①②

5.干舷大小是衡量船舶_____的重要标志。

A.纵倾大小   B.储备浮力大小

C.稳性大小   D.强度大小

6.储备浮力的大小常以_____。

A.满载排水量的百分数表示   B.空船排水量的百分数表示

C.装载排水量的百分数表示   D.排水体积的百分数表示

7.影响船舶储备浮力大小的因素包括_____。

①船舶结构；②船舶的航行区域；③船舶的用途

A.①　　　　　　　　　　　　　B.②

C.③　　　　　　　　　　　　　D.①②③

8.根据经验，海船的储备浮力一般为其满载排水量的_____。

A.10%～15%　　　　　　　　　B.20%～30%

C.25%～40%　　　　　　　　　D.40%～60%

9.同一船舶装货越多，其干舷越_____，储备浮力就越_____。

A.小；小　　　　　　　　　　　B.小；大

C.大；小　　　　　　　　　　　D.大；大

10.夏季干舷是指_____。

A.从干舷甲板线下边缘向下量到夏季载重线的垂直距离

B.从干舷甲板线上边缘向下量到夏季载重线的垂直距离

C.从干舷甲板线中线向下量到夏季载重线的垂直距离

D.从干舷甲板面下边缘向下量到夏季载重线的垂直距离

11.船舶干舷越大，表示船舶的_____越大。

A.纵强度　　　　　　　　　　　B.设计吃水

C.吃水差　　　　　　　　　　　D.储备浮力

12.船舶干舷的计算公式为：$F=D-d+\delta$，其中 δ 是指_____。

A.船舶平板龙骨的厚度　　　　　B.船舶干舷甲板的厚度

C.船舶横梁的厚度　　　　　　　D.船舶吃水的修正量

13.设船舶的设计满载吃水为 D_s，实际吃水为 d，型深为 D，干舷甲板厚度为 δ，则船舶的夏季干舷高度 F 为_____。

A.$F=D-D_s$　　　　　　　　　B.$F=D-D_s+\delta$

C.$F=D-d$　　　　　　　　　　D.$F=D-d+\delta$

14.F 表示干舷，d 表示型吃水，D 表示型深，则它们之间的近似表达式是_____。

A.$D+F+d=0$　　　　　　　　　B.$d=F-D$

C.$F=d-D$　　　　　　　　　　D.$F=D-d$

15.关于船舶储备浮力，以下说法正确的是_____。

①是指满载水线以上船体水密空间所具备的浮力；②包括满载水线至干舷甲板间水密空间提供的浮力；③包括满足强度要求的舱壁和水密封闭装置的上层建筑内部的空间容积所提供的浮力

A.①③　　　　　　　　　　　　B.①②③

C.①②　　　　　　　　　　　　D.②③

16.船舶的储备浮力是指_____。

A.水密空间的大小

B.保留的排水体积

C.所保留的干舷高度值

D.设计水线以上船体水密空间所提供的浮力

17.船舶储备浮力的大小是根据_____来确定的。

①船舶的结构;②船舶的用途;③船舶的航行季节;④船舶的航行区域

A.①②　　　　　　　　　　　　B.①②④

C.②③④　　　　　　　　　　　　D.①②③④

18.一般用_____表示船舶储备浮力的大小。

A.稳性　　　　　　　　　　　　B.纵向强度

C.干舷　　　　　　　　　　　　D.吃水差

19.船舶夏季最小干舷是根据_____来确定的。

①船长;②航行区域;③船舶种类;④船舶材料;⑤船体形状

A.①②③④⑤　　　　　　　　　　B.①②③⑤

C.①②③④　　　　　　　　　　　D.②③④⑤

20.载重线标志由一圆圈和一水平线相交组成,水平线的_____通过圆圈的中心。

A.中心线　　　　　　　　　　　B.上边缘

C.下边缘　　　　　　　　　　　D.结合各船特点确定

21.对载重线标志中的圆圈、线段和字母,当船舷为浅色底时,应漆成_____。

A.黄色　　　　　　　　　　　　B.红色

C.白色　　　　　　　　　　　　D.黑色

22.国际航行杂货船,船长 120 m,则其载重线标志中勘绘于垂直线的船尾方向的载重线有_____。

A.冬季载重线　　　　　　　　　B.北大西洋冬季载重线

C.热带淡水载重线　　　　　　　D.热带载重线

23.某无限航区船舶船长为 101 m,则其勘绘于船首方向的载重线有_____。

A.冬季载重线　　　　　　　　　B.北大西洋冬季载重线

C.夏季淡水载重线　　　　　　　D.热带淡水载重线

24.载重线标志中"S"水平线段表示_____。

A.热带载重线　　　　　　　　　B.冬季载重线

C.夏季载重线　　　　　　　　　D.淡水载重线

25.远洋油船的载重线标志上最高一条载重线是_____。

A.热带载重线　　　　　　　　　B.夏季载重线

C.热带淡水载重线　　　　　　　D.冬季载重线

26.根据规定,杂货船的夏季淡水干舷等于_____。

A.夏季海水干舷$-\dfrac{1}{36}$夏季吃水　　　　B.热带海水干舷$-\dfrac{1}{36}$热带吃水

C.夏季海水干舷$-\dfrac{1}{48}$夏季吃水　　　　D.热带海水干舷$-\dfrac{1}{48}$热带吃水

27.根据规定,固体散货船的热带淡水干舷等于_____。

A.热带海水干舷$-\dfrac{1}{36}$热带吃水　　　　B.热带海水干舷$-\dfrac{1}{36}$夏季吃水

船舶结构与货运（二/三副）

海船船员交互式适任考试指南

C.夏季海水干舷$-\frac{1}{48}$热带吃水 D.热带海水干舷$-\frac{1}{48}$夏季吃水

28.根据规定,散装液体货船的热带干舷等于_____。

A.夏季海水干舷$-\frac{1}{48}$夏季吃水 B.夏季海水干舷$+\frac{1}{48}$夏季吃水

C.夏季海水干舷$-\frac{1}{36}$夏季吃水 D.夏季海水干舷$+\frac{1}{36}$夏季吃水

29.杂货船的夏季淡水干舷等于_____。

①夏季海水干舷减去夏季吃水的$\frac{1}{48}$;②夏季海水干舷加上夏季吃水的$\frac{1}{36}$;③夏季海水干舷减

去$\frac{\Delta_s}{40TPC}$

A.③ B.①

C.② D.①或③

30.杂货船的热带淡水干舷等于_____。

①热带海水干舷$-\frac{\Delta_s}{40TPC}$;②热带海水干舷$-\frac{1}{48}$夏季吃水;③热带海水干舷$-\frac{1}{48}$热带吃水

A.① B.②

C.③ D.①或②

31.根据载重线公约的规定,北大西洋冬季干舷等于_____。

A.冬季干舷加上 50 mm B.夏季干舷加上 50 mm

C.冬季干舷加上冬季吃水的1/36 D.夏季干舷加上夏季吃水的1/48

32.根据载重线公约的规定,夏季干舷等于_____。

A.夏季载重线上边缘至甲板线上边缘的垂直距离

B.夏季载重线下边缘至甲板线上边缘的垂直距离

C.夏季载重线下边缘至甲板线下边缘的垂直距离

D.夏季载重线上边缘至甲板线下边缘的垂直距离

33.各类船舶勘绘载重线的目的是规定在各种不同条件下航行时船舶的_____。

A.最小干舷及最小吃水 B.最小干舷及最大吃水

C.最大干舷及最小吃水 D.最大干舷及最大吃水

34.在国际航行木材船载重线标志中勘绘于垂直线的船尾方向的缀以"L"的载重线有_____。

①夏季木材淡水载重线;②冬季北大西洋木材载重线;③冬季木材载重线

A.① B.②

C.③ D.②③

35.在国际航行木材船载重线标志中勘绘于垂直线的船首方向的缀以"L"的载重线有_____。

①夏季木材淡水载重线;②热带木材淡水载重线;③夏季木材载重线

A.①②③ B.①③

C.②③ D.①②

36.船舶勘绘载重线的目的包括_____。

①限定船舶最大装载吃水;②规定船舶的最小干舷;③保证船舶在安全的情况下多装货物;④保证船舶具有安全储备浮力

A.②③④

B.①②③④

C.①②③

D.①②④

37.以_____度量最大吃水限制线。

A.载重线的上边缘为准

B.载重线的下边缘为准

C.载重线的中线为准

D.夏季载重线为准

38.从甲板线上边缘垂直向下至载重线圆圈中心的距离等于_____。

A.船舶的干舷

B.所核定的夏季干舷

C.船舶当时的干舷

D.船舶的稳性高度

39.载重线海图中的海区和季节期是根据_____划分的。

A.水温

B.气温

C.季节

D.风浪频率和大小

40.固体散货船的载重线标志中,夏季载重线的_____通过载重线圈圆环的中心。

A.线中央

B.上边缘

C.下边缘

D.线中央上5 mm

41.普通货船的冬季载重线_____同级别木材船的冬季木材载重线。

A.稍高于

B.等于

C.稍低于

D.不能确定

42.普通货船的热带载重线_____同级别木材船的热带木材载重线。

A.稍低于

B.不能确定

C.等于

D.稍高于

43.木材船的热带淡水木材载重线_____其热带淡水载重线。

A.稍低于

B.稍高于

C.等于

D.不能确定

44.木材船的北大西洋冬季木材载重线_____其北大西洋冬季载重线。

A.稍高于

B.等于

C.稍低于

D.不能确定

45.木材船的冬季木材干舷等于夏季木材干舷加上_____吃水的1/36。

A.夏季

B.冬季

C.夏季木材

D.冬季木材

46.木材船的热带木材干舷等于夏季木材干舷减去_____吃水的1/48。

A.夏季

B.热带

C.夏季木材

D.热带木材

47.我国国内航行木材船热带载重线按规定表示为_____。

A.LR

B.LT

C.MBDD

D.MR

48. 我国国内航行木材船夏季载重线按规定表示为_____。

    A.MX   B.MS

    C.MQ   D.LS

49. 我国国内航行木材船夏季淡水载重线按规定表示为_____。

    A.MF   B.MQ

    C.LF   D.MR

50. 载重线的作用是_____。

    A.规定船在不同航区的最小干舷   B.规定船在不同航区的最小吃水

    C.规定船在不同航区的最大干舷   D.表示船在不同航区的最小载重量

51. 我国国际航行木材船夏季木材载重线按《船舶与海上设施法定检验规则》的规定表示为_____。

    A.MS   B.LS

    C.LX   D.MX

52. 我国国际航行木材船北大西洋冬季载重线按《船舶与海上设施法定检验规则》的规定表示为_____。

    A.LBDD   B.MWNA

    C.MBDD   D.LWNA

53. 某国际航行无限航区杂货船,船长 95 m,应该勘绘的载重线共有_____。

    A.3 条   B.4 条

    C.5 条   D.6 条

54. 某国际航行干散货船,船长 100 m,应勘绘的载重线共有_____。

    A.3 条   B.4 条

    C.5 条   D.6 条

55. 某船长为 180 m 的国际航行的散货船应勘绘的载重线共有_____。

    A.3 条   B.4 条

    C.5 条   D.6 条

56. 由甲板线的上边缘向下量至_____载重线上边缘的垂直距离称为夏季最小干舷。

    A.热带   B.夏季

    C.夏季淡水   D.热带淡水

57. 我国沿海航行干散货船的载重线标志不同于远洋船舶的载重线标志的地方是_____。

    ①载重线圈的横线以上部分涂没;②不勘绘冬季载重线、北大西洋冬季载重线及热带淡水载重线

    A.①   B.②

    C.①②都是   D.①②都不是

58. 暗色底的船舶上,载重线标志中的圆圈、线段和字母应漆成_____。

    ①红色;②白色;③黄色

    A.①③   B.①②

    C.①②③   D.②③

59.我国沿海航行船舶载重线标志中,夏季淡水载重线是用标有_____的水平线段表示的。

A.F　　　　　　　　　　　　　　B.Q

C.MQ　　　　　　　　　　　　　D.S

60.国际航行船舶载重线标志中,冬季载重线是用标有_____的水平线段表示的。

A.W　　　　　　　　　　　　　　B.F

C.Q　　　　　　　　　　　　　　D.D

61.国际航行船舶载重线标志中,夏季载重线是用标有_____的水平线段表示的。

A.F　　　　　　　　　　　　　　B.X

C.S　　　　　　　　　　　　　　D.T

62.国际航行船舶载重线标志中,北大西洋冬季载重线是用标有_____的水平线段表示的。

A.DBD　　　　　　　　　　　　B.WNA

C.BDD　　　　　　　　　　　　D.TF

63.在远洋船舶的载重线标志中,_____的中心垂直线通过船中。

A.吨位标志　　　　　　　　　　B.载重线圈

C.载重线标志中的竖线　　　　　D.船舶最宽处

64.船长_____的船舶可免绘北大西洋冬季载重线。

A.小于60 m　　　　　　　　　　B.大于60 m

C.小于100 m　　　　　　　　　　D.大于100 m

65.船长_____的船舶应标绘北大西洋冬季载重线。

①小于100 m;②大于100 m;③等于100 m

A.①　　　　　　　　　　　　　B.②

C.③　　　　　　　　　　　　　D.①③

66.远洋杂货船的载重线标志上的最低一条载重线是_____。

①热带淡水载重线;②冬季载重线;③北大西洋冬季载重线

A.①　　　　　　　　　　　　　B.②

C.③　　　　　　　　　　　　　D.②或③

67.下列关于甲板线的描述,正确的是_____。

①勘绘于首、尾两侧;②勘绘于船中处两侧;③其上边缘一般应经过干舷甲板上表面向外延伸与船壳板外表面之交点;④其下边缘一般应经过干舷甲板上表面向外延伸与船壳板外表面之交点

A.①③　　　　　　　　　　　　B.②③

C.①④　　　　　　　　　　　　D.②④

68.在深色船壳及浅色船壳上载重线标志与吃水标志使用的颜色分别是_____。

A.黑、黑　　　　　　　　　　　B.白、白

C.黑、白　　　　　　　　　　　D.白、黑

69.载重线圆圈的中心应位于_____。

A.船中以前1/4船长处　　　　　B.船中以后1/4船长处

C.船中处　　　　　　　　　　　D.船中略后

70.船舶的载重线标志通常标绘于_____。

    A.船首两舷   B.船尾两舷

    C.船中两舷   D.船舶设计水线上

71.在国际航行船舶的船中处出现的标志是_____。

    A.船名   B.船籍港

    C.载重线   D.球鼻首标志

72.蒲福8级风出现频率最高的海区是_____。

    ①夏季区带;②热带区带;③冬季区带

    A.①   B.②

    C.③   D.不确定

73.一般干散货船的干舷比同级别木材专用船的干舷_____。

    A.小   B.相等

    C.大   D.无法比较

74.有关下图中各载重线线段含义的表述正确的是_____。

    ①CS——中国船级社;②TF——热带淡水载重线;③F——夏季淡水载重线

    A.①②   B.②③

    C.①③   D.①②③

75.下图中的载重线标志是_____。

    A.不装载木材甲板货船舶的载重线标志

    B.装载木材甲板货船舶的载重线标志

    C.客货船载重线标志

    D.客船分舱载重线标志

76.下列不同区带、区域和季节期最大吃水限制线上边缘通过载重线圆圈中心的是_____。

A.热带载重线
B.夏季载重线
C.冬季载重线
D.夏季淡水载重线

77.根据国际公约的规定,当船舶_____才可以勘绘木材船载重线标志。

①适合于在甲板上装运木材时;②在舱内装运木材时;③结构和设备满足公约要求时

A.①
B.②
C.③
D.①③

78.木材船的夏季木材载重线_____其夏季载重线。

A.稍低于
B.稍高于
C.等于
D.不能确定

79.载重线线圈中的横线与_____的高度一致。

A.夏季载重线
B.冬季载重线
C.热带载重线
D.热带淡水载重线

80.根据国际载重线公约及我国《船舶与海上设施法定检验规则》的规定,_____的海区属于夏季区带。

A.一年内蒲福风级8级或8级以上风力不超过8%
B.一年内蒲福风级8级或8级以上风力不超过1%
C.一年内蒲福风级8级或8级以上风力不超过5%
D.一年内蒲福风级8级或8级以上风力不超过10%

81.在载重线海图中的冬季季节区域内航行的船舶,可能采用的载重线是_____。

A.北大西洋冬季载重线
B.热带淡水载重线
C.热带载重线
D.夏季载重线

82.在载重线海图中的冬季季节区域内航行的船舶,不可能采用的载重线是_____。

A.北大西洋冬季载重线
B.热带淡水载重线
C.冬季载重线
D.夏季载重线

83.在冬季季节区带内航行的船舶可能使用_____。

A.热带载重线
B.夏季载重线
C.北大西洋冬季载重线
D.夏季淡水载重线

84.某远洋船某航次航经海区属于冬季季节区带,则该船可采用_____。

A.冬季载重线
B.夏季载重线
C.热带载重线
D.A 或 B

85.某船计划航经三个不同的海区,其允许使用的载重线依次为:冬季载重线→热带载重线→夏季载重线,则该船开航时允许使用的最大排水量应_____。

A.根据冬季载重线确定
B.根据热带载重线确定
C.根据夏季载重线确定
D.视相应航段油水消耗量而定

86.下图为载重线海图的一部分——我国沿海海域图局部。若某中国籍国际航行船于 4 月 14 日从厦门港起航驶往越南河内,则该船离港时最多只能装载至_____。

中国沿海季节热带
区域 热带:4月16日至9月30日
夏季:10月1日至次年4月15日

热带:1月21日至9月30日
夏季:10月1日至次年1月20日

A.夏季载重线   B.热带载重线

C.介于夏季和热带载重线   D.介于夏季和冬季载重线

87.下图为载重线海图的一部分——我国沿海海域图局部。若某中国籍国际航行船于 9 月 25 日从上海港起航驶往广西北海港,则该船离港时最多只能装载至_____。

中国沿海季节热带
区域 热带:4月16日至9月30日
夏季:10月1日至次年4月15日

热带:1月21日至9月30日
夏季:10月1日至次年1月20日

A.介于夏季和热带载重线   B.夏季载重线

C.介于夏季和冬季载重线   D.热带载重线

88.载重线海图中的区带或区域是指其间风浪_____。

A.在一确定的频率之内   B.较大

C.较小   D.在指定期间不发生变化

89.按我国的规定,我国沿海地区被划分为_____。

A.两个热带季节区域   B.一个热带季节区域

C.两个冬季季节区域   D.一个夏季区带

90.按我国的规定,对于国内航行船舶,以_____为界将我国沿海海区划分为两个热带季节区域。

A.上海   B.广州

C.汕头   D.香港

91.按我国的规定,对于国际航行船舶,以香港为界将我国沿海海区划分为两个热带季节区域,其中香港以南的海区适用热带载重线的时间比适用夏季载重线的时间_____。

A.长   B.短

C.相等   D.视船舶吨位而定

92.按《1966 年国际载重线公约》的规定,香港以北的我国沿海属于_____。

A.热带季节区域   B.冬季季节区域

C.热带区带   D.夏季区带

93.载重线海图中区带是指该海区一年内各季风浪情况_____。

A.变化不大   B.变化较大

C.没有变化   D.变化没有规律

94.船舶自较高载重线海区航行至较低载重线海区,且高载重线段耗的油水总量小于高低载重线所对应的排水量之差,则船舶的 DW 应由_____确定。

A.较低载重线　　　　　　　　B.高低载重线间某一吃水

C.货主的要求　　　　　　　　D.较高载重线

95.船舶勘绘载重线标志的目的是_____。

①限制船舶的最大平均吃水;②标明载重线位置以判断其是否超载;③确保船舶具备最小干舷

A.①　　　　　　　　　　　　B.②

C.③　　　　　　　　　　　　D.①②③

96.某船夏季满载时 $FWA=0.2$ m,本航次在水密度 $\rho=1.010$ g/cm³ 的港口装货,开航时船舶吃水至多装至夏季载重线以上_____。

A.0.08 m　　　　　　　　　　B.0.10 m

C.0.12 m　　　　　　　　　　D.0.14 m

97.载重线海图的淡水区域或区带中的水密度是指_____水密度。

A.标准淡水的　　　　　　　　B.混合水的

C.河道入海口处的　　　　　　D.与海不相通水域中的

98.载重线海图对船舶装载水尺的限制与_____无关。

A.总吨位　　　　　　　　　　B.开航日期

C.船舶尺度　　　　　　　　　D.航经海区

第七节　货物分类和基本性质

1.海运货物在配积载时一般应按_____将其分类。

A.货物包装　　　　　　　　　B.货物特性和运输要求

C.货物重量　　　　　　　　　D.货物体积

2.将海运货物分成杂货、固体散货、液体散货、集装化货物的分类方法是按_____划分的。

A.货物形态和运输方式　　　　B.货物特性和运输要求

C.货物重量　　　　　　　　　D.运抵方式

3.有关海运货物的分类方法,危险货物是按_____划分的。

A.货物形态和运输方式　　　　B.货物形态和运输条件

C.货物特性和运输要求　　　　D.货物特性和装卸要求

4.货物的热变性与_____有关。

①含水量;②熔点;③外界温度

A.①②③　　　　　　　　　　B.①

C.③　　　　　　　　　　　　D.②

5.对一些发热量较大、_____的货物,应特别注意防止货物的自燃。

A.呼吸旺盛　　　　　　　　　B.燃点较低

C.穿透力强　　　　　　　　　D.挥发速度快

6._____不属于货物的物理特性。

A.挥发性   B.热变性

C.腐蚀性   D.吸湿和散湿性

7.控制液体货物挥发的主要措施是_____。

    A.降低货物温度   B.控制货物含水量

    C.控制有氧呼吸   D.增加膨胀余量

8.油船运输石油制品时,由于液体货物性质的影响,货舱内应保留一定的空档而不装满。该性质
    属于_____。

    A.化学性质   B.物理性质

    C.机械性质   D.生物性质

9.某些液体散货在船运过程中会由于其性质的影响而导致货物自然损耗,因此应控制温度,减小
    影响。该性质属于_____。

    A.化学性质   B.物理性质

    C.机械性质   D.生物性质

10.在海上运输过程中造成茶叶陈化的主要原因是_____。

    ①包装不封闭;②茶叶含水量增加;③外界温、湿度升高

    A.①②   B.①②③

    C.①③   D.②③

11.橡胶的老化是由货物的_____引起的。

    A.化学特性   B.生物特性

    C.机械特性   D.物理特性

12.腐蚀性属于货物的_____。

    A.物理特性   B.化学特性

    C.机械特性   D.放射特性

13.货物损耗、发脆、开裂等是由货物的_____造成的。

    A.散湿   B.腐蚀

    C.热变   D.挥发

14.茶叶的陈化是由货物的_____引起的。

    A.物理特性   B.化学特性

    C.机械特性   D.生物特性

15.以下不属于货物化学性质的是_____。

    A.氧化性   B.腐蚀性

    C.燃烧   D.散湿性

16.货物发生机械变化的形式主要有_____等。

    A.破碎、腐蚀、渗漏、结块   B.破碎、变形、渗漏、结块

    C.破碎、变形、渗漏、变味   D.破碎、变形、渗漏、散捆

17.普通货物的化学性质包括_____。

    A.挥发性   B.放射性

    C.冻结性   D.腐蚀性

18.普通货物的机械性质不包括_____。

　　A.破碎　　　　　　　　　　　　B.氧化

　　C.渗漏　　　　　　　　　　　　D.结块

19.由于碳化钙(电石)的性质影响,在其船运过程中必须保证货舱内干燥,以防止产生易燃易爆气体。该性质属于_____。

　　A.生物性质　　　　　　　　　　B.机械性质

　　C.物理性质　　　　　　　　　　D.化学性质

20.金属锈蚀是由_____引起的。

　　A.腐蚀性　　　　　　　　　　　B.热变性

　　C.挥发性　　　　　　　　　　　D.氧化性

21.货物的耐压强度属于货物的_____。

　　A.物理特性　　　　　　　　　　B.化学特性

　　C.机械特性　　　　　　　　　　D.生物特性

22.货物的有氧呼吸属于货物的_____。

　　A.物理特性　　　　　　　　　　B.化学特性

　　C.机械特性　　　　　　　　　　D.生物特性

第八节　普通货物包装与标志

1.包装的作用不包括_____。

　　A.防止危险扩散,保护人身财产及环境的安全

　　B.便于货物的装运、堆码、装卸及理货

　　C.保护货物质量不变和数量完整

　　D.便于货物的衬垫、隔票

2.根据货物的性质,为保证货物完整和便于货物的运输和保管,给货物加以包裹和捆扎所用的容器、包皮或捆扎物称为_____。

　　A.货物的隔票　　　　　　　　　B.货物的衬垫

　　C.货物的包装　　　　　　　　　D.货物的标志

3.货物外包装又称为_____。

　　A.商品包装　　　　　　　　　　B.运输包装

　　C.容器包装　　　　　　　　　　D.危险货物包装

4.按_____将包装分为外包装、内包装。

　　A.包装形式　　　　　　　　　　B.包装规格

　　C.包装作用　　　　　　　　　　D.包装材料

5.将货物包装分为箱、袋、桶、捆、罐等是按照_____划分的。

　　A.包装形式　　　　　　　　　　B.包装规格

　　C.包装作用　　　　　　　　　　D.包装材料

6.装货清单上 cn 缩写符号表示的包装形式是_____。

    A.包或捆   B.箱装

    C.桶   D.袋装

7.装货清单上 crt 缩写符号表示的包装形式是_____。

    A.桶装   B.藤筐瓶装

    C.亮格箱装   D.捆或扎

8.装货清单上 bx 缩写符号表示的包装形式是_____。

    A.罐装   B.聚乙烯袋装

    C.木箱装   D.柳条筐瓶装

9.装货清单上 bgs 缩写符号表示_____包装形式。

    A.包装   B.卷

    C.听装   D.袋装

10.装货清单上 botl 缩写符号表示_____包装形式。

    A.箱装   B.袋装

    C.桶装   D.瓶装

11.装货清单上 drms 缩写符号表示_____包装形式。

    A.麻袋装   B.铁桶装

    C.明格箱装   D.鼓形桶装

12.装货清单上 bdl 缩写符号表示_____包装形式。

    A.箱装   B.袋装

    C.桶装   D.捆或扎

13.装货清单上 bg 缩写符号表示_____包装形式。

    A.包装   B.听装

    C.袋装   D.卷

14.装货清单上 ctn 缩写符号表示_____包装形式。

    A.纸板箱装   B.琵琶桶装

    C.牛皮纸袋装   D.钢瓶装

15.装货清单上 sht 缩写符号表示_____。

    A.对   B.块

    C.张   D.个

16.装货清单上 bl 缩写符号表示_____包装形式。

    A.布包装   B.包或捆

    C.罐头桶装   D.钢瓶装

17.货物目的地标志应填写目的地_____。

    A.海运代码   B.简称

    C.缩写   D.全称

18.海运货物的主标志是货物标志的主体,它是_____的代号。

    A.货主   B.货物

C.目的港　　　　　　　　　　　　D.装货港

19.件号标志 No.81/120 表示_____。
　　A.该件货物为81~120一组货物中的某一件
　　B.该组货物共201件,该件货物为第120件
　　C.该组货物共120件,该件货物为第81件
　　D.该组货物共120件,该件货物为第39件

20.件号标志 No.3/18-5 表示_____。
　　A.该件货物共18件中的第3件应装载在No.2舱
　　B.该件货物共18套,此为第3件
　　C.该件货物为第5批共18件中的第3件
　　D.该件货物为第8套共3件中的第5件

21.件号标志 SETⅡ-3/8 表示_____。
　　A.该件货物共8件中的第三件应装载在No.2舱
　　B.该件货物共8套,此为第三件
　　C.该件货物为第2套共8件中的第3件
　　D.该件货物为第8套共3件中的第2件

22.下类货物标志中属于注意标志的有_____。
　　①指示标志;②保护标志;③副标志;④警戒标志;⑤运输标志;⑥危险货物标志
　　A.①②③④⑤⑥　　　　　　　　B.①②④⑤⑥
　　C.①②④⑥　　　　　　　　　　D.①④⑥

23.远洋货物的标志是由_____涂刷或粘贴在货件两端的文字、代号和图案。
　　A.收货人　　　　　　　　　　　B.发货人
　　C.船员　　　　　　　　　　　　D.以上均可

24.货物的正确运输名称属于货物的_____。
　　A.主标志　　　　　　　　　　　B.副标志
　　C.指示标志　　　　　　　　　　D.警戒标志

25._____属于货物副标志的内容。
　　①信用证编号;②件号;③货物名称;④收货人名称
　　A.①④　　　　　　　　　　　　B.①②③
　　C.②③　　　　　　　　　　　　D.②③④

26.海运货物的副标志是货物主标志的补充,其内容包括_____。
　　A.收货人　　　　　　　　　　　B.发货符号
　　C.信用证编号　　　　　　　　　D.目的港

27.海运货物的副标志是主标志的补充,其主要作用是区分同一大批货物中的_____的货物。
　　①不同的几个小批;②不同包装;③不同品质等级
　　A.①　　　　　　　　　　　　　B.②
　　C.③　　　　　　　　　　　　　D.①③

28.注明货物的发货港、卸货港、货物重量等的标志是货物的_____。

A.主标志   B.副标志

C.注意标志   D.指示标志

29.货物的注意标志包括_____。

    A.主标志和副标志   B.主标志和指示标志

    C.指示标志和危险货物标志   D.原产国标志和指示标志

30.某货物标志中有 No.3/8-5,表示该批货物共有_____件。

    A.8   B.3

    C.13   D.5

31.某货物标志中有 No.9/20-6,表示该件货物是该批货物中的第_____件。

    A.9   B.20

    C.6   D.206

32.货物标志中,用以显示货物的性质以及有关装卸、搬运和运输保管的注意事项的标志是_____。

    A.运输标志   B.主标志

    C.注意标志   D.副标志

33.在装货单、提单、舱单上必须记录其内容的标志是_____。

    A.主标志   B.副标志

    C.注意标志   D.指示标志

第九节　货物计量和交接

1._____不是自然损耗产生的形式。

    A.干耗   B.散失

    C.流失   D.压损

2.按照海运惯例,货件的丈量通常是按货件的_____体积计算的。

    A.最小方形   B.最大外形的方形

    C.圆形   D.实际

3.海运货物在运输途中因其本身的理化性质等原因,产生的货物重量的不可避免的减少量占原来运输货物总重量的百分比,称为_____。

    A.自然耗损   B.自然耗损率

    C.亏舱率   D.亏舱

4.货物重量的计算方法主要有_____。

    A.定量包装法、衡量法、液货计量法、满尺丈量法

    B.定量包装法、衡量法、液货计量法、计件法

    C.定量包装法、衡量法、液货计量法、水尺检量法

    D.定量包装法、衡量法、液货计量法、最大外形方形体积计算法

5.散货船运矿粉的自然减量产生的主要原因是_____。

A.蒸发与挥发　　　　　　　　　B.飞扬与撒落

C.溢渗与漏失　　　　　　　　　D.自然损耗

6.自然减量的形式有_____。

①干耗;②散失;③流失;④压损

A.①②③　　　　　　　　　　　B.①②③④

C.②③④　　　　　　　　　　　D.①③④

7.海上货物运输中,货物的交接、装运常以_____作为货物的计量单位。

A.重量吨　　　　　　　　　　　B.尺码吨

C.净吨　　　　　　　　　　　　D.容积吨

8.自然减量的数值不受_____影响。

A.航行及装卸过程中的温度、湿度、风力、雨雪等

B.货舱位置及大小

C.装卸方法、装卸工具、操作次数等

D.计量方法及工具、计量人员的技术水平等

9.影响海运货物在运输途中自然损耗率大小的因素包括_____。

A.货物种类　　　　　　　　　　B.货物积载因数

C.货物计费方式　　　　　　　　D.货物重量

10.船舶净载重量是以_____作为1公吨。

A.1 m^3 的体积　　　　　　　　B.2.83 m^3 的体积

C.1 000 kg 的重量　　　　　　　D.1.132 8 m^3 的体积

11.影响自然损耗率的因素有_____。

①货物种类与包装形式;②装卸方式与次数;③气候条件与航程长短

A.①　　　　　　　　　　　　　B.②

C.③　　　　　　　　　　　　　D.①②③

12.下列不是货物产生自然减量原因的是_____。

A.货物自身性质　　　　　　　　B.不可抗力

C.自然条件　　　　　　　　　　D.运输技术条件

13.榴莲在海运过程中因水分自然蒸发而造成的重量减少属于_____。

A.干耗　　　　　　　　　　　　B.散失

C.流失　　　　　　　　　　　　D.货损

14.扬尘货物在装卸过程中因飞扬而引起的重量减少属于_____。

A.干耗　　　　　　　　　　　　B.散失

C.流失　　　　　　　　　　　　D.货损

15.货物计量时的容积吨是为_____而引入的。

A.合理计算容积货物的运费　　　B.合理计算重量货物的运费

C.合理计算货物的体积　　　　　D.合理计算货物的重量

16.按照国际航运惯例,一个尺码吨(容积吨)等于_____。

A.40 ft^3　　　　　　　　　　　B.2 m^3

C.1 m³   D.20 ft³

17.货物计量时,尺码吨是指_____。

A.按货物重量计算运费时所使用的计量单位

B.按货物量尺体积计算运费时所使用的计量单位

C.按货物的重量或体积计算运费时所使用的计量单位

D.按船舶总吨位计算运费时所使用的计量单位

18.装卸货期间关于船员与码头之间的沟通,以下说法错误的是_____。

A.在港口装卸工人休息、吃饭或暂停工作期间,船员应及时切断起货机和不用的照明电源,以确保货舱安全

B.船员应督促装卸工人按操作规程和配载图的要求进行装货

C.装货结束之后,大副应会同有关人员检查货舱,确认一切正常后及时封舱

D.因装卸工人操作不当而造成的事故,船方应即刻做好现场记录,无须码头人员参与

19._____不属于海上货运事故。

A.货物差错   B.货物装卸造成货舱损坏

C.货物残损   D.货物逾期运达

20.某件杂货不包括亏舱的积载因数 $SF = 1.2$ m³/t,按国际海运惯例,该货应为_____。

A.容积货物   B.计重货物

C.容积货物或计重货物   D.既非容积货物又非计重货物

21.某件杂货不包括亏舱的积载因数 $SF = 1.12$ m³/t,按国际海运惯例,该货应为_____。

A.容积货物   B.计重货物

C.容积货物或计重货物   D.既非容积货物又非计重货物

22.按照国际惯例,当货物的积载因数小于_____时,该货物为计重货。

①1.132 8 m³/t;②1 m³/t;③40 ft³/t

A.①②   B.①

C.②③   D.①③

23.如果货物的标志不当或不清,则_____。

A.承运人对由此引起的混票、毁坏、错交等损失不负责任

B.承运人对由此引起的混票、毁坏、错交等损失负责任

C.承运人对由此引起的混票、毁坏、错交等损失所负的责任由运输合同确定

D.承运人对由此引起的混票、毁坏、错交等损失所负的责任由托运国法律确定

24.下列不属于船方运输途中货物保管不当的是_____。

A.对危险货物等的检查和管理的疏忽

B.货物通风不及时,导致货物霉烂

C.未及时排水、排污、绑扎、加固

D.大风浪破坏舱口导致货物淹水

25.关于装卸货期间船员与码头之间的沟通,以下说法正确的是_____。

①理货人员如果正确理货、检残,能分清原残、工残,那么船员就无须监督签认;②船员应督促装卸工人按操作规程和配载图的要求进行装货;③卸货结束后,大副应即刻会同码头相关人

员检查有无漏卸货物

A.①②③　　　　　　　　　　　B.②③

C.①②　　　　　　　　　　　　D.①③

第十节　货物亏舱和积载因数

1.货物包括亏舱的积载因数是指每吨货物所占的_____。

①货舱容积;②量尺体积;③实际体积

A.①　　　　　　　　　　　B.①②③都不对

C.②　　　　　　　　　　　D.③

2.影响货物亏舱率大小的因素有_____。

①货物的种类及包装形式;②货物堆装方式及质量;③货物装舱部位

A.①②③　　　　　　　　　B.①②

C.①③　　　　　　　　　　D.②③

3.某船上 No.5 货舱二层舱的舱容为 1 030 m³,配装量尺体积为 926 m³ 货物后已将该舱装满,则其亏舱率为_____。

A.12%　　　　　　　　　　B.11.2%

C.10%　　　　　　　　　　D.9.2%

4._____不是亏舱的原因。

A.货物与货物之间存在间隙　　　B.货物与舱壁、横梁等存在间隙

C.衬垫及通风道　　　　　　　　D.装载重货造成满载不满舱

5.装于同一船上的同一种包装货物,其亏舱率_____。

A.一样　　　　　　　　　　　　B.装于首尾部舱室的大

C.装于中部舱室的大　　　　　　D.装于首尾部舱室的小

6.某种货物包括亏舱的积载因数为 2.0 m³/t,不包括亏舱的积载因数为 1.80 m³/t,则其亏舱率为_____。

A.14%　　　　　　　　　　B.8%

C.10%　　　　　　　　　　D.12%

7._____不会影响亏舱率的大小。

A.货物的包装形状　　　　　　　B.货物的标志

C.货舱的形状　　　　　　　　　D.货物的堆垛方式

8.包装相同的同一种货物,其装载亏舱率_____。

①相同;②不同;③取决于货物积载因数

A.①　　　　　　　　　　　B.②

C.③　　　　　　　　　　　D.①或②

9.船舶装运亏舱率大的货物,则_____。

A.舱位利用率高　　　　　　　　B.该航次装货数量多

C.航次净载重量大   D.航次亏舱大

10.某种重量为 304 t 的货物,其量尺体积为 307 m^3,装船后所占舱容为 369 m^3,则该货物的亏舱率为_____。

A.15%   B.17%

C.21%   D.24%

11.货物的积载因数越大,说明_____。

  A.每吨货物所占舱容越大

  B.每立方米容积所能装载的货物越多

  C.排水量利用率越大

  D.每吨货物所需容积越小

12.货物的积载因数是_____的重要资料。

  ①区分货物轻重;②核算货物应占的舱容;③计算货物重量

A.①   B.②

C.③   D.①②③

13.一般件杂货不包括亏舱的积载因数_____包括亏舱的积载因数。

A.大于   B.小于

C.等于   D.不确定

14.货物积载因数的应用包括_____。

  ①从配载角度区分货物的轻重;②计算舱内配货的重量;③计算货物所需的舱容;④判断船舶是否超载;⑤判断船舶是否满舱满载

A.①②③   B.①②③⑤

C.②③④⑤   D.①②③④⑤

15.某票货物包括亏舱的积载因数 $SF=2.0$ m^3/t,亏舱率 $C_{bs}=10\%$,则不包括亏舱的积载因数为_____ m^3/t。

A.2.5   B.2

C.1.8   D.1.5

16.某票货物不包括亏舱的积载因数 $SF=1.8$ m^3/t,亏舱率 $C_{bs}=10\%$,则包括亏舱的积载因数为_____ m^3/t。

A.1.8   B.2.1

C.2.0   D.3.2

17.某票货物重量为 1 500 t,包括亏舱的积载因数 $SF=0.795$ m^3/t,亏舱率 $C_{bs}=12\%$,则该货物不包括亏舱的积载因数为_____ m^3/t。

A.0.80   B.0.56

C.0.70   D.0.65

18.某票货物重量为 1 500 t,量尺体积为 1 050 m^3,亏舱率 $C_{bs}=12\%$,则该货物包括亏舱的积载因数为_____ m^3/t。

A.0.840   B.0.795

C.0.954   D.0.700

19.远洋货物不包括亏舱的积载因数是指每吨货物所占的_____。

    A.量尺体积 　　　　　　　　　　　　B.占地面积

    C.舱容 　　　　　　　　　　　　　　D.舱室高度

20.某票货物重量为2 000 t,包括亏舱的积载因数$SF=0.85$ m³/t,亏舱率$C_{bs}=13\%$,则该货物的

    量尺体积为_____ m³。

    A.1 479 　　　　　　　　　　　　　　B.1 700

    C.1 954 　　　　　　　　　　　　　　D.1 286

21.某种货物包括亏舱的积载因数为2.14 m³/t,不包括亏舱的积载因数为1.92 m³/t,则其亏舱率

    为_____。

    A.8% 　　　　　　　　　　　　　　　B.12%

    C.10% 　　　　　　　　　　　　　　D.15%

22.某票货物重量为1 500 t,包括亏舱的积载因数$SF=0.795$ m³/t,亏舱率为$C_{bs}=12\%$,则该货物

    的量尺体积为_____ m³。

    A.800 　　　　　　　　　　　　　　 B.980

    C.1 049 　　　　　　　　　　　　　　D.1 200

23.当货物平均积载因数等于船舶舱容系数时,船舶可能达到_____。

    A.满舱不满载 　　　　　　　　　　　B.满舱满载

    C.既不满舱又不满载 　　　　　　　　D.满载不满舱

24.当货物的积载因数小于船舶的舱容系数时,该货物为_____。

    A.重货 　　　　　　　　　　　　　　B.轻货

    C.中等货 　　　　　　　　　　　　　D.危险货物

25.货源充足的条件下,舱容系数为1.30 m³/t杂货船装运积载因数为1.30 m³/t(积载因数不包

    括亏舱,亏舱率为12%)的包装货物,则船舶会_____。

    A.满舱不满载 　　　　　　　　　　　B.满载不满舱

    C.满舱满载 　　　　　　　　　　　　D.既不满舱也不满载

26.货源充足的条件下,舱容系数为1.30 m³/t的杂货船装运积载因数为1.50 m³/t的包装货物,

    则船舶会_____。

    A.满舱不满载 　　　　　　　　　　　B.满载不满舱

    C.满舱满载 　　　　　　　　　　　　D.既不满舱也不满载

27.货源充足的条件下,舱容系数为1.30 m³/t的杂货船装运积载因数为0.8 m³/t(包括亏舱)的

    包装货物,则船舶会_____。

    A.满舱不满载 　　　　　　　　　　　B.满载不满舱

    C.满舱满载 　　　　　　　　　　　　D.既不满舱也不满载

28.货源充足的条件下,舱容系数为1.30 m³/t的杂货船装运积载因数为1.17 m³/t(积载因数不包

    括亏舱,亏舱率为10%)的包装货物,则船舶会_____。

    A.满舱不满载 　　　　　　　　　　　B.满载不满舱

    C.满舱满载 　　　　　　　　　　　　D.既不满舱也不满载

29.货源充足的条件下,舱容系数为1.28 m³/t的杂货船装运积载因数为1.28 m³/t(积载因数包括

　亏舱)的包装货物,则船舶会_____。

A.满舱不满载　　　　　　　　　　　B.满载不满舱

C.满舱满载　　　　　　　　　　　　D.既不满舱也不满载

30.某船配装一票箱装货,重量为210 t,不包括亏舱的积载因数 $SF = 1.86$ m³/t,亏舱率估计为8%,则装载该票货物所需舱容为_____ m³。

A.421.8　　　　　　　　　　　　　B.424.6

C.390.6　　　　　　　　　　　　　D.407.4

31.在货源充足且吃水不受限制的条件下,当船舶的舱容系数等于货物的平均积载因数时,可达到_____。

A.满舱满载　　　　　　　　　　　　B.满舱不满载

C.既不满舱又不满载　　　　　　　　D.满载不满舱

32.在货源充足且吃水不受限制的条件下,当船舶的舱容系数小于货物的平均积载因数时,可达到_____。

A.满舱满载　　　　　　　　　　　　B.满舱不满载

C.既不满舱又不满载　　　　　　　　D.满载不满舱

33.某票货物重量为200 t,不包括亏舱的积载因数 $SF = 1.8$ m³/t,亏舱率 $C_{bs} = 10\%$,则该货物所占舱容为_____ m³。

A.400　　　　　　　　　　　　　　B.396

C.324　　　　　　　　　　　　　　D.425

34.关于积载因数的使用,下列说法不正确的是_____。

A.货物的积载因数越大,其亏舱率越大

B.相同货物不包括亏舱的积载因数小于包括亏舱的积载因数

C.积载因数是指每吨货物所占的舱容

D.货物的平均积载因数大于舱容系数时,船舶满舱不满载

第十一节　船舶载货能力

1.对"船舶载货能力"这一概念,表述准确的是_____。

A.载货能力中的载重能力指的就是船舶航次净载重量

B.包括载重能力和容量能力

C.定义中的货物数量包括货物的重量、体积、件数和品种

D.船舶所能装运货物的最大数量,与具体航次无关

2.衡量船舶载货能力大小的指标有_____。

A.DW 和 NT　　　　　　　　　　B.NDW 和 $\sum V_{ch}$

C.DW 和 $\sum V_{ch}$　　　　　　　D.Δ 和 GT

3.通常情况下,表示船舶载货重量能力大小的指标是_____。

A.净载重量 NDW　　　　　　　　　B.满载排水量

C.总吨 *GT*　　　　　　　　　　D.总载重量 *DW*

4.集装箱船主要用_____表示其载箱能力。

　A.换算箱容量　　　　　　　　B.满载排水量

　C.总载重量　　　　　　　　　D.总吨位

5.船舶的载货能力由_____组成。

　①载货重量能力;②总载重量能力;③载货容量能力;④总吨位;⑤特殊载货能力

　A.①②③　　　　　　　　　　B.②③⑤

　C.①③⑤　　　　　　　　　　D.②③④⑤

6.船舶的特殊载货能力是指_____。

　A.船舶载重量大的能力

　B.船舶结构和设备所具有的装载某些特殊货物的能力

　C.船舶舱容大的能力

　D.船舶能通过狭水道的能力

7.船舶的特殊装载能力包括_____。

　①普通货船装载集装箱的能力;②普通货船装载危险货物的能力;③普通货船装载冷藏货物的能力;④货物的载重能力;⑤货物的容积能力

　A.①②③④⑤　　　　　　　　B.②④

　C.②③　　　　　　　　　　　D.①②③

8.杂货船深舱所具有的装载散装液体动、植物油能力属于船舶的_____。

　A.载货容量能力　　　　　　　B.特殊载货能力

　C.载货容积能力　　　　　　　D.载货重量能力

9.核算船舶载货能力,在计算航次最大货运量时,应考虑本航次的具体情况,包括_____。

　①港口航道水深;②所装载货物的积载因数;③船舶航经的海区;④航程长短

　A.①②③④　　　　　　　　　B.①②④

　C.①②　　　　　　　　　　　D.①③④

10.散货船航次宣载书主要宣载船舶舱容和_____。

　A.净载重量　　　　　　　　　B.运河吨位

　C.总吨位　　　　　　　　　　D.净吨位

11.船舶载货能力包括_____。

　①载货重量能力;②载货容量能力;③储备品装载能力;④特殊载货能力

　A.①②③　　　　　　　　　　B.②③④

　C.①②④　　　　　　　　　　D.①②③④

12.当航次吃水不受限时,船舶航次总载重量随舷外水密度的增加而_____。

　A.增加　　　　　　　　　　　B.减少

　C.不变　　　　　　　　　　　D.不能确定

13.某船 $\Delta L = 6\,380$ t,过浅滩($\rho = 1.008$ g/cm³)时最大吃水($d = 9.65$ m)所对应的标准密度海水的排水量 $\Delta = 26\,690$ t,船由始发港至过浅处油水消耗 545 t,则本航次所允许使用的总载重量为_____ t。

A.20 412   B.21 305

C.26 595   D.26 792

14.船舶航次总载重量不包括_____。

    A.货物重量   B.航次储备量

    C.压载水重量   D.空船重量

15.船舶总载重量不包含_____。

    A.润滑油   B.空船排水量

    C.船舶备品   D.货物残渣

16.船舶允许使用的总载重量减去航次储备量及船舶常数为_____。

    A.航次净载重量   B.排水量

    C.空船排水量   D.净吨位

17.杂货船的航次净载重量 NDW 是指_____。

    A.船舶净吨位

    B.具体航次中船舶实际装载的货物重量

    C.具体航次中船舶所能装载货物的最大重量

    D.具体航次中船舶所能装载的最大限度的货物及旅客等的重量

18.杂货船的航次净载重量 NDW 等于_____。

    ①总载重量减去航次储备量及船舶常数;②排水量减去空船排水量;③排水量减去空船重量、航次储备量和船舶常数

    A.①   B.②

    C.③   D.①③

19.船舶总载重量一定时,船的净载重量 NDW 与_____无关。

    A.空船排水量   B.航线长短

    C.船舶常数   D.油水储备

20.船舶具体航次所确定的总载重量 DW 与_____无关。

    A.载重线   B.船舶常数

    C.允许吃水   D.空船重量

21.当船舶航次总载重量确定后,其 NDW 与_____无关。

    A.载重线   B.航次油水储备量

    C.船舶常数   D.航次储备天数

22.某船排水量 $\Delta = 34\ 360$ t,燃油和淡水总量为 1 861 t,船舶常数为 126 t,空船排水量为 9 715 t,则船舶的净载重量为_____t。

    A.15 161   B.19 492

    C.22 658   D.17 326

23.某船某航次按载重线计算得排水量为 6 530 t,燃油和淡水总量为 571 t,船舶常数为 48 t,空船排水量为 2 103 t,从 $\rho = 1.002$ g/cm³ 水域起航时船舶净载重量为_____t。

    A.3 723   B.3 449

    C.3 808   D.3 896

24.某船在 $\rho=1.018\ \text{g/cm}^3$ 的水域中实际观测船舶吃水 $d=10.00\ \text{m}$,则如何利用静水力图表查取船舶排水量?_____。

A.仅能使用载重表尺,因为载重表尺提供了半淡水水密度对应的排水量

B.不能使用船舶静水力曲线图

C.可使用任意一种静水力图表,按吃水 $d=10.00\ \text{m}$ 查取海水排水量,然后利用公式 $\Delta_\rho=\Delta_{1.025}\times\dfrac{1.018}{1.025}$ 计算

D.不能使用静水力参数表

25.某船航速 12 kn,每天耗油水 30 t,从位于热带载重线的某港装货,航行 1 236 n mile 进入夏季载重线海区,再航行 787 n mile 到达卸货港,已知该船热带吃水和夏季吃水对应的排水量分别为 $\Delta_T=7\ 144\ \text{t}$ 和 $\Delta_S=6\ 998\ \text{t}$,则该船离港时最大排水量为_____ t。

A.7 144　　　　　　　　　　　　　　　B.6 998

C.7 104　　　　　　　　　　　　　　　D.7 127

26._____对船舶载货重量能力产生影响。

①航程;②航区水密度;③航线气候条件;④航行季节;⑤空船重量

A.①②③④　　　　　　　　　　　　　B.②③④⑤

C.①③④⑤　　　　　　　　　　　　　D.①②③④⑤

27.当航线水深不受限制时,船舶的航次净载重量与_____无关。

A.空船重量　　　　　　　　　　　　　B.开航日期

C.舷外水密度　　　　　　　　　　　　D.船体水下附着物的重量

28.某船某航次使用夏季载重线,$\Delta_S=18\ 000\ \text{t}$,$\Delta_L=8\ 000\ \text{t}$,$\sum G=1\ 220\ \text{t}$,$C=180\ \text{t}$,则下述错误的是_____。

A.本航次的净载重量为 8 600 t

B.本航次最大装货量为 8 600 t

C.本航次所允许的最大装载重量为 10 000 t

D.本航次若能装载货物 8 600 t 即可满舱满载

29.船舶的总载重量确定后,航次装货量通常会受航次_____限制。

①船舶常数;②油水消耗;③货物积载因数

A.①　　　　　　　　　　　　　　　　B.②

C.③　　　　　　　　　　　　　　　　D.①②③

30.船舶的总载重量 DW 一定时,船舶的 NDW 与_____有关。

①航线长短;②油水消耗定额;③船舶常数

A.①　　　　　　　　　　　　　　　　B.②

C.③　　　　　　　　　　　　　　　　D.①②③

31.已知某船船长 $L=120\ \text{m}$,船宽 $B=25\ \text{m}$,设计吃水 $d=7.0\ \text{m}$,方形系数 $C_b=0.6$,则船舶在标准海水中的排水量为_____。

A.12 600 t　　　　　　　　　　　　　B.12 915 t

C.35 875 t　　　　　　　　　　　　　D.35 000 t

32.某船经核算本航次允许使用的最大总载重量为 4 703 t,燃油和淡水总量为 614 t,船舶常数为 54 t,空船排水量为 1 349 t,则船舶的净载重量为_____ t。

A.4 035
B.4 903
C.4 849
D.2 606

33.某船满载排水量为 20 890 t,燃油和淡水总量为 2 053 t,船舶常数为 154 t,空船排水量为 6 887 t,则船舶航次净载重量为_____ t。

A.8 257
B.9 437
C.10 616
D.11 796

34.某船热带排水量 20 205 t,空船重量 5 565 t,燃润料 2 081.5 t,船员行李、备品、粮食共 28 t,船舶常数 220 t,本航次采用热带载重线,对应的净载重量为_____ t。

A.17 380.5
B.11 815.5
C.17 875.5
D.12 310.5

35.船舶进出不同水密度水域时,水密度的增加_____。

A.将减少船舶的排水量
B.将增加船舶的排水量
C.不影响排水量
D.对排水量的影响不能确定

36.当航线水深对船舶吃水有限制时,为提高船舶的载重能力,船过浅水区时应保持_____状态。

A.适度尾倾
B.较大的尾倾
C.平吃水
D.适度首倾

37.船舶由舷外水密度为 1.015 t/m³ 的水域进入舷外水密度为 1.018 t/m³ 的水域,排水量将_____。

A.增大
B.减小
C.不变
D.无法确定

38.船舶某航次夏季满载吃水为 8 m,夏季满载排水量为 20 000 t,空船和航次储备量为 8 000 t,船舶常数为 200 t,本航次最多能装载货物_____ t。

A.11 800
B.12 000
C.10 000
D.11 600

39.某船于某吃水受限港装货,该港限制吃水为 8.5 m,查得相应的 DW = 14 129 t,若船舶本航次需装油水等共 1 100 t,船舶常数为 172 t,则本航次最多能载货_____ t。

A.12 857
B.13 029
C.13 957
D.14 129

40.某船 Δ_T = 21 367 t,Δ_S = 20 881 t,空船 Δ_L = 5 371 t,船舶由热带载重线海区航行至夏季载重线海区,且热带载重线段油水消耗量 155 t。已知本航次需装油水等共 440 t,船舶常数为 219 t,则本航次最多载货_____ t。

A.14 884
B.15 006
C.15 332
D.15 687

41.某船 Δ_T = 21 367 t,Δ_S = 20 881 t,空船 Δ_L = 5 371 t,船舶由夏季载重线海区航行至热带载重线海区,且夏季载重线段油水消耗量 306 t。已知本航次需装油水等共 440 t,船舶常数为 219 t,

则船舶的净载重为_____t。

A.15 332 　　　　　　　　　B.14 651

C.14 851 　　　　　　　　　D.15 006

42.下表为某船静水力参数表的一部分,若该船平均吃水 d_m =7.83 m,水密度 ρ =1.008 t/m³,则其排水量为_____t。

d_m/m	标准海水密度排水量 Δ/t
7.80	16 180.0
7.90	16 660.6

A.16 324.0 　　　　　　　　　B.15 925.9

C.16 053.3 　　　　　　　　　D.16 532.8

43.当航线水深受限制时,船舶的航次载货重量能力与_____有关。

①空船重量;②开航日期;③浅区水密度;④油水储备;⑤富余水深

A.①②③④ 　　　　　　　　　B.②③④⑤

C.①③④⑤ 　　　　　　　　　D.①②③⑤

44.某船于某吃水受限港(ρ =1.022 g/cm³)装货,该港限制吃水为 5.5 m,查得相应的排水量为 7 129 t(ρ =1.025 g/cm³),若船舶本航次需装油水等共 623 t,船舶常数为 72 t,空船重 2 103 t,则本航次最多载货_____t。

A.4 313 　　　　　　　　　B.4 331

C.4 310 　　　　　　　　　D.4 301

45.某船货舱总舱容为 12 000 m³,货物包括亏舱的积载因数 1.9 m³/t,船舶的总载重量 7 800 t,空船排水量 1 500 t,航次储备及船舶常数为 250 t,则该船本航次的最大装货量为_____t。

A.6 050 　　　　　　　　　B.6 417

C.6 570 　　　　　　　　　D.6 844

46.某船装货前测得平均吃水为 6.12 m, TPC =20 t/cm,8 h 后测得平均吃水为 6.98 m, TPC =21.8 t/cm,若假定该段时间内船上油水等重量不变,则装货量估计为_____t。

A.1 797 　　　　　　　　　B.1 720

C.1 874 　　　　　　　　　D.1 726

47.某船装货前测得首吃水 6.12 m,尾吃水 6.40 m,漂心在船中, TPC =20 t/cm。10 h 后测得平均吃水为 6.52 m,装货期间船上油水消耗量为 30 t,若 TPC 不变,则装货量估计为_____t。

A.600 　　　　　　　　　B.490

C.550 　　　　　　　　　D.710

48.下表为某船静水力参数表的一部分,若该船平均吃水 d_m =7.83 m,水密度 ρ =1.008 t/m³,则其排水量为_____。

d_m/m	标准海水密度排水量 Δ/t
7.80	16 180.0
7.90	16 660.6

A.16 324.0   B.15 925.9

C.16 053.3   D.16 532.8

49.某船在密度为 1.015 g/cm³ 的水域中吃水为 9.5 m,在海水表中查得排水量为 21 875.2 t,则其实际的排水量为_____。

A.21 661 t   B.21 551 t

C.21 341 t   D.22 091 t

50.某船某航次航程 1 800 n mile,平均航速 15 kn,航行时每天耗油水 30 t,航次储备天数 2 天,预计等待加油水的停泊时间为 2 天,停泊时每天油水消耗 10 t,则可变航次储备量为_____ t。

A.270   B.190

C.230   D.210

51.某船某航次航程 1 800 n mile,平均航速 15 kn,航行时每天耗油水 20 t,航次储备天数 2 天,预计等待加油水的停泊时间为 3 天,停泊时每天油水消耗 10 t,则可变航次储备量为_____ t。

A.200   B.230

C.170   D.140

52.某船某航次航程 3 600 n mile,平均航速 15 kn,航行时每天耗油水 35 t,航次储备天数为 3 天,则可变航次储备量为_____ t。

A.500   B.105

C.455   D.350

53.船舶在实际营运中计算航次 NDW 时,不论航次时间的长短均取为定值的航次储备量包括_____。

①锅炉油;②供应品;③船用备品

A.②③   B.③

C.①   D.②

54.考虑船舶航次储备量的大小时,不考虑_____。

A.空船排水量   B.航线长短

C.锚泊时间长短   D.船舶消耗定额

55.以下关于船舶固定储备量的说法正确的是_____。

A.固定储备量包括船员行李、粮食供应品和淡水

B.实际工作中,通常将固定储备量作为定值处理

C.由于航次长短不同,船员的粮食备品数量不尽相同,因此实际工作中我们将其当作变量处理

D.固定储备量在航次储备中所占比例大,因此应按照航次时间长短具体计算其大小

56.船舶应根据航行天数确定航次储备量,航行天数是指_____。

①始发港至目的港的航行天数;②始发港至油水补给港的航行天数;③油水补给港至目的港的航行天数

A.①   B.③

C.②   D.①②③都可能

57.应根据_____确定航次储备量。

①航程;②油水补给计划;③海况;④油水消耗定额;⑤船员习惯

    A.①②③④   B.②③④⑤

    C.①③④⑤   D.①②③④⑤

58.在实际营运中,船舶航次储备量中的可变储备量包括_____。

    A.船用备品   B.粮食和供应品

    C.燃润料和淡水   D.冷凝器中的水

59.影响航次储备量的因素中,不包括_____。

    A.航次航线长短   B.航次船舶日油水消耗量

    C.船舶大修后空船重量的变化   D.航次拟定的油水加载方案

60.普通干散货船的航次储备量∑G包括_____。

①燃润料和淡水;②供应品;③船员和行李及备品

    A.①②   B.①③

    C.②③   D.①②③

61.确定船舶载货重量能力应考虑的因素包括_____。

①航线水深;②舷外水密度;③航行季节;④船舶总吨;⑤航程长短

    A.①③④⑤   B.①②④⑤

    C.①②③⑤   D.①②③④⑤

62._____属于船舶航次储备量中的固定储备量。

    A.冷凝器中的燃料和水   B.机械和设备

    C.船用备品   D.压载水

63.船舶常数 C 是指船舶_____。

    A.测定时的空船重量

    B.测定时的空船重量减去新船的空船重量

    C.测定时的空船重量减去航次储备量

    D.测定时的空船重量减去修船后的空船重量

64.船舶常数 C 是_____,它使船舶的航次允许总载重量_____。

    A.变值;减少   B.变值;不变

    C.定值;减少   D.定值;增加

65._____的数量与船舶常数无关。

    A.货舱内货物、衬垫物料及垃圾的残留

    B.船上燃油、柴油、滑油、淡水

    C.为改善船舶性能而设置的固定压载物

    D.船上库存的废旧机件、器材及物料

66.不属于船舶常数的是_____。

    A.为改善船舶性能所注入的压载水重量

    B.船上库存的废旧机件、器材及物料

    C.货物、衬垫物料及垃圾的残留物或沉淀物

    D.营运中为改善船舶性能而设置的固定压载物

67._____不是船舶常数 C 产生的原因。

A.未清除的垫舱物料 B.压载水舱中的污泥和杂物

C.滑油舱中的少量滑油 D.燃油舱中的油渣

68.下列关于船舶常数的说法中,不正确的是_____。

A.船舶常数的大小受船体外附着的海洋生物重量影响

B.船舶常数占船舶总载重量的比例很小

C.适当减小船舶常数可以增加船舶的净载重量

D.船舶在每次航行前都需要测量船舶常数

69.船舶常数是_____,其值越_____,船上装货量越少。

A.定值;小 B.变量;小

C.定值;大 D.变量;大

70.减小船舶常数的目的是_____。

A.增大船舶吃水 B.提高船舶载货重量能力

C.增大船舶总载重量 D.B、C 都是

71._____不属于船舶常数的内容。

A.供应品和备品 B.船体改装所增重量

C.货舱内的残留货物 D.库存破旧器材

72.某船在锚地测定船舶常数,测定时船舶排水量为 6 500 t,存有油水合计 800 t,压载水 400 t,粮食及备品 5 t,出链及锚重量为 15 t,已知该船出厂时空船排水量为 5 100 t,则船舶常数为_____t。

A.235 B.180

C.210 D.200

73._____不属于集装箱船的船舶常数。

A.液体舱柜内油水的残留物或沉淀物

B.船上库存的废旧器材

C.所有固定系固设备的重量

D.所有便携式系固设备的重量

74.船舶常数的大小与_____有关。

①船体结构、动力装置、仪器设备、锅炉中的燃料、冷凝器中的水等重量;②舱内货物、衬垫物料及垃圾的残留重量;③局部修理或改装后的空船重量的改变量

A.①② B.①③

C.①②③ D.②③

75.船舶常数的大小与_____有关。

A.船上燃油、柴油、滑油和淡水等重量

B.船舶备件,船员行李,航次应装载的粮食、蔬菜、水果、烟酒等重量

C.船体结构、动力装置、舾装、仪器设备、锅炉中燃料和水、冷凝器中的水等重量

D.船体和机械的修理或改装后的重量改变量

76._____属于船舶常数。

①测船舶常数时抛下的锚和锚链;②营运中加装的新型雷达;③集装箱船的便携式绑扎设备;④杂货船没及时清理的垫舱物料

A.①②③④　　　　　　　　　　　B.③④

C.②③　　　　　　　　　　　　　D.②③④

77.船舶常数中不包括_____。

A.货舱内难以卸载的残留物重量　　B.集装箱船上活动系固件重量

C.压载水舱底层残留的污泥重量　　D.集装箱船上固定系固件重量

78.船舶的固定压载属于_____。

A.空船重量　　　　　　　　　　　B.航次储备量

C.船舶常数　　　　　　　　　　　D.视情况而定

79.船舶常数包括_____。

①船体外壳所附的海生物;②船舶备品;③货舱内的残留货物;④船体和机械的修理或改装后的重量改变量

A.①②③④　　　　　　　　　　　B.①②③

C.①③④　　　　　　　　　　　　D.②③④

80.船舶常数包括_____。

①船用备品;②船体重量的变化量;③扭锁;④燃料舱内的残留;⑤绑扎桥

A.②③④　　　　　　　　　　　　B.①②④

C.②③④⑤　　　　　　　　　　　D.①②③④

81._____不是提高船舶的载货容量能力的具体措施。

A.固体散货装载时做好平舱工作

B.提高装货质量,做到紧密堆码,减少亏舱

C.正确确定船舶的装载水尺或载重线

D.合理确定液体散货船的膨胀余量

82._____不是提高船舶的载货重量能力的具体措施。

A.减少船舶常数

B.保证货舱适货

C.合理确定航次的油水数量

D.正确确定船舶的装载水尺或载重线

83._____是充分利用船舶特殊载货能力的途径。

A.空船压载时,若有处于中区的深舱应注满压载水

B.若有冷藏舱应保证其处于良好状态,以便承运冷藏货物

C.尽量减小船舶常数

D.装货前做好货舱准备工作,尽量使所有货舱适货

84.以下有关提高船舶载重能力的措施,正确的是_____。

A.每航次清理货舱残留货物和垫舱物料等杂物,确保货舱适货

B.正确使用载重线,货源充足时,将货物装到航次净载重量

C.充分利用容量能力

D.督促电机员保证冷藏箱插座全部立即可用

85.以下有关船舶载货能力的说法,正确的是_____。

①船舶载货能力是指具体航次所能装载货物重量的最大限额;②船舶载货能力是指在具体航次所能承担运输的货物的品种和数量;③船舶载货能力是指具体航次装载货物的可能条件和数量的最大限额

A.③   B.②③

C.①   D.②

86.为充分利用船舶净载重量和舱容,船舶应_____。

①尽量使船舶满舱满载;②轻重货物在各舱合理搭配;③积载因数相近的货物同配一舱

A.②③   B.①②

C.①③   D.①②③

87.某货舱舱容 2 380 m^3,按舱容比分配货重 2 450 t,现拟配装 SF 分别为 0.68 m^3/t 和 1.36 m^3/t 的两种货物,则各自应配装_____ t 和_____ t 才可使其满舱。

A.1 300;1 150   B.1 350;1 100

C.1 400;1 050   D.1 450;1 000

88.满舱满载的船舶在编制配积载图时发现稳性不足,可以通过_____的措施来调整。

A.在双层底打入压载水   B.在底舱加装少量货物

C.在甲板上加装少量货物   D.轻重货物的等体积上下交换

89.实际营运中,充分利用船舶载货能力的基本途径之一是_____。

A.正确进行船舶强度计算   B.正确绘制积载图

C.保证船舶具有适度的吃水差   D.轻重货物的合理搭配

90.充分利用船舶载货容量能力的方法有_____。

①轻重货物合理搭配;②合理确定货位;③紧密堆装

A.①②   B.①③

C.②③   D.①②③

91._____是充分利用船舶净载重量和舱容的正确措施。

①轻重货物合理搭配,做到满舱满载;②紧密堆装,密实积载;③正确选择舱位;④初末港货物合理搭配

A.②③④   B.①②③④

C.①②③   D.①②④

92.配载时船舶满舱满载,正确的调整稳性的措施是_____。

A.货物上移   B.货物下移

C.打排压载水   D.轻重货物垂向等体积交换

93.某船上 No.2 货舱底舱的舱容为 3 260 m^3,已配 A、B 两票货物占舱容 1 800 m^3,为使该舱达到满舱,还可配载 C 货_____ t。（C 货不包括亏舱的积载因数 SF = 2.28 m^3/t,亏舱率 C_{bs} = 8.5%。）

A.640   B.586

C.436   D.260

参考答案

第一节　船体形状及参数

1.A	2.A	3.A	4.D	5.C	6.D	7.D	8.B	9.A	10.B
11.B	12.D								

第二节　船舶浮性

1.A	2.A	3.C	4.C	5.C	6.A	7.C	8.A	9.C	10.B
11.B	12.B	13.A	14.A	15.A	16.D	17.B	18.B	19.A	20.A
21.B	22.D	23.C	24.B	25.D	26.D	27.D	28.C	29.C	

第三节　船舶重量性能和容积性能

1.B	2.A	3.B	4.B	5.A	6.C	7.A	8.A	9.D	10.A
11.C	12.D	13.D	14.B	15.A	16.D	17.D	18.D	19.C	20.C
21.C	22.C	23.A	24.D	25.B	26.D	27.D	28.D	29.D	30.A
31.D	32.B	33.C	34.D	35.C	36.B	37.C	38.D	39.B	40.D
41.C	42.A	43.B	44.A	45.C	46.A	47.A	48.D	49.B	50.A
51.B	52.D	53.A	54.B	55.C	56.D	57.D	58.B	59.D	60.C
61.B									

第四节　船舶静水力资料

1.B	2.A	3.D	4.C	5.B	6.B	7.C	8.A	9.B	10.C
11.D	12.B	13.B	14.D	15.B	16.D	17.C	18.A	19.A	20.B
21.D	22.D	23.A	24.B	25.A	26.A	27.D	28.A	29.D	30.B
31.A	32.B	33.C	34.D	35.B	36.C	37.D	38.D	39.C	40.C
41.D	42.A	43.B	44.D	45.C	46.A	47.A	48.A	49.B	50.A
51.B	52.D	53.A	54.B	55.C	56.D	57.B	58.D	59.D	

第五节　船舶平均吃水

1.A	2.A	3.C	4.D	5.B	6.C	7.A	8.C	9.D	10.D
11.A	12.C	13.D	14.D	15.D	16.D	17.B	18.D	19.C	20.C
21.B	22.D	23.A	24.B	25.C	26.D	27.B	28.B	29.C	30.B
31.C	32.D	33.C	34.C	35.B	36.C	37.C	38.A	39.A	40.D
41.B	42.B	43.A	44.A	45.A	46.D	47.C	48.A	49.C	50.B
51.B	52.C	53.A	54.B	55.C	56.D	57.B	58.C	59.B	60.B
61.B	62.A	63.B	64.C	65.A	66.C	67.C	68.A	69.B	70.A
71.C	72.B	73.A	74.C	75.C	76.C	77.B	78.B	79.C	80.D
81.A	82.C	83.A	84.B	85.A	86.D	87.D	88.D	89.B	90.A
91.B	92.A	93.A	94.A	95.B	96.B	97.B	98.C	99.A	100.C
101.D	102.C	103.A	104.C						

第六节　载重线标志与载重线海图

1.C	2.A	3.C	4.A	5.B	6.A	7.D	8.C	9.A	10.B
11.D	12.B	13.B	14.D	15.B	16.D	17.D	18.C	19.B	20.B
21.D	22.C	23.A	24.C	25.C	26.C	27.D	28.A	29.D	30.D
31.A	32.A	33.B	34.D	35.D	36.D	37.A	38.B	39.D	40.B
41.C	42.A	43.B	44.B	45.C	46.C	47.D	48.A	49.B	50.A
51.B	52.D	53.C	54.D	55.C	56.B	57.D	58.D	59.B	60.A
61.C	62.B	63.B	64.D	65.D	66.D	67.B	68.D	69.C	70.C
71.C	72.A	73.C	74.D	75.A	76.B	77.D	78.B	79.A	80.D
81.A	82.B	83.B	84.D	85.A	86.A	87.D	88.A	89.A	90.C
91.A	92.D	93.A	94.B	95.D	96.C	97.A	98.A		

第七节　货物分类和基本性质

1.B	2.A	3.C	4.A	5.B	6.C	7.A	8.B	9.B	10.B
11.A	12.B	13.A	14.B	15.D	16.D	17.D	18.B	19.D	20.D
21.C	22.D								

第八节　普通货物包装与标志

1.D	2.C	3.B	4.C	5.A	6.C	7.C	8.C	9.D	10.D
11.B	12.D	13.C	14.A	15.C	16.B	17.D	18.A	19.A	20.C
21.C	22.C	23.B	24.B	25.C	26.D	27.D	28.B	29.C	30.A
31.A	32.C	33.A							

第九节　货物计量和交接

1.D	2.B	3.B	4.C	5.B	6.A	7.A	8.B	9.A	10.C
11.D	12.B	13.A	14.B	15.A	16.A	17.B	18.D	19.B	20.A
21.B	22.D	23.A	24.D	25.B					

第十节　货物亏舱和积载因数

1.A	2.A	3.C	4.D	5.B	6.C	7.B	8.D	9.D	10.B
11.D	12.D	13.B	14.B	15.C	16.C	17.C	18.B	19.A	20.A
21.C	22.C	23.B	24.A	25.A	26.A	27.B	28.C	29.C	30.B
31.A	32.B	33.A	34.A						

第十一节　船舶载货能力

1.A	2.B	3.A	4.A	5.C	6.B	7.D	8.B	9.A	10.A
11.C	12.C	13.A	14.D	15.B	16.A	17.C	18.D	19.A	20.B
21.A	22.C	23.C	24.C	25.D	26.D	27.C	28.D	29.D	30.D
31.B	32.A	33.D	34.D	35.C	36.C	37.C	38.A	39.A	40.B
41.C	42.C	43.C	44.C	45.A	46.A	47.C	48.C	49.A	50.C
51.C	52.C	53.A	54.A	55.B	56.A	57.A	58.C	59.C	60.D
61.C	62.C	63.B	64.B	65.B	66.A	67.C	68.D	69.D	70.D
71.A	72.C	73.C	74.D	75.D	76.D	77.D	78.D	79.C	80.A
81.C	82.B	83.B	84.B	85.B	86.B	87.C	88.D	89.D	90.D
91.C	92.D	93.B							

第八章

船舶稳性

第一节　船舶稳性的基本概念

1.有关船舶稳定性定义的说法,正确的是_____。

　①船舶稳性是指船舶能够承受外力的能力;②船舶稳性是指保证船舶受外力作用而不翻的能力;③船舶稳性是船舶受外力作用发生倾斜,外力消失后能够自动回到原来平衡位置的能力

　A.①　　　　　　　　　　　　　　　B.①②③

　C.③　　　　　　　　　　　　　　　D.②

2.按作用于船上外力矩的性质,将船舶稳性划分为_____。

　A.静稳性和动稳性　　　　　　　　　B.横稳性和纵稳性

　C.大倾角稳性和初稳性　　　　　　　D.破舱稳性和完整稳性

3.按船舶横倾角的大小,将船舶稳性划分为_____。

　A.横稳性和纵稳性　　　　　　　　　B.破舱稳性和完整稳性

　C.大倾角稳性和初稳性　　　　　　　D.静稳性和动稳性

4.按船舶的倾斜方向,将船舶稳性划分为_____。

　A.横稳性和纵稳性　　　　　　　　　B.破舱稳性和完整稳性

　C.大倾角稳性和初稳性　　　　　　　D.静稳性和动稳性

5.船舶处于中性平衡状态的条件是_____。

　A.$GM<0$　　　　　　　　　　　　B.$GM \geqslant 0$

　C.$GM>0$　　　　　　　　　　　　D.$GM = 0$

6.当船舶重心在稳心之下时,船舶处于_____状态。

　A.稳定平衡　　　　　　　　　　　　B.不稳定平衡

　C.随遇平衡　　　　　　　　　　　　D.中性平衡

7.处于稳定平衡状态时,船舶稳心和重心的相互位置是_____。

　A.稳心在重心之下　　　　　　　　　B.稳心在重心之上

　C.稳心与重心重合　　　　　　　　　D.稳定平衡

8.以下对船舶随遇平衡的描述正确的有_____。

①GM 值为 0;②浮心 B 在稳心 M 之下;③浮心 B 在重心 G 之下;④重心 G 与稳心 M 重合

A.②③④ B.①④

C.①②③ D.①②③④

9.为了保证安全,船舶营运中允许处于_____。

①稳定平衡状态;②不稳定平衡状态;③随遇平衡状态

A.① B.②

C.③ D.①③

10.当船舶处于稳定平衡状态时,_____。

A.船舶重心在初稳心之上 B.船舶重心和初稳心重合

C.船舶重心在初稳心之下 D.船舶重心和初稳心的相对位置不定

11.船舶稳定平衡的主要特征是_____。

A.稳心在浮心之上,复原力矩大于零

B.重心在稳心之上,复原力矩大于零

C.重心在漂心之上,复原力矩大于零

D.稳心在重心之上,复原力矩大于零

12.船舶不稳定平衡的主要特征是_____。

A.漂心在重心之下,复原力矩小于零

B.稳心在重心之下,复原力矩小于零

C.浮心在稳心之下,复原力矩大于零

D.重心在稳心之下,复原力矩大于零

第二节　船舶初稳性

1.在研究初稳性时,船舶受外力作用发生小角度倾斜,则_____。

A.船舶的重心发生变化 B.局部的横稳心发生变化

C.船舶的浮心发生变化 D.船舶的纵稳心发生变化

2.船舶吃水一定时,初稳心点 M 为_____。

A.中纵剖面上的定点 B.中横剖面上的定点

C.任意剖面上的定点 D.不确定点

3.在研究船舶初稳性时的假设条件中,以下说法正确的是_____。

A.船舶受外力矩横倾,稳心点移动轨迹是一条渐近线

B.船舶受外力矩横倾,浮心点移动轨迹是一段圆弧

C.船舶受外力矩横倾,漂心点移动轨迹是一段圆弧

D.船舶受外力矩横倾,重心点移动轨迹是一条渐进线

4.船舶初稳心是指_____。

①船舶水线面的面积中心;②船舶排水体积的中心;③船舶横剖面的面积中心

A.①②③均错 B.②

C.① D.③

5.船舶小倾角横倾时,倾斜轴为_____。

    A.过初始漂心的横轴   B.过初始漂心的纵轴

    C.过初始浮心   D.过初始稳心

6.初稳性是指_____。

    A.船舶在未装货前的稳性   B.船舶在小角度倾斜时的稳性

    C.船舶在开始倾斜时的稳性   D.船舶在平衡状态时的稳性

7.衡量船舶初稳性大小的指标是_____。

    A.复原力矩所做的功   B.静稳性力臂 GZ

    C.初稳性高度 GM D.形状稳性力臂 KN

8.可作为初稳性衡量标志的是_____。

    A.船舶横倾角   B.船舶重心与稳心间的垂直距离

    C.船舶的横摇周期   D.船舶形状稳性力臂

9.研究船舶初稳性的假设前提有_____。

    ①船舶等容微倾;②横倾轴始终通过初始水线面的漂心;③在排水量不变时,横稳心的位置不变

    A.①   B.②

    C.③   D.①②③

10.GM 值作为船舶初稳性衡量指标,其根据是_____。

    A.船舶重心点不变,则 GM 值为一定值

    B.船舶小角度横倾前后,浮力作用线的交点为一定点

    C.船舶横倾前后,KM 值为一定值

    D.船舶小角度横倾前后,浮心为一定点

11._____将增大船舶的浮心高度。

    A.有舱内卸货   B.在甲板上装货

    C.将货物上移   D.将货物下移

12.船舶初稳性高度值的大小与_____无关。

    A.船舶总吨   B.横稳心距基线高度

    C.船舶重心高度   D.船舶排水量

13.研究初稳性时,船舶浮心移动轨迹的曲率中心称为_____。

    A.漂心   B.浮心

    C.稳心   D.重心

14.当吃水不变时,_____随船舶重心高度增大而减小。

    A.初稳性   B.破舱稳性

    C.浮性   D.浮心高度

15.要使船舶不发生倾覆,船舶重心必须处于_____之下。

    A.浮心   B.漂心

    C.稳心   D.水线

16.对一般船舶而言,排水量较大时初稳心半径随吃水的增加而逐渐_____。

　　A.减小　　　　　　　　　　　　B.增大

　　C.无关　　　　　　　　　　　　D.不确定

17.在初稳性高度计算公式 $GM=KM-KG$ 中,KM 表示_____。

　　A.稳心半径　　　　　　　　　　B.横稳心距船中距离

　　C.横稳心距基线高度　　　　　　D.纵稳心距基线高度

18.箱形驳船的横稳心半径随船舶吃水的增加而_____。

　　A.增大　　　　　　　　　　　　B.减小

　　C.不变　　　　　　　　　　　　D.变化趋势视水密度而定

19.船舶初稳性高度是指_____。

　　A.漂心到稳心的距离　　　　　　B.重心到稳心的距离

　　C.浮心到重心的距离　　　　　　D.稳心到浮心的距离

20.船舶的横稳心距基线高度 KM 可由_____公式确定。

　　A.$KM=KB-BM$　　　　　　　　B.$KM=KB+BM$

　　C.$KM=GM-KG$　　　　　　　　D.$KM=GM+KB$

21.船舶浮心距基线高度_____。

　　A.随吃水的增加而线性增加

　　B.吃水较小时随吃水的增加而增加较快,吃水较大时随吃水的增加而增加较慢

　　C.吃水较小时随吃水的增加而增加较慢,吃水较大时随吃水的增加而增加较快

　　D.随吃水的增加而增加,但增加的幅度在减小

22.对普通干散货船而言,其排水量在半载以下时,横稳心距基线高度 KM _____。

　　A.固定不变　　　　　　　　　　B.随排水量的增大而增大

　　C.随排水量的增大而减小　　　　D.与排水量的关系不能确定

23.有关船舶初稳性的特征,以下说法正确的是_____。

　　①排水量一定时,横稳心 M 可视作固定不变;②在等容微倾过程中,船舶横倾轴通过初始漂心 F;③浮心移动轨迹是一段圆弧,其圆心为 M,半径为 BM

　　A.①　　　　　　　　　　　　　B.②

　　C.③　　　　　　　　　　　　　D.①②③

24.在研究初稳性时,船舶 KM 随船舶吃水的增大而_____。

　　A.增大　　　　　　　　　　　　B.减小

　　C.不变　　　　　　　　　　　　D.变化趋势不定

25.船舶配载后,计算表明船舶重心与浮心的纵向坐标相同,则船舶的 GM 值_____。

　　A.为正　　　　　　　　　　　　B.为负

　　C.为零　　　　　　　　　　　　D.无法确定

26.在其他因素不变的情况下,船舶压载舱排出压载水肯定能_____。

　　A.增大重心高度　　　　　　　　B.增大初稳性高度

　　C.减小浮心距基线高度　　　　　D.减小初稳性高度

27._____一定位于船舶水线以下。

A.船舶稳心　　　　　　　　　　　　B.船舶漂心

C.船舶浮心　　　　　　　　　　　　D.船舶重心

28.船舶常数的重心位置不明确时,可取在_____。

A.船舶重心处　　　　　　　　　　　B.空船重量的重心处

C.型深1/2处　　　　　　　　　　　D.露天甲板上表面上

29.某船装载后的排水量为17 500 t,经计算,纵向重量力矩船中前为9.81×158 200 kN·m,船中后为9.81×174 000 kN·m,装载后全船垂向总力矩为9.81×145 255 kN·m,$KM=9.80$ m,装货后船舶的合重心高度值为_____m。

A.8.90　　　　　　　　　　　　　　B.8.30

C.−0.90　　　　　　　　　　　　　D.1.50

30.某船排水量为15 000 t,垂向总力矩$M_z=910\ 006.0$ kN·m,船舶稳心距基线高度$KM=7.68$ m,则其初稳性高度为_____m。

A.1.0　　　　　　　　　　　　　　B.1.76

C.1.5　　　　　　　　　　　　　　D.1.2

31.船舶重心距基线高度KG随船舶排水量的减小而_____。

A.增大　　　　　　　　　　　　　　B.不变

C.变化趋势不定　　　　　　　　　　D.减小

32.船舶空船重量5 000 t,其垂向力矩为52 000 t·m,其他载荷重量12 000 t,重心距基线高度为6 m,则船舶重心距基线高度为_____。

A.7.29 m　　　　　　　　　　　　　B.7.35 m

C.7.39 m　　　　　　　　　　　　　D.7.45 m

33.在估算各类货物的重心高度时,对于首、尾部位的货舱,货物的重心高度可取为货堆高度的_____。

A.40%　　　　　　　　　　　　　　B.50%

C.54%~58%　　　　　　　　　　　 D.75%~80%

34.在估算各类货物的重心高度时,对于中部货舱,货物的重心高度可取为货堆高度的_____。

A.40%　　　　　　　　　　　　　　B.50%

C.54%~58%　　　　　　　　　　　 D.75%~80%

35.若船舶排水量一定,则初稳性高度GM的大小取决于_____。

A.船舶浮心高度　　　　　　　　　　B.船舶横稳心距基线高度

C.船舶载荷在垂向上的具体分布　　　D.船舶吃水

36.当货物基本满舱取舱容中心作为该舱货物计算重心时,_____。

A.实际重心高度偏高　　　　　　　　B.初稳性高度计算值偏大

C.船舶偏于安全　　　　　　　　　　D.计算方法复杂

37.某船 No.3 底舱的舱容为 2 800 m³,舱高为 8.4 m,舱底距基线的高度为 1.8 m,舱内装载五金,堆高 2 m 且表面水平,则根据估算法,五金的重心距基线的高度为_____m。

A.2.0　　　　　　　　　　　　　　B.1.0

C.3.8　　　　　　　　　　　　　　D.2.8

38.船舶排水量为 16 000 t,该船船中前的垂向力矩总和为 60 800 t·m,船中后的垂向力矩总和为 28 800 t·m,则该船的重心高度为_____。

A.5.6 m   B.3.8 m

C.2.0 m   D.1.8 m

39.一般地,货物尽量装满整个货舱时,按货物实际重心求得的 GM 比按舱容中心求得的 GM _____。

A.大   B.小

C.相等   D.不能确定

40.一般地,货物尽量装满整个货舱时,货物实际重心距基线高度比舱容中心距基线高度_____。

A.大   B.小

C.相等   D.不能确定

第三节　影响初稳性的因素及其计算

1.自由液面越大,对稳性的影响_____。

A.越大   B.越小

C.不变   D.不定

2.液舱内因存在自由液面而使船舶_____的影响称为自由液面影响。

A.横摇加剧   B.复原力臂增大

C.稳性降低   D.重心高度降低

3.自由液面对 GM 影响值的计算公式 $\delta GM = \rho i_x / \Delta$ _____。

A.仅适用于小倾角情况   B.仅适用大倾角情况

C.适用于任何倾角情况   D.适用性与倾角无关

4.自由液面对 GM 影响值的计算公式为 $\delta GM = \rho i_x / \Delta$,式中的 i_x 表示_____。

A.某自由液面的面积对船舶的惯性矩

B.某水线面的面积对其横倾轴的惯性矩

C.某自由液面的面积对其横倾轴的惯性矩

D.某自由液面的面积对船舶水线面的惯性矩

5.油船在大风浪中航行,如果存在自由液面,则自由液面会使船舶 GM 值_____。

A.增大   B.减小

C.不变   D.变化趋势不定

6.船舶压载后舱内存在自由液面,则压载后的稳性将_____。

A.增大   B.减小

C.不变   D.变化趋势不定

7.两液舱的自由液面惯性矩相同,则它们对船舶稳性的影响_____。

A.不同

B.相同

C.自由液面对稳性的影响与惯性矩无关

D.可能相同也可能不同

8.矩形液舱内中间设置一道纵舱壁可以将自由液面对 *GM* 的影响值减小_____。

A.3/4   B.1/4

C.8/9   D.1/9

9.为了减少自由液面的影响,可以通过在液舱内_____的办法来减小其面积惯性矩值。

A.设置若干水密纵舱壁   B.设置若干水密横舱壁

C.增加液体   D.减少液体

10.矩形液舱内等间距加两道水密纵舱壁,自由液面修正值降低_____。

A.1/4   B.8/9

C.1/9   D.3/4

11.矩形液舱内加一道水密横舱壁,其自由液面修正值是原来修正值的_____。矩形液舱内加两道水密纵舱壁,自由液面修正值降低_____。

A.1 倍;8/9   B.1/4;8/9

C.1/9;8/9   D.1/16;8/9

12.开航前加装油水时尽量将舱柜加满,_____。

A.有利于增加自由液面对稳性的影响

B.有利于减少自由液面对稳性的影响

C.与自由液面对稳性的影响没有关系

D.对稳性的影响需根据具体情况确定

13.某船有两个液舱,形状、大小完全相同,甲舱位于左舷,乙舱位于右舷。当两舱装载相同数量的同种液体,从自由液面对船舶稳性的影响考虑,_____。

A.甲大于乙   B.甲小于乙

C.甲、乙相同   D.不能确定

14.对于矩形液面,自由液面对 *GM* 的影响与_____成正比。

①排水量;②液舱内液体密度;③液面宽度的立方

A.①   B.②

C.③   D.②③

15.为了减少自由液面对稳性的影响,以下做法恰当的是_____。

A.应将油水集中配置并左右均衡使用

B.将大舱柜的油水驳到小舱柜后再使用

C.使用油水时,应先用一侧舱柜,再用另一侧舱柜

D.设置水密横舱壁

16.对于矩形液面,自由液面对 *GM* 的影响与_____成正比。

①液面对其中心轴的面积惯性矩;②液舱内液体密度;③液面宽度

A.①②   B.①

C.②   D.③

17. 某矩形压载舱存在自由液面($\rho = 1.021$ g/cm³),其液面纵向长度、横向长度分别为 11.5 m 和 9.6 m,若排水量为 6 824 t,则自由液面修正量 $\delta GM_f =$ _____ m。
    A.0.13　　　　　　　　　　　B.0.09
    C.0.16　　　　　　　　　　　D.0.07

18. 某船一矩形液面的液舱存有自由液面,该舱长为 25 m,宽为 15 m,舱内液体的密度为 0.78 g/cm³,船舶排水量为 26 439 t,则因该液舱的自由液面影响,稳性的减小值为 _____ m。
    A.0.21　　　　　　　　　　　B.0.25
    C.0.27　　　　　　　　　　　D.0.23

19. 某船排水量 $\Delta = 4\ 653$ t,有一矩形液面液舱未满,该舱长 14 m,宽 7.8 m,舱内液体密度为 0.97 g/cm³,则因该液舱的自由液面影响,稳性的减小值为 _____ m。
    A.0.05　　　　　　　　　　　B.0.07
    C.0.09　　　　　　　　　　　D.0.12

20. 某船排水量为 6 184 t,有边长为 9.4 m 的正方形液舱存有自由液面,舱内液体密度为 0.92 g/cm³,则因该液舱的自由液面影响,稳性的减小值为 _____ m。
    A.0.12　　　　　　　　　　　B.0.10
    C.0.15　　　　　　　　　　　D.0.06

21. 某船 $\Delta = 6\ 237$ t,船内一长 12.4 m、宽 7.8 m 的矩形油舱存在自由液面,舱内液体 $\rho = 0.87$ g/cm³,则该液舱使船舶 GM 降低 _____ m。
    A.0.07　　　　　　　　　　　B.0.04
    C.0.06　　　　　　　　　　　D.0.08

22. 等间距设置一道纵向水密隔壁的矩形液体舱,其自由液面对稳性的影响值降至 _____。
    A.1/4　　　　　　　　　　　B.1/9
    C.1/16　　　　　　　　　　D.3/4

23. 已知船舶装载后 $\Delta = 7\ 850$ t,有一液舱未满,其自由液面倾侧力矩和液体密度分别为 865×9.81 kN·m 和 0.92 g/cm³,则自由液面对 GM 的影响值为 _____。
    A.0.11 m　　　　　　　　　　B.0.10 m
    C.0.14 m　　　　　　　　　　D.0.15 m

24. 已知船舶装载后 $\Delta = 6\ 631$ t,有一液舱未满,其自由液面倾侧力矩和液体密度分别为 796×9.81 kN·m 和 0.92 g/cm³,则自由液面对 GM 的影响值为 _____。
    A.0.11 m　　　　　　　　　　B.0.12 m
    C.0.23 m　　　　　　　　　　D.0.16 m

25. 为了减小自由液面对船舶稳性的影响,在一矩形液舱内加两道水密横舱壁和两道水密纵舱壁,则自由液面对 GM 的影响值比原来降低 _____。
    A.1/2　　　　　　　　　　　B.1/4
    C.8/9　　　　　　　　　　　D.15/16

26. 不能减小自由液面对稳性的影响的措施是 _____。
    A.液舱应尽量装满　　　　　　B.甲板排水孔保持畅通
    C.增加液舱内横舱壁的数量　　D.减小液舱的宽度

27.某船有一票重为 300 t 的货物由 No.3 底舱移至 No.2 二层舱,纵向移动距离为 20 m,垂向移动距离为 10 m,船舶排水量为 15 000 t,此票货物移动对船船初稳性高度值的影响为_____ m。

    A.−0.40   B.−0.20

    C.+0.40   D.+0.20

28.船上载荷垂直移动时,_____将发生变化。

    A.船舶稳心   B.船舶重心

    C.船舶漂心   D.船舶浮心

29.某船装载后 $\Delta = 15\,000$ t,$GM = 1.41$ m,重心偏离中纵剖面 0.1 m,则船舶初始横倾角 θ 为_____。

    A.4.1°   B.5.1°

    C.5.6°   D.4.6°

30.货物在舱内垂向移动时,_____不变。

    ①船舶排水量;②稳心高度;③浮心高度

    A.③   B.②

    C.①②③   D.①

31.某船计算得:$\Delta = 6\,901$ t,$KM = 6.37$ m,$KG = 5.21$ m,船舶重心偏离中纵剖面 0.06 m,则船舶初始横倾角 θ 为_____。

    A.3.0°   B.2.8°

    C.1.3°   D.4.6°

32.某船计算得:$\Delta = 6\,901$ t,$KM = 6.33$ m,$KG = 5.21$ m,船舶重心偏离中纵剖面 0.06 m,则船舶初始横倾角 θ 为_____。

    A.3.1°   B.2.8°

    C.1.3°   D.1.6°

33.某船装载后船舶排水量 $\Delta = 7\,846$ t,重心偏离中纵剖面 0.06 m,$GM = 1.29$ m,则船舶初始横倾角 θ 为_____。

    A.2.7°   B.3.1°

    C.3.5°   D.3.9°

34.航行中的船舶,_____肯定会导致船舶重心的降低。

    A.货物移动   B.放下吊杆

    C.液舱出现自由液面   D.油水消耗

35.某船在航行途中发生了货物的垂向下移,此时_____。

    A.船舶的初稳性高度值不变,但对船舶稳性有影响

    B.船舶的初稳性高度值不变,对船舶稳性无影响

    C.船舶的初稳性高度值增大

    D.船舶的初稳性高度值减小

36.某船在航行途中发生了货物的横向移动,此时_____。

    A.船舶的初稳性高度值不变,但对船舶稳性有影响

B.船舶的初稳性高度值不变,对船舶稳性无影响

C.船舶的初稳性高度值增大

D.船舶的初稳性高度值减小

37.将舱内货物由底舱移到二层舱,则_____。

    A.船舶初稳性高度减小　　　　　　　　B.船舶初稳性高度增大

    C.船舶初稳性高度不变　　　　　　　　D.船舶初稳性高度变化趋势不定

38.某船排水量为 7 689 t,正浮时受到 382×9.81 kN·m 的静横倾力矩作用,初稳性高度为 0.75 m,则该船的横倾角为_____。

    A.3.8°　　　　　　　　　　　　　　B.3.2°

    C.4.1°　　　　　　　　　　　　　　D.4.5°

39.船上载荷垂直向下移动时,下列说法正确的是_____。

    A.船舶浮心下降　　　　　　　　　　　B.船舶横稳心下降

    C.船舶重心下降　　　　　　　　　　　D.船舶初稳性变差

40.从某杂货船的 No.1 二层舱移动少量货物至 No.3 底舱,则移动后 GM 将_____。(假定不产生横倾角。)

    A.增大　　　　　　　　　　　　　　B.不变

    C.减小　　　　　　　　　　　　　　D.无法确定

41.当某杂货船的 No.2 底舱移动少量货物至 No.1 二层舱,则移动后 GM 将_____。

    A.增大　　　　　　　　　　　　　　B.无法确定

    C.减小　　　　　　　　　　　　　　D.不变

42.某船排水量 Δ,初稳性高度 GM,静稳性力臂 GZ。将重量为 P 的货物,从二层舱移到底舱,垂移距离为 Z,则船舶移货后的初稳性方程是_____。(θ 是船舶横倾角。)

    A.$M_R = \Delta GZ \cdot \sin\theta$　　　　　　B.$M_R = \Delta GM \cdot \sin\theta$

    C.$M_R = \Delta(GM+PZ/\Delta) \cdot \sin\theta$　　D.$M_R = \Delta(GM-PZ/\Delta) \cdot \sin\theta$

43.某船将某舱重 100 t 的货物由二层舱 $Z=12$ m 移至底舱 $Z=6$ m,船舶排水量 $\Delta=15\ 000$ t,由此货物移动对船舶重心高度值的影响为_____。

    A.减小 0.04 m　　　　　　　　　　　B.增大 0.04 m

    C.减小 0.02 m　　　　　　　　　　　D.增大 0.02 m

44.船内载荷水平横移时,_____。

    A.船舶重心降低　　　　　　　　　　　B.船舶重心升高

    C.船舶重心不移动　　　　　　　　　　D.船舶重心水平横移

45.某船正浮时受到静横倾力矩作用,横倾力矩为 29 527 kN·m,排水量为 20 165 t,初稳性高度为 1.422 m,则该船的横倾角为_____。

    A.4.2°　　　　　　　　　　　　　　B.4.8°

    C.6.0°　　　　　　　　　　　　　　D.5.4°

46.某船排水量 6 836 t,在右舷距船中 6 m 的压载舱注入 42 t 压载水后,船舶 $GM=0.84$,则此时该船的横倾角为_____。

    A.1.6°　　　　　　　　　　　　　　B.2.1°

C.2.5°   D.3.4°

47.将舱内货物由二层舱移到底舱,则_____。
　　A.初稳性高度值减小   B.初稳性高度值增大
　　C.初稳性高度值不变   D.初稳性高度值变化趋势不定

48.将舱内货物由二层舱移到底舱,则_____。
　　A.船舶重心降低   B.船舶重心不变
　　C.船舶重心升高   D.船舶横稳心下降

49.卸载悬挂货物对稳性的影响相当于_____。
　　A.将悬挂货物移到悬挂点处   B.将悬挂货物由悬挂点处卸出
　　C.将悬挂货物移到船舶重心处   D.将悬挂货物移到船舶浮心处

50.当装载悬挂货物时,悬挂长度越长,则对稳性的影响_____。
　　A.越大   B.越小
　　C.不变   D.不定

51.悬挂货物对船舶初稳性的影响等同于该船的_____升高。
　　A.稳心   B.形心
　　C.重心   D.漂心

52.某船舶对货物进行悬挂,那么该船的初稳性高度将会_____。
　　A.增大   B.减小
　　C.不变   D.不确定

53.少量装卸货后,利用公式计算船舶初稳性高度值的改变量与_____无关。
　　A.装卸的货物重心高度   B.装卸货物前船舶的排水量
　　C.装卸货物前船舶的浮心高度   D.装卸货物前船舶的重心高度

54.少量装卸货物后,假定 KM 不变,则船舶的 GM 值将_____。
　　A.增大   B.不变
　　C.变化趋势不定   D.减小

55.若所装货物重心低于船舶重心时,则装货后船舶的重心高度值将_____。
　　A.减小   B.不变
　　C.增大   D.无法确定

56.若所卸货物重心高于船舶重心时,则卸货后船舶的重心高度值将_____。
　　A.减小   B.不变
　　C.增大   D.无法确定

57.若所卸货物重心低于船舶重心时,则卸货后船舶的重心高度值将_____。
　　A.不变   B.增大
　　C.无法确定   D.减小

58.若所装货物重心高于船舶重心时,则装货后船舶的重心高度值将_____。
　　A.减小   B.不变
　　C.变化趋势不定   D.增大

59.在_____少量装载货物会使船舶重心高度减小。

A.船舶重心处　　　　　　　　　　B.船舶重心之上

C.船舶重心之下　　　　　　　　　　D.船舶浮心之上

60._____可能使船舶的 *GM* 值增加。

①打排压载水;②少量装货;③少量卸货

A.①　　　　　　　　　　　　　　B.②

C.③　　　　　　　　　　　　　　D.①②③都有可能

61.在船舶重心处装载部分货物,则_____将不变。

A.稳心高度　　　　　　　　　　　　B.重心高度

C.漂心坐标　　　　　　　　　　　　D.船舶排水量

62.少量装载时,若船舶的 *KM* 值不变,则货物装于_____将使 *GM* 增大。

A.船舶重心之上　　　　　　　　　　B.船舶重心之下

C.船舶稳心之上　　　　　　　　　　D.船舶漂心之下

63.船舶因左、右油水使用不均,形成较大的横倾角,此时对船舶的影响有_____。

①稳性增大;②稳性减小;③复原力矩增大;④复原力矩减小;⑤船舶摇摆剧烈;⑥船舶摇摆恢复时间变长

A.①③⑤　　　　　　　　　　　　B.②④⑥

C.②③⑥　　　　　　　　　　　　D.②④⑤

64.少量装货时,假定 *KM* 不变,则当货物的重心高于船舶的重心时,装货后船舶的初稳性高度值将_____。

A.增大　　　　　　　　　　　　　　B.减小

C.不变　　　　　　　　　　　　　　D.无法确定

65.少量卸货时,假定 *KM* 不变,则当货物的重心高于船舶的重心时,卸货后船舶的初稳性高度值将_____。

A.减小　　　　　　　　　　　　　　B.不变

C.增大　　　　　　　　　　　　　　D.变化趋势不定

66.关于船内载荷垂向移动对 *GM* 值的影响,说法正确的是_____。

A.垂向移动载荷,使横稳心距基线高度 *KM* 改变,从而改变了 *GM*

B.垂向移动载荷,使船舶重心 *KG* 改变,从而影响了 *GM*

C.垂向移动载荷,使船舶产生横倾角,从而使 *GM* 减小

D.垂向移动载荷,使浮心距基线高度 *KB* 变化,从而使 *GM* 变化

67.船舶装卸少量货物后重心高度增大,假定横稳心距基线高度不变,则_____。

A.船舶初稳性减小　　　　　　　　　B.船舶初稳性增大

C.船舶初稳性不变　　　　　　　　　D.船舶初稳性变化趋势不定

68.一定能使船舶稳性减小的是_____。

A.装载少量货物　　　　　　　　　　B.卸载少量货物

C.在船舶重心下面卸载少量货物　　　D.在船舶重心上面卸载少量货物

69.某船排水量 25 870.0 t,装载状态下重心距基线高度 12.5 m,航行中需要考虑结冰的影响,结冰重量 270.8 t,重心距基线高度 20.7 m,则结冰对 *GM* 的影响值是_____m。

A.0.08 　　　　　　　　B.-0.18
C.-0.08 　　　　　　　　D.0.18

70._____一定使船舶稳性变小。
A.上层舱卸货 　　　　　　B.装卸少量货物
C.垂向移动货物 　　　　　D.加装少量甲板货

71.加压载水可使船舶的 GM 值_____。
A.增大 　　　　　　　　　B.减小
C.不变 　　　　　　　　　D.变化趋势不定

72.船舶初始排水量为 Δ，重心距基线高度为 KG_0，现装一票重为 P 的货物，其在船上的重心距基线高度为 KP，则装货后船舶重心距基线高度为_____。
A.$(\Delta \cdot KG_0 + P \cdot KP)/(\Delta + P)$
B.$(\Delta \cdot KG_0 + P \cdot KP)/\Delta$
C.$KG_0 + P \cdot KP/\Delta$
D.$KG_0 + KP$

73.在少量装载条件下，如果在某船舶的重心位置进行装货，则 GM 值_____。
A.变小 　　　　　　　　　B.变大
C.不变 　　　　　　　　　D.变化不规律

74.某船在航行过程中排放压载水，那么该船的重心高度将会_____。
A.增大 　　　　　　　　　B.减小
C.不变 　　　　　　　　　D.不确定

75.某船在航行过程中使用了大量的燃油，那么该船的重心高度将会_____。
A.增大 　　　　　　　　　B.减小
C.不变 　　　　　　　　　D.不确定

第四节　船舶大倾角稳性

1.有关静稳性力臂 GZ 的说法，正确的是_____。
A.GZ 是指倾斜前后浮心间的距离
B.GZ 是指倾斜前船舶重心到船舶浮心的距离
C.GZ 是指船舶重心到船舶漂心的距离
D.GZ 是指船舶重心至倾斜后浮力作用线的垂直距离

2.大倾角稳性不能用 GM 值来表示其大小，主要原因是_____。
①在同一排水量时，横稳心点 M 不再是定点；②船舶水下部分形状发生明显变化；③船舶倾斜前后水线面惯性矩数值发生变化，因而稳心半径发生变化
A.①③ 　　　　　　　　　B.①②③
C.②③ 　　　　　　　　　D.①②

3.船舶大倾角稳性可用_____来表示。

A.初稳性高度　　　　　　　　　　B.动稳性力矩

C.静稳性力臂　　　　　　　　　　D.横摇周期

4.船舶静稳性力臂曲线在_____处切线的斜率为初稳性高度。

A.稳性消失角　　　　　　　　　　B.最大稳性力臂对应角

C.进水角　　　　　　　　　　　　D.原点

5.船舶大倾角倾斜时,_____不变。

A.浮心位置　　　　　　　　　　　B.漂心位置

C.排水量　　　　　　　　　　　　D.横稳心位置

6.复原力矩与船舶稳性的关系为_____。

A.复原力矩值小,静稳性大　　　　B.复原力矩值大,静稳性大

C.复原力矩值与静稳性无关　　　　D.复原力矩值大,静稳性小

7.排水量相同时,船舶静稳性的大小取决于_____的大小。

A.船舶横倾角　　　　　　　　　　B.静稳性力臂 GZ

C.初稳性高度 GM　　　　　　　　D.船舶吨位

8.静稳性是指船舶在倾斜过程中_____的稳性。

A.不计及角加速度和惯性矩　　　　B.计及角加速度和惯性矩

C.只计及角加速度,不计惯性矩　　D.只计及惯性矩,不计角加速度

9.船舶大角度横倾时,其复原力矩的表达式为_____。

A.$M_R = \Delta GZ$　　　　　　　　　B.$M_R = \Delta GZ\sin\theta$

C.$M_R = \Delta GM\sin\theta$　　　　　D.$M_R = \Delta GM\cos\theta$

10.船舶在大角度横倾时,稳心位置_____。

A.保持不变　　　　　　　　　　　B.做直线运动

C.做圆弧运动　　　　　　　　　　D.做曲线运动

11.船舶大倾角稳性和初稳性相比较,其主要特征是_____。

①大倾角稳性可用 GZ 表示;②船舶横倾前后漂心位置保持不变;③排水量一定时稳心点变化

大,不能用 GM 作为标志

A.①②　　　　　　　　　　　　　B.②③

C.①③　　　　　　　　　　　　　D.①②③

12.在船舶稳性力矩表达式 $M_R = 9.81\Delta GZ$ 中,小倾角条件下,以下叙述正确的是_____。

A.GZ 的大小与横倾角 θ 成正比

B.GZ 的大小与横倾角 θ 成反比

C.GZ 的大小与横倾角 θ 的正弦成正比

D.GZ 的大小与横倾角 θ 的余弦成正比

13.下列关于船舶静稳性力臂 GZ 的叙述,错误的是_____。

A.静稳性力臂也叫复原力臂

B.是船舶重心 G 至倾斜后浮力作用线的垂直距离

C.排水量一定时,静稳性力臂与静稳性力矩成反比

D.静稳性力臂为正值时,船舶处于稳定平衡状态

14.在绘制静稳性曲线时,进水角对应的非水密开口一般指_____。

    A.钢缆、锚链、索具的开口

    B.锚孔或流水孔

    C.泄水管、卫生管和空气管

    D.船侧、上层连续甲板、上层建筑或甲板室的非风雨密的开口

15.由稳性横交曲线量得的纵坐标值是在某一排水量下的_____。

    A.初稳性高度   B.静稳性力臂

    C.形状稳性力臂   D.重量稳性力臂

16.船舶处于静止正浮,在最大值超过最大静稳性力矩的静横倾力矩作用下,_____。

    A.船舶不致倾覆   B.船舶一定倾覆

    C.船舶是否倾覆不能确定   D.船舶会发生横摇

17.当船舶横倾角略大于稳性消失角时,如果外力矩消失,船舶将_____。

    A.回摇   B.左右摆动

    C.静止不动   D.继续倾斜

18.某船利用假定重心法求取静稳性力臂,已知假定重心高度为 5.80 m,船舶重心高度为 6.20 m,横倾角为 40°,假定重心高度的静稳性力臂为 0.70 m,则该船在此条件下的静稳性力臂为_____ m。

    A.0.48   B.0.44

    C.0.80   D.1.15

19.在静稳性曲线图上,静稳性力矩曲线下的面积表示_____。

    A.动稳性力臂   B.动稳性力矩

    C.静稳性力矩   D.最小倾覆力矩

20.在静稳性曲线图上可以求得_____。

    A.横稳心距基线高度   B.浮心距基线高度

    C.30°时的静稳性力臂   D.漂心坐标

21.静稳性曲线图上,曲线斜率最大的点所对应的船舶横倾角为_____。

    A.稳性消失角   B.甲板浸水角

    C.极限静倾角   D.船舶进水角

22.静稳性曲线图上,曲线斜率为零的点所对应的船舶横倾角为_____。

    A.稳性消失角   B.甲板浸水角

    C.极限静倾角   D.船舶进水角

23.船舶横倾角为_____时,复原力矩最大。

    A.较小的静倾角   B.极限静倾角

    C.极限动倾角   D.稳性消失角

24._____可以在船舶静水力曲线图中查到。

    A.沿船长方向的浮力分布曲线及重量分布曲线

    B.甲板浸水角、极限静倾角及初稳性高度曲线

    C.横摇角、受风面积及进水角曲线

D.漂心距船中距离曲线、每厘米纵倾力矩及横稳心距基线高度曲线

25.在船舶静稳性曲线图上,外力矩和复原力矩相等时对应的横倾角是_____。

A.静倾角 B.动倾角

C.极限动倾角 D.极限静倾角

26.下列有关大倾角稳性和初稳性的关系,描述正确的是_____。

A.初稳性好坏可用复原力臂衡量,大倾角稳性不可以

B.初稳性好坏可用复原力矩衡量,大倾角稳性不可以

C.初稳性好坏可用初稳性高度衡量,大倾角稳性不可以

D.初稳性和大倾角稳性的好坏均可用初稳性高度衡量

27.下列有关船舶的平衡状态的说法正确的是_____。

A.当外力矩消失后,重心在稳心之上,恢复力矩与倾斜方向相同,船舶处于安全状态

B.当外力矩消失后,重心与稳心重合,船舶不继续倾斜,船舶处于安全状态

C.当外力矩消失后,船舶能否回复到初始平衡位置取决于复原力矩与船舶倾斜方向的关系

D.当外力矩消失后,船舶能否回复到初始平衡位置取决于外力矩大小与船舶倾斜方向的关系

28.静稳性力臂与横倾角的关系曲线称为_____。

A.静稳性力矩曲线 B.静稳性力臂曲线

C.重量稳性力臂曲线 D.形状稳性力臂曲线

29.静稳性曲线图是表示静稳性力臂(矩)与船舶_____关系的一条曲线。

A.载重量 B.横倾角

C.排水量 D.平均吃水

30.在静稳性曲线图上,曲线从原点出发,经过最高点后再次与横轴相交时的角度称为_____。

A.甲板浸水角 B.稳性消失角

C.极限静倾角 D.极限动倾角

31.在船舶静稳性曲线图上,GZ 在横倾角_____时为负值。

A.小于甲板浸水角 B.小于稳性消失角

C.大于稳性消失角 D.大于甲板浸水角

32.如果某船舶的静稳性力臂值小于零,则代表该船_____。

A.稳性适中 B.稳心点位于船舶的重心之上

C.处于稳定平衡状态 D.丧失稳性

第五节 船舶动稳性

1.船舶动稳性力臂与_____无关。

A.横倾角大小 B.货物的重心距基线高度

C.排水量 D.货物积载因数

2.有关船舶动稳性的说法正确的是_____。

A.动稳性力矩在数值上等于最小倾覆力矩值

B.动稳性力矩在数值上等于最大复原力矩值

C.动稳性力矩在数值上等于外力矩所做的功

D.动稳性力矩在数值上等于复原力矩所做的功

3.船舶的动稳性力臂值是静稳性力臂曲线图上_____。

  A.一条过原点的直线　　　　　　　　　B.曲线上的点

  C.一个长方形的面积　　　　　　　　　D.曲线下的面积

4.在研究船舶动稳性时,当船舶受到一个大于最小倾覆力矩的风压力矩作用,船舶将_____。

  A.在动平衡角的左右摇摆　　　　　　　B.逐渐倾斜直至倾覆

  C.逐渐倾斜至极限静倾角后回摇　　　　D.左右摇摆,最后平衡于静横倾角处

5.从船舶动稳性的角度考虑,当某船受到一个小于最小倾覆力矩的动态风压力矩持续作用,则该船将_____。

  A.在平衡位置保持静止　　　　　　　　B.在静平衡角的左右进行摇摆运动

  C.在极限静倾角的左右进行摇摆运动　　D.逐渐倾斜直至倾覆

6.对具体船舶而言,装载重心越高,对应的最小倾覆力矩_____。

  A.越大　　　　　　　　　　　　　　　B.越小

  C.视天气状况而定　　　　　　　　　　D.与船舶装载重心高度无关

7.船舶在动力作用下,不致倾覆的条件是风压倾侧力矩必须_____。

  A.小于最小倾覆力矩　　　　　　　　　B.小于最大复原力矩

  C.大于最大复原力矩　　　　　　　　　D.大于最小倾覆力矩

8.某船受到一固定外力矩作用,则该船的静平衡角与动平衡角的关系是_____。

  A.静平衡角>动平衡角　　　　　　　　B.静平衡角=动平衡角

  C.静平衡角<动平衡角　　　　　　　　D.关系不确定

9.在不同性质但同样大小的横倾力矩作用下,动倾角比静倾角_____。

  A.大　　　　　　　　　　　　　　　　B.小

  C.一样大　　　　　　　　　　　　　　D.无法确定

10.船舶在最小倾覆力矩的作用下所对应的动倾角称为_____。

  A.稳性消失角　　　　　　　　　　　　B.静倾角

  C.甲板浸水角　　　　　　　　　　　　D.极限动倾角

第六节　规则对船舶稳性的要求

1.船舶在同一个航次中,出港时能满足稳性要求,则到港时_____。

  A.能满足稳性要求　　　　　　　　　　B.不能满足稳性要求

  C.不一定能满足稳性要求　　　　　　　D.稳性将变得更好

2.具体船舶的进水角通常_____甲板浸水角。

  A.大于　　　　　　　　　　　　　　　B.关系不能确定

  C.小于　　　　　　　　　　　　　　　D.等于

3.IMO 对普通货船的完整稳性基本要求中规定,_____的船舶应满足规定的天气衡准要求。

A.$L_{bp} \geq 10$ m　　　　　　　　B.$L_{bp} \geq 24$ m

C.$L_{bp} \geq 150$ m　　　　　　　D.$L_{bp} \geq 90$ m

4.对于营运中的船舶,在任何情况下都应保证_____。

①完全稳性;②破舱稳性

A.①或②　　　　　　　　B.仅①

C.仅②　　　　　　　　D.①和②

5.以下有关 IMO《2008 年国际完整稳性规则》对普通货船的稳性要求,说法正确的是_____。

①规则适用于船长大于或等于 24 m 的国际航行货船;②规则分为 A、B 两部分,均为强制性要求;③规则规定了正常装载状况下船舶抵抗横风和横摇联合作用应具有的能力

A.①②③　　　　　　　　B.①③

C.②③　　　　　　　　D.①②

6.根据 IMO 对船舶完整稳性的要求,无限航区航行的普通货船,横倾角等于 30°处所对应的复原力臂值应不小于_____ m。

A.0.15　　　　　　　　B.0.20

C.0.30　　　　　　　　D.0.35

7.根据 IMO 对船舶完整稳性的要求,无限航区航行的普通货船,在各种装载状态下经自由液面修正的初稳性高度值应不小于_____ m。

A.0.10　　　　　　　　B.0.15

C.0.20　　　　　　　　D.0.30

8.风压倾侧力矩(臂)随吃水的增大而_____。

A.增大　　　　　　　　B.不变

C.减小　　　　　　　　D.变化趋势不定

9.根据 IMO 对船舶完整稳性的要求,无限航区航行的普通货船,在静稳性曲线图上其最大静稳性力臂对应角应_____。

A.不大于 30°　　　　　　　B.不小于 25°

C.不大于 55°　　　　　　　D.不小于 55°

10.如果两艘船的排水量相同,GM 也相同,则这两艘船在稳性方面的安全程度_____。

A.相同　　　　　　　　B.不相同

C.可能相同也可能不相同　　　　D.取决于货物的装载方案

11.A 船离港时 $GM = 0.50$ m,B 船离港时 $GM = 1.00$ m,下列说法正确的是_____。

A.A 船的稳性肯定满足要求

B.B 船的稳性肯定满足要求

C.两船的稳性肯定不满足要求

D.两船的稳性均无法确定是否满足要求

12.经核算船舶稳性满足稳性规则的各项要求,_____。

A.则船舶是绝对安全的

B.如果船舶发生稳性事故,船长可以免除责任

C.船舶驾驶员仍应谨慎驾驶和操作

D.如果发生货物移动,也不必担心船舶安全

13.IMO 2008 IS 规则和我国《法定规则》对普通货船完整稳性的要求_____。

A.均是最低衡准要求

B.均是最高衡准要求

C.前者是最低衡准要求,后者是最高衡准要求

D.前者是最高衡准要求,后者是最低衡准要求

14.根据我国《船舶与海上设施法定检验规则》,对国内航行普通货船完整稳性的基本要求,均应为_____后的数值。

A.进行摇摆试验　　　　　　　　　B.计及横摇角影响

C.经自由液面修正　　　　　　　　D.加一稳性安全系数

15.根据《法定规则》中对船舶动稳性的相关要求,船舶的极限动倾角_____船舶的稳性消失角。

A.大小关系不一定　　　　　　　　B.等于

C.小于　　　　　　　　　　　　　D.大于

16.我国《船舶与海上设施法定检验规则》对非国际航行集装箱船的稳性要求除符合普通货船的稳性要求外,还应满足_____的特殊要求。(θ_h——额定横风作用下船舶产生的静横倾角;A_d——剩余动稳性值;θ_m——上层连续甲板边缘入水角。)

A.$GM \geq 0.3$ m,$\theta_h \leq 12°$且 $\theta_h \leq \theta_m/2$

B.$GM \geq 0.3$ m,$A_d > 0.07$ m·rad

C.$GM \geq 0.15$ m,$\theta_h \leq 12°$且 $\theta_h \leq \theta_m/2$

D.$GM \geq 0.15$ m,$\theta_h \leq 12°$

17.我国《船舶与海上设施法定检验规则》中规定,A_w的中心至船舶水线的垂直距离在静稳性曲线图上,_____为甲板浸水角。

A.曲线最高点对应的横倾角　　　　B.曲线最低点对应的横倾角

C.复原力臂为零时对应的横倾角　　D.曲线的反曲点对应的横倾角

18.我国《船舶与海上设施法定检验规则》对国内航行普通货船完整稳性的基本要求之一是:在各种装载状态下的稳性衡准数应_____。

A.小于等于 1　　　　　　　　　　B.大于等于 1

C.小于 1　　　　　　　　　　　　D.等于 1

19.当船舶横倾角大于其进水角时,则认为_____。

A.船舶的完整稳性丧失

B.船舶仍处于安全状态

C.此时船舶在静稳性曲线上对应为反曲点

D.船舶的复原力臂达最大值

20.根据我国《法定规则》国内航行船舶分册,某船经初始横倾角及进水角修正后求得最小倾覆力臂为 0.18 m,查得风压倾侧力臂为 0.12 m,则该船_____。

A.船舶动稳性符合要求　　　　　　B.船舶动稳性不符合要求

C.船舶稳性符合要求　　　　　　　　　D.船舶稳性不符合要求

21.根据《法定规则》对船舶稳性的规定,_____。

　　A.在开航时,如果船上的燃油舱和淡水舱为满舱,则其稳性无须进行自由液面修正

　　B.在开航时,如果船上的压载舱为空舱,则其稳性无须进行自由液面修正

　　C.在开航时,只需对不满载的燃油舱、淡水舱和压载舱进行自由液面修正

　　D.在开航时,对消耗液体舱和航行途中变换压载水的压载水舱,应假定每一类液体至少有一

　　　　对边舱或一个中心线上的舱进行自由液面修正

22.根据《船舶与海上设施法定检验规则》,在某一装载状态下当船舶的实际重心高度大于许用重

　　心高度时,_____不满足要求。

　　①初稳性;②大倾角稳性;③动稳性

　　A.①　　　　　　　　　　　　　　　　　B.②

　　C.③　　　　　　　　　　　　　　　　　D.①②③都有可能

23.对于具体船舶,其进水角随船舶吃水的增大而_____。

　　A.减小　　　　　　　　　　　　　　　　B.不变

　　C.增大　　　　　　　　　　　　　　　　D.变化趋势不定

24.以下有关我国《法定规则》对普通货船的完整稳性基本衡准要求的说法,正确的是_____。

　　①规则要求船舶资料中必须提供最小许用初稳性高度或许用重心高度;②冬季航行于

　　36°04′N以北时,应计及结冰对稳性的影响;③规则对拖船、高速船提出了稳性的特殊要求;

　　④风压倾侧力臂与最小倾覆力臂之比不小于1;⑤临界初稳性高度是满足基本衡准指标的最

　　低限制值

　　A.①②③④　　　　　　　　　　　　　　B.①②③⑤

　　C.②③④⑤　　　　　　　　　　　　　　D.①③④⑤

25.根据我国《法定规则》,稳性衡准数 K 是_____的重要指标。

　　A.初稳性　　　　　　　　　　　　　　　B.大倾角静稳性

　　C.动稳性　　　　　　　　　　　　　　　D.横稳性

26.某船经自由液面修正后的初稳性高度 $GM=1.30$ m,最小许用初稳性高度 $GM_c=1.18$ m,则该

　　船的_____满足《船舶与海上设施法定检验规则》对普通货船的基本稳性衡准要求。

　　①初稳性;②动稳性;③大倾角稳性

　　A.①②　　　　　　　　　　　　　　　　B.②③

　　C.①③　　　　　　　　　　　　　　　　D.①②③

27.根据《法定规则》对国内航行船舶的稳性衡准要求,_____是动稳性的要求。

　　A.初稳性高度不小于0.15 m

　　B.横倾角等于或大于30°时的静稳性力臂不小于0.20 m

　　C.最大静稳性力臂对应的横倾角不小于25°

　　D.稳性衡准数不小于1

28.我国《法定规则》对国内航行海船完整稳性的基本要求共有_____项,其中_____项是对

　　船舶静稳性的要求。

　　A.4;1　　　　　　　　　　　　　B.4;2

C.4;3   D.5;4

29.船舶的稳性衡准数 K 是指_____。

①最小倾覆力矩与风压倾侧力矩的比值;②最大复原力矩与风压倾侧力矩的比值;③最小倾覆力臂与风压倾侧力臂的比值

  A.①   B.②

  C.③   D.①③

30.根据我国《船舶与海上设施法定检验规则》,国内航行普通货船的最大复原力矩值所对应的横倾角应不小于_____。

  A.15°   B.20°

  C.25°   D.55°

31.根据我国的《法定规则》,下列对船舶稳性的要求正确的是_____。

  A.当船舶稳性不合格时,船长可自行决定是否必须采用永久性压载

  B.适用范围只包括在国内沿海航行的船舶

  C.适用范围包括帆船、非营业性游艇等

  D.船舶出港稳性及到港稳性均需要核算

32.根据我国的《法定规则》,当_____时,对船舶最大静稳性力臂对应的横倾角的要求可以适当减小。

  A.稳性衡准数 K 大于 2.5   B.稳性衡准数 K 大于 4.5

  C.B/D 大于 2   D.B/D 大于 3.5

33.船舶实际初稳性高度_____最小许用初稳性高度时,则满足《船舶与海上设施法定检验规则》对船舶稳性的各项基本稳性衡准要求。

①大于;②等于;③小于

  A.①   B.②

  C.③   D.①②

34.以下有关《船舶与海上设施法定检验规则》对船舶稳性要求的说法,正确的是_____。

①无限航区船舶在使用冬季载重线的区域内航行时,应计及结冰对稳性的影响;②无限航区船舶在使用北大西洋冬季载重线的区域内航行时,应计及结冰对稳性的影响;③国内航行船舶在冬季航行于青岛以北时,应计及结冰对稳性的影响

  A.①   B.②

  C.③   D.①②③

35.最小许用初稳性高度曲线图的横、纵坐标分别是_____。

  A.横倾角和最小许用初稳性高度

  B.排水量和吃水

  C.吃水和重心高度

  D.排水量和最小许用初稳性高度

36.临界初稳性高度 GM_c 是满足我国稳性衡准中_____最低要求的指标。

①初稳性;②大倾角静稳性;③动稳性

  A.②③   B.①②

C.①②③ D.①③

37.船舶的最小许用初稳性高度值 GM_c 随船舶_____的变化而变化。

A.排水量 B.横倾角

C.浮心位置 D.重心高度

38.经自由液面修正后的船舶重心高度_____许用重心高度时,则满足《船舶与海上设施法定检验规则》对船舶稳性的基本稳性衡准要求。

A.小于 B.等于

C.大于 D.小于等于

39.船舶的临界初稳性高度是指保证船舶满足《船舶与海上设施法定检验规则》对普通货船稳性基本要求的_____。

A.GM 最大值 B.GM 最小值

C.GZ 最大值 D.GZ 最小值

40.船舶的许用重心高度与_____无关。

①船舶排水量;②船舶实际重心高度;③船舶吃水

A.① B.②

C.③ D.①②③

41.临界初稳性高度是从初稳性、大倾角稳性、动稳性出发,规定的船舶在不同排水量下初稳性高度的_____。

A.平均值 B.不定值

C.最大允许值 D.最小允许值

第七节　船舶稳性检验与调整

1.根据稳性规则及实践经验,普通货船较适宜的稳性范围为_____。

A.未经自由液面修正的 GM 应满足 $GM_t=9\text{ s}\geqslant GM\geqslant GM_c$

B.未经自由液面修正的 GM 应满足 $GM_t=9\text{ s}\leqslant GM\leqslant GM_c$

C.经自由液面修正的 GM 应满足 $GM_t=9\text{ s}\geqslant GM\geqslant GM_c$

D.经自由液面修正的 GM 应满足 $GM_t=9\text{ s}\leqslant GM\leqslant GM_c$

2.如果客船的重心位置偏低,那么船舶的_____。

①稳性大;②稳性小;③舒适性好;④舒适性差;⑤方向性差

A.①④ B.②③⑤

C.①④⑤ D.②④⑤

3.稳性与船舶安全直接相关,因此_____。

A.船舶稳性越大越好

B.船舶稳性越小越好

C.船舶稳性应保持在一个适度的范围内

D.只要满足稳性规范要求船舶就是安全的

4.下列哪项不是船舶适度稳性范围？_____。

A.稳性适用范围应为 $[GM_c, GMT_\theta = 9\ s]$

B.一般货船横摇周期在 $15\sim16\ s$ 所对应的 GM 值

C.KG 不大于最大许用重心高度所对应的 GM 值

D.万吨级船舶满载时 GM 取 $(4\%\sim5\%)B$ 较适宜

5.以下关于船舶稳性的说法正确的是_____。

A.船舶初稳性越大越安全

B.船舶初稳性越大,横摇周期越小,因此也越安全

C.应调整船舶初稳性,使其横摇周期小于 $9\ s$

D.船舶初稳性高度至少应满足: $GM \geqslant GM_c$（GM_c——临界初稳性高度）

6.根据经验,海上航行的一般货船的横摇周期一般不应小于_____ s。

A.6   B.9

C.18   D.20

7.为了保证船舶安全,船的适度稳性是_____。

A.$(GM_c + C_h) \leqslant GM \leqslant GMT_\theta = 9\ s$（$C_h$:最小许用初稳性高度的安全余量）

B.GM 不小于最小许用初稳性高度

C.横摇周期 T 不小于 $9\ s$

D.GM 不小于 $0.15\ m$

8.其他条件相同,船舶的横摇周期_____。

A.随 GM 的增大而增大   B.随 GM 的增大而减小

C.与 GM 的关系不定   D.与 GM 无关

9.同一船舶的横摇周期_____。

A.与 KG 无关   B.随 KG 的增大而减小

C.随 KG 的增大而增大   D.与 KG 的关系不定

10.船舶稳性过大的表现是_____。

A.吊杆起落摆动时横倾异常   B.风浪较小时,船舶摇摆剧烈

C.油水使用不均时,出现较大横倾   D.船舶用舵时,横倾明显

11.船舶两舷平均装载,开航后无风浪,船舶却向一侧倾斜,说明该船_____。

①稳性过大;②稳性过小;③与稳性无关

A.①   B.②

C.③   D.①②③均不对

12.卸货时若卸一较轻的货引起船舶出现较大的横倾,则表明_____。

A.船舶稳性过大   B.船舶稳性过小

C.货物过重   D.装卸操作不当

13.装载状态一定,GM 偏小,当船舶受到一定横倾力矩作用时,船舶横倾角_____,主要原因是_____。

A.偏小;复原力矩小   B.偏大;复原力矩大

C.偏大;复原力矩小   D.偏小;复原力矩大

14.装载状态一定,当船舶受到较大的横倾力矩作用时,船舶横倾角较小,_____。

　　A.说明船舶横倾角的大小与 GM 的大小无关

　　B.说明船舶的 GM 值较小

　　C.说明船舶的 GM 值较大

　　D.说明横倾角的大小取决于所装的货物是重货还是轻货

15.装载状态一定,GM 偏大,当船舶受到一定横倾力矩作用时,船舶_____。

　　A.横倾角的大小取决于所装的货物是重货还是轻货

　　B.横倾角偏大

　　C.横倾角偏小

　　D.横倾角的大小与 GM 的大小无关

16.某杂货船在使用船吊装货的过程中,发现随着船吊的起落和摇摆,船舶出现较大的横倾角,_____。

　　A.说明此时船舶的 GM 值偏大

　　B.说明此时船舶的 GM 值偏小

　　C.横倾角的大小与 GM 的大小无关

　　D.横倾角的大小取决于外界风浪的大小

17.下列关于利用测量出的船舶横摇周期求取船舶的 GM 的做法,不正确的是_____。

　　A.反复测量能够减少误差值

　　B.海浪较小的时候测量较准

　　C.利用横摇周期可以非常精确地求得船舶的 GM 值

　　D.应注意删除那些明显偏离其他大多数测定值的读数

18.根据我国《船舶与海上设施法定检验规则》的规定,下列与横摇周期 T_θ 无关的是_____。

　　A.船舶初稳性高度　　　　　　　　B.船舶重心高度

　　C.船舶型宽　　　　　　　　　　　D.船舶排水量

19.我国《船舶与海上设施法定检验规则》规定,横摇周期 T_θ 与_____无关。

　　A.船宽　　　　　　　　　　　　　B.船舶重心高度

　　C.初稳性高度　　　　　　　　　　D.漂心距船中距离

20.船舶_____利用产生的横倾角计算初稳性高度 GM,判断船舶稳性状况。

　　A.只能在航行中　　　　　　　　　B.只能在靠泊时

　　C.在航行中和靠泊时都可以　　　　D.在航行中和靠泊时都不能

21.船舶因少量货物装卸左右不均形成较大初始横倾角,表明此时_____。

　　A.稳性较大　　　　　　　　　　　B.稳性较小

　　C.横倾力矩较大　　　　　　　　　D.货物重量较大

22.船舶用舵转向时横倾较大,说明_____。

　　A.稳性过大　　　　　　　　　　　B.稳性过小

　　C.纵倾过大　　　　　　　　　　　D.纵倾过小

23.航行中的船舶横摇越平缓,说明船舶_____。

　　A.很稳定　　　　　　　　　　　　B.稳性越大,抵御风浪能力强

C.稳性越大,操纵能力越好　　　　　　D.稳性越小,抵御风浪能力差

24.从_____可以判断出船舶稳性偏大。

A.船舶在较小风浪中航行时,横摇摆幅较大,摇摆周期较长

B.船舶航行中稍有风浪即摇摆剧烈,摇摆周期较小

C.舱内货物少量移动,船舶出现较大横倾角

D.用舵转向或拖船拖顶时,船舶明显倾斜且回复缓慢

25.某散货船的排水量为 18 300 t,最小许用初稳性高度为0.82 m。为校核船舶稳性,大副将船上重物 P = 145 t 向右舷横移 11.37 m,并用自制的垂线式横倾仪测量横倾角数据。测得重物悬吊点距水平尺的距离 a = 1.5 m,水平尺的读数 b = 0.15 m(如下图所示),则此时船舶的_____。

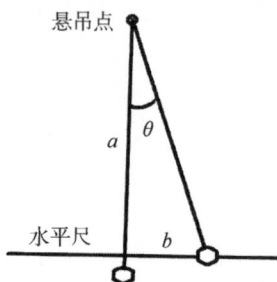

A.GM = 1.45 m,满足稳性要求　　　　B.GM = 0.45 m,不满足稳性要求

C.GM = 0.90 m,满足稳性要求　　　　D.GM = 0.60 m,不满足稳性要求

26.船舶在航行中稍有风浪则摇摆剧烈,说明船舶稳性_____。

A.过小　　　　　　　　　　　　　　B.适度

C.过大　　　　　　　　　　　　　　D.无法判断

27.船舶在航行中摇摆频率过高,表明_____。

A.船舶稳性过大　　　　　　　　　　B.船舶稳性过小

C.风压倾侧力矩过大　　　　　　　　D.船速过高

28.某船满载排水量 Δ = 8 000 t,在航行中测得船舶的横摇周期 T_θ = 22 s,根据经验,该船的初稳性高度值_____。

A.过小　　　　　　　　　　　　　　B.正好

C.过大　　　　　　　　　　　　　　D.与稳性无关

29.某船满载排水量 Δ = 8 000 t,在航行中测得船舶的横摇周期 T_θ = 21 s,根据经验,该船的初稳性高度值_____。

A.过小　　　　　　　　　　　　　　B.正好

C.过大　　　　　　　　　　　　　　D.与稳性无关

30.某杂货船在航行中测得船舶的横摇周期 T_θ = 8 s,根据经验,该船的重心高度值_____。

A.无法确定　　　　　　　　　　　　B.正好

C.过大　　　　　　　　　　　　　　D.过小

31.某杂货船在航行中测得船舶的横摇周期 T_θ = 21 s,根据经验,该油船的初稳性高度

值_____。

    A.过小   B.正好

    C.过大   D.无法确定

32.某万吨海船在航行中测得船舶的横摇周期 $T_\theta = 8$ s,根据经验,该船的初稳性高度值_____。

    A.过小   B.正好

    C.过大   D.与稳性无关

33.某万吨海船在航行中测得船舶的横摇周期 $T_\theta = 7$ s,根据经验,该船的初稳性高度值_____。

    A.过小   B.正好

    C.过大   D.与稳性无关

34.某万吨海船在航行中测得船舶的横摇周期 $T_\theta = 7$ s,根据经验,该船的重心高度值_____。

    A.过小   B.正好

    C.过大   D.与稳性无关

35.航行中船舶的横摇周期 T_θ 与船舶 GM 的关系是_____。

    A.T_θ 越大,GM 越大   B.T_θ 与 GM 的关系变化趋势不定

    C.T_θ 的大小与 GM 的大小无关   D.T_θ 越大,GM 越小

36.某 20 000 t 级船在航行中测得船舶的横摇周期 $T_\theta = 9$ s,根据经验,该船的重心高度值_____。

    A.偏小   B.正好

    C.偏大   D.与稳性无关

37.检验船舶稳性的方法包括_____。

    ①测定船舶横摇周期;②测定船舶横摇摆幅;③船上载荷横移;④船上载荷不对称增减;⑤测定船舶浸水角

    A.①②③   B.③④⑤

    C.①③④   D.②③⑤

38.某船因为向右侧压载舱打入少量压载水而形成较大初始横倾角,则可以推断出该船_____。

    A.稳性过大   B.稳性过小

    C.压载水操作不当   D.横倾力矩较大

39.某船在航行过程中遇到 3 级风时产生较大的横倾角,则可以推断出该船_____。

    A.稳性过大   B.稳性过小

    C.风压倾侧力矩过大   D.横稳心距基线高度值过大

40.货物装载时,为避免过大横倾,可采取_____的方法予以调整。

    A.收紧船舶缆绳   B.打排压载水

    C.防止货件移动   D.放松船舶缆绳

41.货物配载时,发现船前初稳性高度偏小,可采取的措施有_____。

    ①将定量的货物下移;②减少二层舱货物的配载重量;③在不超载的前提下,选择适宜的双层底压载舱压满;④将底舱货物移至二层舱;⑤满舱时,垂向轻重货物互换

    A.①②③④   B.①②③④⑤

C.①②③⑤ D.①⑤

42.由_____产生的船舶初始横倾角,能够从其产生的原因上加以消除。

①货物装卸左右不均;②油水使用左右不均;③舱内货物横向移动

A.①③ B.①②

C.②③ D.①②③

43.某船在配载时,需要进行垂向货物移动的目的往往是_____。

A.调整船舶的稳性 B.调整船舶的纵倾状态

C.调整船舶的横倾状态 D.调整船舶的纵倾和横倾状态

44.调整船舶稳性的措施有_____。

①打排压载水;②加装甲板货;③垂向移动载荷

A.① B.②

C.③ D.①②③

45.增大船舶稳性的措施有_____。

A.货物上移 B.在双层底加满压载水

C.中途港多加载货物 D.加载甲板货

46.对于杂货船,增大船舶稳性的措施有_____。

①货物垂直上移;②双层底加压载水;③减装甲板货;④重货配置在底层

A.②④ B.①②③④

C.②③④ D.③④

47.对于杂货船,_____不是增大船舶稳性的措施。

A.货物上移 B.船舶重心以下加压载水

C.减装甲板货 D.重货配置在底层

48.某船某航次装货后排水量为 18 000 t,垂向重量力矩为 123 000 t·m,$KM = 7.00$ m。要将 GM 值调整到 0.45 m,拟用压载舱来解决,舱容中心距基线高度为 0.83 m,应加载_____t。(自由液面影响不计。)

A.797.3 B.500.2

C.881.2 D.678.2

49.由_____可以判断出船舶稳性偏小。

①船舶在较小风浪中航行时,横摇摆幅较大,摇摆周期较大;②船舶航行中稍有风浪即摇摆剧烈,横摇周期较小;③舱内货物少量移动,船舶出现较大横倾角;④用舵转向或拖船拖顶时,船舶明显倾斜且回复缓慢

A.①②③④ B.①②③

C.②③④ D.①③④

50.船舶产生横倾的原因包括_____。

①货物重量左右分布不均;②油水左右使用不均;③货物移动;④大风浪引起横摇角

A.①③④ B.②③④

C.①②③ D.①②③④

51.某船正浮时受到静横倾力矩作用,横倾力矩为 393×9.81 kN·m,排水量为 6 953 t,初稳性高

度为 0.83 m,则该船的横倾角为_____。

A.4.2°　　　　　　　　　　　　　B.3.9°

C.3.6°　　　　　　　　　　　　　D.3.2°

52.在船舶配载完成后,发现稳性不足,最好的措施是_____。

A.用船吊将二层舱的货物移至底舱

B.用岸吊将二层舱的货物移至底舱

C.在双层底加压载水

D.改变配载方案,将二层舱的货物移至底舱

53.在船舶配载完成后,发现稳性过大,最好的措施是_____。

A.用岸吊将底舱的货物移至二层舱

B.将甲板货移至舱内

C.改变配载方案,将底舱的货物移至二层舱

D.改变配载方案,将二层舱的货物移至底舱

54.为避免船舶产生横倾角,应_____。

①使货物重量横向对称分布;②油水舱左右均衡使用;③按舱容比合理分配各货舱货物重量;

④压载舱横向对称压载

A.①②③④　　　　　　　　　　　B.①②④

C.①②　　　　　　　　　　　　　D.③④

55.为使船舶产生一个横倾角,用以计算初稳性高度 GM,可采用的方法有_____。

①操一较大舵角改变航向;②在一舷注排压载水;③消耗一舷的油水;④调驳左、右压载舱的

压载水;⑤利用船舶在风浪中的横摇

A.①②③④　　　　　　　　　　　B.①②④

C.②③④⑤　　　　　　　　　　　D.②③④

56.船舶航行中宜采取_____的措施来调整船舶稳性。

A.打排压载水　　　　　　　　　　B.垂向移动货物

C.横向移动货物　　　　　　　　　D.纵向移动货物

57.配载时,对于满载不满舱的船舶,宜采取_____的措施来调整船舶稳性。

A.加压载水　　　　　　　　　　　B.垂向移动货物

C.加装部分货物　　　　　　　　　D.横向移动货物

58._____不是为避免船舶产生初始横倾角的措施。

A.使重量横向对称分布　　　　　　B.左右油水舱均衡使用

C.按舱容比合理分配各舱货物重量　D.压载舱横向对称压水

59._____一定能使船舶的 GM 值增大。

A.油水消耗　　　　　　　　　　　B.加压载水

C.轻货下移　　　　　　　　　　　D.加装甲板货

60.为了使船舶的 GM 值增大,可以_____。

A.垂向移动货物　　　　　　　　　B.打排压载水

C.在船舶的重心之下装货　　　　　D.在船舶的重心之上装货

61.关于船舶横倾与稳性的关系,说法错误的是_____。

A.货舱少量进水时船舶出现较大的横倾,则说明船舶稳性过小

B.舱内货物横移会让船舶产生横倾,危害船舶的稳性

C.为避免航行中出现较大的横倾,应尽量左右均衡使用液舱柜内的液体

D.船舶出现初始横倾,且横倾角大于1°,可根据船舶的具体情况不进行调整

62.船舶在配载时经校核发现稳性不足,最好通过_____的措施来调整。

A.垂向移动载荷　　　　　　　　　B.加装甲板货

C.加压载水　　　　　　　　　　　D.少装部分货物

63.根据经验,为了使船舶具有适度的稳性,对具有二层甲板的万吨级船舶来说,其底舱装货量约占全部货物量的_____,二层甲板装货量约占全部货物的_____。

A.65%;35%　　　　　　　　　　B.55%;45%

C.60%;40%　　　　　　　　　　D.50%;50%

64._____不是保证船舶稳性的措施。

A.货物垂向合理分布　　　　　　　B.货物纵向合理分布

C.货物紧密堆垛,系紧绑牢　　　　D.调平船舶,消除船舶初始横倾

65._____是保证船舶稳性的措施。

①排空压载水;②压载舱全部打满;③调平船舶,消除船舶初始横倾;④货物纵向合理分布;⑤货物紧密堆垛,防止大风浪航行中移位

A.③⑤　　　　　　　　　　　　　B.②③④⑤

C.②③　　　　　　　　　　　　　D.①②③④⑤

66.当船舶在航行中稳性不足尚未满载时,可以采取_____的措施。

①向双层底压载舱内注满压载水;②将现有双层底压载水舱排空;③用船吊将二层舱的货物移至底舱

A.①　　　　　　　　　　　　　　B.②③

C.①③　　　　　　　　　　　　　D.③

67.货物配载时,发现船舶存在初始横倾,可采取的措施有_____。

①将一定量的货物做横向移动;②将一定量的货物做纵向移动;③将一定量的货物从二层舱移至底舱;④满舱时,横向轻重货物互换

A.①③　　　　　　　　　　　　　B.①②④

C.②③　　　　　　　　　　　　　D.①④

68.货物配载时,发现船舶初稳性高度偏小,可采取的措施有_____。

①将一定量的货物下移;②减少二层舱货物的配载重量;③在不超载的前提下,选择适宜的双层底压载舱压满;④将底舱货物移至二层舱;⑤满舱时,垂向轻重货物互换

A.①⑤　　　　　　　　　　　　　B.①②③④

C.①②③⑤　　　　　　　　　　　D.①②③④⑤

69._____不是保证船舶稳定的措施。

A.货物紧密堆垛,系紧绑牢　　　　B.货物垂向合理分布

C.调平船舶,消除船舶初始横倾　　D.货物纵向合理分布

70.某船装载后呈中拱状态且稳性过小,则应通过_____来调整。

A.将首尖舱加满压载水

B.将首区货物移至中区

C.将中区双层底压载舱加满压载水

D.将中区二层舱的货物移至尾区底舱

71.对于具有二层舱的杂货船,上、下层舱装货重量一般分别为总货重的_____。

A.35%和65% B.45%和55%

C.50%和50% D.55%和45%

72.某船编制积载计划时发现,货物装载后呈中拱状态,且初稳性高度过大,则应采取_____的措施来调整。

A.将中区双层底加满压载水 B.将首尖舱加满压载水

C.将首区货物移至中区 D.将尾区底舱货物移至中区二层舱

73.为了减小船舶在大风浪中的横摇角度,可采取的措施是_____。

A.适当降低船舶重心 B.适当提高船舶重心

C.调整纵倾 D.调整横倾

74.为了避免或减缓船舶在大风浪中横摇的剧烈程度,可采取的措施是_____。

A.适当降低船舶重心 B.适当提高船舶重心

C.调整纵倾 D.调整横倾

75.关于保证船舶稳性的措施,以下说法正确的有_____。

①合理配载;②货物紧密堆垛,防止大风浪航行移位;③合理平舱;④加装甲板货

A.①②③ B.①②③④

C.①③④ D.①②④

参考答案

第一节　船舶稳性的基本概念

1.C 2.A 3.C 4.A 5.D 6.A 7.B 8.D 9.A 10.C

11.D 12.B

第二节　船舶初稳性

1.C 2.A 3.B 4.A 5.B 6.B 7.C 8.B 9.D 10.B

11.B 12.A 13.C 14.A 15.C 16.A 17.C 18.B 19.B 20.B

21.B 22.C 23.D 24.D 25.D 26.C 27.C 28.B 29.B 30.C

31.C	32.A	33.C	34.B	35.C	36.C	37.D	38.A	39.A	40.B

第三节　影响初稳性的因素及其计算

1.A	2.C	3.A	4.C	5.B	6.D	7.D	8.A	9.A	10.B
11.A	12.B	13.C	14.D	15.A	16.A	17.A	18.A	19.D	20.B
21.A	22.A	23.A	24.B	25.C	26.C	27.B	28.B	29.A	30.C
31.A	32.A	33.A	34.B	35.C	36.A	37.A	38.A	39.C	40.A
41.C	42.C	43.A	44.D	45.C	46.C	47.B	48.C	49.B	50.C
51.C	52.B	53.C	54.C	55.A	56.A	57.B	58.D	59.C	60.D
61.B	62.B	63.B	64.B	65.C	66.A	67.A	68.C	69.C	70.D
71.D	72.A	73.C	74.D	75.D					

第四节　船舶大倾角稳性

1.D	2.B	3.C	4.D	5.C	6.B	7.C	8.A	9.A	10.D
11.C	12.C	13.C	14.D	15.C	16.B	17.D	18.B	19.B	20.C
21.B	22.C	23.B	24.D	25.A	26.C	27.C	28.B	29.B	30.B
31.C	32.D								

第五节　船舶动稳性

1.D	2.D	3.D	4.B	5.B	6.B	7.A	8.C	9.A	10.D

第六节　规则对船舶稳性的要求

1.C	2.A	3.B	4.B	5.B	6.B	7.B	8.C	9.B	10.C
11.D	12.C	13.A	14.C	15.C	16.A	17.D	18.B	19.A	20.A
21.D	22.D	23.A	24.B	25.C	26.C	27.D	28.C	29.D	30.C
31.D	32.C	33.D	34.D	35.D	36.C	37.A	38.D	39.B	40.B
41.D									

第七节 船舶稳性检验与调整

1.C	2.A	3.C	4.A	5.D	6.B	7.A	8.B	9.C	10.B
11.B	12.B	13.C	14.C	15.C	16.B	17.C	18.D	19.D	20.C
21.B	22.B	23.D	24.B	25.C	26.C	27.A	28.A	29.A	30.D
31.A	32.C	33.C	34.A	35.D	36.A	37.C	38.B	39.B	40.B
41.C	42.D	43.A	44.D	45.B	46.D	47.A	48.C	49.D	50.D
51.B	52.D	53.C	54.B	55.D	56.A	57.B	58.C	59.C	60.C
61.D	62.A	63.A	64.B	65.A	66.A	67.D	68.C	69.D	70.C
71.A	72.D	73.A	74.B	75.A					

第九章

船舶吃水差

第一节　营运船舶对吃水差及吃水的要求

1.当船舶的首吃水大于尾吃水时,我国通常定义为_____。

  A.尾倾,吃水差用正值表示　　　　　　B.首倾,吃水差用正值表示

  C.尾倾,吃水差用负值表示　　　　　　D.首倾,吃水差用负值表示

2.当船舶的尾吃水大于首吃水时,我国通常定义为_____。

  A.首倾,吃水差用负值表示　　　　　　B.首倾,吃水差用正值表示

  C.尾倾,吃水差用正值表示　　　　　　D.尾倾,吃水差用负值表示

3.当船舶的尾吃水等于首吃水时,我国通常规定为_____。

  A.首倾　　　　　　　　　　　　　　　B.尾倾

  C.拱头　　　　　　　　　　　　　　　D.平吃水

4.船舶是否有吃水差主要取决于_____。

  A.船舶装货的位置

  B.船舶的重力和浮力大小是否一样

  C.船舶装货的多少

  D.船舶的重心和正浮时浮心的相对位置

5.某船原尾倾,现首吃水减少、尾吃水增加,则其尾倾_____。

  A.变化趋势不能确定　　　　　　　　　B.减少

  C.增加　　　　　　　　　　　　　　　D.不变

6.产生吃水差的原因是船舶装载后重心纵向位置与_____不在同一垂线上。

  A.浮心纵向位置　　　　　　　　　　　B.漂心纵向位置

  C.纵稳心纵向位置　　　　　　　　　　D.正浮时浮心纵向位置

7.船舶的吃水差是指船舶_____。

  A.首尾吃水之差　　　　　　　　　　　B.装货前后吃水之差

  C.满载与空载吃水之差　　　　　　　　D.左右舷吃水之差

8.根据经验,冬季空载航行的船舶平均吃水应达到夏季满载吃水的_____以上。

A.45%　　　　　　　　　　　B.40%

C.50%　　　　　　　　　　　D.55%

9.某船夏季满载吃水为 9.2 m,则冬季在海上航行时应至少将船舶最小平均吃水 d_{mmin} 压载至_____ m。

　A.4.5　　　　　　　　　　　B.5.06

　C.5.7　　　　　　　　　　　D.6.3

10.通常情况下,船舶空载航行时,其尾倾吃水差与船长之比的绝对值应_____。

　A.大于 1.5%　　　　　　　　B.大于 2.5%

　C.小于 1.5%　　　　　　　　D.小于 2.5%

11.一般情况下,船舶空载时的尾倾量要求_____满载时的尾倾量。

　A.等于　　　　　　　　　　B.大于

　C.小于　　　　　　　　　　D.小于等于

12.某船原首倾,现首吃水增加、尾吃水减少,则其首倾_____。

　A.减少　　　　　　　　　　B.不变

　C.增加　　　　　　　　　　D.变化趋势不能确定

13.某船原尾倾,现首吃水增加、尾吃水减少,则其尾倾_____。

　A.减少　　　　　　　　　　B.增加

　C.不变　　　　　　　　　　D.变化趋势不能确定

14.船舶夏季空载航行,其平均吃水一般应达到夏季满载吃水的_____以上。

　A.55%　　　　　　　　　　　B.50%

　C.45%　　　　　　　　　　　D.40%

15.某船船长 200 m,根据 IMO 及我国的要求,其空船压载航行时最小平均吃水 d_{mmin} 为_____ m。

　A.4.40　　　　　　　　　　B.6.00

　C.5.50　　　　　　　　　　D.5.00

16.某船船长 150 m,根据 IMO 及我国的要求,其空船压载航行时最小平均吃水 d_{mmin} 为_____ m。

　A.2.16　　　　　　　　　　B.3.75

　C.3.80　　　　　　　　　　D.5.00

17.某船两柱间长 150 m,根据 IMO 及我国的要求,其空船压载航行时的最小首吃水 d_{Fmin} 为_____ m。

　A.2.16　　　　　　　　　　B.3.75

　C.3.80　　　　　　　　　　D.5.00

18.某船 L_{bp} = 180 m,根据 IMO 及我国的要求,船舶空载时其最小平均吃水 d_{mmin} 建议满足_____的要求。

　A.$d_{mmin} \geq 0.025 L_{bp}$　　　　　　B.$d_{mmin} \geq 0.02 L_{bp} + 2$ m

　C.$d_{mmin} \geq 0.012 L_{bp}$　　　　　　D.$d_{mmin} \geq 0.012 L_{bp} + 2$ m

19.某船 $L_{bp} \leq 150$ m 时,根据 IMO 及我国的要求,船舶空载时其最小_____应满足_____的要求。

A.首吃水;$d_{Fmin}\geqslant0.02L_{bp}+2$ m　　　B.首吃水;$d_{Fmin}\geqslant0.012L_{bp}+2$ m

C.平均吃水;$d_{mmin}\geqslant0.02L_{bp}+2$ m　　D.平均吃水;$d_{mmin}\geqslant0.012L_{bp}+2$ m

20.某船 $L_{bp}>150$ m,根据 IMO 及我国的要求,船舶空载时其最小首吃水 d_{Fmin} 应满足_____的要求。

A.$d_{Fmin}\geqslant0.02L_{bp}$　　　　　　B.$d_{Fmin}\geqslant0.012L_{bp}$

C.$d_{Fmin}\geqslant0.02L_{bp}+2$　　　　　D.$d_{Fmin}\geqslant0.012L_{bp}+2$

21.普通船舶适宜尾倾航行时,_____。

A.会使航向稳定性变差　　　　　B.有利于提高推进效率

C.有利于减小平均吃水　　　　　D.有利于增大首部甲板上浪概率

22.根据经验,万吨级货船在满载时适宜的吃水差为尾倾_____ m。

A.2.0~2.5　　　　　　　　　　B.0.9~1.9

C.0.6~0.8　　　　　　　　　　D.0.3~0.5

23.根据经验,万吨级货船在半载时适宜的吃水差为尾倾_____ m。

A.2.0~2.5　　　　　　　　　　B.0.9~1.9

C.0.6~0.8　　　　　　　　　　D.0.3~0.5

第二节　船舶吃水差及首、尾吃水的计算

1.某船配载后计算得排水量为 6 246 t,重心距船中 -0.83 m,浮心距船中 -0.26 m,$MTC=9.81\times75.53$ kN·m/cm,则该船的吃水差为_____ m。

A.-0.25　　　　　　　　　　B.-0.47

C.0.47　　　　　　　　　　　D.-0.36

2.某船配载后计算得排水量为 6 716 t,$X_g=-0.42$ m,$X_b=-0.85$ m,$MTC=9.81\times76.5$ kN·m/cm,则该船的吃水差为_____ m。

A.-0.25　　　　　　　　　　B.-0.38

C.0.38　　　　　　　　　　　D.0.25

3.船舶装载后,经计算,重心在浮心之前,则船舶_____。

A.浮态不能确定　　　　　　　B.正浮

C.尾倾　　　　　　　　　　　D.首倾

4.船上配载后,计算表明船舶重心与正浮时的浮心的纵向坐标相同,则船舶_____。

A.首倾　　　　　　　　　　　B.尾倾

C.正浮　　　　　　　　　　　D.浮态不能确定

5.某船配载后,计算得排水量为 7 515 t,$X_g=-0.45$ m,$X_b=-0.95$ m,$MTC=9.81\times77.0$ kN·m/cm,则该船的吃水差为_____ m。

A.0.38　　　　　　　　　　　B.-0.38

C.0.49　　　　　　　　　　　D.-0.49

6.某船装载后其吃水差 $t=0.4$ m,则船舶重心_____。

  A.在正浮时浮心之后   B.在正浮时浮心之前

  C.在船中之后   D.在船中之前

7.某船装载后尾倾,且无拱垂,则船舶的等容吃水_____船舶的船中吃水。

  A.大于

  B.小于

  C.等于

  D.两者关系取决于船舶漂心相对于船中的位置

8.某船配载后排水量为 2 592 t,重心距船中距离为-1.138 m,浮心距船中距离为-0.044 m,每厘米纵倾力矩为 9.81×125.44 kN·m/cm,则该船吃水差为_____ m。

  A.-0.19   B.-0.23

  C.-0.32   D.-0.38

9.船舶绕_____倾斜,使船舶产生吃水差。

  A.横轴   B.纵轴

  C.Z 轴   D.船中

10.船舶装载后的纵倾状态取决于_____的相对位置。

  A.装载后船舶重心与装载后船舶浮心

  B.装载后船舶重心与正浮时船舶浮心

  C.装载后船舶浮心与正浮时船舶漂心

  D.装载后船舶重心与正浮时船舶稳心

11.船舶装载后 $\Delta=18\ 000$ t,$X_g=1.36$ m,$X_b=1.91$ m,$MTC=210$ t·m/cm,则船舶的吃水差为_____ m。

  A.-0.47   B.-1.10

  C.0.47   D.1.10

12.船舶倾斜前后,重力和浮力_____。

  A.大小不等,浮心位置不变   B.大小不等,浮心位置改变

  C.大小相等,浮心位置不变   D.大小相等,浮心位置改变

13.船舶的每厘米纵倾力矩 MTC 的用途主要是计算及调整船舶的_____。

  A.吃水   B.最小倾覆力矩

  C.吃水差   D.静稳性力臂

14.船舶的纵稳心是指_____。

  A.船舶纵倾前后两条浮力作用线的交点

  B.船舶横倾前后两条浮力作用线的交点

  C.船舶纵倾前后重力作用线与浮力作用线的交点

  D.船舶纵倾前后两条重力作用线的交点

15.以下关于船舶的每厘米纵倾力矩 MTC 的说法,正确的是_____。

  A.其值的大小与船长无关

  B.平均吃水增加或减少 1 cm 时所需要加减货物的吨数

C.其值的大小与船舶实际吃水无关

D.吃水差增加或减少 1 cm 时所需要的纵倾力矩值

16.已知某船平均吃水为 6.12 m,漂心在船中后 1.02 m,两柱间长为 68.4 m,吃水差为-1.22 m,则该船尾吃水为_____m。

  A.6.71   B.6.93

  C.6.56   D.6.82

17.某船平均吃水为 9.93 m,漂心距船中距离为 1.63 m,两柱间长为 109.3 m,吃水差为-2.19 m,则该船的尾吃水为_____m。

  A.11.06   B.10.99

  C.10.72   D.9.82

18.某船平均吃水为 10.00 m,漂心距船中距离为-0.81 m,两柱间长为 140.0 m,吃水差为 3.85 m,则该船的尾吃水为_____m。

  A.5.67   B.8.09

  C.7.29   D.6.48

19.某船平均吃水为 10.00 m,漂心距船中距离为-0.81 m,两柱间长为 140.0 m,吃水差为 0.86 m,则该船的尾吃水为_____m。

  A.7.16   B.8.48

  C.9.57   D.10.43

20.某船两柱间长为 76 m,装货后平均吃水为 6.02 m,漂心距船中距离为 1.16 m,吃水差为-0.97 m,则船尾吃水为_____m。

  A.6.08   B.6.68

  C.6.52   D.6.38

21.某船按吃水差和排水量计算首吃水,已知平均吃水为 9.732 m,漂心距船中距离为-0.529 m,两柱间长为 139.2 m,吃水差为-1.588 m,则该船的首吃水为_____m。

  A.11.6   B.8.932

  C.10.708   D.9.815

22.某船平均吃水为 9.39 m,漂心在船中前 2.87 m,两柱间长为 133.0 m,吃水差为-1.18 m,则该船的尾吃水为_____m。

  A.9.738   B.10.01

  C.9.85   D.9.98

23.某船平均吃水为 11.76 m,漂心距船中距离为 2.26 m,两柱间长为 129.2 m,吃水差为-1.89 m,则该船首吃水为_____m。

  A.10.98   B.11.36

  C.10.85   D.11.74

24.某船船长 124 m,平均吃水为 8.12 m,吃水差为-0.71 m,漂心在船中后 2.22 m,则该船首吃水为_____m。

  A.8.04   B.7.75

  C.8.60   D.8.64

25.已知某船平均吃水为 12.02 m,漂心距船中距离为 2.16 m,两柱间长为 132.9,吃水差为 −1.92 m,则该船的尾吃水为_____ m。

A.9.08
B.13.01
C.11.68
D.10.38

26.某船装载后排水量 $\Delta = 6\,943$ t,平均吃水 $d_m = 5.52$ m,船长 $L_{bp} = 78$ m,$X_b = -0.48$ m,$X_f = 0$ m,$MTC = 9.81 \times 87$ kN·m/cm,经计算得纵向重量力矩船中前为 $9.81 \times 65\,820$ kN·m,船中后为 $9.81 \times 71\,990$ kN·m,则该船出港时的首、尾吃水分别为_____。

A.5.39 m 和 5.65 m
B.5.36 m 和 5.68 m
C.5.46 m 和 5.58 m
D.5.35 m 和 7.69 m

第三节 载荷纵移、重量增减对纵向浮态的影响

1.为调整船舶吃水差,现由 No.4 舱($X_4 = -20$ m)移 250 t 货到 No.1 舱($X_1 = 40$ m),$MTC = 200$ t·m/cm,吃水差改变量为_____ m。

A.0.75
B.−0.75
C.−0.25
D.0.25

2.某船 $MTC = 84.11 \times 9.81$ kN·m/cm,从纵向位置 $X_p = -21.23$ m 处向 $X_p = 22.61$ m 处移货 72 t 以调节吃水差,则该船吃水差改变量为_____ m。

A.−0.38
B.0.54
C.0.38
D.0.44

3.舱内货物纵向移动后,_____不变。

A.吃水差
B.平均吃水
C.重心纵向坐标
D.浮心位置

4.舱内货物纵向移动后,_____改变。

①吃水差;②重心纵向坐标;③平均吃水;④浮心位置;⑤排水量

A.①③
B.①③⑤
C.①②④
D.②④⑤

5.装载状态一定的船舶只发生载荷的纵向移动,则其吃水差的改变量与_____有关。

①载荷的重量;②移动方向;③移动距离

A.②
B.①
C.①②③
D.③

6.船上载荷纵移后产生了一纵倾力矩,引起_____改变,导致船舶纵向浮态发生变化。

A.船舶正浮时的浮心
B.船舶平均吃水
C.船舶吃水差
D.船舶排水量

7.某船 $MTC = 9.81 \times 173.07$ kN·m/cm,从纵向位置 41.50 m 处向 73.21 m 处移货 513 t 以调节吃水差,则该船吃水差改变量为_____ m。

A.0.94
B.0.82

C.1.02
D.1.14

8.某船船长 150 m,移动载荷后其吃水差改变了-26 cm,漂心在船中后 6 m 处,则移动载荷后船舶的首、尾吃水各改变了_____ cm 和_____ cm。
A.-12;-14
B.+12;-14
C.-14;+12
D.-12;+14

9._____说明吃水差的改变量小于 0。
A.首、尾吃水同时有不同的增加
B.首、尾吃水同时有不同的减少
C.首吃水增加,尾吃水减少
D.首吃水减少,尾吃水增加

10._____说明吃水差的改变量等于 0。
①首、尾吃水同时有相同的增加;②首、尾吃水同时有相同的减少;③首吃水增加、尾吃水减少,且首吃水的增加量等于尾吃水的减少量
A.①
B.②
C.③
D.①②

11.某船 MTC=78×9.81 kN·m/cm,由 No.1 舱(X_1=31.6 m)移 68 t 货到 No.4 舱(X_4=-30.1 m),船舶的吃水差改变量为_____ m。
A.-0.37
B.-0.54
C.-0.41
D.-0.33

12.某船原首吃水为 11.94 m,漂心距船中距离为-0.20 m,两柱间长为 131.3 m,纵向移动载荷使吃水差改变 3.0 m,则该船新的首吃水为_____ m。
A.12.78
B.13.12
C.13.68
D.13.44

13.某船两柱间长为 131.3 m,原首吃水为 11.94 m,漂心距中距离为-0.20 m,纵向移动载荷使吃水差改变 2.0 m,则该船新的首吃水为_____ m。
A.12.78
B.13.12
C.13.48
D.12.94

14.由船舶 No.2 舱(X_2=70 m)移 150 t 货物到 No.5 舱(X_5=-85 m),MTC=300 t·m/cm,则船舶的吃水差改变量为_____ m。
A.-0.075
B.0.075
C.-0.175
D.0.175

15.由船舶 No.5 舱(X_5=-70 m)移 300 t 压载水到 No.1 舱(X_1=55 m),MTC=200 t·m/cm,则船舶的吃水差改变量为_____ m。
A.-1.875
B.1.875
C.-2.388
D.2.388

16.船舶纵向移动载荷调整吃水差,常用的移动方法有_____。
①单向移动载荷;②轻重载荷不等体积双向移动;③轻重载荷等体积双向互换舱位
A.①②
B.①③
C.②③
D.①②③

17.船舶少量装载时,可用_____计算吃水改变量。

A.每厘米纵倾力矩　　　　　　　　B.每厘米吃水吨数

C.初稳性高度　　　　　　　　　　D.静稳性力臂

18.船舶少量装载后_____。

A.首吃水增加,尾吃水减少　　　　B.首吃水减少,尾吃水增加

C.首尾吃水同时增加　　　　　　　D.均有可能

19.在少量货载变化的情况下,船舶装载一定量的货物所引起的船舶吃水差的改变量与该位置_____成正比。

A.距船中的距离　　　　　　　　　B.距基线的距离

C.距漂心的距离　　　　　　　　　D.距浮心的距离

20._____一定会使尾吃水减少。

A.在船中前加载货物　　　　　　　B.在船中后加载货物

C.在漂心后加载货物　　　　　　　D.在漂心后卸载货物

21.船舶初始浮态为尾倾,现在漂心前浮心后加载部分货物,会使尾倾_____。

A.增大　　　　　　　　　　　　　B.不变

C.不确定　　　　　　　　　　　　D.减小

22.船舶初始浮态为首倾,现在漂心前卸去少量载荷,则会使初始首倾_____。

A.增大　　　　　　　　　　　　　B.不变

C.减小　　　　　　　　　　　　　D.不确定

23.在船中后卸下少量货物,则船舶_____。

A.首倾增大　　　　　　　　　　　B.尾倾增大

C.浮态的变化不能确定　　　　　　D.平行上浮

24.将少量货物装于漂心的垂直线上,船舶将_____。

A.纵倾　　　　　　　　　　　　　B.平行上浮

C.横倾　　　　　　　　　　　　　D.平行下沉

25.船舶装载后,经计算漂心在船中后,则船舶_____。

A.首倾　　　　　　　　　　　　　B.正浮

C.尾倾　　　　　　　　　　　　　D.浮态不能确定

26.船舶装载后,经计算漂心在船中前,则船舶_____。

A.首倾　　　　　　　　　　　　　B.正浮

C.尾倾　　　　　　　　　　　　　D.浮态不能确定

27.船舶装载后,经计算漂心在船中,则船舶_____。

A.首倾　　　　　　　　　　　　　B.尾倾

C.正浮　　　　　　　　　　　　　D.浮态不能确定

28.在船舶初始漂心处卸下大量货物,则船舶_____。

A.尾倾增大　　　　　　　　　　　B.浮态的变化不能确定

C.平行沉浮　　　　　　　　　　　D.首倾增大

29.在船中前加装少量货物,则船舶_____。

A.首倾增大　　　　　　　　　　　B.尾倾增大

C.平行沉浮　　　　　　　　　　　　　D.浮态的变化不能确定

30.在船重心处加装少量货物,则船舶_____。
　　A.首倾增大　　　　　　　　　　　　　B.尾倾增大
　　C.平行沉浮　　　　　　　　　　　　　D.浮态的变化不能确定

31.在船重心处卸下少量货物,则船舶_____。
　　A.首倾增大　　　　　　　　　　　　　B.尾倾增大
　　C.平行沉浮　　　　　　　　　　　　　D.浮态的变化不能确定

32.船舶初始为尾倾,少量载荷装于 X_p 处,按我国定义,若 $X_p>X_f$,则_____。（ δt 为吃水差改变量。）
　　A. $\delta t>0$,尾倾减小　　　　　　　　　B. $\delta t<0$,首倾增大
　　C. $\delta t<0$,首倾减小　　　　　　　　　D. $\delta t>0$,尾倾增大

33.船舶初始为尾倾,少量载荷装于 X_p 处,按我国定义,若 $X_p<X_f$,则_____。（ δt 为吃水差改变量。）
　　A. $\delta t<0$,尾倾增大　　　　　　　　　B. $\delta t<0$,首倾增大
　　C. $\delta t>0$,首倾增大　　　　　　　　　D. $\delta t>0$,尾倾减小

34.大量装卸时,所装卸货物重心离装卸后的_____越远,对吃水差的影响越大。
　　A.船舶重心　　　　　　　　　　　　　B.船舶漂心
　　C.船舶正浮时浮心　　　　　　　　　　D.船舶稳心

35.少量装卸时,所装卸货物重心离_____越远,对吃水差的影响越大。
　　A.船舶稳心　　　　　　　　　　　　　B.船舶漂心
　　C.船舶重心　　　　　　　　　　　　　D.船舶浮心

36.某船卸货前平均吃水为 7.62 m,每厘米吃水吨数为 22.5 t/cm,卸货重量为 735 t,卸货期间油水消耗 25 t,则该船卸货后的平均吃水为_____ m。
　　A.7.52　　　　　　　　　　　　　　　B.7.83
　　C.7.96　　　　　　　　　　　　　　　D.7.28

37.某船排水量 15 870 t 装载状态下每厘米纵倾力矩 $MTC=180.8$ t·m/cm,漂心距中距离 $X_f=2.56$ m,计划在 No.2 舱（纵向距船中 25.6 m）减载 560 t 货物,其吃水差改变量为_____ m。
　　A.0.87　　　　　　　　　　　　　　　B.−0.87
　　C.−0.71　　　　　　　　　　　　　　D.0.71

38._____一定会使首吃水增大。
　　A.在船中前加载货物　　　　　　　　　B.在漂心后加载货物
　　C.在船中后加载货物　　　　　　　　　D.在漂心前加载货物

39.少量装货,在_____处装载可使首吃水减小。
　　A.船中前　　　　　　　　　　　　　　B.船中后
　　C.漂心前　　　　　　　　　　　　　　D.漂心后

40.在船上装或卸一定量的货物_____。
　　A.首、尾吃水一定同时增加或减少　　　B.首、尾吃水不一定同时增加或减少
　　C.若首吃水增加,尾吃水一定减少　　　D.若尾吃水增加,首吃水一定减少

41.船舶平行沉浮的条件是:少量载荷装卸于_____的垂直线上。

    A.漂心　　　　　　　　　　　　　B.稳心

    C.浮心　　　　　　　　　　　　　D.重心

42.某船尾吃水 5.49 m,吃水差-0.46 m,漂心在船中,查得在某舱加载 100 t 货物时首吃水的改变量为-7.38 cm,尾吃水的改变量为 13.39 cm,则在该舱卸货 205 t 后船舶首吃水为_____m。

    A.5.11　　　　　　　　　　　　　B.5.18

    C.5.26　　　　　　　　　　　　　D.5.48

43.少量加载引起的船舶首吃水增量与以下因素的关系是_____。

    A.与 MTC 值有关,而与 TPC 值无关　　B.与 MTC 值无关,而与 TPC 值有关

    C.与 MTC 值和 TPC 值均有关　　　　　D.与 MTC 值和 TPC 值均无关

44.某船尾倾时由海水进入淡水,漂心在浮心之前,则在淡水中时_____。

    A.尾倾减小　　　　　　　　　　　B.尾倾增大

    C.尾倾不变　　　　　　　　　　　D.纵倾变化趋势不能确定

45.某船正浮时由淡水进入海水,漂心在浮心之后,则在海水中时_____。

    A.首倾　　　　　　　　　　　　　B.尾倾

    C.正浮　　　　　　　　　　　　　D.纵倾状态不定

46.某船首倾时由淡水进入海水,漂心在浮心之后,则在海水中时_____。

    A.首倾减小　　　　　　　　　　　B.首倾增大

    C.首倾不变　　　　　　　　　　　D.纵倾变化趋势不能确定

47.船舶满载时由淡水驶入海水时,_____。

    A.排水量不变,吃水增加,浮心后移,略有首倾

    B.排水量不变,吃水增加,浮心前移,略有尾倾

    C.排水量不变,吃水减少,浮心前移,略有尾倾

    D.排水量不变,吃水减少,浮心位置及船舶纵倾状态的变化趋势无法确定

第四节　吃水差比尺

1.吃水差比尺可用于计算_____。

    A.船舶装载后的强度校核　　　　　　　B.船舶航次装载后的吃水差

    C.船内前后货舱间移货所产生的吃水差　D.少量载荷变化所引起的船舶稳性的变化

2.在加载 100 t 首、尾吃水变化表中,共有两组曲线,分别表示_____。

    A.船首和船尾吃水　　　　　　　　　　B.船舶平均吃水和船尾吃水

    C.船首和船尾吃水改变量　　　　　　　D.船舶等吃水差和船舶吃水差

3.在加载 100 t 首、尾吃水变化表坐标系中,有若干等值线,它们分别为_____。

    ①首吃水改变量;②尾吃水改变量;③吃水差改变量

    A.①②　　　　　　　　　　　　　B.②③

    C.①③　　　　　　　　　　　　　D.①②③

4.在加载100 t首、尾吃水变化表中,根据_____和_____可以查出加载100 t货物的首、尾吃水改变量。

　　A.平均吃水;加载的100 t重量距船中的距离

　　B.平均吃水;加载的100 t重量距浮心的距离

　　C.排水量;加载的100 t重量距重心的距离

　　D.排水量;加载的100 t重量距漂心的距离

5.吃水差比尺适用于计算_____时吃水差及首、尾吃水的改变量。

　　①少量载荷变动;②大量载荷变动;③任意重量的载荷变动

　　A.①　　　　　　　　　　　　　　　B.②

　　C.③　　　　　　　　　　　　　　　D.①②③都有可能

6.吃水差比尺在计算_____时误差较小。

　　①少量装卸时首、尾吃水改变量;②少量装卸时吃水差改变量;③大量装卸时首、尾吃水改变量

　　A.①②　　　　　　　　　　　　　　B.②③

　　C.①　　　　　　　　　　　　　　　D.②

7.某船排水量$\Delta=6\ 000$ t,_____时利用吃水差比尺查取首、尾吃水改变量误差较小。

　　A.开船前加油水1 500 t　　　　　　　B.航行途中油水消耗200 t

　　C.中途港卸货1 000 t　　　　　　　　D.中途港装货800 t

8.某船首吃水为5.60 m,查得在该船某舱加载100 t货物时首吃水的改变量为0.133 m,则在该舱装214 t货物后该船首吃水为_____m。

　　A.5.29　　　　　　　　　　　　　　B.7.65

　　C.7.065　　　　　　　　　　　　　　D.5.88

9.某船装货前的首吃水为5.59 m,吃水差为-0.53 m,查得在某舱加载100 t货物时首吃水的改变量为0.24 m,尾吃水的改变量为-0.10 m,在该船卸载149 t货物后船舶的尾吃水为_____m。

　　A.5.97　　　　　　　　　　　　　　B.5.62

　　C.6.27　　　　　　　　　　　　　　D.5.79

10.某船抵港前$d_F=5.47$ m,$d_A=6.03$ m,计划在No.3舱卸货物136 t,查相关图表得在该舱加载100 t货物时首吃水改变量为-0.06 m,尾吃水改变量为0.12 m,则驳卸后的首吃水为_____m,尾吃水为_____m。

　　A.5.55;5.87　　　　　　　　　　　　B.5.39;5.87

　　C.5.55;6.19　　　　　　　　　　　　D.5.39;6.19

11.某船尾吃水5.87 m,吃水差-0.42 m,查得No.3舱加载100 t货物时首吃水改变量为-7.38 cm,尾吃水改变量为13.39 cm,则在No.3舱卸货132 t货物后船舶的首吃水为_____m。

　　A.5.45　　　　　　　　　　　　　　B.4.41

　　C.5.27　　　　　　　　　　　　　　D.5.55

12.某船吃水差为-0.54 m,查得在No.2舱加载100 t货物时的首、尾吃水改变量分别是+0.20 m和-0.03 m,则在该舱加载83 t货物后船舶的吃水差为_____m。

　　A.-0.31　　　　　　　　　　　　　B.-0.42

C.-0.35 　　　　　　　　　　　　D.-0.29

13.某船装货前的首吃水为 6.055 m,查得在该船某舱加载 100 t 货物时首吃水的改变量为 0.155 m,如装货量为 697 t,则装货后船舶的首吃水为_____m。

A.6.422 　　　　　　　　　　　　B.9.276

C.8.562 　　　　　　　　　　　　D.7.135

14.某船装货前的尾吃水为 5.872 m,查得在某舱加载 100 t 货物时尾吃水的改变量为 0.189 m,如装货量为 341 t,则装货后船舶的尾吃水为_____m。

A.7.168 　　　　　　　　　　　　B.5.213

C.4.562 　　　　　　　　　　　　D.6.516

15.某船装货前的尾吃水为 5.70 m,查得在某舱加载 100 t 货物时尾吃水的改变量为 0.22 m,如装货量为 594 t,则装货后船舶的尾吃水为_____m。

A.6.31 　　　　　　　　　　　　B.9.11

C.8.41 　　　　　　　　　　　　D.7.01

16.某船装货前的尾吃水为 8.13 m,吃水差为-0.83 m,在某舱加载 100 t 货物时首吃水改变量为 0.23 m,尾吃水改变量为-0.11 m,现在该舱装货 269 t,则装货后船舶的吃水差为_____m。

A.-0.08 　　　　　　　　　　　　B.0.16

C.0.08 　　　　　　　　　　　　D.-0.16

17.某船 $d_F=5.52$ m,$d_A=6.40$ m,查得在 No.3 舱装载 100 t 货物时首吃水变化量为-0.06 m,尾吃水变化量为 0.28 m,则在 No.3 舱卸载 142 t 货物后船舶吃水差为_____m。

A.-0.33 　　　　　　　　　　　　B.-0.4

C.-0.47 　　　　　　　　　　　　D.-0.63

18.某船 $d_F=5.74$ m,$d_A=6.21$ m,查得在 No.3 舱装载 100 t 货物时首吃水变化量为-0.05 m,尾吃水变化量为 0.24 m,则在 No.3 舱卸载 79 t 货物后船舶吃水差为_____m。

A.-0.38 　　　　　　　　　　　　B.-0.24

C.-0.19 　　　　　　　　　　　　D.-0.12

19.某船装货前的尾吃水为 9.36 m,吃水差为-0.72 m,查得在某舱加载 100 t 货物时尾吃水改变量为 0.208 m,首吃水改变量为-0.083 m,则在该舱卸载 456 t 货物后船舶首吃水为_____m。

A.8.98 　　　　　　　　　　　　B.9.02

C.8.72 　　　　　　　　　　　　D.9.18

20.某船在 No.2 舱卸载 60 t 货物,查百吨吃水差比尺得到在该舱加载 100 t 货物时的首、尾吃水改变量分别是+0.20 m 和-0.11 m,则卸载 60 t 货物后船舶的吃水差改变量为_____m。

A.-0.19 　　　　　　　　　　　　B.-0.31

C.0.19 　　　　　　　　　　　　D.0.31

21.某船在 No.2 舱加载 200 t 货物,查百吨吃水差比尺得到在该舱加载 100 t 货物时的首、尾吃水改变量分别是+0.20 m 和-0.11 m,则加载 200 t 货物后船舶的吃水差改变量为_____m。

A.-0.18 　　　　　　　　　　　　B.0.18

C.-0.62 　　　　　　　　　　　　D.0.62

22.某船卸货前的吃水差 $t=-0.50$ m,卸货量为 500 t,查得在该舱加载 100 t 货物时首吃水改变量为 0.10 m,尾吃水改变量为-0.10 m,则卸货后船舶的吃水差为_____m。

A.0.5 　　　　　　　　　　B.-0.5

C.-1 　　　　　　　　　　D.-1.5

23.某船抵港前 $d_F=5.47$ m, $d_A=6.03$ m,计划在 No.3 舱卸载货物 136 t,查相关图表得在该舱加载 100 t 货物时首吃水变化量为-0.06 m,尾吃水变化量为 0.12 m,则卸货后首吃水为_____m,尾吃水为_____m。

A.5.55;5.87 　　　　　　　　B.5.39;5.87

C.5.39;6.19 　　　　　　　　D.5.55;6.19

第五节　吃水差调整

1.从保证船舶具有适当吃水差角度考虑,下列做法不恰当的是_____。

A.装货结束后纵向移动少量货物

B.装货结束前在首尾部货舱留出部分机动货

C.在装卸作业前合理安排货物装卸顺序

D.在航行中合理安排油水消耗的舱室顺序

2.为了减小首倾,应将货物_____移动。

A.自中前向船中 　　　　　　B.自中前向漂心

C.自中前向浮心 　　　　　　D.自中前向重心

3.为了减小尾倾,应将货物_____移动。

A.自中后向船中 　　　　　　B.自中后向漂心

C.自中后向浮心 　　　　　　D.自中后向重心

4.将一定货物_____移动,尾倾减小最显著。

A.自船中后某处向船中前某处 　B.自船尾向船中

C.自船尾向船首 　　　　　　D.自船中向船首

5.船舶配载后经计算发现首倾,无拱垂,则以下调整措施较为适宜的是_____。

A.由船舶前部向后部移货 　　B.由船舶前部向中部移货

C.由船舶中部向前后移货 　　D.由船舶中部向后部移货

6.船舶配载后经计算发现首倾,中拱,则以下调整措施较为适宜的是_____。

A.由船舶前部向中部移货 　　B.由船舶中部向后部移货

C.由船舶前后部向中部移货 　　D.由船舶前部向后部移货

7.船舶配载后经计算发现首倾,中垂,则以下调整措施较为适宜的是_____。

A.由船舶前部向中部移货 　　B.由船舶中部向后部移货

C.由船舶前后部向中部移货 　　D.由船舶前部向后部移货

8.船舶配载后经计算发现平吃水,中拱过大,若要保持船舶纵倾状态不变,则以下调整措施较为适宜的是_____。

A.由船舶前后向中部移货　　　　　　　B.由船舶中部向前后移货

C.由船舶后部向中部移货　　　　　　　D.由船舶前部向中部移货

9.船舶配载后经计算发现尾倾过大,中垂,则以下调整措施较为适宜的是_____。

　　A.由船舶中部向前后移货　　　　　　B.由船舶尾部向前部移货

　　C.由船舶中部向后部移货　　　　　　D.由船舶中部向前部移货

10.船舶装载后为中拱状态,为增大尾倾,应将_____。

　　A.首部压载水移至中区　　　　　　　B.压载水加在首部

　　C.压载水加在中区　　　　　　　　　D.压载水加在尾部

11.船舶配载后经计算发现尾倾过大,中拱,则以下调整措施较为适宜的是_____。

　　A.由船舶前后部向中部移货　　　　　B.由船舶后部向前部移货

　　C.由船舶前部向中部移货　　　　　　D.由船舶后部向中部移货

12.船舶配载后经计算发现尾倾过大,无拱垂,则以下调整措施较为适宜的是_____。

　　A.由船舶前部向中部移货　　　　　　B.由船舶中部向前部移货

　　C.由船舶前后部向中部移货　　　　　D.由船舶后部向前部移货

13.船舶纵向移动载荷调整吃水差,由首、尾货舱同时向中部货舱移货时,吃水差将_____。

　　A.增加　　　　　　　　　　　　　　B.减少

　　C.不变　　　　　　　　　　　　　　D.不能确定

14.船舶纵向移动载荷调整吃水差,已知 $t = -0.30$ m,则由前向后移动载荷时,吃水差将_____。

　　A.增加　　　　　　　　　　　　　　B.减少

　　C.不变　　　　　　　　　　　　　　D.变化趋势不定

15.将一定货物_____移动,首倾减小最显著。

　　A.自船首向船尾　　　　　　　　　　B.自船首向船中

　　C.自船中向船尾　　　　　　　　　　D.自中前某处向中后某处

16.船舶 $t = -0.1$ m,从中部货舱向船尾方向移货时,尾吃水差将_____。

　　A.增加　　　　　　　　　　　　　　B.不能确定

　　C.不变　　　　　　　　　　　　　　D.减少

17.某船装载后尚需加载少量货物,要求加载后吃水差不变,则该货物应加载在_____。

　　A.通过船中的垂直线上　　　　　　　B.通过重心的垂直线上

　　C.通过浮心的垂直线上　　　　　　　D.通过漂心的垂直线上

18.船舶装货结束前经测算发现平吃水,中垂过大,若要保持船舶纵倾状态不变,则以下调整措施较为适宜的是_____。

　　A.中部加载　　　　　　　　　　　　B.首部加载

　　C.尾部加载　　　　　　　　　　　　D.中部减载

19.为了增大船舶尾倾,应在_____之_____卸下少量货物。

　　A.漂心;后　　　　　　　　　　　　B.船中;前

　　C.漂心;前　　　　　　　　　　　　D.船中;后

20.为了减小船舶尾倾,应在_____之_____卸下少量货物。

　　A.漂心;后　　　　　　　　　　　　B.船中;前

C.漂心；前   D.船中；后

21.为了减小船舶首倾,应在_____之_____加装少量货物。
A.漂心；后   B.浮心；前
C.漂心；前   D.船中；后

22.在调整船舶吃水差时,适宜的做法是_____。
①在编制配载计划时,打排压载水；②在编制配载计划时,将货物纵向移动；③装货后纵向移动货物；④航行中纵向移动货物；⑤航行中,调驳压载水、淡水和燃料
A.②③⑤   B.②⑤
C.①③④   D.①③④⑤

23.船舶在航行中,可通过_____调整船舶吃水差。
A.在配载计划中将货物做纵向移动   B.在船舶首尾装载少量载荷
C.调驳压载水和淡水   D.用船吊将货物做纵向移动

24.某船满载,航行中发现吃水差不满足要求,正确的调整方法是_____。
A.打入压载水   B.调驳液舱内的油水
C.纵向移动少量货物   D.调整配载计划

25.在编制配载计划时,最好采用_____的方法调整船舶吃水差。
A.调驳压载水和淡水   B.调驳燃料舱内的燃料
C.将货物做纵向移动   D.将货物横向移动

26.下列关于保证和调整船舶适宜吃水差的经验方法的说法正确的是_____。
A.保证二层舱和底舱货物重量的比例适当
B.重货装首、尾货舱,轻货装中部货舱
C.中部货舱多装货,首、尾货舱少装货
D.综合考虑纵向强度、吃水差及货物相容性,适当调整各舱货重,首、尾舱留出一定的机动货载用来调整吃水差

参考答案

第一节　营运船舶对吃水差及吃水的要求

1.B	2.D	3.D	4.D	5.C	6.D	7.A	8.D	9.B	10.D
11.B	12.C	13.A	14.B	15.B	16.D	17.B	18.B	19.C	20.D
21.B	22.D	23.C							

第二节　船舶吃水差及首、尾吃水的计算

1.B	2.C	3.D	4.C	5.C	6.B	7.D	8.B	9.A	10.B
11.A	12.D	13.C	14.A	15.D	16.A	17.A	18.B	19.C	20.C
21.B	22.B	23.C	24.B	25.B	26.B				

第三节　载荷纵移、重量增减对纵向浮态的影响

1.A	2.C	3.B	4.C	5.C	6.C	7.A	8.C	9.D	10.D
11.B	12.D	13.D	14.A	15.B	16.B	17.B	18.D	19.C	20.D
21.D	22.C	23.C	24.D	25.D	26.D	27.D	28.B	29.D	30.D
31.D	32.A	33.A	34.C	35.B	36.D	37.D	38.D	39.D	40.B
41.A	42.B	43.C	44.B	45.B	46.A	47.D			

第四节　吃水差比尺

1.C	2.C	3.A	4.A	5.A	6.A	7.B	8.D	9.C	10.A
11.D	12.C	13.D	14.D	15.D	16.C	17.B	18.B	19.B	20.A
21.D	22.D	23.A							

第五节　吃水差调整

1.A	2.A	3.A	4.C	5.A	6.A	7.B	8.A	9.D	10.A
11.D	12.D	13.D	14.A	15.A	16.A	17.D	18.D	19.C	20.A
21.A	22.D	23.C	24.B	25.B	26.D				

第十章

船舶强度

第一节　船舶总纵强度

1.以下有关船舶纵向强度的说法正确的是_____。

　A.船体结构抵抗纵向受力沿垂向分布变化造成的变形和破坏

　B.船体结构抵抗横向受力沿船长方向分布变化造成的变形和破坏

　C.船体结构抵抗垂向受力沿纵向分布变化造成的变形和破坏

　D.船体结构抵抗纵向受力沿船长方向分布变化造成的变形和破坏

2.从船舶安全积载的角度出发,普通干散货船主要考虑的强度分类是_____。

　A.总纵强度和局部强度　　　　　　　　B.横向强度和扭转强度

　C.横向强度和总纵强度　　　　　　　　D.扭转强度和局部强度

3.按照_____,将船舶强度分为横强度、扭转强度和纵强度。

　A.船舶所受外力分布的走向和船体结构变形方向

　B.船舶所受外力分布的走向和船体结构变形范围

　C.船舶所受外力的分布和船体结构变形范围

　D.船舶结构抵抗船体发生变形能力

4.将船舶强度分为总强度和局部强度是按照_____划分的。

　A.船舶所受外力分布的走向和船体结构变形方向

　B.船舶所受外力分布的走向和船体结构变形范围

　C.船舶所受外力的分布和船体结构变形范围

　D.船舶结构抵抗船体发生变形能力

5.以下有关强度的分类和定义的说法错误的是_____。

　A.总强度分为纵向强度、扭转强度和横向强度

　B.强度分为总强度、局部强度和扭转强度

　C.按照外力的分布和船体结构变形的范围,船体强度可分为总强度和局部强度

　D.扭转强度是指船体结构抵抗扭转变形或破坏的能力

6.船体产生纵向变形的原因是_____。

A.船舶装载重货太多 B.船舶所受的重力和浮力不相等

C.船舶没有达到满舱满载 D.重力和浮力沿纵向分布不一致

7._____的作用使船体产生剪切变形,_____的作用使船体产生弯曲变形。

A.载荷;切力 B.切力;弯矩

C.弯矩;载荷 D.弯矩;切力

8.船体产生纵向弯曲变形的根本原因是_____。

A.船舶受到的重力和浮力不相等

B.船舶某一剖面重力和浮力不均衡

C.在船长方向上各舱装货不相等

D.在船长方向上重力和浮力分布不均衡

9.杂货船营运中主要应考虑的船舶强度为_____。

①总纵强度;②扭转强度;③局部强度;④横向强度

A.①③ B.①②③

C.①② D.①②③④

10.船体发生纵向弯曲变形和破坏是由于_____。

A.局部强度不足 B.总纵弯曲强度不足

C.横向强度不足 D.扭转强度不足

11.船体发生纵向弯曲变形的大小与_____无关。

A.船舶处于波浪中的相对位置 B.重力沿船长方向分布

C.浮力沿船长方向分布 D.船舶的航速

12.引起船舶纵向变形的主要原因是_____。

A.船体纵向构件的刚度不足

B.船体纵向构件的强度不足

C.船舶所受重力和浮力不相等

D.船体沿长度方向重力和浮力分布不均衡

13.按照船舶所受外力的分布和船体结构变形范围的不同,将船舶强度分为_____。

A.纵强度和横强度 B.总强度和局部强度

C.总强度和扭转强度 D.横强度和扭转强度

14.按照船舶所受外力分布的走向和船体结构变形的方向不同,将船舶强度分为_____。

A.纵强度、横强度和局部强度 B.总强度、局部强度和扭转强度

C.总强度、扭转强度和纵强度 D.横强度、扭转强度和纵强度

15.纵向强度是指_____。

A.船舶主甲板、船底板和龙骨板抵抗各种内、外力作用使船舶沿纵向发生极度变形和破坏的能力

B.船舶结构抵抗各种纵向内力作用使船舶沿纵向发生极度变形和破坏的能力

C.船舶结构抵抗各种垂向内、外力作用使船舶沿纵向发生极度变形和破坏的能力

D.船舶结构抵抗各种纵向水平的内、外力作用使船舶沿纵向发生极度变形和破坏的能力

16.船舶纵向强度是指船体结构抵抗纵向_____的能力。

A.扭曲变形
B.剪切及扭曲变形
C.损坏
D.变形或损坏

17.船舶纵向强度是指船舶结构抵抗_____。

A.船体沿船宽方向发生损坏及变形的能力

B.各层甲板沿船长方向发生扭曲变形的能力

C.船体沿船长方向产生剪切及弯曲变形的能力

D.载荷和水压力作用保持不损坏和不发生很大变形的能力

18.对船舶总纵强度影响最大的是_____。

①波浪对船首底部的冲击力;②推力;③波浪切力;④惯性力;⑤船舶所受浮力;⑥水阻力;
⑦船舶所受重力;⑧机器的振动力

A.①③④⑤⑥⑧
B.②⑤⑥
C.⑤⑦
D.①②③④⑤⑥⑦

19.下图表示船体发生_____变形。

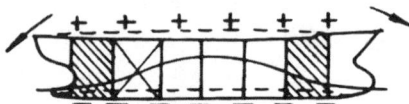

A.剪切
B.剪力
C.中拱
D.中垂

20.当船舶中部装货过重,首尾部装货过轻时,船舶可能产生的变形是_____。

A.中垂变形
B.中拱变形
C.扭转变形
D.横向变形

21.船舶重力和浮力_____,导致船舶纵向产生变形。

A.沿船长方向分布规律不一致
B.大小不等
C.不作用于同一垂线上
D.沿船宽方向分布规律不一致

22.船舶中垂变形时,_____。

A.首尾平均吃水大于船中两舷平均吃水

B.首尾平均吃水小于船中两舷平均吃水

C.首尾平均吃水等于船中两舷平均吃水

D.首尾平均吃水与船中两舷平均吃水的关系不能确定

23.利用首尾平均吃水与中部两面平均吃水相比较的方法可以估算_____。

A.船舶稳性的大小
B.船舶装货量的多少
C.船舶中拱或中垂的程度
D.船舶排水量的变化量

24.在船舶弯矩曲线上,一般而言,弯矩最大点对应的剪力_____。

A.等于零
B.小
C.大
D.不能确定

25.在船舶弯矩曲线上,一般而言,除船舶首、尾外,剪力为零的点对应的弯矩_____。

A.大
B.小

C.等于零 　　　　　　　　　　　　D.不能确定

26.重力与浮力之差在船体纵向上的分布曲线称为_____。

A.切力曲线 　　　　　　　　　　　B.重力曲线

C.载荷曲线 　　　　　　　　　　　D.弯矩曲线

27.下列对船体强度方面的描述,不正确的是_____。

A.船舶结构必须具有抵抗各种内、外力作用,使船舶能抵抗发生极度变形和破坏的能力,这种能力称为船体强度

B.局部强度是指船体结构抵抗局部变形或破坏的能力,船体局部强度受损也会导致船体总强度受损

C.按照外力的分布和船体结构变形的范围,船体强度分为纵向强度、横向强度、扭转强度

D.扭转强度是指船体结构抵抗扭转变形或破坏的能力,扭转强度是船体总强度的一种

28.船舶发生中垂变形时,船体受_____弯矩作用,上甲板受_____,船底受_____。

A.负;压;拉 　　　　　　　　　　B.正;压;拉

C.负;拉;压 　　　　　　　　　　D.正;拉;压

29.船体中拱时,甲板受到_____,船底受到_____。

A.拉应力;拉应力 　　　　　　　　B.压应力;压应力

C.拉应力;压应力 　　　　　　　　D.压应力;拉应力

30.由船尾到船舶某一横剖面,对重力和浮力差值曲线进行积分,则得到了该剖面所受的_____。

A.载荷 　　　　　　　　　　　　　B.切力

C.弯矩 　　　　　　　　　　　　　D.强度

31.船舶各剖面许用弯矩和许用剪力通常分为_____。

A.港内状态和海上状态 　　　　　　B.港内状态和锚泊状态

C.锚泊状态和海上状态 　　　　　　D.临界状态和实际状态

32.船舶载荷曲线对横坐标的一次积分即为_____曲线。

A.重力 　　　　　　　　　　　　　B.剪力

C.载荷 　　　　　　　　　　　　　D.弯矩

33.影响船舶浮力沿船长方向分布的因素是_____。

A.上层建筑形状 　　　　　　　　　B.船体形状

C.船体水线下体积的形状 　　　　　D.重力分布

34.船舶负荷曲线是_____曲线。

A.浮力曲线下面积沿船长的分布 　　B.浮力沿船长的分布

C.重力与浮力差值沿船长的分布 　　D.重力沿船长的分布

35.船体所受的重力和浮力的差值称为_____。

A.载荷 　　　　　　　　　　　　　B.切力

C.剪力 　　　　　　　　　　　　　D.弯曲应力

36.船舶发生中拱变形时,_____。

A.中部浮力小于重力,首尾部重力大于浮力

B.中部浮力小于重力,首尾部重力小于浮力

C.中部浮力大于重力,首尾部重力大于浮力

D.中部浮力大于重力,首尾部重力小于浮力

37.由于_____,船体可能会发生纵向弯曲变形。

 A.重力和浮力沿船长方向的分布不相等

 B.重心和浮心不共垂线

 C.重心点和稳心点不共垂线

 D.浮心和漂心不共垂线

38.船舶首部和尾部的受力特点是_____。

 A.受总纵弯曲作用力和局部作用力均很小

 B.受总纵弯曲作用力较大、局部作用力较小

 C.受总纵弯曲作用力较小、局部作用力较大

 D.受总纵弯曲作用力和局部作用力均很大

39.船舶中垂的特征是_____。

 A.船中部上拱,上甲板受压,船底受拉

 B.船中部上拱,上甲板受拉,船底受压

 C.船中部下垂,上甲板受压,船底受拉

 D.船中部下垂,上甲板受拉,船底受压

40.船舶中拱的特征是_____。

 A.船中部上拱,上甲板受压,船底受拉

 B.船中部上拱,上甲板受拉,船底受压

 C.船中部下垂,上甲板受压,船底受拉

 D.船中部下垂,上甲板受拉,船底受压

41.船体发生纵向弯曲变形的大小与_____有关。

 ①重力沿船长方向的分布;②浮力沿船长方向的分布;③船舶处于波浪中的相对位置

 A.①   B.②

 C.③   D.①②③

42.船体发生纵向弯曲变形的大小与_____沿船长方向的分布有关。

 ①重力;②浮力;③载荷

 A.①②③   B.①②

 C.①③   D.②③

43.船舶为中拱状态,现欲增大船舶尾倾,需_____。

 A.将船中货物前移   B.将船中货物后移

 C.将船尾货物移向船中   D.将船首货物移向船中

44.船舶为中垂状态,现欲增大船舶尾倾,需_____。

 A.将船中货物前移   B.将船中货物后移

 C.将船尾货物移向船中   D.将船首货物移向船中

45.对船舶重力分布曲线与浮力分布曲线之差进行两次积分得到的是_____。

A.载荷分布曲线　　　　　　　　　　　B.切力分布曲线

C.弯矩分布曲线　　　　　　　　　　　D.强度分布曲线

46.当船舶出现_____时,则该船一定会出现中拱变形。

A.尾机型船舶满载　　　　　　　　　　B.尾机型船舶空载

C.中机型船舶半载　　　　　　　　　　D.中机型船舶空载

47.船舶装载后呈中垂状态,若航行中波长近似等于船长,且_____在船中,则会明显减小中垂弯矩。

A.波峰　　　　　　　　　　　　　　　B.波谷

C.波长的 1/3 处　　　　　　　　　　　D.波谷与波峰之间

48.船舶装载后呈中垂状态,若航行中波长近似等于船长,且_____在船中,则会明显增大中垂弯矩。

A.波峰　　　　　　　　　　　　　　　B.波谷

C.波长的 1/3 处　　　　　　　　　　　D.波谷与波峰之间

49.船舶装载后呈中拱状态,若航行中波长近似等于船长,且_____在船中,则会减小中拱弯矩。

A.波峰　　　　　　　　　　　　　　　B.波谷

C.波长的 1/3 处　　　　　　　　　　　D.波谷与波峰之间

50.船舶装载后呈中拱状态,若航行中波长近似等于船长,且_____在船中,则会增大中拱弯矩。

A.波峰　　　　　　　　　　　　　　　B.波谷

C.波长的 1/3 处　　　　　　　　　　　D.波谷与波峰之间

51.某船在波浪中顶浪滞航,波长约等于船长,当波峰在船中附近时,可能导致_____。

①中拱加剧;②中垂加剧;③中拱减缓;④中垂减缓

A.①②　　　　　　　　　　　　　　　B.②③

C.①④　　　　　　　　　　　　　　　D.②④

52.某船在波浪中顶浪滞航,波长约等于船长,当波谷在船中附近时,可能导致_____。

①中拱加剧;②中垂加剧;③中拱减缓;④中垂减缓

A.①②　　　　　　　　　　　　　　　B.②③

C.②④　　　　　　　　　　　　　　　D.①③

53.波浪是通过改变_____沿船长方向的分布从而影响船体纵向弯曲变形的。

A.重力　　　　　　　　　　　　　　　B.浮力

C.阻力　　　　　　　　　　　　　　　D.内力

54.某船首吃水为 9.05 m,船中吃水为 9.10 m,尾吃水为 9.25 m,如果船长约等于波长,且波峰在船中,则_____。

A.中拱减缓　　　　　　　　　　　　　B.中拱加剧

C.中垂加剧　　　　　　　　　　　　　D.中垂减缓

55.船首、尾端处的总纵弯曲力矩_____,剪力_____。

A.较小;较大　　　　　　　　　　　　B.较大;较大

C.较小;较小　　　　　　　　　　D.较大;较小

56.下列关于船舶配载仪的功能描述,不正确的是_____。

A.散粮船的配载仪能够计算散装谷物的装载稳性

B.配载仪的基本功能是进行强度和稳性的计算

C.配载仪中所有的数据都需要人工输入

D.配载仪通常能与船舶的液位遥测的接口直接相连,自动读取数据进行计算

57.根据经验数值法,若船舶的拱垂值不超过 $L_{bp}/1\,200$,则船舶的拱垂变形处于_____。

A.正常范围　　　　　　　　　　B.极限范围

C.危险范围　　　　　　　　　　D.有利范围

58.根据经验数值法,若船舶的拱垂值 δ 为 $L_{bp}/800<\delta\leqslant L_{bp}/600$,则船舶的拱垂变形处于_____。

A.正常范围　　　　　　　　　　B.极限范围

C.危险范围　　　　　　　　　　D.有利范围

59.根据经验,如果船舶满载时的中拱值或中垂值大于 $L_{bp}/600$,则_____。

A.不允许开航　　　　　　　　　　B.只能在好天气时开航

C.在任何天气情况下都可以开航　　D.船舶处于极限中拱或中垂状态

60.根据经验,如果船舶满载时的中拱值或中垂值 δ 为 $L_{bp}/800\leqslant\delta<L_{bp}/600$,则_____。

A.只能在预计航线天气较好时开航　B.在任何天气情况下都可以开航

C.在任何天气情况下都不可以开航　D.船舶处于正常中拱或中垂状态

61.根据经验,如果船舶满载时的中拱值或中垂值 δ 为 $L_{bp}/1\,200<\delta<L_{bp}/800$,则_____。

A.只能在预计航线天气较好时开航　B.在任何天气情况下都可以开航

C.在任何天气情况下都不可以开航　D.船舶处于正常中拱或中垂状态

62.根据经验,如果船舶满载时的中拱值或中垂值 $\delta<L_{bp}/1\,200$,则_____。

A.只能在好天气时开航　　　　　　B.在正常的天气情况下可以开航

C.在任何天气情况下都不可以开航　D.船舶处于极限中拱或中垂状态

63.在船舶装载仪船体纵强度校核界面上常可以在"海上"和"港内"两者间做切换,其"港内"是指_____。

A.不考虑波浪附加切力和弯矩影响　B.水密度取港内值

C.船速设定零　　　　　　　　　　D.仅考虑港内的风浪影响

64.某船垂线间长为 120 m,根据经验,则其只能在预计航线天气较好时才能开船的最小中拱或中垂值为_____。

A.0.15 m　　　　　　　　　　　　B.0.50 m

C.0.10 m　　　　　　　　　　　　D.0.20 m

65.船舶某横剖面上实际弯矩超过允许范围,船体的_____结构有可能最先遭到破坏。

A.上甲板或船底　　　　　　　　　B.纵舱壁

C.横舱壁　　　　　　　　　　　　D.舷侧

66.根据经验,船舶的危险拱垂值是_____。

A.$L_{bp}/600$　　　　　　　　　　B.$L_{bp}/800$

C.L_{bp}/1 000   D.L_{bp}/1 200

67.根据经验,船舶的极限拱垂值是_____。

    A.L_{bp}/600   B.L_{bp}/1 000

    C.L_{bp}/1 200   D.L_{bp}/800

68.船舶在港状态的许用弯矩和许用剪力通常_____其海上状态值。

    A.小于   B.大于、等于或小于

    C.大于   D.等于

69.同一船舶,甲板所受的总纵弯曲应力比船底_____。

    A.大   B.小

    C.一样   D.大小不定

70.以下有关船舶纵向强度校核的说法正确的是_____。

    A.船舶各个剖面实际剪力小于许用剪力,船舶强度满足要求

    B.船舶各个剖面实际弯矩小于许用弯矩,船舶强度满足要求

    C.船中静水弯矩小于许用允许最大静水弯矩,船舶强度满足要求

    D.船舶海上许用弯矩小于港内许用弯矩

71.对具体船舶,其中剖面许用静水弯矩 M_s _____。

    A.为一定值   B.与货物沿船长的分布有关

    C.随船舶的营运年限而变化   D.与浮力沿船长的分布有关

72.某船船长 L_{bp} = 140 m,实测船舶首、尾吃水分别为 8.54 m、9.28 m,船中两舷吃水分别为 8.64 m、9.28 m,则船舶_____。

    A.中垂,纵强度满足要求   B.中拱,纵强度满足要求

    C.中垂,纵强度不满足要求   D.中拱,纵强度不满足要求

73.通常情况下,船舶配载仪的功能不包括_____。

    A.船舶强度曲线与校核数据   B.船舶破舱曲线与校核数据

    C.船舶稳性曲线与校核曲线   D.船舶浮态曲线与校核数据

74.关于船舶腐蚀对强度的影响,下列说法错误的是_____。

    A.腐蚀可导致船舶的强力构件强度降低

    B.船舶甲板剖面模数每年须扣除腐蚀量的 0.4% ~0.6%

    C.船舶甲板剖面模数随船舶运营年数的增加而逐年下降

    D.对于使用年限小于 3 年的新船可不考虑船舶腐蚀的影响

75.对于使用年限在 10 年以上的船舶,该船甲板剖面模数每年须扣除腐蚀量的_____。

    A.0.1%   B.0.3%

    C.0.4%   D.0.6%

76.为了缓解船舶的中垂,下列措施一定有效果的是_____。

    A.在甲板上卸货

    B.将首部压载舱的压载水调至尾部压载舱

    C.使用船舶尾部的燃油舱

    D.将中部货舱的货物调至首、尾部货舱

77.已知某船 No.2 舱的舱容比为 25.77%，某航次货物的总重量为 10 000 t，则 No.2 舱离港时装货重量上、下限分别为_____。

A.2 577 t、2 320 t

B.2 835 t、2 319 t

C.2 834 t、2 577 t

D.2 964 t、2 190 t

78.当船舶首、尾货舱装货数量过多而中部货舱_____时，就会出现严重的中拱现象。

A.过少，船舶中部处于波峰之上

B.过少，船舶中部处于波谷之上

C.均衡装载，船舶中部处于波谷之上

D.均衡装载，船舶中部处于波峰之上

第二节　船舶局部强度

1.局部强度可用_____表示。

①均布载荷；②集中载荷；③车辆甲板载荷；④压强载荷；⑤堆积载荷

A.①②④⑤

B.①②③⑤

C.①②③④

D.①③④⑤

2.根据船舶用途不同，船体局部强度的表示方法有多种，包括（但不限于所列种类）_____。

①均布面积；②集中载荷；③车辆甲板载荷；④堆积面积和最大重量

A.①②

B.②③

C.①②③

D.②③④

3.船舶的_____是指船体结构抵抗船体局部变形或损坏的能力。

A.扭转强度

B.弯矩

C.局部强度

D.纵向强度

4.船舶的局部强度是指船体结构抵抗_____的能力。

A.船体局部变形或损坏

B.干舷甲板发生扭曲变形

C.船体沿船宽方向发生扭曲变形

D.船体沿船长方向发生扭曲变形

5.下列各项会引起船舶结构局部变形及损坏的是_____。

①波浪对船首底部的冲击力；②甲板承受重载荷；③横剖面上出现切力和弯矩；④船体斜置于波浪；⑤机器的振动力

A.③④⑤

B.①④⑤

C.①②⑤

D.②③④

6._____是指货物重力集中作用在一个较小的特定面积上。

A.车辆载荷

B.集装箱载荷

C.均布载荷

D.集中载荷

7.集装箱船堆积载荷是指_____。

A.集装箱内单位体积的货物重量

B.每一排集装箱的重量

C.作用于集装箱底座上的重量

D.单位面积上的集装箱重量

8.作用在载货部位上的货物重力集中分布在某一较小特定面积或特定位置上,此种载荷称为_____。

A.集中载荷 　　　　　　　　　B.均匀载荷

C.车辆载荷 　　　　　　　　　D.集装箱载荷

9.作用在载货部位上的货物重力均匀分布在某一较大面积上,此种载荷称为_____。

A.集中载荷 　　　　　　　　　B.均布载荷

C.车辆载荷 　　　　　　　　　D.集装箱载荷

10.对于集装箱船舶,其局部强度通常用_____表示。

A.均布载荷 　　　　　　　　　B.堆积载荷

C.集中载荷 　　　　　　　　　D.集装箱甲板载荷

11.对一般杂货船来说,_____局部强度较大。

A.底舱底板 　　　　　　　　　B.中间甲板

C.上甲板 　　　　　　　　　　D.舱口盖

12.集装箱船的局部强度指的是_____。

A.集中载荷 　　　　　　　　　B.堆积载荷

C.平均载荷 　　　　　　　　　D.单位面积的允许载荷

13.车辆甲板载荷是指_____。

A.单位面积上车辆及货物的总重量

B.特定面积上车辆及货物的总重量

C.特定车轮数目下车辆及货物的总重量

D.单个车轮上车辆及货物的总重量

14.集中载荷条件下的甲板允许负荷量以_____表示。

A.单位面积上的集装箱重量 　　B.特定面积上允许承受的最大重量

C.单位面积上允许承受的最大重量 　D.每一车轮上的货物重量

15.均匀载荷条件下的甲板允许负荷量以_____表示。

A.单位面积上的集装箱重量 　　B.特定面积上允许承受的最大重量

C.单位面积上允许承受的最大重量 　D.每一车轮上的货物重量

16.集装箱船堆积载荷条件下的允许负荷量以_____表示。

A.每一箱位四个底座上允许承载该堆集装箱的最大重量

B.特定面积上允许承受的最大重量

C.单位面积上允许承受的最大重量

D.每一车轮上的货物重量

17.船舶实际营运中许用负荷的表示方法有_____。

A.均布载荷、集中载荷、船底载荷 　　B.集中载荷、车辆载荷、船底载荷

C.均布载荷、车辆载荷、压载平台载荷 　D.均布载荷、集中载荷、车辆载荷

18.校核集装箱船局部强度时,集装箱箱盖的允许载荷用_____来表示。

A.单位面积的允许重量

B.集装箱底面积上的允许负荷量

C.集中负荷

D.每一装箱底座上所能允许承受的最大负荷

19.某轻结构杂货船上甲板装货,货堆高 2 m,积载因数为 2 m³/t,依经验法判定上甲板该处的局部强度_____。

A.需通过试验来判定　　　　　　　　B.满足要求

C.条件不足,无法判定　　　　　　　　D.不满足要求

20.以下有关船舶局部强度的说法,正确的是_____。

A.一般均布载荷满足要求了,集中载荷亦满足要求

B.船舶各个舱口盖位置的许用均布载荷均相同

C.船舶各个货舱位置的许用集中载荷均相同

D.集中载荷的支承长度应大于一个骨材间距

21.与普通杂货船配积载有关的局部强度主要是_____。

①主甲板的强度;②货舱中间甲板的强度;③货舱底舱底板的强度

A.①②　　　　　　　　　　　　　　B.②③

C.①③　　　　　　　　　　　　　　D.①②③

22.某船某航次计划在第 1 货舱二层舱前半舱铺装钢板,钢板总重量为 800 t,查得该位置的均布负荷为 24.5 kPa,为保证船舶局部强度不受损伤,需要的最小衬垫面积为_____。

A.不知道钢板铺装的高度,无法计算　　B.33 m²

C.321 m²　　　　　　　　　　　　　D.320 m²

23.某船装载一件 50 t 的重货于甲板上,甲板允许负荷量为 24.525 kPa,则甲板上的衬垫面积最少为_____ m²。

A.2　　　　　　　　　　　　　　　B.5

C.10　　　　　　　　　　　　　　D.20

24.以下不是考虑局部强度因素的是_____。

A.一般干货船舱盖不允许装货

B.装载积载因数较小的重货时,要限制装货高度

C.按舱容比分配货物

D.堆装重大件货物时,要进行衬垫

25.某新船上甲板的许用均布载荷为 3 t/m²,现有重件货物 15 t,其底面积 10 m²,与上甲板实际接触面积 5 m²,则该重件货物积载处所的局部强度_____。

A.不满足条件

B.满足条件

C.根据强度报告书确定是否满足条件

D.根据经验确定是否满足条件

26.某船二层舱舱高 4 m,现装载 $SF=1.5$ m³/t 的杂货,高为 2.5 m,则二层甲板的局部强度_____。

A.不满足要求　　　　　　　　　　　B.满足要求

C.不确定　　　　　　　　　　　　　D.视货物密度而定

27.从保证船体局部强度的要求出发,当在二层舱堆装重大件时,应尽量安排在_____。

A.二层甲板下有支柱的地方 　　　　B.配有重吊的货舱

C.舱口较大的货舱 　　　　D.主甲板上有骨材的位置

28._____不是保证船舶局部强度不受损伤的措施。

A.货物在舱内应均匀分布 　　　　B.散装货船合理平舱

C.重货装载时应限制其落底速度 　　　　D.压载水不应过分集中

29._____是保证船舶局部强度不受损伤的措施。

①装载重大件货物时应加适当衬垫;②货物在舱内应均匀分布;③按照舱容比分配各舱货物的重量;④按船舶的腐蚀程度确定甲板允许负荷;⑤限制重货落底速度

A.①②⑤ 　　　　B.①②③④⑤

C.②③④ 　　　　D.①②④⑤

30.关于保证船舶局部强度的措施,以下说法正确的是_____。

①适当减小旧船的许用负荷量;②舱内货重分布尽量均匀;③重大件货物合理配载和衬垫;④上甲板舱盖上不装重货;⑤按舱容比分配各舱货物的重量;⑥重货装载时应限制其落底速度

A.①②③④⑤⑥ 　　　　B.①②③④⑥

C.①③④⑤⑥ 　　　　D.②④⑤⑥

31.以下不能保证船舶局部强度的措施是_____。

A.对于旧船,应适当减小其许用负荷量

B.按舱容比分配货物的重量

C.重货装载时其落底速度应受到限制

D.装舱时固体散货应注意平舱

第三节　船舶扭转强度

1.集装箱船设置抗扭箱的主要原因是_____。

A.增大船舶的货舱 　　　　B.提高船舶的扭转强度

C.增大船舶的压载舱容 　　　　D.提高船舶的抗沉性

2._____需要特别注意船舶的扭转强度。

A.增加空载时

B.船舶船体斜置于波浪中时

C.当波长等于船长,船中位于波峰时

D.当波长等于船长,船中位于波谷时

3._____,扭转强度越差。

A.船越大 　　　　B.船越宽

C.船越长 　　　　D.甲板开口越大

4._____应当考虑扭转强度。

A.木材船   B.液货船

C.客滚船   D.集装箱船

5.对于_____,应对扭转强度予以足够重视。

①集装箱船;②滚装船;③油船

A.①   B.②

C.①②③   D.③

6.对于_____,应对扭转强度予以足够重视。

A.集装箱船   B.固体散货船

C.驳船   D.A 和 C

7.影响船舶扭转变形的因素有_____。

①货物左右配载不均衡;②油水左右使用不均衡;③船舶在斜浪中航行;④货物前后配载不均衡

A.①②③④   B.①②④

C.①②③   D.②③④

8.当船舶首部舱右舷装载较多,尾部舱左舷装载较多,且船体斜置于波长接近于船长的波浪中时,船舶可能产生的变形是_____。

A.中垂变形   B.中拱变形

C.扭转变形   D.横向变形

9.杂货船货物配舱时要保证各到港货左、右舷配货重量对船舶中线面的力矩基本相等的原因是_____。

A.保证多头作业同时进行

B.提高装卸速度,缩短在港时间

C.保证船舶稳性

D.减小船舶扭矩以及防止产生过大横倾

10.船体各段长度上载重横向不对称,可能产生_____。

①横倾角;②扭转力矩;③横向弯曲变形

A.①②③   B.①③

C.②③   D.①②

11.对船舶扭转变形影响最大的是_____。

A.船体斜置于波浪   B.船体垂直于波浪

C.船体与波浪方向平行   D.无风浪情况下

12.从船舶安全积载的需要出发,集装箱船舶主要考虑_____。

①纵向强度;②扭转强度;③横向强度;④局部强度

A.①②③   B.②③④

C.①②④   D.①③④

参考答案

第一节　船舶总纵强度

1.C	2.A	3.A	4.C	5.B	6.D	7.B	8.D	9.A	10.B
11.D	12.D	13.B	14.D	15.C	16.D	17.C	18.C	19.C	20.A
21.A	22.B	23.C	24.A	25.A	26.C	27.C	28.A	29.C	30.B
31.A	32.B	33.C	34.C	35.A	36.C	37.A	38.C	39.C	40.B
41.D	42.B	43.D	44.B	45.C	46.B	47.A	48.B	49.B	50.A
51.C	52.B	53.B	54.B	55.C	56.C	57.A	58.C	59.A	60.C
61.A	62.B	63.A	64.C	65.A	66.A	67.D	68.C	69.A	70.D
71.C	72.A	73.B	74.D	75.D	76.D	77.B	78.A		

第二节　船舶局部强度

1.B	2.B	3.C	4.A	5.C	6.D	7.C	8.A	9.B	10.B
11.A	12.B	13.C	14.B	15.C	16.A	17.D	18.D	19.D	20.D
21.D	22.C	23.D	24.C	25.B	26.B	27.A	28.D	29.D	30.B
31.B									

第三节　船舶扭转强度

1.B	2.B	3.D	4.D	5.A	6.D	7.C	8.C	9.D	10.A
11.A	12.C								

第十一章

船舶抗沉性

第一节 抗沉性概念、进水舱分类及渗透率

1.三类进水舱中第三类进水舱舱内与舱外水面相比,_____。
   A.在同一水平高度
   B.舱外水面高
   C.舱内水面高
   D.视情况而定

2.在抗沉性计算中,根据船舱进水的情况,可将进水舱分成三类,其中第一类舱是_____。
   A.进水舱被灌满,其舱顶位于水线以下且未破损
   B.进水舱被灌满,其舱顶位于水线以下且已经破损
   C.进水舱未被灌满,舱内外水不相连通
   D.舱顶位于水线以上,舱内外水相连通

3.抗沉性是船舶在一舱或数舱破损进水后,仍能保持一定_____的性能。
   ①浮性;②强度;③稳性;④吃水差
   A.①③
   B.②④
   C.①②③
   D.①②③④

4.抗沉性是指船舶在_____破损进水后,仍能保持一定浮性和稳性的性能。
   A.任意一舱
   B.相邻两舱
   C.一舱或数舱
   D.任意两舱

5.造成船舱进水的可能原因有_____。
   ①两船碰撞;②船员舱室舷窗未关闭;③舱口盖变形;④船底板焊缝开裂
   A.①②③④
   B.①②③
   C.①③④
   D.②③④

6.抗沉性是指船舶在一舱或数舱进水后,仍能保持一定的_____使得船舶不致沉没或延缓沉没时间的性能。
   A.浮态和强度
   B.强度与稳性
   C.浮态与稳性
   D.稳性与吃水差

7.关于进水舱的分类,双层底底部破损导致进水属于_____。

A.第一类进水舱 　　　　　　　　B.第二类进水舱或第三类进水舱

C.第二类进水舱 　　　　　　　　D.第三类进水舱

8.舱顶位于水线以上,舱内外水相连通,最终舱内水面会与舷外水面处于同一水平面。这类舱称为_____。

A.第一类进水舱 　　　　　　　　B.第二类进水舱

C.第三类进水舱 　　　　　　　　D.第四类进水舱

9.关于进水舱的分类,进水舱被灌满,舱顶位于水线之下且未破损属于_____。

A.第一类进水舱 　　　　　　　　B.第二类进水舱

C.第三类进水舱 　　　　　　　　D.第四类进水舱

10.关于进水舱的分类,进水舱未被灌满,但舱内外水不相连通,属于_____。

A.第一类进水舱 　　　　　　　　B.第二类进水舱

C.第三类进水舱 　　　　　　　　D.第四类进水舱

11.船舶抗沉性是指船舶发生海损事故时,一舱或数舱进水后仍能保持一定_____的性能。

①浮性;②稳性;③强度

A.②③ 　　　　　　　　B.①②③

C.①③ 　　　　　　　　D.①②

12.某船双层底由于触礁破损进水,在抗沉性计算中这类进水舱属于_____。

A.第三类进水舱 　　　　　　　　B.不能确定

C.第一类进水舱 　　　　　　　　D.第二类进水舱

13.在进行抗沉性计算时,船舶驾驶员通常采用_____。

A.增加重量法 　　　　　　　　B.损失浮力法

C.百分比法 　　　　　　　　D.概率方法

14.船舶一般会因为_____等原因而进水。

①搁浅;②碰撞;③船底板腐蚀穿透;④主机燃油管破裂;⑤主甲板货舱盖受损;⑥驾驶台门未关闭

A.①②③④ 　　　　　　　　B.②③⑤⑥

C.①②③⑤ 　　　　　　　　D.②③④⑤

15.为计算船舶破舱后的浮性和稳性,将进水舱分为_____类型。

A.两种 　　　　　　　　B.三种

C.四种 　　　　　　　　D.五种

16.双层底和顶盖在水线以下的舱柜若船底触礁破舱进水,属于_____且这类舱在进水后_____。

A.第一类进水舱;存在自由液面

B.第一类进水舱;不存在自由液面

C.第三类进水舱;存在自由液面

D.第三类进水舱;不存在自由液面

17.限界线是指_____。

A.水密横舱壁上达的最高一层水密甲板的边线

B.上甲板的边线

C.舱壁甲板边线向下 76 cm 所绘一条曲线

D.舱壁甲板边线向下 3 in 所绘一条曲线

18.船舶进水后的水线恰与限界线相切时的船舱最大许可舱长称为_____。

    A.可浸长度   B.极限舱长

    C.许可舱长   D.分舱因数

19.船舶侧视图上在舱壁甲板边线以下_____处所绘制的一条曲线称为安全限界线。

    ①76 mm；②78 mm；③3 in；④5 in

    A.①   B.①③

    C.②④   D.②

20.在船体侧视图上,舱壁甲板边线以下 76 mm 处的一条曲线（与该甲板边线平行）称为_____。

    A.安全限界线   B.破舱水线

    C.可浸长度曲线   D.许用舱长曲线

21.营运中的船舶,每个船舱的长度不超过_____。

    A.可浸长度   B.许可舱长

    C.分舱因数   D.安全限界线

22.在舱壁甲板边线以下_____处所绘的一条曲线称为安全限界线。

    A.76 mm   B.0.1 m

    C.0.3 m   D.76 cm

23.在任何情况下,船舶海损水线的最高位置不得淹过_____。

    A.限界线   B.夏季载重线

    C.甲板线   D.主甲板

24.船舶发生触礁造成船底破损,导致船舶压载舱进水,这属于抗沉性计算中的第_____类进水,_____考虑自由液面的影响。

    A.一；需要   B.二；需要

    C.三；需要   D.一；不需要

25.在船舶抗沉性计算中,船舶破损进水通常分为_____类,且其中_____类需要考虑自由液面的影响。

    A.三；三   B.三；一

    C.三；两   D.四；两

26.在船舶抗沉性计算中,常用的方法有_____。

    ①重量增加法；②排水量固定法；③浮力损失法

    A.①②③   B.②③

    C.①   D.③

27.如果船舶装载一般货物、煤或物料,则储藏专用处所的渗透率一般为_____。

    A.96%   B.88%

    C.73%   D.60%

28.渗透率在船舶的抗沉性中是指_____。
A.体积渗透率　　　　　　　　B.面积渗透率
C.重量渗透率　　　　　　　　D.容积渗透率

29.当 0.25<分舱因数≤0.33 时,为_____舱制船舶。
A.一　　　　　　　　　　　　B.二
C.三　　　　　　　　　　　　D.四

30.某船为二舱制船舶,表明该船在_____破损进水后能满足抗沉性要求。
A.任意两舱　　　　　　　　　B.相隔两舱
C.相邻两舱　　　　　　　　　D.中间隔一个舱的任意两舱

31.当船舶 GM 值增大时,船舶的破损稳性_____。
A.无法判断　　　　　　　　　B.增大
C.不变　　　　　　　　　　　D.减小

32.船舶应急响应服务(ERS)报告的内容包括_____。
①船舶剩余浮性;②破舱稳性和破舱强度评估;③漏油和船舶沉没时间的预测
A.②③　　　　　　　　　　　B.①③
C.①②③　　　　　　　　　　D.①②

33.在船舶设计建造中,提高其抗沉性最有效的办法是_____。
A.增加主尺度　　　　　　　　B.增加水密横舱壁
C.增加救生设备　　　　　　　D.减小机舱长度

34.如果某船舱内发生火灾,为扑灭火灾而在该舱内注水,则船舶水密完整性_____。
A.增大　　　　　　　　　　　B.减小
C.不变　　　　　　　　　　　D.无法判断

35.如果某船的 GM 值增大,则该船的破损稳性_____。
A.增大　　　　　　　　　　　B.减小
C.不变　　　　　　　　　　　D.无法判断

36.不同船舶对抗沉性的要求不一样,下列说法正确的是_____。
A.内河船舶的抗沉性要求高于沿海货船
B.远洋船舶的抗沉性要求低于沿海船舶
C.沿海客船的抗沉性要求低于远洋货船
D.军舰的抗沉性要求高于民用商船

第二节　破损控制图及船舶破损控制手册

1.配备船舶破损控制手册的目的是能够为船上高级船员提供_____,以便采取行动和确保船舶安全。
①船舶破损的相关资料;②抗沉性的基本知识;③抗沉性的计算方法;④求生的知识
A.①②　　　　　　　　　　　B.①

C.①②③④　　　　　　　　　　D.①②③

2._____不是船舶破损控制手册的内容。

A.船舶破损控制须知　　　　　　B.相关技术资料

C.船舶破损控制说明　　　　　　D.稳性计算书

3.船舶破损控制手册包括_____。

A.船体破损溢油时,海面油污区域的预测方法

B.船体破舱剩余强度的估算方法

C.船体破损后进水速率的估算方法

D.ERS报告

4.船舶破损控制图通常张贴在_____等处。

①船首;②驾驶台;③货物控制室;④船尾;⑤艇甲板走廊

A.②③⑤　　　　　　　　　　　B.①②④

C.①②④⑤　　　　　　　　　　D.①②③④⑤

5.船舶破损控制图通常应张贴在_____。

①驾驶台;②货控室;③艇甲板走廊

A.①②③　　　　　　　　　　　B.①②

C.①③　　　　　　　　　　　　D.①

6.下列选项中不属于船舶破损控制手册内容的是_____。

A.船上压载泵、主海水泵和消防泵的排水能力

B.船舶完整稳性衡准

C.船舶进水速率估算公式

D.船舶碰撞造成破损的应急措施

7.在船舶破损控制手册中可以查到_____。

①船上每一通用泵、压载泵、主海水泵和消防泵的排水能力;②船舶破损控制图张贴位置;③船舱进水重量估算公式;④船舱进水速率估算公式;⑤船公司的应急指挥中心办公室电话和传真号码

A.①②③④　　　　　　　　　　B.①②⑤

C.①②　　　　　　　　　　　　D.①②③④⑤

8._____是船舶破损控制手册的内容。

A.船体破损溢油时,海面油污区域的预测方法

B.船体破舱剩余强度的估算方法

C.船体破损后进水速率的估算方法

D.ERS报告

9.根据"船舶破损/进水紧急部署表",当船舶与他船发生碰撞事故,不正确的措施是_____。

A.当他船船首撞入本船船体后,本船应尽量采取措施,保持两船咬合状态,以防止破损范围扩大

B.应尽可能立即减速至"half ahead",以减缓破损面扩大的速度,并开始进入堵漏排水部署

C.尽可能操纵船舶,使受损部位处于下风舷,近岸航行并有沉没危险时,可提前做好抢滩准备

D.除与他船进行施救通信外,还应将本船的船名、船籍港、出发港、目的港等信息通知他船的船长

10.按规定,"船舶破损控制图"的比例不小于_____。

A.1∶50 　　　　　　　　　　　　B.1∶100

C.1∶150 　　　　　　　　　　　　D.1∶200

11.以下关于损坏报告的描述,不正确的是_____。

A.损坏报告无须签字 　　　　　　B.报告中应详细记录损坏情况

C.不得随意修改损坏报告的内容 　D.损坏报告应由专人保管

12.船舶破损控制过程中,注入压载水调整船舶横倾,则_____。

A.船舶储备浮力不受影响 　　　　B.船舶稳性一定可控

C.需要考虑注水后的船舶强度 　　D.无须考虑自由液面对稳性的影响

13.根据船舶破损控制手册的规定,进入水密舱柜时,应_____。

①严格执行相关操作规程;②对水密舱柜的含氧量进行测量;③提供足够的照明;④必要时进行通风;⑤确保两人以上;⑥在水密舱柜道门外留有专人负责通信联络

A.①②③④⑤⑥ 　　　　　　　　B.①②③⑤⑥

C.①②③④⑤ 　　　　　　　　　D.②③④⑤⑥

14.在船舶发生破损后应向船公司报告的内容包括_____等。

①发生破损的时间和地点;②破损发展趋势;③破损原因和部位;④破损程度;⑤已采取和打算采取的措施

A.①②③④ 　　　　　　　　　　B.①③⑤

C.①③④⑤ 　　　　　　　　　　D.①②③④⑤

15.船舶破损控制手册有关船舶破损控制的实操指导和注意事项不包括_____。

A.船舶碰撞造成破损后的应急措施 　B.调整横倾及纵倾的注意事项

C.进入或逃出水密舱柜的方法 　　　D.船员和旅客的逃生的指导和建议

参考答案

第一节　抗沉性概念、进水舱分类及渗透率

1.A	2.A	3.A	4.C	5.C	6.C	7.A	8.C	9.A	10.B
11.D	12.B	13.A	14.C	15.B	16.B	17.D	18.A	19.B	20.A
21.B	22.A	23.A	24.D	25.C	26.A	27.D	28.A	29.C	30.C
31.A	32.C	33.B	34.D	35.D	36.D				

第二节　破损控制图及船舶破损控制手册

1.D　　2.D　　3.C　　4.A　　5.A　　6.B　　7.D　　8.C　　9.B　　10.D

11.A　　12.C　　13.A　　14.D　　15.D

第十二章

包装危险货物运输

第一节　包装危险货物的分类及特性

1.《国际危规》定义的危险货物应同时具有_____。
①海洋污染性质;②降低海运一般风险,但若处理不当容易造成事故;③需要特别防护;④《国际危规》所列危险货物类别的性质
A.①②③④　　　　　　　　　　B.②③④
C.③④　　　　　　　　　　　　D.②④

2.《国际危规》适用于_____运输。
A.散装矿石　　　　　　　　　　B.包装化工品
C.散装化学品　　　　　　　　　D.散装液化气

3.《国际危规》适用于_____运输。
①包装危险货物;②危险货物集装箱;③散装液化气
A.②③　　　　　　　　　　　　B.①②
C.③　　　　　　　　　　　　　D.①②③

4.《国际危规》适用于_____运输。
①载于集装箱内的无包装固体危险货物;②散装液化气;③包装化工品;④散装谷物
A.③④　　　　　　　　　　　　B.①②
C.②③　　　　　　　　　　　　D.①③

5.某种爆炸品,爆炸一经引发,瞬间即影响到全部货载,此类爆炸品属于《国际危规》的第_____类。
A.1.1　　　　　　　　　　　　B.1.2
C.1.3　　　　　　　　　　　　D.1.4

6.危险货物中的气体可能具有的危险特性有_____。
①易燃性和易爆性;②窒息性和毒性;③麻醉性
A.①②　　　　　　　　　　　　B.②③
C.①③　　　　　　　　　　　　D.①②③

7.关于危险货物类别号,以下叙述正确的是_____。

    A.类别号越大,其对应的危险货物危险性越大

    B.类别号不同,其对应的危险货物危险性可能相同

    C.类别号的大小与其所对应的危险货物危险性无关

    D.类别号越小,其对应的危险货物危险性越大

8.《国际危规》衡量爆炸品危险性的指标有_____。

    ①敏感度;②挥发性;③闪点;④爆炸速度;⑤威力和猛度

    A.①②③   B.①④⑤

    C.②③④   D.①②③④

9.具有整体爆炸危险但很不敏感的物质属于第_____类爆炸危险品。

    A.1.2   B.1.1

    C.1.5   D.1.6

10.具有整体爆炸危险的物质和物品属于第_____类爆炸危险品。

    A.1.1   B.1.2

    C.1.3   D.1.4

11.无重大危险的爆炸类物质和物品属于第_____类爆炸危险品。

    A.1.3   B.1.4

    C.1.5   D.1.6

12.具有抛射危险但无整体爆炸危险的物质和物品属于第_____类爆炸危险品。

    A.1.1   B.1.2

    C.1.3   D.1.4

13.《国际危规》中将爆炸品分为_____小类,分类号越大,危险性_____。

    A.5;越小   B.6;越小

    C.6;越大   D.6;不确定

14.对于具有2种以上危险性的货物,《国际危规》按_____确定其类别。

    A.分别属于不同种类的危险货物   B.占主导地位的危险性

    C.对人身危害程度大小   D.对海洋环境污染程度大小

15.《国际危规》中,危险货的分类号的排序规律是_____。

    A.类别号按其危险性强弱排序,第1类货物的危险性最强

    B.类别号按其危险性强弱排序,第9类货物的危险性最强

    C.类别号不按其危险性强弱排序,第7类货物的危险性最强

    D.类别号不按其危险性强弱排序,不能认为某类危险货的危险性就一定强于其他类

16.根据《国际危规》,光气属于第_____。

    A.2.1 类   B.2.2 类

    C.2.3 类   D.6.1 类

17.根据《国际危规》,第2.3类包装危险货物的特性包括_____。

    A.容易自燃   B.有强烈的毒害

    C.高浓度时有窒息作用   D.有强烈的放射性

18.在包装容器中溶解于溶剂中的气体物质属于_____。

A.压缩气体　　　　　　　　　　B.液化气体

C.冷冻液化气体　　　　　　　　D.溶解气体

19.载于耐压容器中运输的甲烷、乙炔等气体在《国际危规》中属于第_____类。

A.2.1　　　　　　　　　　　　B.2.2

C.2.3　　　　　　　　　　　　D.1.2

20.船舶常备的钢瓶内乙炔气属于《国际危规》中的第_____类。

A.2.1　　　　　　　　　　　　B.2.2

C.2.3　　　　　　　　　　　　D.3.1

21.储存于压力容器内的压缩空气、氯气和乙炔加压溶解气体分别属于《国际危规》中的_____。

A.第2.1类、2.2类和2.3类

B.第2.2类、2.3类和2.1类

C.非危险货物、第2.2类和2.3类

D.第2.2类、2.1类和2.3类

22._____物质属于危险货物中的第2类。

①乙炔;②氧气;③惰气

A.①②　　　　　　　　　　　　B.②③

C.①③　　　　　　　　　　　　D.①②③

23.属于《国际危规》第2.3类气体的有_____。

①氯气;②二氧化碳;③氮气;④氨气;⑤光气

A.①②③④⑤　　　　　　　　　B.①②③④

C.①④⑤　　　　　　　　　　　D.④⑤

24.易燃液体的闭杯试验用于测定_____。

A.闪点　　　　　　　　　　　　B.流动水分点

C.适运水分限　　　　　　　　　D.临界压力

25.易燃液体的开杯试验用于测定_____。

A.闪点　　　　　　　　　　　　B.流动水分点

C.适运水分限　　　　　　　　　D.临界压力

26.易燃液体的闪点是指在一定温度条件下,易燃物质的_____。

A.蒸气与空气的混合物遇明火能持续燃烧5 s以上的最低温度

B.分子与空气的混合物遇明火即能爆炸的最低温度

C.蒸气与空气的混合物遇明火一点即燃的最低温度

D.蒸气与空气的混合物遇明火能发生不连续闪火现象的最低温度

27.一般地,同一物质的闭杯闪点比开杯闪点_____。

A.高　　　　　　　　　　　　　B.低

C.两者相等　　　　　　　　　　D.两者关系不定

28.根据《国际危规》的分类标准,_____中没有小类。

A.第1类　　　　　　　　　　　B.第2类

C.第 3 类   D.第 4 类

29.闪点高于 35 ℃,但含水量在 90% 以上的混合溶液属于_____。

    A.不助燃液体   B.不稳定物质

    C.不相容物质   D.不能运输的物质

30.《国际危规》规定,闪点高于 35 ℃ 且燃点高于 100 ℃ 的液体属于_____。

    A.不助燃液体   B.不稳定物质

    C.不相容物质   D.不能运输的物质

31.《国际危规》第 3 类的易燃液体中不包括_____,包括_____。

    A.自反应物质;液态退敏爆炸品

    B.任何爆炸品;自反应物质

    C.任何爆炸品;易自燃液体

    D.交付运输时温度高于其闪点的液体;液态退敏爆炸品

32.易燃液体系指_____放出易燃蒸气的液体、混合液体、含有溶解固体或悬浮溶液。

    A.闭杯试验闪点 60 ℃ 或以上   B.闭杯试验闪点 60 ℃ 或以下

    C.开杯试验闪点 60 ℃ 或以上   D.开杯试验闪点 60 ℃ 或以下

33._____不属于易自燃物质。

    A.黄磷   B.鱼粉(未经抗氧化处理)

    C.白磷   D.赤磷

34.遇水放出可燃气体的液体物质属于《国际危规》中的第_____类。

    A.3   B.4

    C.8   D.9

35.属于《国际危规》中第 4.2 类的是_____。

    A.乒乓球   B.铝粉

    C.黄磷   D.鱼粉(经抗氧化剂处理)

36.黄磷在空气中能迅速氧化,它在危险货物中属于_____。

    A.氧化剂   B.爆炸品

    C.易燃固体   D.易自燃物质

37.在《国际危规》中,铁屑属于第_____危险货物。

    A.4.1 类   B.4.2 类

    C.4.3 类   D.1.2 类

38.按《国际危规》的规定,樟脑丸属于第_____类危险货物。

    A.5   B.4.1

    C.6   D.9

39.在《国际危规》中将装于散货集装箱内的散装易燃固体定义为_____。

    A.散装危险品   B.散装固体危险品

    C.包装危险品   D.固态危险品

40.退敏爆炸品属于《国际危规》中的_____危险货物。

    A.第 1 类   B.第 3 类

C.第 4 类　　　　　　　　　　　　D.第 3 类或第 4 类

41.自反应物质属于《国际危规》中的_____危险货物。

  A.第 1.2 类　　　　　　　　　　　B.第 3 类

  C.第 4.1 类　　　　　　　　　　　D.第 5.1 类

42.固体退敏爆炸品属于第_____类危险品。

  A.1.1　　　　　　　　　　　　　B.1.5

  C.1.6　　　　　　　　　　　　　D.4.1

43.具有爆炸分解特性的自反应物质属于《国际危规》的第_____类。

  A.1　　　　　　　　　　　　　　B.4

  C.5　　　　　　　　　　　　　　D.9

44.《国际危规》中的第 5.2 类危险货物一般是_____的物质。

  A.含有放射性元素　　　　　　　　B.含有高价态原子

  C.含有过氧基的有机物　　　　　　D.含有致病的毒素

45.根据《国际危规》,第 5.2 类包装危险货物的特性不包括_____。

  A.释放大量的氧气　　　　　　　　B.易燃易爆

  C.对碰撞或摩擦很敏感　　　　　　D.易分解

46.《国际危规》规定,干燥的棉麻属于_____,鱼粉(未经抗氧处理)属于_____。

  A.易燃固体;易燃固体　　　　　　B.易燃固体;易自燃物质

  C.易自燃物质;易自燃物质　　　　D.易自燃物质;易燃固体

47.《国际危规》中的第 5.2 类和第 2.2 类分别称为_____。

  A.有机过氧化物和非易燃无毒气体　　B.易自燃物质和有毒气体

  C.自反应物质和非易燃无毒气体　　　D.氧化性和易燃气体

48.有毒物质是根据_____来确定包装类别的。

  ①急性口服 LD_{50};②急性皮肤接触 LD_{50};③急性吸入 LC_{50}

  A.②　　　　　　　　　　　　　B.①

  C.③　　　　　　　　　　　　　D.①②③

49.一群试验动物口服毒物后 14 天内死亡一半时,平均每千克动物体重所用的毒物剂量称为_____。

  A.LA_{50}　　　　　　　　　　　　B.LC_{50}

  C.LB_{50}　　　　　　　　　　　　D.LD_{50}

50.有毒物质的可溶性越_____,挥发度越_____,粒度越_____,则毒性越大。

  A.大;高;大　　　　　　　　　　B.小;高;小

  C.大;高;小　　　　　　　　　　D.小;低;大

51.有毒物质的毒性大小与_____因素有关。

  ①可溶性;②挥发性;③颗粒度

  A.①②　　　　　　　　　　　　B.②③

  C.①③　　　　　　　　　　　　D.①②③

52.氰化钠的危险性用_____度量。

A.闪点 　　　　　　　　　　　B.运输指数
C.半数致死剂量 　　　　　　　D.爆炸极限

53.有毒物质危害人体的途径有_____。
①吞咽;②吸入;③皮肤接触
A.①② 　　　　　　　　　　　B.②③
C.①③ 　　　　　　　　　　　D.①②③

54.半数致死量是衡量_____的指标。
A.有毒物质的毒性 　　　　　　B.爆炸品的危险性
C.放射性物质的危险性 　　　　D.感染性物质的危险性

55.半数致死浓度和半数致死剂量是衡量_____的指标,其值越_____,危险性越大。
A.放射性;大 　　　　　　　　B.有毒物质毒性;小
C.放射性;小 　　　　　　　　D.有毒物质毒性;大

56.《国际危规》中的第4.2类和第6.2类分别称为_____。
A.自反应物质和感染性物质 　　B.易自燃物质和感染性物质
C.易燃固体和有毒物质 　　　　D.氧化物和有毒物质

57.放射性物质危及人体的途径有_____。
①外照射;②内照射;③外辐射
A.③ 　　　　　　　　　　　　B.①②
C.①②③ 　　　　　　　　　　D.②③

58.放射性活度是指放射性物质_____。
A.每秒钟发生的核衰变数 　　　B.每秒钟放出的粒子数
C.每秒钟质量的减小 　　　　　D.A和B均对

59.放射性物质放出的射线,其穿透力的大小关系为_____。
A.γ<β<α 　　　　　　　　　B.β<α<γ
C.α<γ<β 　　　　　　　　　D.α<β<γ

60.放射性物质放出的射线,其电离能力的大小关系为_____。
A.α>γ>β 　　　　　　　　　B.β<α<γ
C.α<γ<β 　　　　　　　　　D.α>β>γ

61.内辐射进入人体内对人体造成危害的主要途径是放射源由_____。
①消化道进入;②呼吸道进入;③皮肤进入
A.①② 　　　　　　　　　　　B.②③
C.①③ 　　　　　　　　　　　D.①②③

62._____不是衡量放射性物质的指标。
A.放射性活度 　　　　　　　　B.剂量当量
C.运输指数 　　　　　　　　　D.半数致死剂量

63.放射性物质可能放射_____等射线。
①中子流;②α射线;③β射线;④γ射线;⑤丙种射线
A.③④⑤ 　　　　　　　　　　B.①②③④

C.①③④⑤　　　　　　　　　　　　D.①②③④⑤

64.放射性物质放出的射线或粒子中,难以被任何物质或材料完全吸收的是_____。

A.α射线　　　　　　　　　　　　　B.β射线

C.γ射线　　　　　　　　　　　　　D.快中子射线

65.《国际危规》中第8类危险货物的包装等级是按其_____划分的。

A.毒性大小　　　　　　　　　　　　B.腐蚀性大小

C.货物性质　　　　　　　　　　　　D.容器压力

66.以下属于腐蚀性危险物质的是_____。

①酒精;②王水;③冰醋酸;④氢氧化钠;⑤高锰酸钾

A.①②③④⑤　　　　　　　　　　　B.②③④⑤

C.②③④　　　　　　　　　　　　　D.②④⑤

67.具有多种危险性的混合物,当其同时具有爆炸性、放射性、毒害性和自燃性时,危险性的正确
排列顺序是_____。

A.放射性、爆炸性、毒害性、自燃性

B.爆炸性、放射性、自燃性、毒害性

C.爆炸性、自燃性、毒害性、放射性

D.爆炸性、毒害性、自燃性、放射性

68._____危险品是《国际危规》中确定的"后果严重危险货物"。

①第1.5类;②第2.3类;③第6.2类

A.①②　　　　　　　　　　　　　　B.②③

C.①③　　　　　　　　　　　　　　D.①②③

69.《国际危规》中的后果严重危险货物是指_____。

①会产生大量人员伤亡或巨大破坏的后果;②九大类危险货物中危险度最高的危险货物;
③在恐怖事件中有被滥用的潜在可能

A.①②　　　　　　　　　　　　　　B.②③

C.①③　　　　　　　　　　　　　　D.①②③

70.按照《国际危规》,_____不属于第9类危险品。

A.B型硝酸铵　　　　　　　　　　　B.干冰

C.聚苯乙烯颗粒　　　　　　　　　　D.过氧化钠

71.船舶承运曾盛装过危险货物的空容器,若未经处理,则应_____。

A.按普通货物处理　　　　　　　　　B.给予适当的通风

C.保持原危险货物标志　　　　　　　D.按杂类危险货物贴标志

72._____的为海洋污染物。

A.易对海床造成污染　　　　　　　　B.易对海底植物造成危害

C.易对海岸植物生长造成危害　　　　D.易对海洋生物造成污染

73.在运输或储存条件下,如果不采取冷藏、稀释、抑制或其他等效的防止危险的必要措施,会因
发生分解、聚合等自发反应而产生危险的物质或物品属于_____。

A.不维持燃烧的液体　　　　　　　　B.不稳定物质

C.不相容物质   D.不能运输的物质

74.根据《国际危规》的规定,固态二氧化碳属于_____危险货物。

    A.第9类   B.第4类

    C.第6类   D.第3类

75._____属于危险货物。

    ①乒乓球;②花露水;③高锰酸钾;④泡立水;⑤干冰

    A.①②③   B.①③④⑤

    C.②③④⑤   D.①②③④

76._____属于《国际危规》第9类危险品。

    ①蓖麻籽和白石棉;②温度等于100 ℃时交付运输的液态物质;③温度不小于240 ℃时交付运输的固态物质

    A.①②   B.②③

    C.①③   D.①②③

77.《国际危规》规定,对含有多种危险性物质、_____,主要危险总是优先列出的类别。

    A.第4.2类包装Ⅲ类物质和物品   B.第5.1类包装Ⅱ类物质

    C.第1类物质和物品   D.第4.3类包装Ⅱ类物质

第二节　危险货物的包装和标志

1.危险货物包装按其适用范围,可分为_____。

    A.单一包装、组合包装   B.单一包装、复合包装

    C.通用包装、专用包装   D.组合包装、大宗包装

2.根据 IMDG Code,盛装包装危险货物的通用包装_____不用进行堆码试验。

    ①铁桶;②塑料桶;③塑料箱;④硬纸板箱;⑤塑料袋

    A.①②③④   B.⑤

    C.①⑤   D.②③④

3.根据 IMDG Code,盛装液体危险货物的通用包装通常需要经过_____。

    ①堆码试验;②跌落试验;③液压试验;④气密试验

    A.①②③④   B.①②

    C.③④   D.②④

4.符合《国际危规》包装试验标准的危险货物包装,根据其包装类型代码可以了解_____。

    ①包装材料;②制造商名称;③容许最大装载重量;④适合于装载的货物形态;⑤包装形式

    A.①②③④⑤   B.①③⑤

    C.①③④⑤   D.②③⑤

5.按照《国际危规》,危险货物包装进行跌落试验时,Ⅱ类包装的跌落高度为_____。

    A.0.5 m   B.0.8 m

    C.1.2 m   D.1.8 m

6.按照《国际危规》,危险货物包装进行跌落试验时,Ⅰ类包装的跌落高度为_____。

　A.0.5 m　　　　　　　　　　　　　B.0.8 m

　C.1.2 m　　　　　　　　　　　　　D.1.8 m

7.按照《国际危规》,危险货物包装进行跌落试验时,Ⅲ类包装的跌落高度为_____。

　A.0.5 m　　　　　　　　　　　　　B.0.8 m

　C.1.2 m　　　　　　　　　　　　　D.1.8 m

8.根据危险货物包装的等级,一般可以判断该货物的_____。

　A.类别　　　　　　　　　　　　　B.状态

　C.危险程度　　　　　　　　　　　D.包装形式

9.《国际危规》所指的"救助包装"用于_____。

　A.盛放医疗急救用具　　　　　　　B.盛放急救药品

　C.盛放应急灭火用具　　　　　　　D.盛放运输途中破损的危险货物

10.根据《国际危规》,危险货物的救助包装用字母_____表示。

　A.E　　　　　　　　　　　　　　B.T

　C.M　　　　　　　　　　　　　　D.W

11.容量超过450 L的中型散装容器危险货物的标牌应在_____标记,海运集装箱等货物运输
　组件或可移动罐柜的标牌应在_____加以标记。

　A.相对两端;两侧和两端　　　　　B.相对两侧;两侧和两端

　C.相对两端;相对两侧　　　　　　D.相对两侧;相对两侧

12.货物标志中,专门用于危险货物,表示其类别及特性的标志是_____。

　①危险货物标志;②保护标志;③警戒标志

　A.③　　　　　　　　　　　　　　B.①③

　C.①　　　　　　　　　　　　　　D.②

13.根据《国际危规》,危险货物包件上显示的第1类至第8类危险货物图案标志为_____,海
　洋污染标记为_____。

　A.长方形;菱形　　　　　　　　　B.正方形;三角形

　C.菱形;菱形　　　　　　　　　　D.长方形;三角形

14.《国际危规》规定,危险货物标牌的尺寸应不小于_____。

　A.250 mm×250 mm　　　　　　　B.100 mm×100 mm

　C.76 mm×76 mm　　　　　　　　D.无具体规定

15.对下列危险货物标志,辨认错误的是_____。

图1　　　　　　　图2　　　　　　　图3　　　　　　　图4

　A.图1,适用于第1.1、1.2、1.3类爆炸品

B.图2,适用于非易燃、无毒气体

C.图3,适用于有机过氧化物

D.图4,适用于Ⅲ级放射性物质

16.对下列危险货物标志,辨认错误的是_____。

图1　　　　　图2　　　　　图3　　　　　图4

A.图1,适用于无重大危险的物质或物品

B.图2,适用于易燃固体

C.图3,适用于Ⅰ级放射性物质

D.图4,适用于腐蚀品

17.对下列危险货物标志,辨认错误的是_____。

图1　　　　　图2　　　　　图3　　　　　图4

A.图1,适用于有毒气体

B.图2,适用于易自燃物质

C.图3,适用于Ⅱ级放射性物质

D.图4,适用于杂类危险货物和物品

18.对下列危险货物标志,辨认错误的是_____。

图1　　　　　图2　　　　　图3　　　　　图4

A.图1,适用于具有整体爆炸危险但极不敏感的物质或物品

B.图2,适用于易燃气体

C.图3,适用于遇水放出易燃气体的物质

D.图4,适用于禁止捕鱼

19.对下列危险货物标志,辨认错误的是_____。

图1　　　　　　图2　　　　　　图3　　　　　　图4

A.图1,属于危险类别的位置,属于积载类的位置

B.图2,适用于具有次危险性为腐蚀品的物质

C.图3,适用于B类生物物质(UN3373)

D.图4,适用于限量内危险货物

20.下图中的危险货物标志,辨认正确的是_____。

A.适用于放射性物质

B.适用于易燃气体

C.适用于易自燃的物质

D.适用于易燃固体、自反应物质和固体退敏爆炸品

21.集装箱、货车、可移动罐柜等较大运输单元适用的标志是_____。

①文字标志;②图案标志;③标牌

A.③　　　　　　　　　　　　B.②③

C.①②　　　　　　　　　　　D.①③

22.放射性危险货物第Ⅰ类包装的图案标志颜色是_____。

A.红色　　　　　　　　　　　B.白色

C.黄色　　　　　　　　　　　D.蓝色

23.第7类放射性危险货物的包装是按其_____划分的。

A.运输时间　　　　　　　　　B.容器压力

C.运输指数　　　　　　　　　D.包装形式

24.包装危险货物标志中不包含_____。

A.方向标记　　　　　　　　　B.锂电池标记

C.海洋污染物标记　　　　　　D.1.4 L标记

25.《国际危规》规定,危险货物的标记应满足_____。

①明显易见且易识别;②使其在海水中至少浸泡3个月仍然清晰可辨;③与外表面的背景形

成鲜明的颜色对比;④不与可能大大降低其效果的标志物放在一起

A.①②③④ B.①②③

C.①②④ D.②③④

26.仅适用第Ⅲ类包装的放射性危险货物,其放射性_____。

A.较强 B.中等

C.较弱 D.不能确定

27.适用第Ⅰ类包装的放射性危险货物,其放射性_____。

A.较强 B.中等

C.较弱 D.不能确定

28.危险货包件(包括中型散装容器)上的标记,至少应包含_____。

①正确运输学名;②联合国编号;③装有海洋污染物的包件,须耐久地张贴海洋污染物标记;

④含有液态危险货内包装的组合包装还要有向上双箭头标记

A.①②③ B.①②③④

C.①②④ D.①③④

29.锂电池属于《国际危规》第9类危险货,_____。

A.其图案标志与其他第9类货物的标志一致

B.不需要任何标志

C.有单独的锂电池标志

D.使用第1类危险货标志

30.符合承运要求的危险货物标志中的标记(Mark)包括_____。

①危险货物正确运输名称;②联合国编号;③海洋污染物标记;④次危险性标志

A.①②③ B.②③

C.①② D.①②③④

31.根据放射性物质放射性的强弱,《国际危规》将放射性物质包装按危险程度划分为_____个等级,其中_____危险性最大。

A.3;第Ⅲ类 B.3;第Ⅰ类

C.4;第Ⅳ类 D.4;第Ⅰ类

32.根据放射性物质放射性的强弱,《国际危规》将放射性物质包装按危险程度划分为_____个等级,其中_____采用上部黄色、下部白色标志。

A.4;第Ⅰ类 B.3;第Ⅰ、Ⅱ类

C.4;第Ⅱ、Ⅲ类 D.3;第Ⅱ、Ⅲ类

33.根据《国际危规》,当第7类放射性危险货物的运输指数约为0时,其包装类是_____。

A.第Ⅰ类 B.第Ⅱ类

C.第Ⅲ类 D.不能确定

34.呈现剧毒危险的物质和物品适用于_____。

A.Ⅰ类包装 B.Ⅱ类包装

C.Ⅲ类包装 D.Ⅳ类包装

35.呈现较低毒性危险的物质和物品适用于_____。

A.Ⅰ类包装　　　　　　　　　　　B.Ⅱ类包装

C.Ⅲ类包装　　　　　　　　　　　D.Ⅳ类包装

36.放射性物质的包装Ⅰ类可以盛装_____。

①危险性最大的放射性物质;②危险性中等的放射性物质;③危险性低的放射性物质

A.①　　　　　　　　　　　　　　B.②

C.③　　　　　　　　　　　　　　D.①②③

37.《国际危规》规定,海运危险货物的标记、标志和标牌,要求保持其永久性,即应使其在海水中

至少浸泡_____仍然清晰可辨。

A.1 年　　　　　　　　　　　　　B.6 个月

C.3 个月　　　　　　　　　　　　D.1 个月

第三节　危险货物的积载与隔离

1.对船舶有严重腐蚀作用的危险货物应_____。

A.特殊积载　　　　　　　　　　　B.舱内积载

C.舱面积载　　　　　　　　　　　D.普通积载

2.能产生剧毒蒸气的危险货物应_____。

A.舱内积载　　　　　　　　　　　B.舱面积载

C.普通积载　　　　　　　　　　　D.特殊积载

3.能形成爆炸性混合气体的危险货物应_____。

A.特殊积载　　　　　　　　　　　B.普通积载

C.舱内积载　　　　　　　　　　　D.舱面积载

4._____不可在舱面积载。

A.需要经常检查的危险货物

B.需要特别接近检查的危险货物

C.装有危险货物的纤维板箱

D.会形成爆炸性气体或产生剧毒气体或对船体有严重腐蚀作用的货物

5._____可在舱面积载。

A.爆炸品　　　　　　　　　　　　B.石蜡

C.信号弹　　　　　　　　　　　　D.有机过氧化物

6._____危险货物不可在舱内积载。

①需要经常检查/接近检查的;②能产生剧毒蒸气的;③能形成爆炸性混合气体的

A.①②　　　　　　　　　　　　　B.②③

C.①③　　　　　　　　　　　　　D.①②③

7._____危险货物应在舱面积载。

①需要经常检查/接近检查的;②第5.2 类;③对船舶有严重腐蚀作用的

A.①②　　　　　　　　　　　　　B.②③

C.①③   D.①②③

8.除爆炸品外,普通危险货物的积载类是用于确定该货物是否按_____要求装载。

①允许舱面或舱内积载;②仅限舱面积载;③禁止装运

A.①②   B.①②③

C.①③   D.①

9.海洋污染物的积载位置应为_____。

A.舱内积载   B.视具体货物而定

C.舱内积载或舱面积载均可   D.舱面积载

10.配装第4类固体散货,应_____。

①远离热源、火源;②舱位处于冷却和干燥状态;③船舶电气设备状态良好

A.①②③   B.①②

C.①③   D.②③

11.危险货物的积载类用于确定该货物_____。

A.与其他类危险货物间的隔离要求

B.是否是海洋污染物

C.允许载于舱内或舱面,或不允许装载

D.在舱内积载位置

12.对限量内危险货而言,其积载类应视为_____。

A.A类   B.B类

C.C类   D.D类

13.在装卸易燃易爆危险品时,应当划定禁火区,要求距装卸点_____m以内无关人员不得进入。

A.200   B.50

C.100   D.20

14.除第1.4类之外的第1类货物的积载须与生活区、救生设备和公共通道区域的水平距离不少于_____m。

A.8   B.24

C.6   D.12

15._____的积载不必"避开居住处所"。

A.遇潮湿空气会产生有毒或腐蚀性气体的物质

B.易挥发的腐蚀性物质

C.易挥发的有毒物质

D.不易挥发的腐蚀性物质

16.危险货物积载的合理舱位应_____。

①远离机舱;②远离热源、火源、电源;③远离船舶中心区及船员居住舱室

A.①②   B.②③

C.①③   D.①②③

17.海洋污染物的积载位置应为_____。

①若允许舱面或舱内积载,尽可能舱内积载;②若允许舱面或舱内积载,可在防护甲板上积载;③若仅限舱面积载,可在防护甲板或遮蔽甲板上积载

A.①②
B.②③
C.①③
D.①②③

18.除爆炸品外,其他危险货物的积载方式可分为_____,其中积载 A 类是指_____。

A.4 种;仅限舱内积载
B.5 种;可在舱面积载
C.4 种;可在舱面或舱内积载
D.5 种;可在舱面或舱内积载

19.危险货物积载中,表示不可在同一舱室配装,但可在相邻舱室配装的称为_____。

A.隔离
B.远离
C.间隔一个舱室
D.用一个货舱做纵向分隔

20.危险货物隔离表中的数字表示_____,其中数字 3 表示_____。

A.隔离等级;远离
B.隔离等级;用一整个舱室或货舱隔离
C.隔离等级;用介于中间的整个舱室或货舱做纵向隔离
D.隔离种类;隔离

21.危险货物隔离表中的数字表示_____,其中数字 2 表示_____。

A.隔离等级;远离
B.隔离等级;隔离
C.隔离种类;用一整个舱室或货舱隔离
D.隔离等级;用介于中间的整个舱室或货舱做纵向隔离

22.危险货物隔离表中的数字表示_____,其中数字 4 表示_____。

A.隔离等级;远离
B.隔离种类;隔离
C.隔离种类;用一整个舱室或货舱隔离
D.隔离等级;用介于中间的整个舱室或货舱做纵向隔离

23.危险货物隔离表中的数字表示_____,其中数字 1 表示_____。

A.隔离等级;远离
B.隔离种类;隔离
C.隔离种类;用一整个舱室或货舱隔离
D.隔离等级;用介于中间的整个舱室或货舱做纵向隔离

24.按照危险货物隔离表中的要求,其中"远离"一级中,不相容的两种货物相隔的水平距离应不小于_____m。

A.24
B.12
C.6
D.3

25.《国际危规》危险货物隔离表中的"X"表示_____。

A.远离
B.隔离
C.用一整个舱室或货舱隔离

D.隔离要求(如存在)应查阅危险货物一览表

26.就舱面积载而言,水平距离不小于24 m的隔离称为_____。

A.隔离1　　　　　　　　　　　　B.隔离3

C.隔离4　　　　　　　　　　　　D.隔离2

27.就舱面积载而言,水平距离不小于12 m的隔离称为_____。

A.远离

B.用一整个舱室或货舱隔离

C.隔离

D.用介于中间的整个舱室或货舱做纵向隔离

28.就舱面积载而言,水平距离不小于6 m的隔离称为_____。

A.远离

B.用一整个舱室或货舱隔离

C.隔离

D.用介于中间的整个舱室或货舱做纵向隔离

29.在上甲板装载除爆炸品外的危险货物时,水平间隔至少_____m才能满足隔离等级的要求。

A.24　　　　　　　　　　　　　B.3

C.12　　　　　　　　　　　　　D.6

30.在危险货物积载中,表示在垂向或水平上相隔一个液货密舱室或货舱的隔离为_____。

A.无具体规定　　　　　　　　　B.隔离4

C.隔离3　　　　　　　　　　　D.隔离2

31.在危险货物的运输中,船员对其副危险性的防范与主危险性的防范要求_____。

A.同样严格

B.对其主危险性要求更严一些

C.对其副危险性要求更严一些

D.一般货物可只管其主危险性,忽略其副危险性

32.装载包装类第6.1类危险货物的封闭集装箱与食品封闭集装箱积载时应满足_____的隔离要求。

A.隔离1　　　　　　　　　　　　B.隔离2

C.隔离3　　　　　　　　　　　　D.无须隔离

33.以常规形式积载的放射性货物与以常规形式积载的食品的隔离等级为_____。

A.隔离3　　　　　　　　　　　　B.隔离

C.隔离4　　　　　　　　　　　　D.远离

34.以下关于危险货物的隔离的描述错误的是_____。

A.隔离方式有普通货物、舱壁、火密甲板、舱室、整个货舱等

B.隔离2:舱内积载,若中间甲板水、火密,可分装上、下舱室;否则,需分舱装载

C.第2.3类应与食品"隔离",但它们分别装在不同的封闭运输组件内时除外

D.隔离4:用介入中间的整个舱室或货舱做纵向隔离;舱面积载:水平距离不小于12 m

35.符合《国际危规》按限量运输要求的包装危险货物,其隔离要求应_____。

　　A.符合包装危险货物隔离表　　　　B.按无隔离要求处理

　　C.符合危险货物一览表中的说明　　D.在货物明细表中查阅

36.除第1类爆炸品之间的隔离要求另有规定外,《国际危规》将危险货物的隔离分为_____。①隔离1——远离;②隔离2——隔离,是指在"舱内"积载时,装于不同舱室或货舱内;③隔离3——用一整个舱室或货舱做垂向的或水平的隔离;④隔离4——用一介于中间的整个舱室或货舱做纵向隔离

　　A.①②③④　　　　　　　　　　　　B.②③④

　　C.①③④　　　　　　　　　　　　　D.①②③

37.根据《国际危规》,隔离的措施和媒介不包括_____。

　　A.距离　　　　　　　　　　　　　　B.舱壁

　　C.非防火防液甲板　　　　　　　　　D.货舱

38.查《国际危规》隔离表知:包装危险货甲与包装危险货乙的隔离等级是隔离1,而在乙货的危险货物一览表中的"特性与注意事项"栏中查得与甲货的隔离要求是隔离2,则在航海中,甲与乙的隔离要求是_____。

　　A.无隔离要求　　　　　　　　　　　B.隔离1

　　C.隔离2　　　　　　　　　　　　　D.隔离3

39.危险品隔离等级中的"远离"是指_____。

　　A.需间隔一个液火密舱室装载

　　B.不可在同一舱室装载,但可分别装在相邻的液火密舱室

　　C.可装入同一舱室,但水平方向上至少要有3 m的分隔区

　　D.在纵向上间隔一个舱室装载

40.在危险货物积载中,表示在水平或垂向上相隔一个液火密舱室或货舱的隔离为_____。

　　A.隔离4　　　　　　　　　　　　　B.隔离3

　　C.隔离2　　　　　　　　　　　　　D.隔离1

41.在危险货物积载中,表示在纵向上用一介于中间的整个舱室或货舱做隔离称为_____。

　　A.隔离4　　　　　　　　　　　　　B.隔离3

　　C.隔离2　　　　　　　　　　　　　D.隔离1

42.若某两种危险品的装载应用"一整个舱室或货舱隔离",则这两种货物在舱面上装载时应至少间隔_____m的水平距离。

　　A.24　　　　　　　　　　　　　　　B.12

　　C.6　　　　　　　　　　　　　　　D.3

43.若某两种危险品的装载应用"隔离2",则这两种货物在舱面上装载时应至少间隔_____m的水平距离。

　　A.24　　　　　　　　　　　　　　　B.12

　　C.6　　　　　　　　　　　　　　　D.3

44.若某两种危险品的装载应用"一介于中间的整个舱室或货舱做纵向隔离",则这两种货物在舱面上装载时应至少间隔_____m的水平距离。

A.24 B.12

C.6 D.3

45.在危险货物积载中,表示在水平或垂向上相隔一个防火防液舱室或货舱的隔离为_____。

A.隔离4 B.隔离3

C.隔离2 D.隔离1

46.《国际危规》中的隔离2是指不相容的两种货物_____。

①舱面积载时水平间隔距离至少6 m;②可装于上、下不同舱室内(中间甲板防火防液);③应装于不同货舱内(中间甲板非防火防液)

A.①② B.②③

C.①③ D.①②③

第四节　危险货物的安全装运与管理

1.危险货物装卸作业期间,值班驾驶员的职责不包括_____。

A.应密切注视天气变化情况,遇有闪电、雷击、雨雪或附近发生火警时,应立即组织人员关舱,停止装卸作业

B.装卸某些易受潮的危险品时,如遇外界湿度较大天气,不适于装卸,也应停止作业

C.在装载危险货物时,要安排水手按港口规定悬挂或显示规定的信号

D.定时测量货舱和货物的温、湿度

2.以下对危险货物装船时的说法错误的是_____。

A.禁止加油、加水

B.悬挂"B"信号旗

C.甲板上应设立醒目的"严禁烟火"警告牌

D.禁止外来人员登船

3.船舶装运危险货时,船长、大副应会同有关人员根据所承运的危险货物特性,按规定的要求备足_____,并指定专人保管,组织船员学会使用方法。

①监测仪器;②防毒面具;③呼吸器;④消防器材;⑤急救药物、防护用品

A.②③⑤ B.①②③④⑤

C.②③④⑤ D.①②③④

4.在装卸爆炸品、有机过氧化物等危险货物时,吊杆应降至其额定负荷的_____。

A.75% B.80%

C.85% D.90%

5.船舶卸载危险货时,值班驾驶员的职责包括_____。

A.开舱检查货物是否因受大风浪和汗湿的影响而使货物受潮、变质、结块,如有则酌情处理

B.检查督促卸货工人严格按照有关操作规程进行卸货作业,严禁不安全作业

C.针对危险货物特性及卸港情况向有关人员明确交代卸货的要求和注意事项,组织好监卸人员,督促检查落实各项安全措施

D.航次任务完成后要及时进行总结,将有关装卸情况记录一并寄公司安监部

6.当船舶装卸爆炸品或烈性易燃品时,应该_____。

①停止上甲板敲铲铁锈;②停止使用雷达;③停止检修雷达;④停止其他一切作业

A.①②　　　　　　　　　　　B.③④

C.①②③　　　　　　　　　　D.①②③④

7.危险货在船期间,一定要落实_____等防火措施。

①甲板及舱内严禁吸烟及明火作业;②及时收放并妥善安置舱口灯;③值班人员和相关人员必须在现场落实各项安全措施;④值班人员和相关人员认真监装、严格把关

A.②③④　　　　　　　　　　B.①③④

C.①②③　　　　　　　　　　D.①②③④

8.装卸敏感度很高,性质不稳定,稍有撞击、振动极易爆炸的危险品,用大型机械进行吊装作业时,不得超过机具额定负荷的_____,以防止高空撒落、碰撞发生危险。

A.75%　　　　　　　　　　　B.80%

C.90%　　　　　　　　　　　D.50%

9.符合《国际危规》按限量运输要求的包装危险货物,其积载类应确定为_____。

A.积载类 A　　　　　　　　　B.积载类 B

C.积载类 C　　　　　　　　　D.积载类 D

10.装运危险货物的船舶应具备的条件是_____。

①应为以液体燃料为动力的钢质船舶,且装置避雷针;②电气设备及电缆处于良好状态;③通风装置和全船消防设备处于良好状态

A.①②　　　　　　　　　　　B.②③

C.①③　　　　　　　　　　　D.①②③

11.装货期间,值班驾驶员的工作职责不包括_____。

A.要督促检查装卸工人严格按照有关操作规程进行装舱作业,严禁不安全(违章)操作

B.根据危险货物的性质不同,应选用相应的铺垫、隔衬材料进行衬垫、遮盖和加固

C.装载包装危险货物时,要检查包装外表是否完好,标志是否清楚、正确

D.船舶在装载危险货物过程中,若发生撒漏、落水或其他事故,要立即报告船长

12.危险货物装货期间,值班驾驶员要负责装卸期间的船舶安全,一般_____,应下令停止装卸作业。

①遇有闪电、雷击或雨雪;②装卸某些易受潮的危险品时,如遇外界湿度较大天气,不适于装卸;③遇附近发生火警时;④遇相邻泊位船舶靠离

A.①②③④　　　　　　　　　B.①②③

C.①③④　　　　　　　　　　D.②③④

13.在装卸爆炸品、易燃液体时,以下正确的是_____。

①港内划定禁火区;②不得检修或使用雷达;③不得同时进行加油、加水等项作业

A.①②　　　　　　　　　　　B.②③

C.①③　　　　　　　　　　　D.①②③

14.在装卸有电感应的爆炸品和低闪点易燃液体的过程中,不得_____等项作业。

①使用无线电电报、电话发射机；②进行加油、加水（包括岸上加水）；③进行甲板敲铲作业；④检修和使用雷达

A.①②③④   B.①③④

C.①②③   D.②③④

第五节　危险货物运输规则

1.危险货物的联合国编号以四位阿拉伯数字表示,并在国际_____运输方式中被公认。

A.水运、公路、铁路   B.航空、水运、公路

C.航空、水运、铁路   D.航空、水运、铁路、公路

2.《国际危规》不适用于_____运输。

①散装化学品；②散装汽油；③散装液化气

A.①③   B.①②③

C.①②   D.②③

3.船运中型散装容器装运危险货物时,应查阅_____。

A.MARPOL 73/78   B.IBC Code

C.IMDG Code   D.IGC Code

4.载驳船装运危险货物时,应查阅_____。

A.MARPOL 73/78   B.IBC Code

C.IGC Code   D.IMDG Code

5.船运公路罐车装运危险货物时,应查阅_____。

A.MARPOL 73/78   B.IMDG Code

C.IBC Code   D.IGC Code

6.船运可移动罐柜危险货物时,应查阅_____。

A.MARPOL 73/78   B.IMDG Code

C.IBC Code   D.IGC Code

7.《国际危规》的编写依据是_____。

①SOLAS 1974；②危险货物运输建议书规章范本；③MARPOL 73/78

A.①②   B.②③

C.③   D.①②③

8.下列有关危险货物一览表中可免除量的说法正确的是_____。

A.适用隔离规则

B.积载方式为积载类 B

C.不需要任何标记和标志

D.可以免除规则相关运输要求的最大限量

9.根据危险货物 UN No.可以从_____查取发生溢漏时的应急措施表编号。

①EmS 指南——索引表；②危险货物一览表；③IMDG Code 第 1 册

A.①②③ B.①③
C.①② D.②③

10.危险品中"未列明(N.O.S.)物质"系指_____的同一特定种类的物质。
    A.主管当局不允许列出具体名称 B.不另外具体列出名称
    C.IMO 不允许列出具体名称 D.联合国不允许列出具体名称

11.下列有关危险货物一览表中限量的说法错误的是_____。
    A.货物每一内包装认可的最大数量
    B.包装外只显示联合国编号、限量标志即可
    C.积载方式为积载类 A
    D.不适用于隔离等高级要求

12.《国际危规》所指的"正确的运输名称PSN"可以是_____。
    ①物质学名或物品名称;②商品名称;③军事名称
    A.①② B.②③
    C.①③ D.①②③

13.在危险货物一览表中,出现了"醇类、未列明"等字样,此条目属于_____。
    A.物质或物品的通用条目 B.未列明的通用条目
    C.未列明的特定条目 D.物质或物品的单一条目

14.在危险货物一览表中,出现了"爆炸品、有机物、未列明"等字样,此条目属于_____。
    A.物质或物品的单一条目 B.物质或物品的通用条目
    C.未列明的特定条目 D.未列明的通用条目

15.危险品的正确运输名称_____。
    A.不一定唯一 B.唯一
    C.一般为两个 D.一般为三个

16.《国际危规》中,危险货物一览表所列危险货物是按_____排序的。
    A.UN No. B.九大类危险货物顺序
    C.CN No. D.货物正确运输名称的中文笔画

17._____是《国际危规》危险货物一览表中的部分内容。
    ①积载类;②限量;③包装规定
    A.①② B.②③
    C.①③ D.①②③

18._____是《国际危规》危险货物一览表中的部分内容。
    ①特性与注意事项;②限量;③特殊规定
    A.①② B.②③
    C.①③ D.①②③

19.欲知某种危险货物的特性与装运注意事项,应查取《国际危规》中的_____。
    A.EmS 指南——索引表 B.危险货物一览表
    C.MFAG 一览表 D.危险货物英文名称索引表

20.危险货物溢漏应急措施表分为_____等情况。

①舱内货物少量溢漏；②舱内货物大量溢漏；③舱面货物少量溢漏；④舱面货物大量溢漏；⑤货物暴露溢漏；⑥特殊情况

A.②③④⑤⑥   B.①②③④⑤⑥

C.①②③④⑥   D.①②③④⑤

21.《危险货物事故医疗急救指南》的使用程序是_____。

①紧急抢救和诊断；②查找治疗方法；③从附录中得到更详细的资料

A.①②③   B.③②①

C.②③①   D.①③②

22.《船舶载运危险货物应急反应措施》简称_____。

A.EmS   B.MFAG

C.BC Code   D.IMDG Code

23.关于应急措施表的主要内容，以下说法正确的是_____。

A.应急措施表提供了船舶应配备的专用应急器材和一般医疗急救常识

B.应急措施表提供了发生事故后应急处理的措施和特定危险品造成人员伤害的症状

C.应急措施表提供了船舶应配备的专用应急器材和事故发生后的应急处理程序

D.应急措施表提供了一般的急救常识和特定危险品造成人员伤害的治疗方案

24.火灾应急措施表中不包括_____。

A.总体建议   B.货物暴露在火中的应急措施

C.舱内货物着火的应急措施   D.火灾预防

25.火灾应急措施表中包括_____。

①总体建议；②舱内货物着火的应急措施；③舱面货物着火的应急措施；④货物暴露在火中的应急措施；⑤特殊情况的应急措施

A.①②③④   B.②③④⑤

C.①③④⑤   D.①②③④⑤

26.《危险货物事故医疗急救指南》简称_____。

A.EmS   B.MAFG

C.MFAG   D.MGFA

27.MFAG是对船员_____的初步治疗并提供必要的建议。

A.烧伤   B.化学品中毒

C.高空坠落骨折   D.生理急症

28._____不属于《船舶载运危险货物应急反应措施》的内容。

A.应急表编号   B.应急措施和应急行动

C.危险品包装类别   D.应急配备的应急设备

29.船舶装载易燃气体发生溢漏时,应从_____中查取处理方法。

A.EmS   B.MFAG

C.IMDG Code   D.BC Code

30.船舶装载遇水反应物质发生火灾时,应从_____中查取灭火方法。

A.EmS   B.MFAG

C.IMDG Code　　　　　　　　　　　　D.BC Code

31.下列溢漏应急措施表编号正确的是_____。

①S-Z;②S-B;③F-A;④F-K

A.②③　　　　　　　　　　　　　　　B.①②

C.①②③④　　　　　　　　　　　　　D.③④

32.下列火灾应急措施表编号正确的是_____。

A.F-B　　　　　　　　　　　　　　　B.G-F

C.S-A　　　　　　　　　　　　　　　D.S-D

33.下列危险货物溢漏应急措施表编号正确的是_____。

A.F-K　　　　　　　　　　　　　　　B.F-D

C.S-A　　　　　　　　　　　　　　　D.F-Z

34.以下《国际危规》的补充本《船舶载运危险货物应急反应措施》(EmS)中有关火灾和溢漏应急表编号错误的是_____。

A.S-F　　　　　　　　　　　　　　　B.F-F

C.F-S　　　　　　　　　　　　　　　D.S-S

35.EmS 中的应急反应措施适用于_____。

A.油船发生火灾或溢漏时的应急措施

B.液化气船发生火灾或溢漏时的应急措施

C.散装化学品船发生火灾或溢漏时的应急措施

D.包装危险货物运输时发生的火灾或溢漏

36.《国际危规》补充本中的"MFAG"是对_____的初步治疗和利用海上有限的有效设备进行诊断提供必要的建议。

①化学品中毒;②化学品燃烧引起的烧伤;③危险品爆炸引起的伤害

A.①　　　　　　　　　　　　　　　　B.①②

C.②③　　　　　　　　　　　　　　　D.①②③

37.《国际危规》中的缩写 EmS 是指_____。

A.《危险货物医疗急救指南》　　　　　B.《船舶载运危险货物应急反应措施》

C.危险货物总索引　　　　　　　　　　D.危险货物编号索引

38.可从《国际危规》的_____中查阅 MFAG。

A.第 1 册　　　　　　　　　　　　　　B.第 2 册

C.第 3 册　　　　　　　　　　　　　　D.第 5 册

39.船舶装载危险货物发生船员窒息中毒时,应从_____中查取抢救方法。

A.EmS　　　　　　　　　　　　　　　B.MFAG

C.IMDG Code　　　　　　　　　　　　D.BC Code

40.溢漏应急措施表中包括_____。

①总体建议;②舱内货物溢漏的应急措施;③舱面货物溢漏的应急措施;④货物暴露溢漏的应急措施;⑤特殊情况的应急措施

A.①②③④　　　　　　　　　　　　　B.②③④⑤

C.①②③⑤   D.①②③④⑤

41.《船舶载运危险货物应急反应措施》中应急行动包括发生_____危险时的应急措施。

A.溢漏   B.腐蚀

C.毒害   D.爆炸

42.船运一批危险货物泄漏造成人员伤害,应从_____中查到急救方法。

A.危险货物品名表   B.《危险货物事故医疗急救指南》

C.《船舶载运危险货物应急反应措施》   D.《国际危规》第一册

43.《国际危规》中的缩写 MFAG 是指_____。

A.《危险货物事故医疗急救指南》   B.《船舶载运危险货物应急反应措施》

C.危险货物总索引   D.危险货物编号索引

44.根据《国际危规》,《船舶载运危险货物应急反应措施》的英文缩写是_____;《危险货物事

故医疗急救指南》的英文缩写是_____。

A.EmS;MFAG   B.EMC;MHB

C.MHB;MFAG   D.UN No.;MHB

45.查阅《国际危规》时,根据_____从危险货物名称索引即可查取到某种危险货物的联合国

编号。

A.货物的正确运输名称   B.货物的国际编号

C.货物的名称缩写   D.货物的商品名称

46.从《国际危规》危险货物英文名称索引表中,可查到某货物的_____。

①联合国编号;②是否是海洋污染物;③包装类别

A.①②   B.②③

C.①③   D.①②③

47.若某危险货物的国际编号为 12100,则该危险货物是_____。

A.二级危险货物,属于第 2 类气体

B.一级危险货物,属于第 1 类爆炸品

C.一级危险货物,属于第 1 类气体

D.二级危险货物,属于第 1 类爆炸品

48.我国《水路危规》不适用于_____。

①国内航线在我国境内港口从事危险货物装卸业务;②在我国境内港口从事危险货物储存业

务;③军运;④散装固态危险货物运输;⑤散装液态危险货物运输;⑥国际航线运输

A.①②③⑤⑥   B.②③⑤⑥

C.③④⑤⑥   D.③⑤⑥

49.《水路包装危险货物运输规则》国际编号由五位阿拉伯数字组成,按顺序依次为_____。

①危险货物品名顺序号;②危险货物类别号;③项别号

A.①③②   B.②③①

C.②①③   D.①②③

50.《水路危规》的危险货物品名表中规定:危险货物品名顺序号_____为一级危险品。

A.超过 500   B.不超过 300

C.超过 300　　　　　　　　　　　　D.不超过 500

51.船员进入有毒处所最常出现的危险为_____。

A.触电　　　　　　　　　　　　　B.中毒

C.撞击　　　　　　　　　　　　　D.爆炸

52.根据《船舶载运危险货物安全监督管理规定》,载运危险货物的_____,应当经我国海事局认可的船舶检验机构检验合格后,方可在船上使用。

①船用集装箱;②船用刚性中型散装容器;③船用中型货盘;④船用可移动罐柜

A.①②③④　　　　　　　　　　　B.①②③

C.②③④　　　　　　　　　　　　D.①②④

参考答案

第一节　包装危险货物的分类及特性

1.A	2.B	3.B	4.D	5.A	6.D	7.C	8.B	9.C	10.A
11.B	12.B	13.D	14.B	15.D	16.C	17.B	18.D	19.A	20.A
21.B	22.D	23.C	24.A	25.A	26.D	27.B	28.C	29.A	30.A
31.A	32.B	33.D	34.B	35.C	36.D	37.B	38.B	39.C	40.D
41.C	42.D	43.B	44.C	45.D	46.B	47.A	48.D	49.D	50.C
51.D	52.C	53.D	54.A	55.B	56.B	57.C	58.D	59.D	60.D
61.D	62.D	63.D	64.C	65.B	66.C	67.C	68.D	69.C	70.B
71.C	72.D	73.B	74.A	75.D	76.D	77.C			

第二节　危险货物的包装和标志

1.C	2.B	3.A	4.C	5.C	6.D	7.B	8.C	9.D	10.B
11.B	12.B	13.C	14.A	15.C	16.B	17.B	18.D	19.A	20.D
21.A	22.B	23.C	24.D	25.A	26.A	27.C	28.B	29.C	30.A
31.A	32.D	33.C	34.A	35.C	36.C	37.C			

第三节　危险货物的积载与隔离

1.C	2.B	3.D	4.C	5.D	6.D	7.D	8.B	9.B	10.A
11.C	12.A	13.B	14.D	15.D	16.D	17.D	18.D	19.A	20.B

21.B	22.D	23.A	24.D	25.D	26.C	27.B	28.C	29.B	30.C
31.A	32.D	33.B	34.D	35.B	36.A	37.C	38.C	39.C	40.B
41.A	42.B	43.C	44.A	45.B	46.D				

第四节　危险货物的安全装运与管理

| 1.D | 2.D | 3.B | 4.A | 5.B | 6.C | 7.D | 8.A | 9.A | 10.D |
| 11.B | 12.B | 13.D | 14.A | | | | | | |

第五节　危险货物运输规则

1.D	2.B	3.C	4.D	5.B	6.B	7.D	8.D	9.C	10.B
11.B	12.D	13.C	14.D	15.A	16.A	17.D	18.D	19.B	20.C
21.A	22.A	23.C	24.D	25.D	26.C	27.B	28.C	29.A	30.A
31.B	32.A	33.C	34.C	35.D	36.A	37.B	38.C	39.B	40.C
41.A	42.B	43.A	44.A	45.A	46.A	47.B	48.C	49.B	50.D
51.B	52.D								

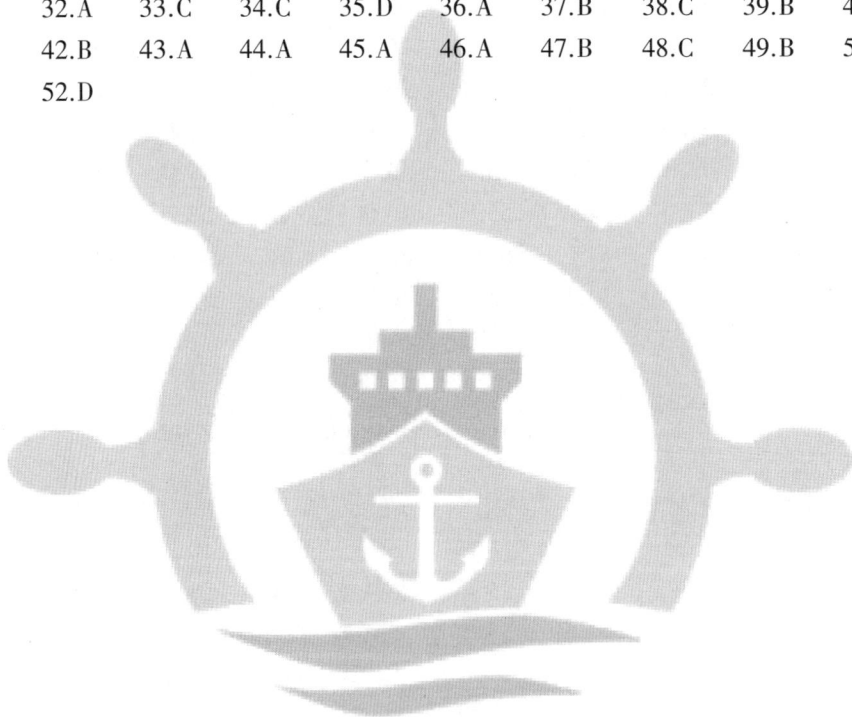

第十三章

普通杂货运输

第一节 杂货种类及特性

1. 在杂货船运输中,通常按货物的性质和装运要求对杂货进行分类,以下四种货物分类正确的是_____。

　　A.滑石粉属于清洁货,立德粉属于扬尘污染货,蜂蜜属于液体货,药品属于气味货

　　B.滑石粉属于扬尘污染货,立德粉属于清洁货,蜂蜜属于液体货,药品属于气味货

　　C.滑石粉属于清洁货,立德粉属于扬尘污染货,蜂蜜属于气味货,药品属于食品货

　　D.滑石粉属于清洁货,立德粉属于扬尘污染货,蜂蜜属于液体货,药品属于食品货

2. 按货物形态和运输方式可将海运货物分成_____。

　　①杂货;②固体散货;③液体散货;④集装化货物;⑤冷藏货物

　　A.①②③④ 　　　　　　　　　　B.②③④⑤

　　C.①②③⑤ 　　　　　　　　　　D.①②③④⑤

3. _____不属于扬尘污染货。

　　A.奶粉 　　　　　　　　　　　　B.立德粉

　　C.大红粉 　　　　　　　　　　　D.水泥

4. _____属于清洁货。

　　A.滑石粉 　　　　　　　　　　　B.立德粉

　　C.红粉 　　　　　　　　　　　　D.膨胀土

5. _____不是清洁货。

　　A.焦宝石 　　　　　　　　　　　B.镁砂

　　C.滑石粉 　　　　　　　　　　　D.立德粉

6. _____不是扬尘污染货。

　　A.石墨 　　　　　　　　　　　　B.炭黑

　　C.镁砂 　　　　　　　　　　　　D.立德粉

7. 属于清洁货的是_____。

　　①滑石粉;②焦宝石;③水泥;④镁砂

A.①②③④ B.①②③
C.②③④ D.①②④

8._____属于清洁货。

①大米;②滑石粉;③纸浆

A.①② B.②③
C.①③ D.①②③

9._____不是耗氧货物。

A.废金属 B.瓷器
C.直接还原铁 D.鱼粉

10.装载_____的货舱不会发生缺氧。

A.干冰

B.废钢铁、铁屑、钢屑、旋屑、镗屑、钻屑、削屑、锉屑或切屑

C.砷酸锌、亚砷酸锌及其混合物

D.废金属

11.以下关于杂货种类及特性的说法中错误的是_____。

A.水泥、石墨、炭黑、立德粉、颜料等属于扬尘污染货

B.国际标准凡单件重量超过40 t,为超重货

C.我国远洋标准凡单件重量超过5 t,为超重货

D.航行过程中,贵重货物无须注重防盗

12._____不属于气味货。

A.猪鬃 B.生皮
C.蜂蜜 D.禽兽毛

13._____不属于气味货。

A.红葱 B.蚕蛹粉
C.尿素 D.味素

14.在杂货船运输中,按照货物性质和运输保管要求分类,_____属于扬尘污染货。

①水泥;②炭黑;③铁红;④立德粉;⑤焦炭

A.①②③④ B.②③④⑤
C.①②③④⑤ D.①③④⑤

15.船舶装载杂货前,应做好_____的准备工作。

①货舱适货;②装卸设备良好;③安全设备良好;④合同要求的衬垫、隔票等材料

A.①③④ B.②③④
C.①②③④ D.①②

16.按照货物特性及运输要求分类的货物是_____。

A.杂货 B.固体散装货物
C.危险货物 D.液体散装货物

第二节　各类杂货配装要求

1.杂货船配载时,先配底舱后配二层舱的原因是_____。
   A.二层舱装卸货物方便　　　　　　　　B.底舱在水线下受水压力作用
   C.底舱高度大,载货数量多　　　　　　D.底舱装卸货物方便

2.某航次装货清单中列有袋装大豆和散装氟石,配载时则应先配装_____。
   A.袋装大豆　　　　　　　　　　　　　B.散装氟石
   C.任一种货物　　　　　　　　　　　　D.视货物的数量和卸货港序而定

3.某航次装货清单中列有袋装大豆和焦宝石,配载时则应先配装_____。
   A.袋装大豆　　　　　　　　　　　　　B.焦宝石
   C.任一种货物　　　　　　　　　　　　D.视货物的数量和卸货港序而定

4.货物数量及货物性质不同的货物,应首先配装_____。
   A.特殊的,较少数量的货物　　　　　　B.特殊的,较多数量的货物
   C.普通的,较少数量的货物　　　　　　D.普通的,较多数量的货物

5.货物的配装顺序中,应首先配装的货物是_____。
   ①最后到港货物;②数量较大的货物;③性质无特殊要求的一般货物
   A.①②③　　　　　　　　　　　　　　B.①②
   C.②③　　　　　　　　　　　　　　　D.①③

6.船运箱装橡胶、松香之类货物时,考虑到货物性质的影响,所选舱位应远离热源。该性质属
   于_____。
   A.物理性质　　　　　　　　　　　　　B.化学性质
   C.生物性质　　　　　　　　　　　　　D.机械性质

7.船运散装固体硫黄时,由于货物性质的影响,装货前应在货舱舱壁上根据需要喷涂一定浓度的
   石灰水,该货物性质属于_____。
   A.物理性质　　　　　　　　　　　　　B.生物性质
   C.化学性质　　　　　　　　　　　　　D.机械性质

8.玻璃、瓷器等货物应配装在基础平稳、不受挤压、易于装卸的舱位。主要考虑该类货物的
   _____的影响。
   A.生物性质　　　　　　　　　　　　　B.化学性质
   C.物理性质　　　　　　　　　　　　　D.机械性质

9.为减少亏舱,一般的捆包货物在配装时的适宜舱位是_____。
   A.上甲板　　　　　　　　　　　　　　B.中部货舱打底
   C.形状不规则的首尾舱　　　　　　　　D.中部货舱的二层舱

10.某船装载一批最后目的港的大桶装植物油,_____最为合适。
   A.中部货舱的二层舱　　　　　　　　　B.首尾部货舱的底舱打底
   C.中部货舱的底舱打底　　　　　　　　D.中部货舱底舱上层

11._____配装时应远离热源。

①盘圆；②盐渍肠衣；③乒乓球

A.①②③ B.①③

C.①② D.②③

12.有可能的情况下，单一气味小批量货应尽量_____。

A.分散配于各舱内 B.集中配于任一货舱内

C.集中配于中部大舱的底舱内 D.集中配于容积较小的首尾舱内

13.若无港序限制，塑料桶装的非危险性液体化工品的合理舱位是_____。

A.各舱的二层舱底部，避开舱口位 B.各舱底舱的上层及二层舱舱口位

C.任意舱位均可 D.各舱底舱的舱口位

14.若无港序限制，万吨轮装大铁桶装的花生油时，_____的配置方案较为合适。

①大舱的底舱堆八层；②大舱的二层舱堆四层；③首尾舱的底舱堆四层

A.① B.③

C.①②③均不合适 D.②

15.大桶装的肠衣配装在尾机型船_____较合适。

A.首尾部二层舱 B.中部底舱

C.中部二层舱 D.首尾部底舱

16.小批量气味货在配装时，其舱位一般选择在_____。

A.中部底舱 B.首、尾货舱

C.中部二层舱 D.甲板

17._____属于怕热货应远离的热源。

①机舱；②厨房；③加温油舱；④锅炉间；⑤滑油舱

A.①③ B.①②③④

C.①④⑤ D.③④

18.对于固体散货，_____是错误的。

A.宜配在中区货舱的底舱 B.装后应平舱

C.因港序原因可以配在二层舱 D.其上部不得堆装其他货物

19.对于扬尘污染货，_____是错误的。

A.宜配置在首尾舱的底舱 B.因港序原因可以配在二层舱

C.不能配在二层舱 D.可与不怕扬尘污染的货物同舱

20.关于杂货舱位选配原则，错误的是_____。

A.特殊货物应优先选定舱室

B.载货体积接近舱容时，应注意各货舱的轻重货物合理搭配

C.单件大／硬包装货物应选配在首尾小舱，单件小／软包装货物应选配在中部大舱

D.怕热货不宜配置于热源附近或温度较高的舱室

21.某船装载一批箱装精密仪器_____。

①有贵重舱时应配置在贵重舱内；②无贵重舱时可配置在底舱舱口位顶层；③无贵重舱时也可配置于二层舱舱口位顶层

A.①
B.②

C.③
D.①②③

22.在进行货物堆码时,不适合作打底货的是_____。

A.金属类捆卷
B.大箱子

C.小桶货
D.散装固体货物

23.船上装载扬尘货物时应做到_____。

①与怕污染的货物至少不相邻;②最好装于舱的底部,堆装面积尽量小;③尽量后装先卸;
④装后货堆表面应加衬垫并清扫货舱

A.①②④
B.①③④

C.②③
D.①②③④

24.某前三后一型船舶装载最后目的港的大桶盐渍肠衣,配置在_____是合理的。

A.No.2 的底舱
B.No.3、No.4 的底舱

C.No.1、No.2 的二层舱
D.No.2、No.3 的二层舱

25.桶装液体货的舱位宜选择在_____。

A.底舱底部
B.二层舱舱口四周

C.视货物包装情况而定
D.底舱不怕污染货上部

26.某前四后一型船舶装载少量第一卸货港的小桶装蜂蜜宜选装在_____。

A.No.3 二层舱下层
B.No.1 底舱下层

C.No.4 底舱上层
D.No.2 二层舱上层

27.某前四后一型船舶装载少量第一卸货港的石蜡宜选装在_____。

A.No.5 舱的底舱
B.No.3 舱的底舱

C.任何舱位均可
D.除了 No.4 舱以外的任何舱室

28.某船舶为前四后一型,如果该船装载大量最后卸货港的石墨,宜将其选装在_____。

A.No.1 二层舱上层
B.No.2 二层舱上层

C.No.3 底舱下层
D.No.4 底舱上层

29.杂货配载时,按照货物的忌装要求,气味货与忌气味货应分舱装载,主要考虑了货物的
_____的影响。

A.化学性质
B.物理性质

C.生物性质
D.机械性质

30.一般杂货船装载少量固体散货时,应_____。

①装于大舱;②与怕气味货分舱室装载;③可用草席隔票;④污水井应用透水材料加以封盖

A.①②③④
B.①②

C.①②③
D.①④

31.杂货运输中,_____可以同舱积载。

A.家具和水果
B.生姜和鸡蛋

C.卷钢和电视机
D.原木和裸装钢材

32.碳化钙(电石)可与_____混装。

A.煤炭
B.精选矿

C.轻烧镁 D.原木

33.茶叶可与_____混装。

    A.玻璃 B.香皂

    C.蜂蜜 D.糖果

34.化肥与生铁的忌装要求是_____。

    A.不同舱 B.不相邻

    C.不同室 D.不邻舱

35.油污货物和忌油污货物间的装载要求是_____。

    A.不同室 B.不同舱

    C.不同船 D.不相邻

36.根据忌装原则,茶叶与大米的最低忌装要求是_____。

    A.不同室 B.不同舱

    C.不相邻 D.不邻舱

37.砂糖受潮结块发酸,水泥受潮结块影响质量,故其与潮湿货的配舱要求为_____。

    A.不相邻 B.不同室

    C.不同舱 D.不邻舱

38.茶叶、烟叶受潮霉变,在装载时应与潮湿货_____。

    A.不邻舱 B.不相邻

    C.不同室 D.不同舱

39.棉麻制品与桶装油类的忌装要求为_____。

    A.不相邻 B.不同室

    C.不同舱 D.不邻舱

40.件杂货运输中,白铁皮、铝锭、镀锌五金与纯碱的配装要求是_____。

    A.不相邻 B.不同舱

    C.不同室 D.不邻舱

41.纸张在配装时不能与_____混装。

    ①硫酸铵化肥;②尿素;③硝酸钙

    A.①②③ B.①③

    C.②③ D.①②

42._____货物属于怕潮货。

    ①大米;②罐头食品;③茶叶;④烟叶;⑤化肥

    A.①③④ B.②③④⑤

    C.②③④ D.①②③④⑤

43.在普通杂货运输中,_____属于互抵货。

    ①相互影响降低使用价值;②相互影响而产生化学反应;③所需货舱温度不同;④危险货与普通货同处一舱

    A.①② B.②③

    C.①②③ D.①②③④

44.关于杂货船运输,当中途港货物货量较大时_____。
　　A.可集中装于船首部舱室　　　　　B.可集中装于船中部舱室
　　C.可集中装于船尾部舱室　　　　　D.可适当分配于几个货舱
45.为保证卸货港序,小批量的第一中途港的货物最常配装在_____。
　　A.首舱底部　　　　　　　　　　　B.二层舱舱口位
　　C.底舱四周　　　　　　　　　　　D.底舱后部

第三节　杂货船配载图的编制

1.编制积载计划的步骤为_____。
　①对初配方案进行全面核查;②确定航次货重在各货舱、各层舱的分配控制数;③核定航次货运任务与船舶载货能力是否相适应;④确定货物的舱位和货位
　　A.③②④①　　　　　　　　　　　B.③④①
　　C.①②④　　　　　　　　　　　　D.①②③④
2.编制杂货船配积载计划的步骤依次为_____。
　①核定航次货运任务与船舶载货能力是否相适应;②确定货物的舱位和货位;③确定各货舱及各层舱配货重量的控制数;④核算和调整船舶稳性、纵向受力和吃水差;⑤对初配方案进行全面核查;⑥绘制正式积载图
　　A.③①②④⑥⑤　　　　　　　　　B.①③②⑤④⑥
　　C.①②③⑤④⑥　　　　　　　　　D.①②③④⑤⑥
3.编制船舶积载图确定货物在船上配置及堆装时应考虑_____。
　①货物的完好;②船舶及人员的安全;③装卸方便;④缩短船舶在港停泊时间,加速周转;⑤能获得良好的营运经济效益
　　A.①②③　　　　　　　　　　　　B.②③④
　　C.①②③⑤　　　　　　　　　　　D.①②③④⑤
4.在编制杂货船配载计划时,应满足的基本要求有_____。
　①保证货物的运输质量;②保证中途港货物的顺序装卸;③做好平舱工作;④充分利用船舶的载货能力;⑤缩短在港停泊时间
　　A.①②④⑤　　　　　　　　　　　B.②③④⑤
　　C.①②③⑤　　　　　　　　　　　D.①②③④⑤
5._____是编制船舶配积载图之前应做的准备工作。
　①熟悉港口和航线情况;②熟悉航次货载情况;③熟悉船舶情况及有关资料
　　A.①③　　　　　　　　　　　　　B.②③
　　C.③　　　　　　　　　　　　　　D.①②③
6.编制船舶积载计划过程中若遇同时满足多项要求有困难时,可不考虑_____。
　　A.满足船体强度的要求　　　　　　B.保证货运质量
　　C.便于理货　　　　　　　　　　　D.保证船舶具有适度的稳性

7.实际营运中,编制船舶配积载图应能_____。

①保证货运质量;②满足船舶强度的要求;③保证船舶具有适度的稳性

A.①②

B.②③

C.①③

D.①②③

8.杂货积载图上的 S/O 表示_____。

A.货物关单号

B.港口编号

C.货物顺序号

D.船舶编号

9.某杂货船总包装舱容为 20 000 m^3,经计算某航次船舶 NDW 为 12 000 t,拟装运积载因数为 1.80 m^3/t(包括亏舱)的包装货物,则在货源充足的条件下,船舶航次最大装货量为_____ t。

A.12 000

B.11 111

C.11 976

D.9 231

10.某杂货船总包装舱容为 20 000 m^3,经计算某航次船舶 NDW 为 12 000 t,拟装运积载因数为 1.30 m^3/t(包括亏舱)的包装货物,则在货源充足的条件下,船舶航次最大装货量为_____ t。

A.9 231

B.10 976

C.12 000

D.15 385

11.某杂货船 No.3 舱舱容为 3 200 m^3,拟装运积载因数为 1.0 m^3/t 的包装货物 1 000 t(积载因数不包括亏舱,亏舱率为 15%),若不考虑其他因素,则该舱还空余_____ m^3 舱容可供装货。

A.2 200

B.2 024

C.1 176

D.2 050

12.某杂货船 No.3 舱舱容为 3 200 m^3,拟装运积载因数为 1.0 m^3/t 的包装货物(积载因数不包括亏舱,亏舱率为 15%),若不考虑其他因素,则该舱可装货_____ t。

A.3 200

B.2 783

C.2 720

D.3 678

13.在装货船配载图中没有出现的信息是_____。

A.限装载货物的位置

B.限装载货物的重量

C.限装载货物的目的地

D.限装载货物的装货量

14.下图为某杂货船二层舱的配载图,对其辨识错误的是_____。

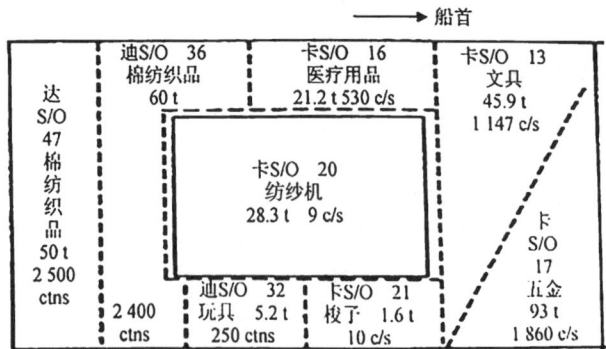

A.医疗用品积载在二层舱的左侧,中部靠前,重量为 21.2 t

B.文具和五金积载在二层舱的前部,文具在左舷,五金在右舷

C.纺纱机积载在二层舱的舱口位置

D.此图是俯视图

15.杂货船配载图上每一货位处应标明_____。

①货物关单号;②货物名称;③卸货港;④货物重量;⑤货物件数;⑥包装形式;⑦装货港

A.①②③④⑤⑥　　　　　　　　B.①②④⑤⑥⑦

C.①②③④⑤⑦　　　　　　　　D.②③④⑤⑥⑦

16.关于配积载图的编制及使用,以下说法错误的是_____。

A.配积载图中各批货载之间应用虚线分割

B.配积载图是发生事故后据以分清责任的原始资料,具有一定的法律效力

C.配积载图要求绘制清晰、整洁、简明和易懂

D.港方或货主可以根据需要自行对配积载图做一些修改

17.危险货物装货过程中,严格按积载图上标注的货位和备注要求进行装货操作,如需改动,若已申请监装,则需经_____认可,若未申请监装的,则需经_____同意,其他人员不得任意更改。

A.船长;监装部门　　　　　　　　B.监装部门;监装部门

C.船长;船长　　　　　　　　　　D.监装部门;船长或大副

18.在杂货船配载图中,底舱中两票货物之间的倾斜虚线表示_____。

A.两票货物在底舱内上下配置　　　B.两票货物在底舱内左右配置

C.两票货物在底舱内前后配置　　　D.两票货物之间需要严格衬垫

19.在杂货船配载图中,二层舱中两票货物之间的倾斜虚线表示_____。

A.两票货物在二层舱内上下配置　　B.两票货物在二层舱内左右配置

C.两票货物在二层舱内前后配置　　D.两票货物之间需要严格衬垫

20.指导装货港装货工作的配积载图是_____。

A.计划配载图　　　　　　　　　　B.货物实际积载图

C.货主提供的有关图表　　　　　　D.理货公司提供的有关图表

21.指导卸货港卸货工作的配积载图为_____。

A.计划配载图　　　　　　　　　　B.货物实际积载图

C.现场记录　　　　　　　　　　　D.理货报告

22.在货物积载图中,底舱的图示为_____。

①侧视图;②俯视图;③正视图

A.①　　　　　　　　　　　　　　B.②

C.③　　　　　　　　　　　　　　D.①或③

第四节　普通杂货装运

1.杂货船装货前需要备妥_____。

①起货机;②吊杆及附属装置;③吊货工具;④系固用具;⑤照明设备

A.①②③④   B.①②

C.①②③   D.①②③④⑤

2.舱内沾染油漆味、腥味或其他异味时可用浓度为5%的_____溶液清洗。

　　A.膨润土   B.红粉

　　C.漂白粉   D.镁砂

3.某固体散货船装载重烧镁，则装货前船方对货舱的准备工作可不包括_____。

　　A.货舱清扫   B.舱内设备检查

　　C.备妥衬垫   D.铲除浮锈

4.不属于杂货安全装卸要求的是_____。

　　A.装货时做好组件货物的衬垫、隔票以及绑扎系固

　　B.卸货时防止工人挖井、拖关、混票、混卸

　　C.装货过程中发现货舱异味要及时熏舱

　　D.危险货物要装在配载图上的货位

5.某航次船舶装载袋装水泥，则装货前船方应使货舱_____。

　　①清扫干净；②冲洗干净；③铲除浮锈；④用麻袋片铺盖污水井

　　A.②③④   B.①②③

　　C.①②④   D.①④

6.普通杂货运输，装货前船方对货舱内设备的检查通常包括_____。

　　①压载舱测深管；②人孔盖；③污水井；④舱内梯子；⑤舱内各种管系；⑥通风设备

　　A.①②③④⑤   B.②③④⑤⑥

　　C.①②⑤⑥   D.①②③⑥

7.承运袋装大米货物前，船方对货舱的准备工作通常包括_____。

　　①货舱清扫；②舱内除味；③舱盖水密性检查；④备妥谷面固定装置

　　A.①②③④   B.②③④

　　C.①②③   D.①③④

8.某航次杂货船装载袋装货物，则装货前船方应做的准备工作不包括对_____的准备。

　　A.载货处所   B.装卸设备

　　C.水密设备   D.系固设备

9._____是货物装卸中值班船员应做的工作。

　　①对装卸安全产生怀疑时可自行处理，不必向船长汇报；②记录值班过程中的重要事项；③监督理货员理货，并对理货结果进行签字确认；④做好防火、防盗、防被撞的工作

　　A.②③④   B.①③④

　　C.①②④   D.①②③④

10._____是货物装卸中值班工作的要求。

　　①对装卸安全产生怀疑时应当及时制止；②记录值班过程中出现的货物残损情况；③督促理货人员正确理货，并对理货结果进行签字；④做好防被撞的工作

　　A.①②④   B.①③④

　　C.①②③④   D.②③④

11.装卸作业的安排包括_____。

　A.制订装卸计划　　　　　　　　　B.安排船员值班

　C.制定应急措施　　　　　　　　　D.以上都是

12.在恶劣天气到来前的防范工作包括_____。

　①加固货物;②紧固通风设备;③密固舱盖;④密切注意气象变化

　A.①②③　　　　　　　　　　　　B.①③④

　C.②③④　　　　　　　　　　　　D.①②③④

13.杂货装船时发现外包装有残损,则大副可_____。

　①拒装;②批注;③报告船长;④指派船员对破损包装修补;⑤联系货主

　A.①②④　　　　　　　　　　　　B.②③⑤

　C.①②　　　　　　　　　　　　　D.③④

14.不属于装卸过程中值班船员和装卸工人疏忽或失职的是_____。

　A.货舱通风不当造成货物霉烂

　B.野蛮装卸造成包装破损

　C.装卸时遇雨雪天气未及时关舱造成货物水湿

　D.未按装卸计划积载造成贵重货物失窃

15.船舶在港装货期间,甲板值班人员若发现货物有破损、水湿、污损等状况,应_____。

　①报告大副;②视情况拒装;③做好现场记录;④要求货物更换或批注

　A.②③④　　　　　　　　　　　　B.①②④

　C.①②　　　　　　　　　　　　　D.①②③④

16.杂货船装卸货过程中,_____不需要大副直接参与。

　A.危险货物的监装与指导

　B.需要调整货载时,及时签发收货单并做好批注

　C.装货结束确认一切正常后及时封舱

　D.会同理货人员核对装船货物数量

17.船舶装卸作业时,值班驾驶员应_____。

　①每天早晨或离港前,看水尺并记入航海日志;②及时开关舱,防止雨湿货损;③严禁任何人在舱内和甲板上吸烟;④装卸结束前下舱检查货物堆码情况

　A.①②③　　　　　　　　　　　　B.①②③④

　C.①③④　　　　　　　　　　　　D.②③④

18.装货期间船员应做好的监督职责有_____。

　A.通常装卸工人应按操作规程和配载图进行作业,如有必要也可以根据实际情况调整配载计划

　B.理货人员如果正确理货、检残,能分清原残、工残,那么船员就无须监督签认

　C.遇到装卸工人不按配载图或违反操作规程操作时,应立即纠正

　D.装货结束之后,大副检查货舱装货正常即可封舱

19._____是货物装卸中船员值班应做的工作。

　①监督工人正确操作;②严格执行装卸计划;③确保来货质量和数量;④及时调整缆绳和舷梯

A.①②③④　　　　　　　　　　B.①②③

C.②③④　　　　　　　　　　　D.①②④

20.在舱内卸载纸箱装杂货时,若货堆高度超过工人站立所能够到的高度时,_____。

　　A.应从底部将货箱逐个抽出或拉出,使上部货物逐渐下落

　　B.应从中部将货箱逐个抽出或拉出,使上部货物逐渐下落

　　C.应指派工人,爬到货堆顶部,将纸箱逐个递到下落工人的手上

　　D.应在货堆旁搭脚手架,从货堆顶部开始卸货

21.装载货物的堆码方式中,操作方便且垛形稳固,但不利于通风的堆码方法是指_____。

　　A.垂直堆码　　　　　　　　　　B.扎位堆装

　　C.纵横压缝堆码　　　　　　　　D.压缝堆码

22.包装弱、重量轻的箱装货,在堆装时一般采用_____。

　　A.压缝堆码　　　　　　　　　　B.垂直堆码

　　C.扎位堆装　　　　　　　　　　D.纵横压缝堆码

23.普通杂货运输时,舱内货物应紧密堆装,其目的是_____。

　　①防止货物移动;②减小货物亏舱;③保证货物通风;④增大货物渗透率

　　A.①②③④　　　　　　　　　　B.①②

　　C.②③④　　　　　　　　　　　D.①③④

24._____不是货物紧密堆垛的目的。

　　①防止货物移动;②减小货物亏舱;③便于货物计数

　　A.③　　　　　　　　　　　　　B.①②③

　　C.①　　　　　　　　　　　　　D.②

25.袋装货物垂直堆码的优点是_____。

　　A.货舱通风性好　　　　　　　　B.货舱亏舱小

　　C.货舱堆码牢固　　　　　　　　D.有利于船舶稳性

26.编织袋装货物的堆码方法中压缝堆码是指_____。

　　A.上层货件压在下层货件接缝处

　　B.袋口朝一个方向直上直下地堆码

　　C.袋口朝前、后两个方向直上直下地堆码

　　D.上层货件横向压在下层货件纵向接缝处

27.根据经验,单件重200~300 kg的大桶装货物,其堆高应不超过_____层。

　　A.2　　　　　　　　　　　　　B.3

　　C.4　　　　　　　　　　　　　D.5

28.根据经验,单件重400~600 kg的大桶装货物,其堆高应不超过_____层。

　　A.2　　　　　　　　　　　　　B.3

　　C.4　　　　　　　　　　　　　D.5

29.关于货物堆码的具体方法,下列描述正确的是_____。

　　A.钢轨上不能再堆装其他货物

　　B.易碎货物其上不应再堆装其他货物

C.气味货可放置在机舱附近的舱室

D.捆包货物放置于中部货舱最合适

30.包装坚固耐压的木箱装货一般地应_____。

①堆高不受限;②木箱上可随意堆装其他货物;③配装在各舱的中层或底层

A.① B.②③

C.③ D.①③

31.根据经验,单件重量越大的桶装货物,其允许堆装层数_____。

A.应越多 B.应不变

C.应越少 D.与桶重无关

32.关于普通杂货配积载的要求正确的是_____。

①袋装货物纵横压缝堆码垛形稳固,但不利于通风;②包装坚固、重量大的箱装货物应配于下层且垂直堆码;③不能堆满两舷的捆卷捆筒货物滚动方向应沿船舶首尾向;④钢板横、纵积载都可以,但多用于打底

A.②③④ B.①②③

C.①②③④ D.①③④

33.袋装货物压缝堆码的优点是_____。

①货舱通风性好;②货舱亏舱小;③货物堆码牢固

A.①② B.①③

C.①②③ D.②③

34.装载不同货主的钢材时,较好的隔票材料是_____。

①油漆;②钢丝绳;③帆布

A.② B.①②

C.①②③ D.③

35.原木最好的隔票材料是_____。

①钢丝绳;②油漆;③彩带

A.① B.②

C.③ D.①②③

36.为防止货物水湿,在舱底可以用_____衬垫。

①帆布或塑料薄膜;②木板;③草席

A.② B.③

C.① D.①②

37.货物衬垫的作用是_____。

①便于理货;②防止货物移动、压损及甲板受损;③防止货物水湿、撒漏、振动和受到污染

A.① B.②

C.③ D.②③

38.在舱底以木板衬垫的目的是_____。

①防止舱底受损;②防止货物水湿;③防止货物滑动

A.①② B.②③

C.①③ D.①②③

39.对包装相同的两票货物,适宜的隔票方法是_____。

①采用油漆标记隔票;②采用与其包装明显不同的货物配装于该两票货之间;③采用颜色鲜艳的绳网隔票

A.② B.②③

C.① D.③

40.对包装不相同的两票货物,有关隔票的说法正确的是_____。

A.采用与其包装明显不同的货物配装于该两票货之间

B.采用材料隔票

C.采用自然隔票

D.无须隔票

41._____不是货物衬垫的目的。

A.防止货物受到污染 B.便于理货

C.防止货物移动或压损 D.防止货物水湿、撒漏和振动

42.在靠近舱壁、舷侧处用帆布、草席、塑料布等衬垫的目的是_____。

A.防止舱壁、舷侧受损 B.防止货物受到污染

C.防止货物水湿 D.防止货物振动

43.各类不同包装的货物应尽可能采用_____,对于线性类货物多采用_____。

A.自然隔票;自然隔票 B.自然隔票;材料隔票

C.材料隔票;自然隔票 D.材料隔票;材料隔票

44.货物隔票的主要作用是_____。

①减少货物错卸或漏卸;②加快卸货速度;③提高理货效率

A.①② B.②③

C.①③ D.①②③

45.在杂货运输中,合理的货物隔票可以_____。

①加速卸货速度;②提高理货效率;③防止或减少货差事故

A.①②③ B.①②

C.①③ D.②③

46.防止货物汗湿的衬垫方法正确的是_____。

①靠近舱壁、舷壁处的衬垫一般可用帆布、草席等进行隔衬;②为防止舱顶汗水滴湿货物,可在货物顶部铺以帆布;③为防止舱顶汗水滴湿货物,可在货物顶部用草席呈鱼鳞状依次铺盖;④在舱口边缘、舱口横梁和通风筒下方,靠近这些位置应多铺几层

A.①②③④ B.①③④

C.①②④ D.②③④

47.货舱衬垫按其作用可分为_____等几种。

①防水湿的;②防压防移的;③防掺混撒漏的;④保护甲板或底板局部强度的

A.①③④ B.①②③④

C.②③④ D.①②

48.杂货船在舱壁处加衬垫的主要目的是_____。

    A.防止货物水湿   B.防止货物压损

    C.防止货物撒漏   D.防止舱壁变形

49.以下关于货物隔票的说法正确的是_____。

    ①隔票可以提高理货效率;②隔票可以防止或减少货差事故;③隔票可以防止货物压损;④对不同收货人的同包装的相同货物应采取隔票措施

    A.①②③④   B.①③

    C.①②④   D.②③④

50._____不属于货物损坏报告的内容。

    A.损坏的成本   B.损坏的描述

    C.损坏的区域   D.损坏的原因

51.为防止造成货损,船员在货物装卸值班工作中对_____现象应予以制止。

    ①不合理使用手钩;②从舱口向舱内拖曳货物;③货物自一处远距离摔向另一处;④使用撬杠搬运大桶货;⑤未穿足以防寒的衣物

    A.①②③④⑤   B.①②③④

    C.②③④⑤   D.①③④⑤

52.装货期间船舶与码头应做好有效沟通,以下说法正确的是_____。

    ①在港口装卸工人休息吃饭或暂停工作期间,船员应及时切断起货机和不用的照明电源,以确保货舱安全;②船员应督促装卸工人按操作规程和配载图的要求进行装货;③遇到装卸工人不按配载图装货或违规操作,应立即进行纠正;④当值班船员无法及时纠正装卸工人的错误行为时,应立即报告值班驾驶员,值班驾驶员与码头进行交涉并采取必要措施

    A.①②③④   B.②③④

    C.①②③   D.①②④

53.在装卸货物时,为了保护货舱内的内底板和船壳板不被碰撞,以及船舶在航行途中因船舶出汗时紧贴钢板的货物造成汗湿货损,一般在杂货船的货舱内,采用_____。

    ①木铺板;②内底边板;③护舷木条;④舭肘板和梁肘板

    A.①③   B.①④

    C.②③   D.②④

54.下列说法中_____是错误的。

    A.当货物温度下降到舱内露点以下时货物表面出汗

    B.当舱壁温度下降到舱内气温以下时在舱壁出汗

    C.当外界气温较低而舱内露点较高时,旺盛通风会使舱内产生雾气

    D.当舱内露点上升到舱壁温度以上时在舱壁出汗

55.货舱的通风方法中,不受外界环境条件限制的通风方式是_____。

    A.自然通风   B.排气通风

    C.机械通风   D.干燥通风

56.货舱的自然通风有两种基本方法,即排气通风和_____通风。

    A.排湿   B.进气

C.干燥   D.对流循环

57.船舶实际营运中,当外界空气露点和温度均低于舱内空气露点时,应进行_____。

①少量通风;②排气通风;③干燥通风

A.①   B.②

C.③   D.①②③

58.实际营运中,当外界空气露点和温度均低于舱内空气露点时,应进行_____。

①少量通风;②排气通风;③干燥通风

A.②   B.①②③

C.①   D.③

59.某船测得舱内气温 24 ℃,露点 19 ℃,舱外气温 22 ℃,露点 21 ℃,则可实施通风的方式为_____。

A.自然排气通风   B.对流循环通风

C.机械通风   D.干燥通风

60.某船测得舱内气温 20 ℃、露点 16 ℃,舱外气温 10 ℃、露点 7 ℃,则可实施通风的方式是_____。

①自然排气通风;②对流循环通风;③机械少量通风

A.①   B.②

C.③   D.①③

61.某船某航次测得舱内空气的温度为 24 ℃,露点为 23 ℃;外界空气的温度为 13 ℃,露点为 12 ℃,此时_____。

A.应断绝通风

B.可以进行自然排气的自然通风

C.只能进行用空气干燥装置的机械通风

D.可以进行旺盛的对流循环自然通风

62.经测定某舱舱内露点为 12 ℃,大气的露点温度为 30 ℃,此时舱内货物已有霉变迹象,则_____。

A.应进行旺盛的通风

B.应进行缓慢的自然通风

C.只能使用空气干燥装置进行"再循环"通风

D.断绝自然通风但可进行机械通风

63.船舶由寒冷地区驶往暖湿地区时,货舱应_____。

A.少量通风   B.大量通风

C.视货物是否散发水分而定   D.断绝通风

64.实际营运中,当外界空气露点和温度均低于船内空气露点时,应_____。

①断绝通风;②大量通风;③循环通风;④少量通风

A.④   B.③④

C.①   D.②③

65.如果舱内空气的温度高于外界空气温度,则该船_____。

A.自然排气通风　　　　　　　　　B.机械通风

C.只能干燥通风　　　　　　　　　D.无法确定通风方式

66.自然通风中,将下风一侧通风筒转向上风,上风一侧通风筒转向下风的通风方式,称为_____。

A.排气通风　　　　　　　　　　　B.机械通风

C.循环通风　　　　　　　　　　　D.干燥通风

67.货舱内产生汗水的原因是_____。

①船体温度下降至低于舱内空气露点;②船体温度升高至等于舱内空气露点;③舱内空气露点升高至高于货物表面温度

A.①　　　　　　　　　　　　　　B.②

C.③　　　　　　　　　　　　　　D.①③

68.船舶由暖湿地区驶往寒冷地区时,一般在_____最容易产生汗水。

A.货舱顶壁及舷侧　　　　　　　　B.货物表面

C.视所载货物而定　　　　　　　　D.视航区而定

69.船舶由寒冷地区驶向暖湿地区时,在货物表面出现汗水的条件是_____。

A.舱外暖湿空气进入货舱内　　　　B.船体温度快速升高

C.货物温度快速升高　　　　　　　D.舱内露点快速降低

70.某船装运一批罐头食品去西欧,以下通风措施合适的是_____。

A.航行途中,凡好天气都要进行通风

B.航行途中,白天应进行通风,晚间停止通风

C.航行途中,晚间应进行通风,白天停止通风

D.当舱内空气露点高于舱外空气露点时,应进行通风

71.当外界空气进入舱室前,不需要经预处理的通风方式是_____。

A.自然通风　　　　　　　　　　　B.机械通风

C.干燥通风　　　　　　　　　　　D.空气调节系统

72.实际营运中,当外界空气温度和露点分别高于舱内空气温度和露点时,应进行_____。

A.循环通风　　　　　　　　　　　B.干燥通风

C.旺盛通风　　　　　　　　　　　D.少量通风

73.下列说法中_____是正确的。

A.舱内空气露点高于船体表面温度或高于货物表面温度会出汗

B.舱内空气温度降至船体表面温度以下会出汗

C.货物表面温度低于舱内空气温度会出汗

D.船体表面温度高于舱内空气露点会出汗

74.实际营运中,货舱内外的空气露点是根据_____来查算的。

A.湿球温度和干湿球温度差　　　　B.干球温度和干湿球温度差

C.干球温度　　　　　　　　　　　D.湿球温度

75.当_____时,可能会在货物表面上产生汗水。

A.舱内温度上升至货物表面温度以上

B.舱内温度下降至货物表面温度以下

C.舱内露点下降至货物表面温度以下

D.舱内露点上升至货物表面温度以上

76.货舱通风中,通过降低舱内露点,能够_____。

    A.提供新鲜空气   B.防止产生汗水

    C.排出有害气体   D.降低舱内温度

77.货舱通风的目的中,_____是为了防止产生汗水。

    A.降低舱内温度   B.降低舱内露点

    C.排除有害气体   D.提供新鲜空气

78.货舱通风的目的中,_____是为了防止货物腐烂。

    A.降低舱内温度   B.降低舱内露点

    C.排除有害气体   D.提供新鲜空气

79.货舱通风的目的中,_____是为了防止货物变质和自燃。

    A.降低舱内温度   B.降低舱内露点

    C.排除有害气体   D.提供新鲜空气

80.货舱通风的目的中,排除有害气体可防止发生_____。

    ①燃烧事故;②人员中毒事故;③爆炸事故

    A.①②   B.①③

    C.①②③   D.②③

81.船舶装运散发水分的货物从寒冷地区驶往温暖地区时,一般应进行_____通风。

    A.循环   B.自然排气

    C.机械   D.视舱内空气露点情况而定

82.装运不散发水分的干货,从寒冷地区驶往温暖地区时,一般应进行_____通风。

    A.循环   B.自然排气

    C.机械   D.断绝

83.为防止舱内产生汗水,_____可以进行自然通风。

    A.当天气晴好时

    B.当舱内温度高于外界温度时

    C.当舱内空气的露点高于外界空气的露点时

    D.当舱内空气的露点低于外界空气的露点时

84.自然通风受到_____的限制,所以通风量很难满足要求。

    ①通风筒截面积;②自然风力;③自然风向

    A.①②   B.②③

    C.①②③   D.①③

85.可进行旺盛通风的条件是_____。

    A.舱内空气露点高于舱外空气温度和露点

    B.舱内空气露点高于舱外空气露点,且低于舱外空气温度

    C.舱内空气露点低于舱外空气露点,且高于舱外空气温度

D.舱内空气露点低于舱外空气温度和露点

86.在露点查算表中,干湿球的温差越_____,空气露点越高;湿球温度越_____,空气露点越低。

A.大;低   B.大;高

C.小;低   D.小;高

87.以下说法正确的是_____。

①煤炭易自燃,应进行排除热量的通风;②砂糖怕潮,应进行防止产生汗水的通风;③蔬菜需呼吸,应进行提供新鲜空气的通风

A.①②   B.①③

C.②③   D.①②③

88.在查取露点过程中,由露点查算表可知,当湿球温度不变时,若干湿球温差越大,则空气露点_____。

A.越低   B.不变

C.越高   D.不确定

89.对航行中对货物应进行的管理工作有_____。

①检查货物的状态;②测量并排除舱内污水;③正确通风,防止舱内出汗;④做好恶劣天气来临前的准备工作;⑤保证消防设备处于随时可用的有效状态

A.①②③④⑤   B.①②③④

C.①②③   D.①③⑤

90.航行中若需进入货舱,首先应_____。

①打开进入货舱的道门或开启部分舱盖;②适当通风;③调整船舶浮态

A.①或②   B.②

C.①   D.③

91.航行途中对货物的保管工作不包括_____。

A.经常检查货物在舱内的状况

B.查看烟雾报警器及怕热怕潮货物的情况

C.测量舱内温湿度及污水

D.计算货物重量

参考答案

第一节　杂货种类及特性

1.D　2.A　3.A　4.A　5.D　6.C　7.D　8.B　9.B　10.C
11.D　12.C　13.D　14.C　15.C　16.C

第二节　各类杂货配装要求

1.C	2.D	3.D	4.B	5.B	6.A	7.C	8.D	9.C	10.C
11.D	12.D	13.A	14.C	15.B	16.B	17.B	18.D	19.B	20.C
21.D	22.C	23.A	24.A	25.C	26.D	27.B	28.C	29.B	30.D
31.B	32.C	33.A	34.B	35.D	36.B	37.C	38.D	39.A	40.C
41.A	42.D	43.C	44.D	45.B					

第三节　杂货船配载图的编制

1.A	2.B	3.D	4.A	5.D	6.C	7.D	8.A	9.B	10.C
11.B	12.C	13.D	14.B	15.A	16.D	17.D	18.B	19.A	20.A
21.B	22.A								

第四节　普通杂货装运

1.D	2.C	3.C	4.C	5.D	6.B	7.C	8.D	9.A	10.C
11.D	12.D	13.C	14.A	15.D	16.D	17.B	18.C	19.A	20.D
21.D	22.A	23.B	24.A	25.A	26.A	27.D	28.B	29.B	30.D
31.C	32.C	33.D	34.B	35.B	36.D	37.D	38.D	39.B	40.D
41.B	42.C	43.B	44.D	45.A	46.A	47.D	48.A	49.C	50.A
51.B	52.A	53.C	54.B	55.C	56.D	57.D	58.B	59.D	60.D
61.B	62.C	63.C	64.D	65.D	66.C	67.D	68.A	69.A	70.D
71.A	72.B	73.A	74.A	75.D	76.B	77.B	78.D	79.A	80.C
81.D	82.D	83.C	84.C	85.B	86.C	87.D	88.A	89.A	90.A
91.D									

第十四章

特殊杂货运输

第一节　货物运输单元积载与系固

1.货物运输单元系指包括但不限于_____。
　①车辆、铁路车辆、集装箱;②板材托盘、便携式容器、可拆集装箱构件、包装单元;③不是永久固定在船上的船舶自用装载设备或其他部件
　A.①②　　　　　　　　　　　B.①②③
　C.②③　　　　　　　　　　　D.①③

2.船上所有移动式系固设备在_____应有专门人员负责损坏检查。
　①用于特别加固用途前;②使用之后;③再次使用之前;④使用时经历恶劣天气海况之后
　A.①②③　　　　　　　　　　B.②③
　C.①②③④　　　　　　　　　D.②④

3._____不属于货物运输单元。
　A.散装固体货物　　　　　　　B.拖车
　C.包装单元　　　　　　　　　D.T50罐式集装箱

4.属于半标准货物系固设备的有_____。
　①系固槽座;②快速释放紧索器;③象脚;④绑扎带;⑤轮楔
　A.①②③④　　　　　　　　　B.③④⑤
　C.①②③　　　　　　　　　　D.①②③④⑤

5.固定式系固设备系指焊接在_____上的货物系固点及其支撑结构。
　①舱底;②舷侧与舱壁;③甲板;④舱盖;⑤支柱
　A.①②③④　　　　　　　　　B.①②③⑤
　C.②③④⑤　　　　　　　　　D.①②③④⑤

6.固定式系固设备系指焊接在_____上的货物系固点及其支撑结构。
　①船体结构内部;②外部甲板;③货舱盖;④绑扎桥;⑤甲板支柱
　A.①②③④　　　　　　　　　B.①②③⑤
　C.②③④⑤　　　　　　　　　D.①②③④⑤

7.在舱面积载时,货件所受移动力不包括_____。

    A.惯性力   B.风压力

    C.波溅力   D.摩擦力

8.在考虑加速度典型分布时,货物单元的货位是主要因素,一般情况下在船舶同一纵向位置上,横向加速度在_____时最大。

    A.底舱   B.二层舱

    C.上甲板低位   D.上甲板高位

9.货物单元在船舶_____时,加速度最小,可减小该货物单元在船上的受力。

    A.上甲板高位   B.上甲板低位

    C.$L/2$ 和 $B/2$ 的二层舱   D.$L/2$ 和 $B/2$ 的底舱

10.在考虑加速度典型分布时,货物单元的货位是主要因素,一般情况下在其垂向货位一定时,其纵向加速度随其距船尾的距离的增大而_____。

    A.增大   B.减小

    C.不变   D.变化不定

11.已知船上绑扎用的新钢丝绳的破断强度为 100 kN,与一个破断强度为 180 kN 的花篮螺丝串联并系固于破断强度为 200 kN 的地令上,请问此绑扎系统提供的 MSL 是_____ kN。

    A.80   B.90

    C.100   D.270

12.为了防止船上的货物单元由于船舶摇摆产生移动的可能性,在选择舱位时应考虑其加速度的典型分布。一般来说,_____惯性加速度较大。

    ①船中;②船首;③船尾;④船上两舷最高积载位

    A.①②③   B.②③④

    C.①②④   D.①③④

13.作用于货物上的约束力矩包括_____。

    A.货物自身具有的重量约束力矩和索具提供的约束力矩

    B.惯性力矩和非惯性力矩

    C.货物自身具有的重量约束力矩和惯性力矩

    D.倾覆力矩、风压力矩和摩擦力矩之和

14.下列力中使货物发生位移的最大的力是_____。

    A.横向分力   B.摩擦力

    C.纵向分力   D.垂直分力

15.安全工作负荷(SWL)可代替最大系固负荷(MSL)的前提条件是_____。

    A.SWL 能提供等同于 MSL 或具有较 MSL 更高的强度

    B.MSL 能提供等同于 SWL 或具有较 SWL 更高的强度

    C.$MSL = 2SWL$

    D.$SWL = 2MSL$

16.对于同一根钢丝绳来说,其最大系固负荷 MSL、破断强度 BS、计算强度 CS 三者的大小关系是_____。

A.$BS<MSL≤CS$　　　　　　　　　　B.$BS≤MSL≤CS$

C.$CS≤MSL≤BS$　　　　　　　　　　D.$CS<MSL<BS$

17.有关最大系固负荷,下列描述正确的是_____。

①系指船上系固设备的许用负荷;②当能提供等同或较高的强度时,安全工作负荷可代替最大系固负荷;③最大系固负荷就是安全工作负荷;④最大系固负荷的缩写是 MSL;⑤系指船上系固设备的验证负荷

A.①②③④　　　　　　　　　　B.①②④

C.③⑤　　　　　　　　　　　　D.②③④⑤

18.IMO 对非标准货物系固方案的有效性核查方法中不包含_____。

A.经验法　　　　　　　　　　B.重量增加法

C.估算法　　　　　　　　　　D.精算法

19.下列关于系固索具的说法不正确的是_____。

A.系固钢丝绳不应大角度弯曲

B.钢链系固操作方便

C.如使用防滑材料增大货件与甲板间的摩擦力,则可减少系索道数

D.可以根据经验法计算出满足绑扎要求的最少的系索道数

20.货物单元正确的系固要求和方法是_____。

A.系索长度越长越好

B.系索必须横向和纵向对称分布

C.同一侧的货物系索应尽量保持在同一松紧度上

D.系索的垂向系固角越小越好

21.为防止货物移动,_____。

①应使货物在舱内紧密堆装;②如需要时应进行货物系固;③尽量使货物表面平整

A.①②　　　　　　　　　　　B.①③

C.②③　　　　　　　　　　　D.①②③

22.对货物安全积载与系固效果有影响的货物单元的性质可能包括_____。

①压实性;②相互影响性;③低摩擦性;④局部脆弱性;⑤危险性

A.①②③④　　　　　　　　　　B.②③④⑤

C.①②③⑤　　　　　　　　　　D.①②③④⑤

23.下图所示船舶索具的主要作用是_____。

A.夹紧钢丝绳末端　　　　　　　B.系固系统中系固点

C.避免索具受力时急折　　　　　D.调节松紧

24.货物系固手册的主要内容有_____。
①手册编制依据、定义等；②货物积载与系固原则；③船上系固设备的配置、维修及管理；④不同货物的安全操作；⑤系固方案核算方法
A.①④⑤　　　　　　　　　　　B.①②③④
C.②③④⑤　　　　　　　　　　D.①②③④⑤

25.货物系固手册的主要内容包括_____。
①手册编制依据,相关术语定义；②货物单元系固及受力核算；③固定系固设备及其布置；④推荐的12种非标准货物安全积载与系固的操作方法；⑤系固设备检查、保养和维护记录
A.①②③④　　　　　　　　　　B.②③④⑤
C.①②③④⑤　　　　　　　　　D.①④⑤

26.货物系固手册是由_____根据船舶的实际情况按公约要求编制的。
A.船公司　　　　　　　　　　　B.船级社
C.主管机关　　　　　　　　　　D.大副

27._____应按要求配备经主管机关认可的货物系固手册。
①集装箱船；②移动平台；③装运货物运输单元的客船；④滚装船；⑤装卷钢的散粮船；⑥近海供应船
A.①②④⑤⑥　　　　　　　　　B.①②③④
C.③④⑤⑥　　　　　　　　　　D.①③④⑤⑥

28._____不包括在货物系固手册中。
A.手册编制依据、定义　　　　　B.系固设备及其布置
C.航次货物的系固方案　　　　　D.系固方案的核算方法

29.货物系固手册中货物单元包括_____。
①车辆；②托盘；③中型散装容器；④集装箱；⑤火车车厢
A.①②③　　　　　　　　　　　B.②③⑤
C.①②③⑤　　　　　　　　　　D.①②③④⑤

30.根据1974 SOLAS 的要求,_____可不配备货物系固手册。
A.高速货船　　　　　　　　　　B.集装箱船
C.散装液货船　　　　　　　　　D.海上供给船

31.1974 SOLAS 要求船舶配备的货物系固手册不适用于_____。
①高速货船；②海上供给船；③仅载运固体散货的散货船；④集装箱船；⑤仅载运散装液体的液体货船；⑥载运货物单元的散装货船
A.①②③⑤⑥　　　　　　　　　B.①②③⑤
C.③⑤　　　　　　　　　　　　D.①③⑤

32.1974 SOLAS 要求船舶配备的货物系固手册适用于_____。
①高速货船；②海上供给船；③仅载运固体散货的散货船；④集装箱船；⑤仅载运散装液体的液体货船；⑥载运货物单元的散装货船
A.②③④　　　　　　　　　　　B.①④⑥
C.①②④⑥　　　　　　　　　　D.①②③④⑤⑥

第二节　12 种非标准货物安全积载与系固

1.某船装载散装锚链,其绑扎方案应按_____设计和校核。

   A.INF 规则   B.CSS 规则

   C.BLU 规则   D.CTU 规则

2.移动式罐柜是非永久性固定在船上,容积为_____及以上的外壳装有外部稳定构件和运输所必需的维修工具和结构性设备的罐柜,可用于装载_____货物。

   A.450 L;液体、气体和固体   B.450 L;液体和气体

   C.1 000 L;液体、气体和固体   D.1 000 L;固体和气体

3.散装金属废料的装运要求包括_____。

   ①装前对货舱设施加以保护;②由于平铺,无货舱局部强度的要求;③第一批货应严格控制抛落高度;④货物间应留出必要的空当,以便于系固;⑤整个货垛应绑扎成一体

   A.①②③④⑤   B.①②③④

   C.②③④⑤   D.①③

4.以下有关散装金属废料装货要求的描述正确的是_____。

   ①应防止装载部位超负荷;②每一货舱装货开始阶段应防止货物从高处掉下损伤舱底;③在同一部位应先装重质的废料;④非金属物品不能装在金属废料的上层;⑤货物应密实和均匀装载,不能留出空当或出现松散的无支撑斜面

   A.①②③⑤   B.①②④

   C.①②④⑤   D.①②③

第三节　重大件货物运输

1.不属于重大件货物特性的是_____。

   A.可分割性   B.积载与系固要求高

   C.运输风险高   D.高运费

2.按重大件的用途、特性和装运要求,重大件可分为_____等。

   ①海工设备;②石化设备;③发电设备;④分段船体;⑤机车

   A.①②③④   B.②③④⑤

   C.①②③⑤   D.①②③④⑤

3.重件货物装于船上后,在海上运输过程中的运动状态可能有_____。

   ①上跳;②水平移动;③倾覆

   A.①   B.②

   C.③   D.②③

4.属于重大件的有_____。

①钻井平台；②变压器；③风力发电机叶片；④移动式起重机

A.①②③④　　　　　　　　　　　　B.②③④

C.①②　　　　　　　　　　　　　　D.①④

5.按国际标准，_____属于重大件货物。

①货物单重超过40 t；②货物单重超过5 t；③货物单件长度超过12 m；④货物单件高度超过5 m；⑤货物单件宽度超过5 m；⑥货物单件长度超过9 m

A.①③④⑤　　　　　　　　　　　　B.②④⑤⑥

C.①③⑤　　　　　　　　　　　　　D.②③⑥

6.从海上运输技术角度看，确定货件是否为重大件货物时应考虑的因素有_____。

①货物尺度；②货物重量；③船舶种类和大小；④装卸设备的类别和安全工作负荷

A.①　　　　　　　　　　　　　　　B.③④

C.①②④　　　　　　　　　　　　　D.①②③④

7.重大件货物系固时，若货件与甲板间摩擦力较小，需_____以防货件水平移动。

①增加其他货物支撑；②增加系索道数；③加衬垫

A.①②　　　　　　　　　　　　　　B.②③

C.①③　　　　　　　　　　　　　　D.①②③

8.重大件货物运输的特点有_____。

①单件货物重量大；②单件货物尺寸大；③货物装载难；④货物批量大；⑤货物装运要求高

A.①②④⑤　　　　　　　　　　　　B.①②③

C.①②③⑤　　　　　　　　　　　　D.①②③④⑤

9.重大件的海运特性不包括_____。

A.笨重、形状不规则　　　　　　　　B.货件不可分割性

C.局部脆弱性　　　　　　　　　　　D.易于绑扎系固

10.判断一件货物是否属于重大件货物需要考虑的因素有_____。

①货物因素；②船舶因素；③货物对积载、系固和装卸的特殊要求；④港口因素

A.①③　　　　　　　　　　　　　　B.①②④

C.①②③④　　　　　　　　　　　　D.①②③

11.装运重大件货物前，应详细了解所运重大件货物的有关资料，包括_____。

①货物主要尺度；②货物生产厂商；③货物重心位置；④货物单件毛重

A.①②③④　　　　　　　　　　　　B.②③④

C.①③④　　　　　　　　　　　　　D.①②④

12.重大件货在配装前，应了解其_____。

①重量及重心位置；②尺寸；③形状；④吊装位置；⑤包装形式；⑥装卸要求；⑦运输要求

A.①②③④⑤⑥⑦　　　　　　　　　B.①③④⑤⑥⑦

C.②③④⑤⑥⑦　　　　　　　　　　D.①②③④⑥

13.重大件货物装载前，船方应做好的工作有_____。

①掌握本船的装载能力；②了解重大件的详细资料；③检修船上的重吊

A.①②　　　　　　　　　　　　　　B.②③

C.①③ 　　　　　　　　　　　　　D.①②③

14.以下对重大件货物装运的描述错误的是_____。
　A.在装卸重大件货物时,应尽量使船舶保持正浮
　B.当装运单件重量大而体积较小的重大件时,应该使货物装于至少跨两个强肋骨
　C.起吊离地前,吊钩垂直必须对准货物的重心
　D.起升离地面 1 m 时暂停片刻,检查有无异常情况

15.为便于重大件货物装载,应尽量使船舶吃水差_____。
　A.首倾较大 　　　　　　　　　　B.尾倾较大
　C.可任意 　　　　　　　　　　　D.较小或平吃水

16.重大件货物应_____起吊。
　①按起吊点;②四角;③对称
　A.② 　　　　　　　　　　　　　B.①
　C.①②③ 　　　　　　　　　　　D.③

17.船运重大件货物时应特别注意_____。
　A.稳性和吃水差 　　　　　　　　B.稳性和纵向强度
　C.稳性和局部强度 　　　　　　　D.局部强度和吃水差

18.重大件货物装载系统位置选定时,应考虑_____。
　①货物和船舶的安全;②便于装卸和系固;③便于使用船上重吊
　A.①② 　　　　　　　　　　　　B.②③
　C.①③ 　　　　　　　　　　　　D.①②③

19.重大件货物安全装运要求的指导原则有_____。
　①选择合适的舱位和货位;②保证满足货位局部强度;③校核装卸重大件货物时船舶稳性和横倾角;④制定合适的系固绑扎方案
　A.②③④ 　　　　　　　　　　　B.①②
　C.①②④ 　　　　　　　　　　　D.①②③④

20.重大件货物装载过程中应考虑_____。
　①正确选择舱位和货位;②校核拟装部位是否满足局部强度要求;③计算船吊装卸重大件货物时对 GM 的影响及船舶的最大横倾角
　A.①②③ 　　　　　　　　　　　B.②③
　C.①② 　　　　　　　　　　　　D.①③

21.从船舶安全角度出发,装运重大件时,要重点考虑货件对船舶_____的影响。
　①稳性;②吃水差;③局部强度
　A.①②③ 　　　　　　　　　　　B.①②
　C.②③ 　　　　　　　　　　　　D.①③

22.重大件货的配装位置主要应考虑_____。
　①船舶稳性;②船舶局部强度;③便于装载;④货件系固;⑤船舶吃水差
　A.②③④⑤ 　　　　　　　　　　B.①③④⑤
　C.①②③④ 　　　　　　　　　　D.①②③④⑤

23. 用船上克令吊将甲板重大件货物移至二层舱舱口,则移动过程中,KM _____, GM _____,船舶重心_____。

    A.增大;减小;下移   B.不变;增大;上移

    C.不变;减小;上移   D.减小;增大;上移

24. 某船 $\Delta = 7\,143$ t,$KG = 5.37$ m,$KM = 6.65$ m,现拟用船吊吊卸一重 37 t 的重件,已知吊杆顶端到基线的垂直距离 14.48 m,重件位于距基线 3.2 m 处,拟卸至水平距离 14.17 m 处,则吊卸过程中最大横倾角为_____。

    A.3.4°   B.3.8°

    C.4.1°   D.4.4°

25. 用船吊吊卸货物,当货物刚离开放置面(起升距离忽略不计)时,则对于 GM 的影响而言,相当于_____。

    A.货物的重心高度没变,船舶的重心高度升高

    B.货物的重心高度没变,船舶的重心高度没变

    C.货物的重心高度升高,船舶的重心高度升高

    D.货物的重心高度升高,船舶的重心高度没变

26. 船舶吊卸一重大件货物,可将货物_____的状态作为最不利状态进行计算。

    A.即将放落码头时   B.放落码头后

    C.移吊过程中   D.操吊时

27. 用船吊吊卸重大件货物时,船舶初稳性高度的变化值与_____有关。

    A.船舶排水量   B.吊杆顶点距基线高度

    C.货物重心位置   D.A+B+C

28. 用船吊吊装重大件过程中,船舶的稳性变化与_____无关。

    A.货物在码头的位置   B.船舶排水量

    C.吊杆头部距基线的高度   D.船舶原重心

29. _____一定使船舶的稳性变小。

    A.加压载水   B.底舱装重大件货物

    C.向下移动货物   D.用船上的重吊装卸货物

30. 用船吊吊卸重大件时,船舶初稳性高度最小的时刻为_____。

    A.吊杆头的高度最大时   B.货物距基线的高度最大时

    C.吊杆与船舶首尾线垂直时   D.吊杆与船舶首尾线平行时

31. 用船吊吊装重大件时,船舶横倾角最大的时刻为_____。

    A.吊杆头的高度最大时   B.货物距基线的高度最大时

    C.货物刚刚离地之时   D.货物将要落下之时

32. 用船吊吊卸重大件时,船舶横倾角最大的时刻为_____。

    A.吊杆头的高度最大时   B.货物距基线的高度最大时

    C.货物刚刚吊起之时   D.货物将要落地之时

33. 用船吊吊卸重大件时,货物将要落地之时_____。

    A.船舶 KM 值最小   B.船舶横倾角最大

C.船舶 GM 值最小　　　　　　　　D.船舶横稳心半径值最大

34.将重大件装于船舶上甲板,该船的横摇周期通常将_____。
   A.缩短　　　　　　　　　　　　　B.不变
   C.延长　　　　　　　　　　　　　D.变化趋势不定

35._____会使船舶产生初始横倾角。
   ①配载时各舱货物重量左右不对称;②装卸货时前后不均衡;③液体舱柜内液体左右不均衡;④舱内货物纵向移动;⑤用船吊装卸重大件
   A.①③⑤　　　　　　　　　　　　B.②③④⑤
   C.①②③⑤　　　　　　　　　　　D.①③④

36.用船吊吊卸重大件后,船舶的稳性将_____。
   A.增大　　　　　　　　　　　　　B.减小
   C.不变　　　　　　　　　　　　　D.变化趋势不定

37.用岸吊吊装重大件后,船舶的稳性将_____。
   A.增大　　　　　　　　　　　　　B.减小
   C.不变　　　　　　　　　　　　　D.变化趋势不定

38.将重大件装于船舶上甲板,该船的重心高度将_____。
   A.减小　　　　　　　　　　　　　B.不变
   C.增大　　　　　　　　　　　　　D.变化趋势不定

39.将重大件装于船舶上甲板,该船的稳性通常将_____。
   A.减小　　　　　　　　　　　　　B.不变
   C.增大　　　　　　　　　　　　　D.变化趋势不定

40.用船吊吊装重大件货物时对船舶的影响是_____。
   ①使稳性减小;②产生横倾角;③使船舶重心降低
   A.①②　　　　　　　　　　　　　B.②③
   C.①③　　　　　　　　　　　　　D.①②③

41.使用船吊吊卸重大件的过程中,当船舶克令吊的吊臂仰角不变,只绞收吊货钢丝时,则_____。
   A.船舶稳性增大　　　　　　　　　B.船舶稳性减小
   C.船舶稳性不变　　　　　　　　　D.船舶稳性变化不定

42.关于重大件货物海上运输,下列表述正确的是_____。
   ①对重大件货物海上运输安全有重要影响的是横摇、纵摇和垂荡运动;②重大件货物绑扎一般采用硬性绑扎和柔性绑扎两种主要方式;③重大件货物在船舶运输过程中受到惯性力、风压力、波溅力、货物自身重力、摩擦力等力的作用
   A.②③　　　　　　　　　　　　　B.①③
   C.①②　　　　　　　　　　　　　D.①②③

43.下列关于重大件货物系固索具的使用说法错误的是_____。
   A.系固索具的布置应尽量对称　　　B.系固索具应尽量拉紧
   C.系索长度不宜过长　　　　　　　D.系固角度应在 30°~60°

44.关于重大件货物的系固,以下说法错误的是_____。
　　A.系索应松紧适宜
　　B.系固时每道系索应缠绕货件两周后再固定
　　C.为增强系固效果,系固角应适当
　　D.每个生根地令上不能超过三根绑索,且方向不同

45.重大件货物系固的主要目的是_____。
　　①防止上跳;②防止倾覆;③防止水平移动
　　A.①②③　　　　　　　　　　　B.②③
　　C.①②　　　　　　　　　　　　D.①③

46.重大件货物系固绑扎时所使用钢丝绳的最大系固负荷 *MSL* 的大小主要取决于_____。
　　①钢丝绳的破断强度;②钢丝绳的新旧程度;③钢丝绳的破断系数
　　A.①③　　　　　　　　　　　　B.②③
　　C.①②　　　　　　　　　　　　D.①②③

47.对于重心较低的重大件货物,系固的主要目的是_____,其系固角一般不大于_____。
　　A.防止货物倾斜;60°　　　　　B.防止货物倾斜;45°
　　C.防止货物水平移动;60°　　　D.防止货物水平移动;45°

48.重大件货物系固无系固点时,每道系索应先绕货件_____周后再在_____固定,不能一索系多道。
　　A.1;同一侧　　　　　　　　　　B.2;同一侧
　　C.1;相反侧　　　　　　　　　　D.2;相反侧

49.海运重大件时,绑索常用_____。
　　①植物纤维绳;②化纤绳;③绑扎钢带;④钢丝绳;⑤链条
　　A.②③④⑤　　　　　　　　　　B.③④⑤
　　C.①②③　　　　　　　　　　　D.①②③④⑤

50.重大件货物系固时,若货件与甲板间的摩擦力较小,为防止货件水平移动,以下采取的措施不当的是_____。
　　A.增大系索垂向系固角　　　　　B.使用防滑衬垫
　　C.增加系索道数　　　　　　　　D.增加其他货物支撑

51.重大件货物装卸时,应尽量_____。
　　①收紧船舶缆绳;②使船舶产生较小横倾;③使船舶保持平吃水或较小吃水差
　　A.①②　　　　　　　　　　　　B.②③
　　C.①③　　　　　　　　　　　　D.①②③

第四节　木材货物运输

1.木材甲板货的海运特性包括_____。
　　①积载因数较大;②极易吸收和散失水分;③湿材、新伐材及某些树种木材有气味;④木材表面

衍生物的呼吸作用易放出有毒气体;⑤木材表层材质的腐败会产生有毒气体和甲烷

　　A.①②③④⑤
　　B.①②④⑤
　　C.①②③⑤
　　D.②③④⑤

2.海运木材主要包括_____。

　　①原木;②胶合板;③木材制品;④纤维板;⑤成材

　　A.①⑤
　　B.①②④
　　C.①③⑤
　　D.①②③④⑤

3.关于木材甲板货的特性,以下说法正确的是_____。

　　A.木材甲板货的渗透率为25%

　　B.木材甲板货结冰的影响可忽略不计

　　C.木材甲板货重量吸水会增加15%

　　D.木材甲板货通常按照货物的重量收取运费

4.下列关于木材甲板货的定义及海运特性,表述正确的是_____。

　　A.木材甲板货包括胶合板、木质纸浆

　　B.木材甲板货积载因数较大,极易吸收水分和散失水分

　　C.木材甲板货积载因数较小,所以通常按照所运货物的吨数收取运费

　　D.木材甲板货因表面常有衍生物,会使封闭舱内产生二氧化碳及有毒气体

5.下列关于木材甲板货的说法中,正确的有_____。

　　①木材甲板货包括胶合板、木质纸浆;②木材甲板货积载因数较大;③木材甲板货极易吸收水分和散失水分;④木材表层标质的腐败可产生有毒气体

　　A.①②③
　　B.②③④
　　C.①②③④
　　D.①③④

6.木材表层的腐败可能产生_____等有毒气体,从而对船舶安全和人员健康带来不利影响。

　　A.氯气和氨气
　　B.一氧化碳和光气
　　C.氰化氢和沼气
　　D.硫化氢和甲烷

7.以下不属于木材甲板货的是_____。

　　A.木杆
　　B.散装的原木
　　C.捆装的集成材
　　D.纸浆及其原料

8.以下有关木材甲板货说法错误的是_____。

　　A.表层腐败可能产生有害气体

　　B.胶合板、纤维板属于木材甲板货

　　C.木材积载因数较大,一般在 $1.3 \sim 2.3\ \mathrm{m}^3/t$

　　D.极易吸收水分和散失水分

9.甲板木材货物包括_____。

　　①原木;②锯木;③杆材;④木质纸浆

　　A.①②③④
　　B.①②③
　　C.①②
　　D.①③

10.货运中常说的涉及载重线的木材货物,通常指的是_____。

A.在甲板上装载木材,即木材甲板货

B.常见的木材货物有特指

C.仅仅是货舱装载木材

D.货舱内和甲板上的所有木材货物

11.以下船载货物中不属于木材的是_____。

A.货舱中装载的木板　　　　　　　　B.甲板上装载的木方

C.货舱中装载的木材做的纸浆　　　　D.甲板上装载的原木

12.装载木材时应按海上天气情况和木材的堆装高度确定立柱的强度,但其强度不必超过_____的强度。

A.舷墙　　　　　　　　　　　　　　B.主甲板

C.舱盖　　　　　　　　　　　　　　D.吊索

13.装载木材时立柱的高度_____。

A.应超过货物的堆装高度　　　　　　B.应小于货物的堆装高度

C.应等于货物的堆装高度　　　　　　D.与货物的堆装高度无关

14.木材船甲板木材积载范围在纵向上应满足_____。

A.木材应分布在上层建筑和首楼间全部可用长度并尽可能靠近端壁

B.木材应分布在上层建筑和首楼间至少1/3可用长度并尽可能靠近端壁

C.木材应分布在上层建筑和首楼间至少1/4可用长度并尽可能靠近端壁

D.只要系固牢靠,可积载于任何长度范围上

15.通常用于第二层和第三层的木材甲板货的系固方法是_____。

A.链条系固法　　　　　　　　　　　B.鞋带交叉系固法

C.绕行系固法　　　　　　　　　　　D.拱背系固法

16._____是木材甲板货的系固方法。

①拱背系固法;②绕行系固法;③奥林匹克系固法;④鞋带交叉系固法;⑤连环成组系固法;⑥链条围固法

A.①②③⑤　　　　　　　　　　　　B.③④⑤⑥

C.①②④⑥　　　　　　　　　　　　D.①②③⑥

17._____不是木材甲板货堆装高度的要求。

A.船舶使用冬季载重线时,木材甲板货的平均高度不得超过最大船宽的1/3

B.木材甲板货的堆高不能高于4 m

C.货物的堆装高度应限为不影响驾驶台的瞭望,并且货堆的横剖面不在两舷形成外漂

D.木材甲板货的堆装高度应使其重量不超过甲板和舱盖板的最大允许堆积负荷

18.为保证安全,在使用冬季载重线时,木材甲板货在甲板上的堆装高度应不超过船宽的_____。

A.1/3　　　　　　　　　　　　　　B.1/4

C.1/5　　　　　　　　　　　　　　D.1/6

19.根据木材性质、高度以及积载特点,木材船立柱间隔一般不应超过_____。

A.2 m　　　　　　　　　　　　　　B.3 m

C.4 m　　　　　　　　　　　　D.5 m

20.某航次船舶装载木材甲板货,装货前船方的准备工作不包括_____。

A.装卸设备检查　　　　　　　　B.货舱密闭性检查

C.系固设备检查　　　　　　　　D.申请木材载重线检验

21.进行甲板木材货运输的船舶对于甲板木材应依据_____的要求进行系固。

A.货物安全积载与系固规则　　　B.木材甲板货规则

C.木材船稳性规范　　　　　　　D.货物系固手册

22._____适用IMO《木材甲板货运输船安全操作规则》。

①甲板装有木材的船;②甲板和舱内均装载木材的船;③仅舱内装有木材的船

A.①　　　　　　　　　　　　　B.②

C.③　　　　　　　　　　　　　D.①②

23.木材甲板货尽可能密实和紧凑堆装的目的是_____。

①防止因货垛松动导致系索松弛;②使货垛内产生约束力;③降低渗透率

A.①②③　　　　　　　　　　　B.①②

C.①③　　　　　　　　　　　　D.②③

24.木材甲板船上,甲板木材每一长度的木材至少应系固2道,这2道系索的最大间距是_____。

A.1 m　　　　　　　　　　　　B.3 m

C.9 m　　　　　　　　　　　　D.12 m

25.关于进入木材船货舱,下述正确的是_____。

①下舱前应先通风;②下舱前应测定氧气含量;③如怀疑通风不足,应戴上呼吸器

A.①　　　　　　　　　　　　　B.②

C.③　　　　　　　　　　　　　D.①②③

26.装载木材时立柱的设置间距应和所载运木材的长度及特性相适应,一般不应超过_____。

A.3 m　　　　　　　　　　　　B.4 m

C.5 m　　　　　　　　　　　　D.6 m

27.木材甲板货限制堆高的目的是_____。

①保证稳性;②保证局部强度;③保持良好的视线;④减小首部上浪对货堆端面的冲击

A.②④　　　　　　　　　　　　B.①③④

C.①②③④　　　　　　　　　　D.①③

28._____不属于木材甲板船对甲板木材的系固方式。

A.鞋带交叉系固法　　　　　　　B.拱背系固法

C.奥林匹克系固法　　　　　　　D.绕行系固法

29.甲板木材货运输中,人员保护和安全措施有_____。

①应提供合适的保护服装和装备;②货堆中的所有开口应安装围栏或关闭装置;③甲板木材的堆码中,应留有通往船员居住处所和工作处所的通道;④在甲板木材货上安装救生索,最好使用钢丝绳

A.②③④　　　　　　　　　　　B.①②

C.①②④   D.①②③④

30.木材船航行中的注意事项包括_____。
①检查系索并收紧;②定时测定污水并排放;③避开恶劣气候和海况;④保持船舶航行中无横倾;⑤下舱时应防止因舱内缺氧引发危险
A.①②③④⑤   B.①③④⑤
C.②③④⑤   D.①②④⑤

31.某航次船舶装载木材甲板货,则装货前船方应做的准备工作包括_____。
①装卸设备检查;②货舱密闭性检查;③系固设备检查;④木材载重线勘绘
A.①②③④   B.①③④
C.①②③   D.②④

32.根据《法定规则》和IMO 2008 IS规则,木材运输船所核算的各类装载情况经自由液面修正后的初稳性高度不得小于_____m,静稳性力臂曲线最大值不得小于_____m。
A.0.2;0.35   B.0.2;0.3
C.0.1;0.35   D.0.1;0.25

33.我国《法定规则》规定,对非国际航行的木材甲板货船_____。
①海上航行时自由液面修正后的 $GM \geqslant 0.10$ m;②出港时经自由液面修正后的 $GM \geqslant 0.10$ m;③到港时经自由液面修正后的 $GM \geqslant 0.10$ m
A.①③   B.②③
C.①②   D.①②③

34.木材船具体航次的载货能力包括_____。
①航次净载重量;②航次总载重量;③货舱舱容;④所能装载甲板木材的上甲板空间容积
A.①③④   B.①②③
C.①②③④   D.②③④

35.木材甲板货积载时应尽量靠近两舷,距左右舷侧的距离不大于_____。
A.1%B B.3%B
C.4%B D.8%B

36.木材甲板货船航行中船舶产生横倾的原因可能是_____。
①油水消耗;②货物移动;③货舱进水;④船体变形;⑤GM 接近于零或为负值
A.①②③④⑤   B.①②③⑤
C.①②④⑤   D.②③④⑤

37.根据经验,为避免船舶在海上摇摆剧烈而增大系固设备的受力,装载木材甲板货的国际航行船,其 GM 值应_____。
A.不小于型宽的3%   B.不大于型宽的3%
C.不小于型宽的5%   D.不大于型宽的5%

第五节　钢材货物运输

1.钢材的海运特性不包括_____。
　A.忌潮湿　　　　　　　　　　　B.易变形
　C.耐腐蚀性较差　　　　　　　　D.积载因数大

2.以下物质会对运输中的钢卷产生腐蚀作用的是_____。
　①海水;②空气中弥漫的盐分;③淡水;④包件内的汗水;⑤舱壁上产生的汗水
　A.①②③④　　　　　　　　　　B.①②③
　C.①②③④⑤　　　　　　　　　D.①②

3.下列对海运钢材的运输要求描述正确的是_____。
　A.货舱内的污水系统要保持畅通,及时测量,定时排放
　B.货舱应保证水密,防止海水进入货舱造成钢材的腐蚀
　C.货舱要经常通风,以便控制舱内的温度,防止产生汗水
　D.货舱内应具备足够的系固设备,如数量不足应适当减载货物

4.钢材货物的海运特性有_____。
　①积载因数较大;②满载时货舱的渗透率高;③怕潮湿;④船舶重心低,GM 大;⑤怕重压变形
　A.②③④⑤　　　　　　　　　　B.①②③④⑤
　C.①②④⑤　　　　　　　　　　D.①②③④

5.钢材货物不具有下列哪项海运特性?_____。
　A.散货船全船装载时会引起横摇周期过短
　B.积载因数较小
　C.散货船全船装载时会引起 GM 过大
　D.全船装载时其渗透率较小

6.许多类钢材货物摩擦系数小,易于发生移位,最危险的是个别钢材重件如果产生移动,会_____。
　A.引起卷钢卷边、开卷等
　B.引起货物倒塌
　C.击穿水线下的船侧外板而造成船舱进水
　D.使钢材货物变形

7.钢材货物在运输过程中能导致船舶安全受损的情况不包括_____。
　A.重心过低,使船舶摇摆剧烈,导致移货
　B.货物重量集中,导致船体受力过大,发生总体和局部强度受损
　C.水湿后货物生锈
　D.积载系固不当造成货物大风浪中移位

8.在钢卷的运输中,必须利用通风等措施将相对湿度控制在_____以下,以防产生锈蚀。
　A.20%　　　　　　　　　　　　B.30%

C.40%   D.50%

9.马口铁、钢锭、散装铁屑和槽钢分别属于_____钢材货物。

①板材类；②型钢类；③铸锭类；④丝卷类；⑤其他钢材类

A.①③⑤④   B.①③⑤②

C.①③④②   D.③④⑤②

10.盘圆(钢筋)类货物的海运特性包括_____。

A.与舱底之间的摩擦系数较小

B.散货船全船装载时常会引起 GM 过小

C.不怕腐蚀

D.货物的积载因数较大

11.裸装钢材受潮后易发生锈蚀,一般在空气相对湿度大于_____时锈蚀速度急剧增加。

A.40%   B.50%

C.60%   D.80%

12.裸装钢材受潮后易发生锈蚀,一般在空气相对湿度为_____时开始锈蚀。

A.20%   B.30%

C.40%   D.60%

13.关于钢材积载和系固的要求,正确的是_____。

A.管材一般应顺船舶首尾方向堆放

B.当舱内型材不足 3 层时一般采用分体系固

C.卷钢垂向积载方式通常适用于长度大于直径的卷钢

D.满足横向积载要求的钢板,可以不进行衬垫

14."锁卷"用于_____的积载中。

A.圆木   B.锅炉形货件

C.钢卷   D.集装箱在非专用船上

15.关于钢材(管材)的积载与系固,以下说法错误的是_____。

A.在舱底使用 4~6 道木方铺垫,方向与货物积载方向平行

B.舱壁使用木方垫衬,防止管材与船体垂直接触

C.系固一般采用分体或整体形式,分体采用系固材料对上部 3~4 层的管材进行绑扎,空当处做木架支撑

D.首选纵向积载,如果货舱两侧已经装货,则短管材可以横向积载在货舱中间

16.对于无包装的顶层卷钢应采用_____。

A.绕行系固法   B.成组系固法

C.奥林匹克系固法   D.拱背系固法

17.以下有关卷钢积载的说法中错误的是_____。

A.冷轧钢与热轧钢应同舱积载

B.钢卷前后排要保持合适的间距

C.装载在衬垫上后,应用木模挤妥

D.卷钢应舱底积载,不允许在二层甲板积载

18.裸装钢材类货物配装时宜选配于_____。

①二层舱;②底舱打底;③因港序及数量原因可配于二层舱

A.①　　　　　　　　　　　　　B.②

C.③　　　　　　　　　　　　　D.②③

19.装载长大件钢轨货物要求_____。

A.顺着横向堆装

B.采用平扣方法堆装

C.采用重叠堆装形式

D.采用一层横向一层纵向的堆装形式

20.对生铁块等铸锭类钢材货物装载不当的是_____。

A.要求作打底货

B.因其不易移动,故任何情况下无须平舱

C.货物积载应防止引起船舶重心过低

D.可以考虑积载于船舶二层舱内

21.钢板货物_____不当,会造成下层钢板在重压下呈波浪样变形。

A.装载位置　　　　　　　　　　B.衬垫设置

C.隔票方法　　　　　　　　　　D.局部强度核算

22.以下对于卷钢系固,描述错误的是_____。

A.下层在装载卷钢时为防止滚动,应用楔子塞住

B.卷钢未堆满全舱,则最高一层末端两排卷钢应予以系固,以防移动

C.卷钢系固是为了使之在舱内形成大的不可移动的卷钢组

D.上层卷钢可采用IMO建议的奥林匹克系固法或成组系固法

23.船运重金属制品,错误的积载与系固方式是_____。

A.管材、型钢等长大型钢材其长边应沿船长方向积载

B.货物表面应予以系固,不得留有不受力货件

C.船舶每根肋骨应设置1个撑柱,其间距不小于1 m

D.货件应从两舷向中央积载,空当留在中央

24.对大型钢材的积载要求说法正确的是_____。

A.货件应从一舷向另一舷积载,空当留在任一舷

B.货件应从一舷向另一舷积载,不留任何空当

C.货件应从中央向两舷积载,空当留在两舷

D.货件应从两舷向中央积载,空当留在中央

25.下列有关卷钢系固的注意事项,正确的有_____。

①为防止卷钢在装卸时发生滚动,应使用楔子;②在最上面一层卷钢空隙处应用支架和木材塞紧;③通常卷钢最高一层的最后一排需要系固;④每排的最后一卷应堆装于其邻近的两卷之上,用以固定该排的其他卷钢

A.①②④　　　　　　　　　　　B.①③④

C.②③④　　　　　　　　　　　D.①②③④

26.关于金属铸锭类块状货物配装,以下说法错误的是_____。

　　A.一般配于底舱作打底货,经平舱铺垫后,再加其他货物

　　B.为防止移位,一般配于二层舱舱口位

　　C.远离酸、碱、盐等腐蚀性货物

　　D.如货载数量有限,不足以充塞其四周和上部压紧时,应在金属铸锭下面用木板等进行铺垫来增大摩擦力

27._____是 CSS 规则推荐使用的成卷钢板的系固方法。

　　①奥林匹克绑扎法;②成组绑扎法;③鞋带交叉绑扎法

　　A.①②③　　　　　　　　　　　　　B.①②

　　C.②③　　　　　　　　　　　　　　D.①③

28.若需在钢材货物上堆装其他货物,_____。

　　A.货顶应经平舱并加装适当衬垫

　　B.因钢材不怕压,无须衬垫

　　C.除钢管外,其他货物不需要衬垫

　　D.除盘圆、卷钢外,其他货物不需要衬垫

29.长钢材在舱内堆垛时,其堆装方式应_____。

　　A.沿船长方向　　　　　　　　　　　B.沿船宽方向

　　C.根据船舶的实际情况而定　　　　　D.由工头确定

30.在卷钢系固中,一般应对卷钢的_____予以系固,使之在舱内形成大的不可移动的卷材组。

　　A.最高 3 层的末端 1 排　　　　　　B.最高 2 层的末端 1 排

　　C.最高 1 层的末端 2 排　　　　　　D.最高 1 层的末端 3 排

31.对于_____积载的线卷材,进行货垛系固时应特别注意:若顶层未系固,则货垛中部的线卷材会因为船舶的运动而被下边的货物挤出货堆。

　　A.平放　　　　　　　　　　　　　　B.立式

　　C.卧式　　　　　　　　　　　　　　D.压缝

32.根据 CSS 规则,卷钢货物在舱内最常见的积载方式是_____。

　　①轴向纵向积载;②轴向横向积载;③立式积载;④纵横压缝积载

　　A.①②③④　　　　　　　　　　　　B.①②③

　　C.①②　　　　　　　　　　　　　　D.①

第六节　滚装货物运输

1.滚装货物是指依靠_____通过水平移动方式装上船或卸下船的货物单元。

　　①自身动力;②随船装载的临时移动装置;③不随船装载的临时移动装置

　　A.①②③　　　　　　　　　　　　　B.①③

　　C.②③　　　　　　　　　　　　　　D.①②

2.滚装货物通常不包括_____。

A.牵引车　　　　　　　　　　　　　B.半挂车

C.自卸车　　　　　　　　　　　　　D.平台箱及其上所载客车

3.滚装货物包括_____。

①轿车;②客车;③卡车;④牵引车;⑤半挂车;⑥汽车列车

A.①②③④⑤　　　　　　　　　　　B.②③④⑤⑥

C.③④⑤⑥　　　　　　　　　　　　D.①②④⑤⑥

4.属于滚装货物的是_____。

①公共汽车;②半挂车;③拖拉机;④牵引车

A.①②③④　　　　　　　　　　　　B.①③④

C.②③④　　　　　　　　　　　　　D.①②

5.属于滚装货物的是_____。

①公共汽车;②军用车辆;③拖拉机;④轮式拖车

A.②③④　　　　　　　　　　　　　B.①③④

C.①②③④　　　　　　　　　　　　D.①②③

6.关于滚装货物运输,以下说法正确的是_____。

①滚装货物是指可依靠自身动力,或随船或不随船装载的临时移动装置,通过水平移动方式装上船或卸下船的货物单元;②滚装货物的海上运输多数借助专运船舶——滚装船完成;③滚装船是指具有滚装货处所或者载车处所的船舶

A.①③　　　　　　　　　　　　　　B.①②③

C.①②　　　　　　　　　　　　　　D.②③

7.下列有关滚装船特点的描述正确的是_____。

①具有多层甲板和双层底结构;②强力甲板和船底一般采用纵骨架式结构;③在舱内设置局部横舱壁或强肋骨和强横梁,以保证船体的横向强度

A.①②　　　　　　　　　　　　　　B.①③

C.②③　　　　　　　　　　　　　　D.①②③

8.对于汽车专运船的载货能力,船舶的重量能力以_____表示;船舶的容量能力以_____表示。

A.DW;VCH　　　　　　　　　　　　B.NDW;VCH

C.NDW;CEU　　　　　　　　　　　　D.DW;CEU

9.滚装船的容量能力包括_____。

①包装舱容;②车道长度、限高、限宽以及限重;③甲板面积

A.①②③　　　　　　　　　　　　　B.①②

C.①③　　　　　　　　　　　　　　D.②③

10.汽车专运船的容量能力通常用_____表示。

A.CEU　　　　　　　　　　　　　　B.TEU

C.FEU　　　　　　　　　　　　　　D.EEL

11.滚装货物积载时应注意的事项包括_____。

①装载部位应干燥、清洁、无油脂;②装载时,货件的滚动方向应朝船舶的首尾方向;③如货件

只能横向装载时,应增设足够的系固

A.①② B.①②③

C.①③ D.②③

12.除滚装船、自卸船及不配备起重设备的船舶外,船舶最广泛使用的起重设备是_____。

A.吊杆装置 B.起重机

C.自卸装置 D.吊杆式起重机

13.滚装船在装载车辆时,所受惯性力最大的部位发生在船舶的_____。

①最前端;②最后部;③每一舷侧的最高装货位置

A.①② B.①③

C.②③ D.①②③

14.杂货船上,为了防止所载车辆在船上移动,在配载时应使这类货件的最可能的移动方向为沿_____方向。

A.船长 B.船宽

C.任意 D.垂向

15.滚装船上,装运危险货物的运输组件的隔离表位于_____。

A.《国际危规》第一册中 B.《国际危规》第二册中

C.《国际危规》补充本中 D.滚装船的系固手册中

16.下列对车辆货物积载与系固的要求有_____。

①货物处所应该是干燥、清洁、无油脂的;②车辆在积载位置上时,只要适当绑扎可以不用刹车止动;③若有可能,汽车货物沿船长方向和船宽方向积载均可

A.① B.①②

C.②③ D.①②③

17.在滚装船运输车辆的专用系固点上,每一孔最多使用_____系索。

A.1 根 B.3 根

C.2 根 D.只要强度足够,可以多根

18.关于滚装船的安全装运,下述错误的是_____。

A.系索的水平和垂直绑扎角最好控制在 30°~60°

B.滚装货物应横向堆装

C.车辆的轮子应用楔子塞牢止动

D.车辆的堆装位置应拉紧刹车装置

19.滚装船装运车辆在系固时,使用的系索的最大系固负荷 MSL 应不小于_____ kN。

A.80 B.100

C.120 D.150

20.车辆正确的积载和系固要求是_____。

A.如果车辆不能达到满舱满载,应紧靠船舷进行积载

B.当车辆装载在合适的积载位置上时,无须用刹车或止动装置帮助积载

C.车辆应尽量沿船宽方向积载

D.车辆系索的强度可以小于钢链或钢丝绳的强度

21.依据《海上滚装船舶安全监督管理规定》的规定,滚装船边门、尾门和活动坡道的启闭操作必须经_____同意后方可进行。必须由_____现场指挥,具体操作由当班水手进行。

    A.值班驾驶员;水手长

    B.船长或大副;水手长

    C.值班驾驶员;值班一水

    D.值班驾驶员;值班驾驶员

22.装卸滚装货物过程中必须保持船舶的横倾在_____以内,纵倾在_____以内。

    A.±1.5°;±3°

    B.±3°;±3°

    C.±3°;±1.5°

    D.±1.5°;±1.5°

23.为确保滚装船装卸作业的安全,跳板的工作坡度应不大于_____。

    A.15°

    B.20°

    C.10°

    D.4°

24.根据《海上滚装船舶安全监督管理规定》的规定,车在舱内的限制速度为_____。

    A.25 km/h

    B.15 km/h

    C.5 km/h

    D.20 km/h

25.滚装船舱内换气的注意事项有_____。

    ①保证雨水和海水不会浸入舱内;②应对装车处所进行有效的通风;③大风浪时应及时关闭通风筒

    A.①②③

    B.①③

    C.②③

    D.①②

26.滚装船在抗沉性和防火性方面较弱,其原因是_____。

    A.载车甲板舱纵通无水密纵舱壁

    B.上层建筑受风面积较大

    C.载车甲板舱纵通无水密横舱壁

    D.船舶储备浮力较小

27.滚装船舶在首部和尾部设计货物通道,货物通道的门的设计通常最大开启角度为_____。

    A.0°

    B.10°

    C.-10°

    D.20°

第七节 冷藏货物运输

1.影响易腐货物安全运输的条件有_____。

    ①湿度;②温度;③通风

    A.②③

    B.①③

    C.①②③

    D.①②

2.下列有关冷藏船特点的描述正确的是_____。

    A.舱内设有数量众多的支柱

    B.甲板层数较少,货舱口小

    C.具有良好的隔热设施和制冷设备

    D.吨位较大,速度较快

3.冷藏货物的冷处理方法分为_____。

    ①速冻;②冷冻;③冷却

    A.①②

    B.②③

C.①②③ D.①③

4.船舶运输冷藏货物时,采取冷藏方法保管易腐货物的主要条件是_____。

  A.通风 B.湿度

  C.温度 D.环境卫生

5.易腐货物的冷藏方法中,冷却运输的温度通常要求_____。

  A.0 ℃以下 B.0~5 ℃

  C.5~10 ℃ D.不低于−20 ℃

6.冷害是接近_____的低温条件对果蔬的一种伤害。

  A.0 ℃ B.冰点

  C.冰冻点 D.冷藏温度

7.动物性冷藏货物腐烂变质的主要原因是_____。

  A.微生物作用 B.呼吸作用

  C.化学作用 D.物理作用

8.不属于冷藏货物易腐原因的是_____。

  A.微生物作用 B.虫害作用

  C.呼吸作用 D.化学作用

9._____不是易腐货物变质的原因。

  A.呼吸作用 B.下沉性

  C.化学作用 D.微生物作用

10.下列属于易腐货物的有_____。

  A.黄磷和雷汞 B.酒精和鸡蛋

  C.香蕉和苹果 D.茶叶和肉类

11.船舶运输蔬菜、水果腐败的主要原因是_____。

  A.途中运输时间过长 B.化学作用

  C.呼吸作用 D.货舱清洁状况差

12.易腐货物变质的原因有_____。

  ①微生物作用;②呼吸作用;③化学作用

  A.① B.②

  C.③ D.①②③

13.当温度为_____时,酶的活性基本停止,可以延缓果品成熟。

  A.1 ℃ B.0 ℃

  C.−0.5 ℃ D.−1 ℃

14.冷藏运输的目的是避免货物发生_____,保证运输期间不致变质、过热或腐烂。

  ①微生物作用;②呼吸作用;③化学作用

  A.① B.②

  C.③ D.①②③

15.易腐货物的保存条件包括_____,其中最主要的是温度。

  A.温度、湿度、通风 B.温度、湿度、环境卫生

C.温度、通风、环境卫生　　　　　　　　　D.温度、湿度、通风、环境卫生

16.下列关于冷藏货物的配装要求中,错误的是_____。
　　A.牛肉和猪肉不宜混装
　　B.不同目的港的冷藏货应尽量配装在不同舱室
　　C.鲜蛋和土豆混装
　　D.气味货物应单独配舱

17.对于冷却条件下运输的水果、蔬菜等货物,实践证明,常温下_____可以抑制其呼吸,使水果、蔬菜等的成熟期延长。
　　A.减少空气中的含氧量或增加二氧化碳量
　　B.减少空气中的含氧量
　　C.增加二氧化碳含量达5%以上时
　　D.适当减少空气中的含氧量和增加二氧化碳量

18.冷藏货物的安全装运要求较为严格,符合实际情况的是_____。
　　A.拟承运乳制品的舱内有异味,可用臭氧和粗茶除臭
　　B.为保证冷舱低温,预冷温度要与冷舱温度保持相同
　　C.散发气味的货物应单独配舱
　　D.冷舱相对比较小,因此其亏舱率也小

19.为防止风干,冷冻货物与冷却货物相比,货舱相对湿度要_____。
　　A.大　　　　　　　　　　　　　　　　　B.小
　　C.相等　　　　　　　　　　　　　　　　D.不确定,与货物特性有关

20.冷藏货物的运输条件有_____。
　　①具有良好的温控设备;②具有良好的隔热性能;③具有一定的通风换气设备
　　A.①③　　　　　　　　　　　　　　　　B.①②③
　　C.②③　　　　　　　　　　　　　　　　D.①②

21.冷藏货物在装舱前,船方应做好的准备工作有_____。
　　①货舱检验;②货舱预冷;③货舱清洁和货舱检查
　　A.①②　　　　　　　　　　　　　　　　B.①③
　　C.②③　　　　　　　　　　　　　　　　D.①②③

22.下列有关冷藏货物的配装,错误的是_____。
　　A.冻鱼和鲜蛋应分舱装货
　　B.鸡蛋和榴莲可以同舱装载
　　C.运往中东国家的羊肉和猪肉不能同舱装载
　　D.西红柿和香蕉不可同舱装载

23.冷藏舱的验舱工作在_____之后申请。
　　A.清理　　　　　　　　　　　　　　　　B.除臭
　　C.预冷　　　　　　　　　　　　　　　　D.配装

24.船舶装载冷藏货物应具备的条件包括_____。
　　①有冷藏室;②有冷藏设备入级证书;③有专职管理人员;④有验舱合格证书

A.①②③   B.①②④

C.①③④   D.①②③④

25.冷藏舱的预冷温度应比所装货物所需的冷藏温度_____。

A.低6~8 ℃   B.低2~3 ℃

C.高2~3 ℃   D.高5~7 ℃

26.冷藏船装货前的货舱准备工作不包括_____。

A.观察冷藏货物的外表   B.冷藏舱清洁

C.冷藏舱设备检查   D.冷藏舱预冷

27.冷藏船装货前必须进行的货舱准备工作包括_____。

①货舱检查；②货舱清洁；③货舱除臭；④货舱预冷；⑤货舱检验

A.①②③④   B.①②③

C.①②③④⑤   D.④⑤

28.装运_____等冷藏货物时,不宜用臭氧进行装货前的货舱除臭工作。

①冻牛油；②高脂含量的鲱鱼；③乳制品；④水果

A.①②③④   B.①②③

C.②③④   D.①③④

29.冷藏货物运输时,如来货存在_____等状况者,应该拒装或批注。

①货物渗血；②来货疲软；③包装滴水

A.①   B.②③

C.③   D.①②③

30.某冷藏船装运冷冻鱼,经检查来货坚硬,鱼鳞稍暗淡,鱼眼突出,鱼鳃红,则以下说法正确的是_____。

A.鱼质新鲜,可以承运

B.鱼质不好,不能承运

C.需请有关部门检验后决定

D.鱼质不太好,虽可承运,但需批注

31._____不是冷藏船舶在运输途中应做的管理工作。

A.控制舱温的变化   B.控制舱内的温度

C.定时开舱检查货物的情况   D.控制舱内的二氧化碳含量

32._____等易腐货物在运输途中不需要通风。

A.鲜蛋   B.冻牛肉

C.蔬菜   D.水果

33.冷藏货物的途中保管工作主要是控制舱内_____,并按要求记好冷藏舱日志。

①温度；②湿度；③二氧化碳含量；④环境卫生

A.①②③   B.②③④

C.①③④   D.①②④

34.按其运输保管温度和降温时间的要求,冷藏方式可分为_____。

①冷却；②冷冻；③速冻

A.①③   B.①②③
C.①②   D.②③

35.船运易腐货物,通常采用冷藏运输,以下易腐货物的运输保管方式正确的是_____。
①鲜蛋宜采用冷却运输;②鱼、肉宜采用冷却运输;③水果、蔬菜宜采用冷冻运输
A.①   B.②
C.③   D.①②③

36.冷藏货物装船或卸货一般不宜在_____进行。
①烈日下;②雨天;③气温较低的清早、傍晚或晚间
A.①③   B.①②③
C.②③   D.①②

37.冷藏船进行预冷作业,相关操作不正确的是_____。
A.一般在装货前48 h开始
B.一般在装货前12 h舱温降到指定的温度
C.预冷达到的冷却温度应比货物所需的冷藏温度低2~3 ℃
D.隔票、衬垫用的物料同时预冷

参考答案

第一节　货物运输单元积载与系固

1.B 2.C 3.A 4.D 5.D 6.D 7.D 8.D 9.D 10.C
11.A 12.B 13.A 14.A 15.A 16.D 17.B 18.B 19.D 20.C
21.D 22.D 23.D 24.D 25.C 26.A 27.D 28.D 29.D 30.C
31.C 32.C

第二节　12种非标准货物安全积载与系固

1.B 2.A 3.D 4.A

第三节　重大件货物运输

1.A 2.D 3.D 4.A 5.A 6.D 7.D 8.C 9.D 10.C
11.C 12.A 13.D 14.D 15.D 16.B 17.C 18.D 19.D 20.A
21.D 22.C 23.C 24.A 25.A 26.A 27.D 28.A 29.D 30.A

31.C	32.D	33.B	34.C	35.A	36.D	37.D	38.C	39.A	40.A
41.C	42.D	43.B	44.B	45.B	46.D	47.D	48.A	49.B	50.A
51.B									

第四节　木材货物运输

1.A	2.C	3.A	4.B	5.B	6.C	7.D	8.B	9.B	10.A
11.C	12.A	13.A	14.A	15.D	16.C	17.B	18.A	19.B	20.D
21.B	22.D	23.A	24.B	25.D	26.A	27.C	28.C	29.D	30.A
31.C	32.D	33.D	34.A	35.C	36.B	37.B			

第五节　钢材货物运输

1.D	2.C	3.B	4.A	5.D	6.C	7.C	8.C	9.B	10.A
11.C	12.C	13.A	14.C	15.A	16.C	17.A	18.D	19.B	20.B
21.B	22.B	23.D	24.D	25.A	26.B	27.B	28.A	29.A	30.D
31.C	32.D								

第六节　滚装货物运输

1.A	2.D	3.A	4.A	5.C	6.B	7.D	8.C	9.D	10.A
11.B	12.B	13.D	14.A	15.A	16.A	17.A	18.B	19.B	20.A
21.B	22.C	23.C	24.C	25.A	26.C	27.C			

第七节　冷藏货物运输

1.C	2.C	3.C	4.C	5.B	6.C	7.A	8.B	9.B	10.C
11.C	12.D	13.B	14.D	15.D	16.C	17.D	18.C	19.A	20.B
21.D	22.B	23.C	24.D	25.C	26.A	27.C	28.B	29.D	30.A
31.C	32.B	33.A	34.B	35.A	36.D	37.B			

第十五章

集装箱运输

第一节　集装箱分类及标记

1.两个 ICC 型国际标准集装箱的长度之和比一个 IAA 型国际标准集装箱的长度_____。

A.长　　　　　　　　　　　　　　B.短

C.相同　　　　　　　　　　　　　D.视具体集装箱而定

2.根据 ISO 的规定,集装箱的容积至少不小于_____ m^3。

A.1　　　　　　　　　　　　　　　B.3

C.5　　　　　　　　　　　　　　　D.10

3.IAA 型和 ICC 型国际标准集装箱的_____不同。

①长度;②宽度;③高度

A.③　　　　　　　　　　　　　　B.①②

C.②③　　　　　　　　　　　　　D.①

4.IAAA 型和 IAA 型国际标准集装箱的_____不同。

①长度;②宽度;③高度

A.①　　　　　　　　　　　　　　B.②

C.③　　　　　　　　　　　　　　D.①②

5.国际集装箱运输中 IC 型 20 ft 标准集装箱的宽度和高度分别是_____。

A.6 ft、6 ft　　　　　　　　　　　B.8 ft、6 ft

C.6 ft、8 ft　　　　　　　　　　　D.8 ft、8 ft

6.集装箱运输中,最常用的两种集装箱为_____。

A.40 英尺集装箱、20 英尺集装箱

B.40 英尺集装箱、25 英尺集装箱

C.40 英尺集装箱、10 英尺集装箱

D.30 英尺集装箱、10 英尺集装箱

7.冷藏集装箱箱内可保持的温度范围为_____。

A.−5~20 ℃　　　　　　　　　　　B.−15~20 ℃

C.-10~25 ℃   D.-25~25 ℃

8.超高货物可用_____装运。

  A.敞顶集装箱   B.散货集装箱

  C.杂货集装箱   D.通风集装箱

9.按集装箱的_____可以将其分为杂货箱、通风箱、冷藏箱等。

  A.结构   B.大小

  C.用途   D.主体部件使用材料

10.集装箱标志中的箱主代号由_____拉丁字母组成。

  A.三个大写   B.三个小写

  C.四个大写   D.四个小写

11.集装箱箱号第四位若为"J"，则表示_____。

  A.该集装箱为常规集装箱   B.集装箱配备的挂装设备

  C.集装箱拖车和底盘车   D.该集装箱为敞顶集装箱

12.标准集装箱标志中，设备识别码若为"U"，则表示_____。

  A.常规集装箱   B.集装箱配备的挂装设备

  C.集装箱拖车或底盘车   D.敞顶集装箱的硬顶箱盖

13.集装箱箱号第四位若为"Z"，则表示_____。

  A.带可拆卸设备的集装箱   B.常规集装箱

  C.集装箱专用车和底盘车   D.敞顶集装箱

14._____用于装载液体化工产品。

  A.罐柜集装箱   B.平台集装箱

  C.敞顶集装箱   D.通风集装箱

15.以下集装箱类型可用于装载重大件货的是_____。

  ①杂货集装箱;②敞顶集装箱;③通风集装箱;④台架式集装箱;⑤平台式集装箱

  A.①②③   B.②③④

  C.③④⑤   D.②④⑤

16.集装箱箱号由箱主和设备识别代码、顺序号和核对数字共_____组成。

  A.9 位   B.10 位

  C.11 位   D.12 位

17.在国际标准集装箱标志中，集装箱端门第二行位置按顺序标明的内容是_____。

  A.顺序号和核对数字

  B.尺寸和类型代码

  C.箱主和设备识别代号、顺序号和核对数字

  D.箱主代号、尺寸和核对数字

18.在国际标准集装箱标志中，集装箱端门第一行位置按顺序标明的内容是_____。

  A.国家代号、尺寸和类型代码

  B.国家代号、顺序号和核对数字

  C.箱主代号、尺寸和核对数字

D.箱主代码、设备识别代码、顺序号和核对数字

19.某标准集装箱的类型代码为 B0,表示该集装箱为_____。
　　A.干散货集装箱　　　　　　　　　B.平台集装箱
　　C.杂货集装箱　　　　　　　　　　D.冷藏集装箱

20.某标准集装箱的类型代码为 VH,表示该集装箱为_____。
　　A.通风集装箱　　　　　　　　　　B.冷藏集装箱
　　C.平台集装箱　　　　　　　　　　D.杂货集装箱

21.某标准集装箱的类型代码为 V0,表示该集装箱为_____。
　　A.杂货集装箱　　　　　　　　　　B.冷藏集装箱
　　C.通风集装箱　　　　　　　　　　D.平台集装箱

22.某标准集装箱的类型代码为 G0,表示该集装箱为_____。
　　A.通用集装箱　　　　　　　　　　B.冷藏集装箱
　　C.干散货集装箱　　　　　　　　　D.平台集装箱

23.某标准集装箱的类型代码为 P0,表示该集装箱为_____。
　　A.活鱼集装箱　　　　　　　　　　B.平台集装箱
　　C.罐式集装箱　　　　　　　　　　D.敞顶集装箱

24.某标准集装箱的类型代码为 T0,表示该集装箱为_____。
　　A.罐式集装箱　　　　　　　　　　B.冷藏集装箱
　　C.空/陆/水联运集装箱　　　　　　D.敞顶集装箱

25.某标准集装箱的类型代码为 A0,表示该集装箱为_____。
　　A.罐式集装箱　　　　　　　　　　B.冷藏集装箱
　　C.保温集装箱　　　　　　　　　　D.空/陆/水联运集装箱

26.某标准集装箱的类型代码为 H1,表示该集装箱为_____。
　　A.活鱼集装箱　　　　　　　　　　B.冷藏集装箱
　　C.保温集装箱　　　　　　　　　　D.敞顶集装箱

27.某标准集装箱的类型代码为 U5,表示该集装箱为_____。
　　A.活鱼集装箱　　　　　　　　　　B.冷藏集装箱
　　C.保温集装箱　　　　　　　　　　D.敞顶集装箱

28.某标准集装箱的类型代码为 R0,表示该集装箱为_____。
　　A.活鱼集装箱　　　　　　　　　　B.冷藏集装箱
　　C.干散货集装箱　　　　　　　　　D.平台集装箱

29.集装箱标记中,常用_____代码表示罐式集装箱。
　　A.GP　　　　　　　　　　　　　　B.PF
　　C.TN　　　　　　　　　　　　　　D.RF

30._____不属于集装箱标记。
　　A.集装箱顺序号　　　　　　　　　B.箱主代号
　　C.集装箱尺寸和类型代码　　　　　D.箱材料代号

31.集装箱标记中,常用_____代码表示敞顶式集装箱。

A.GP   B.PF

C.UT   D.RF

32.集装箱尺寸类型代码由四位字符组成，其中前两位表示_____，后两位表示_____。

    A.类型代码；尺寸代码   B.尺寸代码；类型代码

    C.通用集装箱代码；类型代码   D.尺寸代码；专用集装箱代码

33.集装箱标记中，常用_____代码表示冷藏集装箱。

    A.GP   B.PF

    C.OT   D.RE

34.在国际标准集装箱标志中，集装箱端门第三行位置按顺序标明的内容是_____。

    A.尺寸和类型代码

    B.国家代号、顺序号和核对数字

    C.集装箱的总重和自重

    D.箱主和设备识别代号、顺序号和核对数字

35.集装箱必备标记中不包含_____。

    A.核对数字   B.设备识别码

    C.尺寸及类型代码   D.额定总重

36.集装箱尺寸代码中的第一位数字或拉丁字母的含义是_____。

    A.集装箱的长度   B.集装箱的宽度

    C.集装箱的高度   D.集装箱的型号

37.集装箱尺寸类型代码由四位字符组成，其中_____为类型代码。

    A.后两位   B.后三位

    C.前三位   D.前两位

38.集装箱上加贴有"CSC安全合格"金属标牌，说明该集装箱通过了_____的检查。

    A.《集装箱海关公约》   B.《国际铁路联盟条例》

    C.《国际集装箱安全公约》   D.国际集装箱登记局

39.通过《国际集装箱安全公约》检验的集装箱，加贴_____标牌。

    A."GPS安全合格"   B."COS安全合格"

    C."CSC安全合格"   D."LRC安全合格"

40.以下属于可移动罐柜必备标记的是_____。

    ①总重与自重标记；②空/陆/水联运集装箱标记；③登箱顶触电警告标记；④超高标记；⑤最大净载货量标记

    A.①②③   B.①②

    C.①②③④   D.①②③④⑤

41.集装箱的国际铁路联盟标记方框下部中的阿拉伯数字表示_____。

    A.国际铁路联盟的缩写代号

    B.加入联盟的国家铁路公司代码

    C.国际铁路联盟总部所在地理位置代号

    D.加入联盟的国家所属地区代码

42.集装箱的国际铁路联盟标记方框上部中的"ic"表示_____。

    A.国际铁路联盟的缩写代号

    B.加入联盟的某个国家的铁路公司代码

    C.国际铁路联盟总部所在地理位置代号

    D.集装箱符合《国际铁路联盟条例》规定的技术条件的符号

43.集装箱的超高标记中的数字为_____。

    A.集装箱超出标准高度的尺寸　　　　B.集装箱的实际高度

    C.集装箱的内部高度　　　　D.集装箱的超高标准

44.带有空/陆/水联运集装箱标记的集装箱,在岸上其顶上仅能堆码_____层。

    A.1　　　　B.2

    C.3　　　　D.4

45.海关封志(CUSTOMS SEALS)一般在集装箱的_____。

    A.顶面　　　　B.侧面

    C.底面　　　　D.端门

46.根据规定,凡箱高超过_____的集装箱均应有超高标记。

    ①8.0 ft;②8.5 ft;③2.6 m

    A.①　　　　B.②

    C.③　　　　D.②或③

47.登箱顶触电警告标志,一般标记于_____上。

    A.超高箱　　　　B.罐式集装箱

    C.冷藏箱　　　　D.开顶箱

48.装有危险货物的集装箱应在_____粘贴表明其危险性的标牌。

    ①左、右两侧;②前、后两端;③箱顶

    A.①②　　　　B.②③

    C.①③　　　　D.①②③

第二节　集装箱船舶装载能力稳性和强度

1.标准箱容量 TEU 表示的是集装箱的_____。

    A.载重能力　　　　B.载货能力

    C.特殊载货能力　　　　D.容量能力

2._____属于集装箱船舶的船舶常数。

    ①油柜内的残渣;②压载舱内的积水或沉淀物;③船体附着的海生物;④为满足航次船舶稳性要求而必须打入的压载水重量;⑤固定系固设备的重量

    A.①②③　　　　B.①②③④

    C.①②③④⑤　　　　D.②③⑤

3._____属于集装箱船舶的船舶常数。

①油柜内的残渣；②压载舱内的积水或沉淀物；③库存废旧物料；④船体附着的海生物；⑤所有非固定系固设备的重量

A.①②③   B.①②③④

C.①②③④⑤   D.②③⑤

4.下列充分利用集装箱船舶的特殊载货能力的是_____。

  A.按照《国际危规》隔离表确定危险品箱的箱位

  B.按照货物系固手册编制集装箱系固方案

  C.尽力满足快速装卸要求

  D.提高集装箱船的箱位利用

5.与一般杂货船相比,集装箱船的舱容系数一般_____。

  A.较小   B.较大

  C.相等   D.无法比较

6.集装箱运输中,FEU 表示_____换算箱数。

  A.25 ft   B.40 ft

  C.30 ft   D.20 ft

7.标准集装箱(TEU)的长度为_____。

  A.40 ft   B.20 ft

  C.30 ft   D.10 ft

8.某集装箱船排水量 6 317 t,初稳性高度为 1.12 m,风压倾侧力矩为 3 797 kN·m,则风压静倾角为_____。

  A.4.0°   B.3.1°

  C.5.9°   D.2.6°

9.以下关于集装箱船舶保证船舶总纵强度的措施,说法错误的是_____。

  A.合理配置各排箱重   B.合理安排各目的港集装箱的箱位

  C.确保船上载荷横向分布均匀   D.与压载无关

10.为保证集装箱船的稳性,应_____。

  ①加适当的压载水;②轻箱在上,重箱在下;③如无他法,则需减少甲板上的集装箱数量

  A.①③   B.①②

  C.①②③   D.②③

11.集装箱船的合理压载可以改善_____。

  ①船舶稳性;②船舶纵向受力状况;③船舶吃水差

  A.①③   B.①②③

  C.②③   D.①②

12.保证集装箱船总强度不受损伤的措施正确的是_____。

  ①改变斜浪航行状态,减轻船舶横摇;②合理压载;③保证船上载荷横向均匀分布;④合理安排各目的港集装箱箱位

  A.②④   B.②③④

  C.①②④   D.①②③④

13.当舱内装箱的总重量占全船装箱总重量的_____左右时,满载的集装箱船具有适度稳性。

A.30%　　　　　　　　　　　　　B.45%

C.60%　　　　　　　　　　　　　D.75%

14.集装箱船舶在确定甲板装箱数及堆装层数时,应考虑的因素是_____。

①保证船舶驾驶视线良好;②甲板及舱盖局部强度的限制;③甲板装箱数与舱内装箱数应保持适当的比例

A.①②　　　　　　　　　　　　　B.②③

C.①③　　　　　　　　　　　　　D.①②③

第三节　集装箱船舶配载

1.SOLAS 1974 修正案要求集装箱船前部甲板上集装箱的堆积层数,应满足船首盲区不大于_____倍船长和 500 m 中较小者。

A.2　　　　　　　　　　　　　　B.0.5

C.1.5　　　　　　　　　　　　　D.1

2.超宽货物可用_____装运。

A.平台集装箱　　　　　　　　　　B.杂货集装箱

C.通风集装箱　　　　　　　　　　D.敞顶集装箱

3.为了满足快速装卸要求,多台集装箱装卸桥同时作业时,两台装卸桥不允许紧靠在一起作业,必须_____。

A.至少横向间隔一个 40 英尺行箱位

B.至少纵向间隔一个 20 英尺行箱位

C.至少纵向间隔一个 40 英尺行箱位

D.至少横向间隔一个 20 英尺行箱位

4.超长货物可用_____装运。

A.杂货集装箱　　　　　　　　　　B.敞顶集装箱

C.平台集装箱　　　　　　　　　　D.通风集装箱

5.应优先考虑在集装箱船的舱内进行积载的是_____。

A.平台集装箱　　　　　　　　　　B.通风集装箱

C.海洋污染物集装箱　　　　　　　D.动物集装箱

6.装载鱼粉的集装箱_____。

①装箱后箱门应封闭;②应避开机舱壁;③应避开加热管道

A.①　　　　　　　　　　　　　　B.②

C.①②③　　　　　　　　　　　　D.③

7.对于通风集装箱在船上的积载位置,下列说法正确的是_____。

A.放在舱内易于通风的位置

B.可配于甲板上的任意位置

　　C.装兽皮的通风集装箱配于甲板最上层箱位

　　D.积载位置主要考虑便于通风和管理

8.船舶在航行中应对运输冻牛肉冷藏集装箱的_____进行测量并记录。

　　A.温度　　　　　　　　　　　　　　B.湿度

　　C.二氧化碳含量　　　　　　　　　　D.氧气含量

9.通风集装箱在船上堆装时,其端门应保持朝向_____方向,以防止海浪的冲击和浸入。

　　A.船首　　　　　　　　　　　　　　B.船尾

　　C.船舶左舷　　　　　　　　　　　　D.船舶右舷

10.集装箱船上,果蔬类冷藏集装箱一般应配置在_____。

　　A.中区货舱　　　　　　　　　　　　B.冷藏集装箱的电源插座附近箱位

　　C.上甲板　　　　　　　　　　　　　D.机舱附近货舱

11.为方便装卸,同一装卸港的集装箱数量少时应_____。

　　A.集中配装　　　　　　　　　　　　B.分散配装

　　C.配装在特别箱位　　　　　　　　　D.上甲板配装

12.有关特殊集装箱船的配载,说法正确的是_____。

　　A.超宽集装箱不能配于舱内

　　B.集装箱本身有较好的隔离效果,因此危险品集装箱之间不用考虑隔离等级

　　C.冷藏集装箱尽量不要配于甲板的左、右两列

　　D.动物集装箱尽量选配于舱内

13.集装箱船舶配积载过程中,若有同一卸港的集装箱数量超过一个货舱的容量时,从加速装卸以缩短船舶在港停泊时间的角度考虑,应_____。

　　①将集装箱安排在两个相邻的货舱内;②将集装箱安排在两个不相邻的货舱内;③将集装箱全部堆放在甲板上

　　A.①　　　　　　　　　　　　　　　B.②

　　C.②③　　　　　　　　　　　　　　D.①②③

14.集装箱船舶配积载过程中,若有两个以上装货港,且第一个装货港需要装载较多的集装箱时,从加速装卸以缩短船舶在港停泊时间的角度考虑,应将集装箱安排在_____。

　　①不同的排位上且应间隔一定距离;②不同的列位上且应间隔一定距离;③不同的层位上

　　A.①　　　　　　　　　　　　　　　B.②③

　　C.③　　　　　　　　　　　　　　　D.①②③

15.集装箱配载时,从集装箱装卸顺序考虑应_____。

　　A.避免或尽量减少中途港倒箱现象

　　B.满足船舶纵强度条件和适当吃水差要求

　　C.重箱排在下层

　　D.使船舶无初横倾角

16.为保证危险货物集装箱的安全运输,下列积载方法中不正确的是_____。

　　A.当允许在舱内或舱面积载时,应优先选择在舱内进行积载

　　B.远离热源和火源

C.尽量远离船员生活区

D.对属于海洋污染物的危险货物集装箱,应优先选择舱面积载

17.在集装箱船上积载 20 ft 超长集装箱时,正确的积载方式是_____。

A.只能配置在甲板上的最下层　　　　B.只能配置在甲板上的最上层

C.只能配置在舱内　　　　D.可以选配于舱内 40 ft 箱位

18.集装箱船运输中,高度超限集装箱(箱内货物高度超出角件孔)应配置在_____。

①上甲板下层;②舱内最上层;③上甲板的最上层

A.①　　　　B.②

C.③　　　　D.②或③

19.关于 40 ft 集装箱与 20 ft 集装箱的装载问题,下列说法正确的是_____。

A.20 ft 集装箱上面不可装 40 ft 集装箱

B.40 ft 集装箱上面可装 20 ft 集装箱

C.20 ft 集装箱上面是否可装 40 ft 集装箱需视箱格结构和底座位置等而定

D.20 ft 集装箱和 40 ft 集装箱不能混装

20.在危险货物积载中,表示在纵向上相隔一整个货舱的隔离称为_____。

A.隔离 4　　　　B.隔离 3

C.隔离 2　　　　D.隔离 1

21.装有包装 Ⅱ 类的有毒物质封闭式集装箱与食品集装箱间应满足_____的要求。

A.隔离 1　　　　B.隔离 2

C.隔离 3　　　　D.无须隔离

22.危险货物集装箱装运时,应查阅_____。

A.IMDG Code　　　　B.IMSBC Code

C.IBC Code　　　　D.IGC Code

23.包装危险货物与封闭式危险货物集装箱之间的隔离应按_____执行。

A.要求"远离"时,两者无隔离要求

B.要求"隔离"时,按"远离"要求

C.要求"隔离 3"且均载于舱面时,两者应水平隔离 24 m 及以上

D.A 和 B

24.危险货物集装箱之间的隔离中,"一个箱位"是指_____。

A.前后距离≥8 m,左右距离≥2.6 m 的空间

B.前后距离≥6 m,左右距离≥2.4 m 的空间

C.前后距离≥8 m,左右距离≥2.4 m 的空间

D.前后距离≥6 m,左右距离≥2.6 m 的空间

25.某集装箱船上,集装箱的装载位置为 050612,表示该箱_____。

A.是 40 ft 箱,装于左舷甲板　　　　B.是 20 ft 箱,装于左舷舱内

C.是 40 ft 箱,装于右舷舱内　　　　D.是 20 ft 箱,装于右舷甲板

26.某集装箱船上,集装箱的装载位置为 070502,表示该箱_____。

A.是 40 ft 箱,装于左舷甲板　　　　B.是 40 ft 箱,装于右舷舱内

C.是 20 ft 箱,装于左舷甲板   D.是 20 ft 箱,装于右舷舱内

27.某集装箱船上,集装箱的装载位置为 050786,表示该箱_____。

     A.是 40 ft 箱,装于左舷舱内   B.是 40 ft 箱,装于右舷甲板

     C.是 20 ft 箱,装于左舷舱内   D.是 20 ft 箱,装于右舷甲板

28.集装箱在船上的装载位置可以用_____表示,其中间两位表示_____的位置。

     A.六位数字;沿船宽方向   B.六位数字;沿船长方向

     C.六位字母;沿船宽方向   D.五位字母;沿船长方向

29.集装箱在船上的装载位置可以用_____表示,其前两位表示_____的位置。

     A.六位数字;沿船宽方向   B.五位字母;沿船长方向

     C.六位数字;沿船长方向   D.六位字母;沿船宽方向

30.集装箱在船上的装载位置可以用_____表示,其垂向位置可以用_____表示。

     A.五位数字;最后两位   B.五位数字;中间两位

     C.六位数字;最后两位   D.六位数字;中间两位

31.在箱位号 040684 下面装载 2 个 20 ft 的集装箱,它们的箱位号分别是_____。

     A.030682、050682   B.050682、070682

     C.030682、050686   D.050682、070686

32.某集装箱的箱位号为 120082,则该箱位于船舶的_____。

     A.舱内左舷   B.甲板左舷

     C.甲板中纵剖面上   D.舱内中纵剖面上

33.下列两种装载情况下是否会发生倒箱?_____。

     ①先卸港箱位 130304,后卸港箱位 140382;②先卸港箱位 160484,后卸港箱位 170408

     A.①会,②不会   B.①不会,②会

     C.①和②都会   D.①和②都不会

34.下列两种装载情况下是否会发生倒箱?_____。

     ①先卸港箱位 270204,后卸港箱位 280282;②先卸港箱位 250002,后卸港箱位 240008

     A.①和②都会   B.①和②都不会

     C.①会,②不会   D.①不会,②会

35.在集装箱船配积载图中,箱位代码 110502 表示某货箱的积载位置是舱内_____。

     A.右侧第 5 列底始第 3 层   B.右侧第 3 列底始第 1 层

     C.左侧第 3 列底始第 2 层   D.右侧第 5 列底始第 4 层

36.集装箱在船上的横向位置用_____表示。

     A.层   B.列

     C.排   D.行

37.集装箱在船上的纵向位置用_____表示。

     A.堆   B.行

     C.列   D.层

38.集装箱在船上的垂向位置用_____表示。

     A.层   B.列

C.排　　　　　　　　　　　　　　　D.行

39.在配积载图上标有 050682 的箱格内配装一个 40 ft 集装箱,则其箱位号可能是_____。

　A.50684　　　　　　　　　　　　B.50882

　C.60682　　　　　　　　　　　　D.70682

40.某集装箱的箱位号为 080382,由此可以判断出该箱_____。

　A.纵向位于自船首第 7 和第 9 两个 20 ft 箱位上

　B.纵向位于自船尾第 7 和第 9 两个 20 ft 箱位上

　C.纵向位于自船首第 3 和第 5 两个 20 ft 箱位上

　D.纵向位于自船尾第 3 和第 5 两个 20 ft 箱位上

41.某集装箱的箱位号为 080382,由此可以判断出该箱_____。

　①为 40 ft;②位于船舶右舷;③为 20 ft;④位于船舶左舷

　A.①②　　　　　　　　　　　　B.①④

　C.②③　　　　　　　　　　　　D.③④

42.下图所示 A 处的集装箱箱号应当是_____。

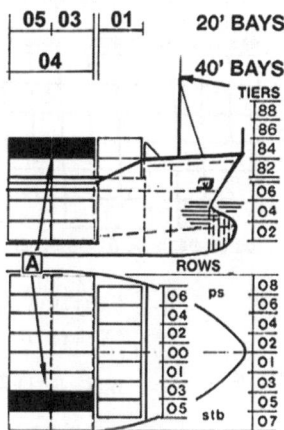

　A.030584　　　　　　　　　　　B.040382

　C.030382　　　　　　　　　　　D.040584

43.某集装箱船配积载图中,某箱的箱位号为 030804,则该箱的位置在_____。

　A.舱内自首第 3 排自船纵中剖面右舷第 8 列

　B.舱内自首第 2 排自船纵中剖面左舷第 4 列

　C.甲板自首第 2 排自船纵中剖面右舷第 4 列

　D.舱内自首第 3 排自船纵中剖面右舷第 4 列

44.下图为集装箱船的行箱位图,所装货物是_____,总重是_____t。

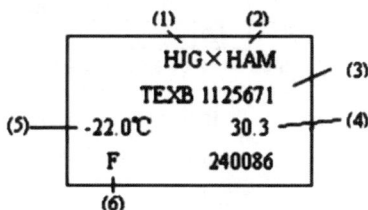

A.杂货；22　　　　　　　　　　　　B.集装箱；30.3

C.冷藏货；30.3　　　　　　　　　　D.散货；30.3

45.在集装箱船箱位总图中的字母图中，每一集装箱箱格内的字母表示_____。

　　A.装货港　　　　　　　　　　　　B.卸货港

　　C.货物代码　　　　　　　　　　　D.集装箱尺寸

46.集装箱船舶的实际积载图通常由_____绘制。

　　A.船务公司　　　　　　　　　　　B.集装箱船大副

　　C.船舶理货员或理货公司　　　　　D.集装箱装卸公司

47.某集装箱船 25 行行箱位图如下图所示，设 A、B、C 和 D 箱分别是第一、第二、第三和第四卸港箱。下述正确的是_____。

Bay 25
10 08 06 04 02 00 01 03 05 07 09

　　A.B 箱堵住了 A、D 箱　　　　　　B.C 箱堵住了 D 箱

　　C.A 箱堵住了 D 箱　　　　　　　　D.C 箱堵住了 A 箱

48.某集装箱船 25 行行箱位图如下图所示，设 A、B、C 和 D 箱分别是第一、第二、第三和第四卸港箱。下述正确的是_____。

Bay 25
10 08 06 04 02 00 01 03 05 07 09

　　A.A 箱被 B 箱堵住　　　　　　　　B.A 箱被 C 箱堵住

　　C.D 箱被 C 箱堵住　　　　　　　　D.D 箱被 B 箱堵住

49.集装箱积载图中箱位方格内的"X"表示该箱位_____。

A.已被 20 ft 集装箱占用　　　　　　　B.已被 40 ft 集装箱占用

C.装载的是危险品集装箱　　　　　　　D.无法装载集装箱

50.下列对集装箱船配积载文件的叙述正确的是_____。

A.预配图是每行一张的行箱位图　　　　B.初配图是每行一张的行箱位图

C.稳性计算表另列　　　　　　　　　　D.初配图是总图加行箱位图

第四节　集装箱装运

1.经系固计算,如两层集装箱间出现分离力,则应使用_____进行集装箱间的系固。

A.扭锁　　　　　　　　　　　　　　　B.双头定位锥

C.高度补偿器　　　　　　　　　　　　D.锥板

2.对于舱内无箱格导轨装置并且经计算表明在集装箱两层之间出现分离力,则可用_____锁紧。

A.双头定位锥　　　　　　　　　　　　B.双头锥板

C.桥锁　　　　　　　　　　　　　　　D.扭锁

3.集装箱在海上航行中,若集装箱堆装或系固不当,可能会导致集装箱_____。

①移位;②倒塌;③系固件破损;④集装箱损坏;⑤舱面集装箱坠海

A.③④⑤　　　　　　　　　　　　　　B.②③④

C.①②③④⑤　　　　　　　　　　　　D.①②⑤

4.在集装箱装箱港,船方应特别留意所接收集装箱的_____。

A.外表状况和封志　　　　　　　　　　B.箱内货物质量

C.箱内货物数量　　　　　　　　　　　D.箱内通风状况

5.船舶在航行中造成舱面集装箱落入水中,其损失_____。

A.应由船方负责　　　　　　　　　　　B.船方不承担责任

C.视是否为不可抗力原因而定　　　　　D.应由货主负责

6.下列集装箱运输货损货差事故产生的原因中,_____由船方负责。

①货物含水量过高;②集装箱箱位选配不当;③集装箱箱门铅封封志破损,货物短少

A.①②　　　　　　　　　　　　　　　B.②③

C.①③　　　　　　　　　　　　　　　D.①②③

7.某船在码头装集装箱,因找不到专用装货索具,工人提出改用钢丝绳交叉拦腰捆好集装箱后起吊,则以下做法正确的是_____。

A.请示船长　　　　　　　　　　　　　B.允许

C.不允许　　　　　　　　　　　　　　D.要求工人绑几道钢,以防钢索断裂

8.以下产生集装箱运输货损货差事故的原因中,由船方负责的有_____。

①货物装箱不当;②集装箱箱位配置不当;③集装箱系固不当;④运输途中未能及时排放污水井内污水

A.②③　　　　　　　　　　　　　　　B.①②③

C.②③④　　　　　　　　　　　　D.①②③④

9.下列产生集装箱运输货损货差事故的原因中,不由船方负责的是_____。

A.货物装箱不当　　　　　　　　　B.集装箱箱位配置不当

C.集装箱系固不当　　　　　　　　D.运输途中未能及时排放污水井内污水

10.船舶在设计集装箱系固系统时,首先应设定的值是_____。

A.GM　　　　　　　　　　　　　B.NDW

C.Δt　　　　　　　　　　　　　D.MSL

11.集装箱在装载过程中,值班人员应检查_____。

①箱内货物数量和质量;②集装箱外表;③集装箱铅封

A.①②　　　　　　　　　　　　　B.①③

C.①②③　　　　　　　　　　　　D.②③

12.集装箱船货舱盖上表面的集装箱角件损坏后,以下说法最合适的是_____。

A.换新　　　　　　　　　　　　　B.焊补修理

C.进坞修理和换新　　　　　　　　D.船上焊补修理或换新

13.根据 SOLAS 公约,_____不需要安排加强检验。

A.冷藏船　　　　　　　　　　　　B.杂货船

C.散粮船　　　　　　　　　　　　D.集装箱船

14.下图是甲板集装箱系固示意图,对图注设备作用辨识错误的是_____。

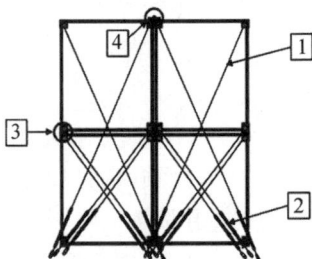

A."1"用于拉紧作业,起着防倾覆的作用

B."3"用于甲板上、下层集装箱之间的连接锁紧

C."2"辅助绑扎杆以系固箱体和防止滑动

D."4"用于相邻两行最上层相同高度集装箱的顶部进行纵向水平连接

15.下图是甲板集装箱系固示意图,对其系固设备辨识错误的是_____。

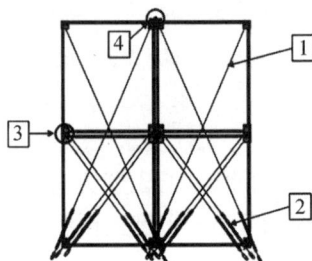

A."1"为绑扎杆　　　　　　　　　B."2"为花篮螺丝

C."3"为定位锥　　　　　　　　　　D."4"为桥锁

16.对于同一装卸港的部分需要特殊吊具操作的特殊集装箱,从方便装卸及加快装卸速度角度考虑,其箱位应_____。

A.尽量集中配置　　　　　　　　　B.尽量分散配置

C.尽量配置于船舶两舷最外一列　　D.尽量配置于船舶首、尾 BAY 位

17.专用集装箱船上的集装箱要认真系固,关于其系固,以下说法正确的是_____。

A.执行码头的系固方案

B.具有标准化系固系统的船舶不需要货物系固手册

C.应严格按船上的货物系固手册进行

D.这种船上的箱子不用系固

18.在集装箱海上运输过程中,船方应对_____负责。

①箱内货物数量;②箱内货物质量;③集装箱外表;④集装箱铅封

A.③④　　　　　　　　　　　　　B.①③④

C.①②　　　　　　　　　　　　　D.①②③④

19.大风浪航行时如发现舱面集装箱系固锁具发生松动现象或断裂现象时,则_____。

A.待天气转好,再重新进行系固

B.马上对松动位置进行系固

C.抛弃松动锁具的集装箱

D.采取当时条件下力所能及的补救措施

20.舱内集装箱在航行途中遇火灾时,_____。

A.可向舱内灌水灭火　　　　　　B.可施放 CO_2 灭火

C.无法扑救　　　　　　　　　　D.可开箱扒载

21.为避免出现集装箱被箱格导轨卡住,装卸中应保持船舶横倾角小于_____。

A.1°~2°　　　　　　　　　　　　B.2°~3°

C.3°~4°　　　　　　　　　　　　D.4°~5°

参考答案

第一节　集装箱分类及标记

1.B	2.A	3.D	4.C	5.D	6.A	7.D	8.A	9.C	10.A
11.B	12.A	13.C	14.A	15.D	16.C	17.B	18.D	19.A	20.A
21.C	22.A	23.B	24.A	25.D	26.C	27.D	28.B	29.C	30.D
31.C	32.B	33.D	34.C	35.C	36.A	37.A	38.C	39.C	40.D
41.B	42.A	43.B	44.B	45.D	46.D	47.B	48.A		

第二节　集装箱船舶装载能力稳性和强度

1.D	2.A	3.C	4.A	5.B	6.B	7.B	8.B	9.D	10.C
11.B	12.D	13.C	14.D						

第三节　集装箱船舶配载

1.A	2.A	3.C	4.C	5.C	6.C	7.D	8.A	9.B	10.B
11.A	12.C	13.B	14.A	15.A	16.D	17.D	18.D	19.C	20.A
21.D	22.A	23.D	24.B	25.B	26.D	27.D	28.A	29.C	30.C
31.A	32.C	33.A	34.A	35.B	36.B	37.B	38.A	39.C	40.A
41.A	42.D	43.B	44.C	45.B	46.C	47.D	48.B	49.B	50.D

第四节　集装箱装运

1.A	2.A	3.C	4.A	5.C	6.B	7.C	8.C	9.A	10.D
11.D	12.B	13.D	14.D	15.C	16.A	17.C	18.A	19.D	20.B
21.B									

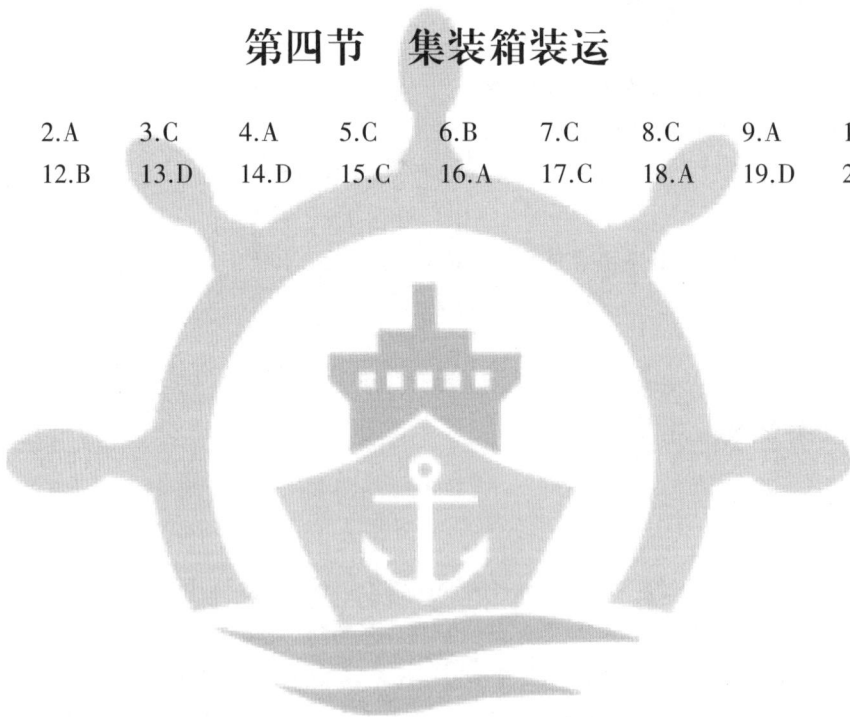

第十六章

散装谷物运输

第一节　散装谷物分类及特性

1._____不属于谷物货物。

　　A.高粱　　　　　　　　　　　　B.燕麦

　　C.玉蜀黍　　　　　　　　　　　D.木薯粉

2.《国际散装谷物安全装运规则》定义的谷物包括_____。

　　①小麦；②玉蜀黍；③麸皮；④稞麦；⑤面粉；⑥大米

　　A.①②④⑥　　　　　　　　　　B.①②③④⑤⑥

　　C.①③⑤⑥　　　　　　　　　　D.①②③

3.《国际散装谷物安全装运规则》定义的谷物包括_____。

　　①小麦；②种子；③燕麦；④麸皮

　　A.①②④　　　　　　　　　　　B.①②③

　　C.①②③④　　　　　　　　　　D.①③④

4.散装的_____不属于IMO谷物规则中定义的散装谷物。

　　A.麸皮　　　　　　　　　　　　B.与大豆自然特性相同的豆粕

　　C.稞麦　　　　　　　　　　　　D.蚕豆

5.散装的_____属于IMO谷物规则中定义的散装谷物。

　　①大豆；②与大豆自然特性相同的豆制品；③面粉

　　A.①　　　　　　　　　　　　　B.①②

　　C.③　　　　　　　　　　　　　D.②③

6.近似球形颗粒的散装谷物,通常其静止角_____,散落性_____。

　　A.小；大　　　　　　　　　　　B.大；小

　　C.与颗粒形状无关　　　　　　　D.小；小

7.近似球形颗粒的散装谷物,通常其静止角_____。

　　A.小　　　　　　　　　　　　　B.与颗粒形状无关

　　C.大　　　　　　　　　　　　　D.视货物质量而定

8.含水量高的散装谷物,其散落性_____。

A.小

B.大

C.与含水量高低无关

D.视货物质量而定

9.谷物的吸附性是指谷物_____。

A.易受虫害

B.易吸收水分

C.含水分较多

D.易吸收异味和有害气体

10.影响散装谷物下沉性的因素有_____。

①谷物表面状态;②谷物的积载因数;③谷物的含水量;④谷物颗粒大小;⑤谷物颗粒形状

A.③⑤

B.①③④⑤

C.①④⑤

D.①②③④⑤

11.散装谷物颗粒表面越光滑,其散落性_____。

A.越小

B.越大

C.与颗粒光滑程度无关

D.视货物质量而定

12.颗粒为近似球形的散装谷物,其散落性_____。

A.小

B.大

C.与颗粒表面形状无关

D.视货物质量而定

13.对于静止角_____,因其具有和散装谷物一样的散装性,因此,应按谷物的平舱要求执行。

A.小于或等于 30°的非黏性散货

B.大于或等于 30°的黏性散货

C.大于或等于 30°的非黏性散货

D.小于或等于 30°的黏性散货

14.颗粒越大,装于船舱内的散装谷物下沉_____。

A.越快

B.越慢

C.与颗粒大小无关

D.与颗粒大小的关系无法确定

15.散装谷物的散落性与_____因素有关。

①颗粒大小;②颗粒形状;③颗粒表面状况;④含水量;⑤杂质含量

A.①②③④

B.①③④⑤

C.②③④⑤

D.①②③④⑤

16._____不是包装谷物的特性。

A.吸附性

B.下沉性

C.呼吸性

D.吸收和散发水分特性

17.散装谷物在外力作用下,能自动松散流动的性质称为_____。

A.吸湿性

B.下沉性

C.吸附性

D.散落性

18.散装谷物的下沉性与_____因素有关。

①颗粒大小、表面状态;②形状、含水量;③积载因数;④所使用的装货设备

A.①②③④

B.①②③

C.②③④

D.①②④

19.散装谷物的海运特性中与稳性有关的是_____。

①呼吸性;②下沉性;③吸湿和散湿性;④散落性;⑤吸附性;⑥易遭受虫害和鼠害

A.①②③④⑤⑥   B.②④

C.②③④⑥   D.①②④

20.影响谷物呼吸性强弱的最主要因素是_____。

    A.含水量   B.温度

    C.空气成分   D.籽粒状态

21.致使装运散粮的货舱产生大量水分和热量的谷物特性是_____。

    A.呼吸性   B.吸湿性和散湿性

    C.发热性   D.吸附性

22.影响散粮呼吸性强弱的因素有_____。

①货舱通风状况;②气温;③谷物含水量

    A.①②   B.②③

    C.①③   D.①②③

23.散装谷物的散落性可以用_____表示,该值越小,表示其散落性_____。

    A.静止角;越大   B.自然倾斜角;越小

    C.休止角;越小   D.船舶倾斜角;越大

24.从影响船舶稳性的角度考虑,散装粮食除具有与包装粮食共同的性质外,还具有_____特性。

    A.散落性和下沉性   B.下沉性和散发水分性

    C.自热性和吸附性   D.散落性和呼吸性

25.在散装谷物运输中,以下说法正确的是_____。

    A.谷物的自然倾斜角与其散落性无关

    B.谷物的自然倾斜角与其散落性有关,角度越小,散落性越小

    C.装运自然倾斜角越大的货物,船舶的稳性损失越大

    D.谷物的自然倾斜角与其散落性有关,角度越大,散落性越小

26.散粮船的特点是_____。

①船型肥大;②货舱为菱形结构;③舱口较宽大,舱口围板也较高

    A.①②   B.②③

    C.①③   D.①②③

27.专用散粮船货舱内设置底边水舱的目的是_____。

①减少谷物移动倾侧力矩;②便于平舱;③便于清舱;④可用作压载水舱;⑤加快卸货速度

    A.①②③   B.①③④⑤

    C.③④⑤   D.①②③④⑤

28.散粮船设置上边舱的主要目的是_____。

    A.增强总纵强度   B.保证装满货舱

    C.便于清舱   D.增加水舱

29.散装货船货舱斜顶板和斜底板的作用是_____。

①保证装满货舱;②便于清舱;③参与总纵强度

    A.①②   B.②③

C.①③   D.①②③

30.谷物在舱内移动对船舶稳性的影响包括_____。

    A.使船舶稳性降低   B.使船舶产生横倾

    C.使船舶重心降低   D.A 和 B

31.在风浪中航行的船舶通常当其横倾角_____散装谷物的静止角时,谷物就可能开始移动。

    A.散粮的移动与船舶的横倾角无关   B.等于

    C.小于   D.大于

第二节　散装谷物运输规则

1.散装谷物船的许用倾侧力矩表是根据_____来查取的。

    A.船舶排水量和装货体积

    B.船舶排水量和谷物装载重量

    C.船舶排水量和船舶实际重心高度

    D.船舶排水量和经自由液面修正后的重心高度

2.散装谷物的装载方式有_____。

    ①经平舱后的满载舱;②未经平舱的满载舱;③松动舱;④经平舱后的松动舱;⑤共同装载舱

    A.①②③④⑤   B.①②⑤

    C.①②③④   D.①②③⑤

3.IMO《国际散装谷物安全运输规则》对无批准文件而部分装载的散装谷物船舶要求_____。

    A.散装谷物重量不超过该船总载重量的1/3

    B.散装谷物重量不超过该船总载重量的1/2

    C.散装谷物重量不超过该船总载重量的1/4

    D.散装谷物重量不超过该船总载重量的1/5

4.根据 IMO《国际散装谷物安全运输规则》的规定,散装谷物船经自由液面修正后的初稳性高度值应不小于_____m。

    A.0.15   B.0.20

    C.0.30   D.根据散装谷物的种类而定

5.对于 1994 年 1 月 1 日后建造的散装谷物船,由于谷物假定移动引起的船舶横倾角应_____。

    A.不大于甲板边缘入水角

    B.不大于 15°

    C.不大于 12°和甲板边缘入水角两者中较小者

    D.不大于 12°

6.某散装谷物船(1996 年 12 月 1 日建造)装载后上甲板边缘入水角为 22°,则由于谷物假定移动引起的船舶横倾角应_____。

    A.不小于 25°   B.不大于 11°

C.不小于 12°   D.不大于 12°

7.某散装谷物船(1998 年 6 月 14 日后建造)装载后上甲板边缘入水角为 11°,则由于谷物假定移动引起的船舶横倾角应_____。

A.不小于 12°   B.不大于 12°

C.不小于 25°   D.不大于 11°

8.若谷物移动倾侧总力矩不大于许用倾侧力矩,则散装谷物船应满足_____。
①经自由液面修正后的 $GM \geq 0.30$ m;②谷物假定移动引起的静横倾角 $\theta_h \leq 12°$;③船舶的剩余动稳性值 $S \geq 0.075$ m·rad

A.①   B.②

C.③   D.①②③均能满足

9.对于部分装载舱,谷面高度下降时,谷物倾侧力矩_____。

A.增大   B.减小

C.不变   D.变化趋势不定

10.部分装载舱的谷物移动倾侧力矩与舱内谷物的_____有关。
①颗粒大小;②积载因数;③装舱深度

A.①②   B.②③

C.①③   D.①②③

11.部分装载舱的谷物移动倾侧体积矩与舱内谷物的_____有关。

A.种类   B.积载因数

C.颗粒大小   D.装舱深度

12.部分装载舱的谷物倾侧体积矩随着谷物装舱深度的增加而_____。

A.变化不确定   B.增大

C.不变   D.减小

13.某国内航行散装谷物船按 IMO《国际散装谷物安全运输规则》计算的谷物横向倾侧体积矩 M_V 为 4 980 m⁴,则其未经平舱的满载船的倾侧总体积矩 M_V 为_____ m⁴。

A.3 984.0   B.2 290.8

C.5 577.7   D.4 980.0

14.散粮船指定货舱为满载舱时,其谷物总的移动倾侧力矩的大小与_____有关。
①平舱状况;②重心取值法;③谷物积载因数;④风浪大小

A.①②③   B.①③④

C.②③④   D.①②③④

15.根据 IMO 谷物稳性规则,散装谷物船某一经平舱满载舱的谷物倾侧体积矩_____。

A.与所装谷物的含水量有关   B.为定值

C.与所装谷物的静止角有关   D.使船舶产生横倾,重心降低

16.散装谷物船舶的许用倾侧力矩是指_____。

A.船舶装载散谷时可以承受的最小谷物移动倾侧力矩

B.供散装谷物船舶计算其横倾角时所用的倾侧力矩

C.船舶装载散谷时可以承受的最大谷物移动倾侧力矩

D.船舶装载散谷时,供计算稳性指标时所用的谷物移动倾侧力矩

17.部分装载舱谷物移动倾侧力矩与_____无关。

A.谷物密度 　　　　　　　　　　B.谷物积载因数

C.谷物自由表面大小 　　　　　　D.谷物颗粒大小

18.部分装载舱谷物移动倾侧力矩与_____有关。

①谷物密度;②谷物积载因数;③谷物颗粒大小;④谷物自由表面大小

A.①②③ 　　　　　　　　　　　B.①③④

C.①②④ 　　　　　　　　　　　D.①②③④

19.IMO《散装谷物运输规则》对散装谷物船稳性进行校核时,若满载舱的谷物重心取在_____,则谷物垂向移动倾侧力矩为0。

A.体积中心 　　　　　　　　　　B.舱容中心

C.实际重心 　　　　　　　　　　D.舱容中心或实际重心

20.在计算散装谷物船舶稳性时,满载舱的谷物重心可取在_____。

①谷物下沉后的实际重心处;②谷物体积中心处;③货舱容积中心处

A.①或② 　　　　　　　　　　　B.②或③

C.①或③ 　　　　　　　　　　　D.①②③均可

21.满载舱按货舱容积中心计算的散装谷物船舶稳性_____。

A.偏于安全 　　　　　　　　　　B.偏于危险

C.与实际值相同 　　　　　　　　D.无法比较

22.满载舱按货舱容积中心计算的散装谷物船舶重心高度比实际值_____。

A.小 　　　　　　　　　　　　　B.大

C.相同 　　　　　　　　　　　　D.无法比较

23.满载谷物舱的谷物移动倾侧体积矩的大小与_____有关。

A.谷物种类 　　　　　　　　　　B.谷物密度

C.舱内谷物重心位置的取法 　　　D.舷外水密度

24.由于谷物移动引起的船舶横倾角与_____无关。

A.*GM* 　　　　　　　　　　　　B.*KG*

C.谷物颗粒大小 　　　　　　　　D.排水量

25.某一船舶在不同航次中装载同一种谷物,排水量和初稳性高度相同,则由于谷物移动引起的船舶横倾角_____。

A.相同 　　　　　　　　　　　　B.不同

C.与谷物种类有关 　　　　　　　D.谷物倾侧力矩小者较小

26.某一船舶在不同航次中,装载同一种谷物,谷物倾侧力矩相同,排水量相同,则由于谷物移动引起的船舶横倾角_____。

A.相同 　　　　　　　　　　　　B.不同

C.与谷物种类有关 　　　　　　　D.初稳性高度小者较大

27.某一船舶在不同航次中,装载同一种谷物,*GM* 相同,谷物倾侧力矩相同,则由于谷物移动引起的船舶横倾角_____。

A.相同　　　　　　　　　　　　　　B.不同

C.排水量大者较小　　　　　　　　　D.视谷物种类而定

28.排水量一定,散装谷物船的许用倾侧力矩随船舶重心高度的减小而_____。

A.减小　　　　　　　　　　　　　　B.不变

C.增大　　　　　　　　　　　　　　D.关系不定

29.排水量一定,散装谷物船的许用倾侧力矩随船舶重心高度的增大而_____。

A.减小　　　　　　　　　　　　　　B.不变

C.增大　　　　　　　　　　　　　　D.关系不定

30.有关我国《法定规则》对国际航行散装谷物船舶与非国际航行散装谷物船舶特殊稳性衡准的要求,以下说法正确的是_____。

A.两者对特殊稳性衡准要求指标相同,但假定的谷物倾侧模型不同

B.前者横向和垂向倾侧力矩均考虑,后者仅计算谷物横向移动倾侧力矩

C.前者满载和部分装载舱均考虑,后者仅计及部分装载舱谷物倾侧力矩

D.两者对特殊稳性衡准要求指标不同,但假定的谷物倾侧模型相同

31.《法定规则》对国内沿海航行的散装谷物船的稳性要求中,当船舶具备谷物横向倾侧体积矩 M_V 的资料时,则经平舱的满载船的倾侧总体积矩取为_____。

A.1.06M_V　　　　　　　　　　　　B.0.80M_V

C.0.46M_V　　　　　　　　　　　　D.1.00M_V

32.按照我国《法定规则》的规定,对非国际航行的散装谷物船,由于谷物移动引起的船舶横倾角应_____。

A.不大于11°　　　　　　　　　　　B.不小于25°

C.不小于12°　　　　　　　　　　　D.不大于12°

第三节　散装谷物安全装运

1.船运散装谷物时,舱内会出现缺氧现象,因此下舱前应采取相应措施,防止事故发生。该缺氧现象主要是由散装谷物的_____造成的。

A.化学性质　　　　　　　　　　　　B.机械性质

C.物理性质　　　　　　　　　　　　D.生物性质

2.在对散状谷物货舱进行熏船期间,应_____。

A.利用通气孔进行旺盛通风

B.打开舱盖进行通风

C.利用通气孔进行排气通风或小量通风

D.关闭所有通往货舱的通气孔、道门或开门

3.船舱用的磷化铝在舱内产生的磷化氢气体_____。

A.无法确定其密度与空气密度的关系

B.比空气重

C.比空气轻

D.在密度上与空气相等

4.散装谷物对散粮船货舱的要求为_____。

①清洁干燥；②无虫害、无渗漏；③无异味；④货舱设备满足相关熏蒸要求

A.①②③   B.①②③④

C.①②④   D.①③④

5.下列关于散装谷物装货过程的说法错误的是_____。

A.遇到雨雪天气要停装并关闭货舱

B.要注意调整横倾角

C.监装中要特别注意装船谷物的质量

D.每装完一舱要计量货物质量

6.散装谷物卸货前，通常_____委托_____上船检查各舱内谷物的情况，只有在确认未发现待卸谷物存在水湿、霉变、虫害、污染等情况时，才准许开始卸货。

A.租船人；代理   B.货主；代理

C.租船人；有关机构人员   D.货主；有关机构人员

7._____不是散装谷物运输途中的保管要求。

A.定时测定舱内污水井内水位，及时排除污水

B.避免在货舱邻近的液舱内进行燃油加热

C.经常检查舱内防移装置的状况是否良好

D.每天对货舱通风，防止谷物霉变

8.散装谷物船舶装货之前，做好货舱的清洁和准备工作是获得_____的重要一环。

A.船舶熏舱证书   B.装舱许可证书

C.货舱设备合格证书   D.船舶检疫证书

9.在装运散装谷物前必须使货舱适货，对货舱的要求包括_____。

①干燥；②没有浮锈和漆皮；③无虫害和鼠害；④无异味；⑤污水井清洁、干燥

A.①②③④   B.①②③④⑤

C.②③④⑤   D.①③④⑤

10.散粮船装载散装谷物，应_____。

①取得验舱证明；②填写稳性计算书；③取得装载许可证

A.①②   B.②③

C.①③   D.①②③

11.用磷化铝作谷物的随航熏蒸剂存在对谷物的污染，主要是_____。

A.磷化铝与空气中的水分接触发生化学反应，释放出有毒的磷化氢气体

B.谷物对磷化氢有呼吸作用

C.磷化铝药袋破损，导致磷化铝药剂撒漏，污染谷物

D.熏蒸杀死虫害造成对谷物的污染

12.装运散装谷物的船舶在目的港卸货前应_____后，方可开始卸货。

A.测定舱内空档高度

B.在检验人员确认所运谷物质量没有问题

C.检验舱内含氧量

D.对货物进行熏舱

13.关于船舶熏舱,以下说法错误的是_____。

A.熏蒸期间,货舱必须做到完全气密,以防熏蒸剂泄漏到船上的生活区和机舱等处

B.熏舱作业必须由专业的熏蒸人员进行

C.如遇紧急情况下进入货舱时,必须在驾驶员的监护下,由经过训练的人员戴自给式呼吸器
进入,必要时还应穿防护服

D.熏蒸是通过烟雾杀灭船上的害虫

14.为保证谷物运输质量,抑制谷物发热的措施有_____。

①降低谷物水分;②降低舱室温度;③谷物熏蒸;④布置托盘

A.①②　　　　　　　　　　　　　B.①②③

C.①②③④　　　　　　　　　　　D.②③④

15.以下不属于散装谷物船装货之前的准备工作的是_____。

A.保证甲板系固设备正常

B.保证舱内无异味

C.清扫货胎,保证无残留物、铁锈、漆皮等

D.排出舱内汗水和湿气,使货舱保持干燥状态

16.对散装谷物进行随航熏蒸时,存在的风险包括_____。

①熏蒸药剂挥发剧毒气体,对船员安全造成一定威胁;②熏蒸期间不能进行通风,对货物保管
不利;③熏蒸药剂易燃易爆

A.①②　　　　　　　　　　　　　B.①②③

C.①③　　　　　　　　　　　　　D.②③

17.散装谷物装载前,经测定含水量超过标准,则_____。

A.拒绝装载　　　　　　　　　　　B.专用粮食船可以装载

C.装载后需要设置纵隔壁　　　　　D.经公司同意可以装载

18.在我国,散装谷物验舱通常由_____承担并出具证明。

A.港务局　　　　　　　　　　　　B.船方

C.商检局　　　　　　　　　　　　D.海事局

19.散装谷物验舱在国外一般由_____负责并出具证明。

A.船方　　　　　　　　　　　　　B.港务局

C.海事局　　　　　　　　　　　　D.公证鉴定机构

20.熏舱的目的是_____。

A.投放熏蒸药剂,为货舱除臭　　　B.投放熏蒸药剂,杀灭货物中的害虫

C.投放熏蒸药剂,清洁货舱　　　　D.投放熏蒸药剂,防止货物氧化

21.散装谷物装货完毕后,对于部分装载舱_____。

A.可以不进行平舱　　　　　　　　B.必须采取止移措施

C.应实测每个舱内的空当高度　　　D.必须标注其平舱形式

22.利用连续装船机装载散装谷物时,一般在_____选取货物样品。

A.岸上散装谷物舱中 　　　　　　　B.舱内货堆高度的中点处

C.舱内货堆表面 　　　　　　　　　D.连续装船机上靠近舱边的部位

23.散装谷物装货前货舱应做的准备有_____。

①清扫货舱;②货舱通风,排出汗水和湿气;③疏通污水井,保持畅通;④检查污水泵;⑤备妥各类垫舱;⑥检查货舱水密性

A.①②③④⑤⑥ 　　　　　　　　　B.①②③④⑥

C.①②③④ 　　　　　　　　　　　D.①②③

24.关于散装谷物在装载过程中的操作,下列说法正确的是_____。

①严格按照积载计划装货;②如遇雨雪天气及时停止作业并关闭货舱;③全船装卸结束时应注意调整吃水差并消除横倾角;④开航前必须进行熏舱

A.①②③④ 　　　　　　　　　　　B.①②③

C.②③④ 　　　　　　　　　　　　D.①③④

25.使用固体散货装载仪不需要输入_____数据。

A.拟装载货物积载因数 　　　　　　B.拟装载货物含水量

C.油水、固定储备以及压载水 　　　D.各货舱拟装载货物重量

26._____为货舱内适合装载散装谷物的条件。

①货舱内无残留物;②舱盖保持水密状态;③通风设备及污水排放设备试运行良好

A.①② 　　　　　　　　　　　　　B.①③

C.②③ 　　　　　　　　　　　　　D.①②③

27.散装谷物货舱满足下列哪些条件时才可申请验舱合格证? _____。

①清洁无异味;②无虫害;③污水沟畅通;④舱内干燥;⑤备妥止移措施所需的各种工具;⑥通风设备处于良好状态;⑦货舱保持水密无渗

A.①②③④⑥⑦ 　　　　　　　　　B.①②③④⑤⑥⑦

C.①②③⑤⑥⑦ 　　　　　　　　　D.①②③④⑤⑥

28.散装谷物装载前货舱满足_____等条件时才可申请验舱合格证。

①舱内应无油漆味、腥味、臭味等异味;②无虫害;③污水沟(井)畅通;④舱内干燥;⑤备妥止移措施所需的各种用具;⑥通风设备良好;⑦舱内无残留的货物

A.①②③④⑤⑥⑦ 　　　　　　　　B.①②③⑤⑥⑦

C.①②③④⑤⑥ 　　　　　　　　　D.①②③④⑥⑦

29.散装谷物的熏蒸一般有_____。

①在港停留熏蒸;②随航熏蒸;③船厂熏蒸

A.①②③ 　　　　　　　　　　　　B.①

C.② 　　　　　　　　　　　　　　D.①②

30.为控制谷物的吸附性,应_____。

A.对货舱进行通风 　　　　　　　　B.防止外界高温进入货舱

C.做好货舱清扫、除味 　　　　　　D.防止潮湿空气进入货舱

31.散装谷物船货舱的清洁部位包括_____。

①货舱四壁;②舱盖板反面;③各肋骨后;④舱口围;⑤各种缝隙内

A.①②③④⑤　　　　　　　　B.①③④⑤

C.①②④⑤　　　　　　　　D.①③④

32.熏舱开始前应做到_____。

①对照船员名单,除值班人员外确信其他船员全部离船;②值班人员应集中于安全场所;③采用硫黄熏舱时准备好消防器材;④系带浮筒或锚泊熏舱时应准备好救生艇以防万一;⑤按照港口规定悬挂熏舱信号,严禁无关人员登船

A.①②③　　　　　　　　B.①②④⑤

C.①③④⑤　　　　　　　　D.①②③④⑤

33._____是随航熏蒸的安全保障措施。

①熏蒸前进行货舱密闭检查;②熏蒸前清点船员人数,撤离熏蒸现场;③封闭货舱所有开口,设置禁入标识;④熏蒸前相关船员接受熏蒸知识培训

A.①②③④　　　　　　　　B.①②③

C.②③④　　　　　　　　D.①③④

34.散粮船装载时,若为单头作业,则_____。

①应各舱轮流装载;②应按货舱顺序逐个装满;③应分2~3轮装完

A.①　　　　　　　　B.②

C.③　　　　　　　　D.①③

35.散粮船装载时,若为两头作业,则_____。

①可同时相邻装载;②可同时隔舱装载;③应分2~3轮装载;④应一次装满

A.①④　　　　　　　　B.②③

C.①③　　　　　　　　D.②④

第四节　改善散装谷物船舶稳性的方法及措施

1._____属于散装谷物船采取的止移措施。

①设置散装谷物捆包;②散谷表面堆货;③设置托盘

A.①②③　　　　　　　　B.②③

C.①　　　　　　　　D.③

2._____不是满载舱的止移措施。

A.设置纵隔壁　　　　　　　　B.谷物表面压包

C.设置托盘　　　　　　　　D.设置散装谷物捆包

3._____不属于散装谷物满载舱的止移措施。

①散装谷物表面压包;②设置纵隔壁;③谷物表面捆绑;④用钢丝网固定谷面

A.①②　　　　　　　　B.③④

C.①③④　　　　　　　　D.②③④

4.改善散装谷物船舶稳性的主要措施包括_____。

①减少部分装载舱数；②尽可能将宽度和长度较小的货舱用作部分装载舱；③谷物装舱深度应避免处于该舱谷物假定倾侧力矩的峰值附近；④半舱装载；⑤多层甲板干货船装运谷物时,应视谷面装舱深度确定是否采用共通装载方式

A.③④⑤   B.①②③⑤

C.①②④   D.②③④

5.为减少满载舱内的谷物移动倾侧力矩,以下措施正确的是_____。

①设置托盘；②设置纵向隔壁；③设置散装谷物捆包

A.①②   B.②③

C.①③   D.①②③

6.对于散装谷物船,提高初稳性高度的方法有_____。

①减少自由液面对散装谷物船稳性的影响；②在顶边水舱排除压载水；③在底边水舱排除压载水；④在双层底水舱打入压载水；⑤合理配置和使用油水

A.①②③④   B.①②④⑤

C.②③④⑤   D.①②③⑤

7.对于满载舱止移措施,散装谷物捆包可作为_____的一种代替装置。

A.设置纵向隔壁   B.散装谷物表面堆货

C.固定谷物表面   D.托盘

8.散装谷物船满载舱的止移措施包括_____。

①设置纵隔壁；②设置托盘；③谷物表面堆货；④设置散装谷物捆包；⑤固定谷物表面

A.①②③④⑤   B.①②③④

C.①②④⑤   D.①②④

9.在散装谷物船舶的矩形货舱内中间设置一道纵向隔壁,其谷物移动倾侧力矩值约变为原来值的_____。

A.1/6   B.1/4

C.1/2   D.1/9

10.将部分装载舱安排在较狭窄的谷物舱内,可以_____。

①增大剩余动稳性值；②改善散粮船稳性；③减小谷物假定移动引起的船舶横倾角；④保证船舶的局部强度

A.①②④   B.②③

C.①③④   D.①②③

11._____属于散装谷物满载舱的止移措施。

A.散装谷物表面压包   B.设置纵隔壁

C.谷物表面捆绑   D.用钢丝网固定谷面

12.散装谷物船将较狭窄的舱作为部分装载舱,可以_____。

A.减小 GM 值   B.增大 GM 值

C.减小谷物假定移动倾侧力矩   D.增大谷物假定移动倾侧力矩

13.在船运散装谷物时,_____是正确的。

A.部分装载舱应尽量选择在尺度较小的舱室以减小谷物移动力矩

B.干货船采用共通装载方案可以减小其在二层舱谷物移动的力矩

C.采用端部不平舱装载既可加快装卸又可减少谷物移动对船舶稳性的影响

D.将部分装载舱安排在尺度大的舱内

14.部分装载舱的散装谷物表面固定措施有_____。

①谷物表面压包;②设置谷物捆包;③用钢丝绳等固定谷物表面;④用钢丝网固定谷物表面

A.②④ B.①②④

C.①② D.①②③

15.为提高散装谷物船的稳性,以下措施恰当的是_____。

①减少松动舱;②设置止移装置;③采用压包;④部分装载时谷面高度应不超过舱高的一半;

⑤尽量减少油水装载量

A.①②③ B.①②⑤

C.②③⑤ D.①②③④⑤

16.改善散装谷物船舶稳性的方法不包括_____。

A.按照舱容比分配各舱散装谷物的质量

B.减少部分装载舱的个数

C.尽可能将尺度较小的货舱用作部分装载舱

D.增加经平舱的满载舱的个数

17.散装谷物船部分装载舱的止移措施包括_____。

①设置纵隔壁;②设置托盘;③散装谷物捆包;④散装谷物表面压包;⑤固定谷物表面

A.①②③④ B.②③④

C.①④⑤ D.①②④

参考答案

第一节 散装谷物分类及特性

1.D	2.A	3.B	4.A	5.B	6.A	7.A	8.A	9.D	10.D
11.B	12.B	13.A	14.A	15.D	16.B	17.D	18.B	19.B	20.A
21.A	22.D	23.A	24.A	25.D	26.D	27.C	28.B	29.D	30.D
31.C									

第二节　散装谷物运输规则

1.D	2.D	3.A	4.C	5.C	6.D	7.D	8.D	9.D	10.B
11.D	12.A	13.B	14.A	15.B	16.C	17.D	18.C	19.B	20.D
21.A	22.B	23.C	24.C	25.D	26.D	27.C	28.C	29.A	30.A
31.B	32.D								

第三节　散装谷物安全装运

1.D	2.D	3.B	4.B	5.D	6.D	7.D	8.B	9.B	10.D
11.C	12.B	13.D	14.A	15.A	16.A	17.A	18.C	19.D	20.B
21.C	22.D	23.A	24.B	25.B	26.D	27.A	28.D	29.D	30.C
31.A	32.D	33.A	34.D	35.B					

第四节　改善散装谷物船舶稳性的方法及措施

1.A	2.B	3.C	4.B	5.D	6.B	7.D	8.D	9.B	10.D
11.B	12.C	13.A	14.B	15.A	16.A	17.C			

第十七章
散装固体货物运输

第一节 散装固体货物分类及特性

1.易流态化货物的流动水分点用_____表示。

  A.含水重量的百分比   B.湿度

  C.粒度   D.含水体积的百分比

2.根据 IMSBC 规则,固体散货分为_____几类。

  ①易流态化货物;②具有燃烧爆炸性的货物;③具有化学危险性的货物;④既不具有化学危险性又不易液态化的货物;⑤既有化学危险性又易液态化的货物

  A.①③⑤   B.①③④

  C.①②③④⑤   D.①③④⑤

3.一般货船装运易流态化货物时,其含水量不得超过_____。

  A.流动水分点   B.极限含水量

  C.临界含水量   D.适运水分限

4.易流态化货物的易流态性可用_____指标来衡量,其值越大,流态性越_____。

  A.流动水分点;小   B.流动水分点;大

  C.适运水分限;小   D.适运水分限;大

5.易流态化货物的易流态性可用_____指标来衡量,其值越小,流态性越_____。

  A.流动水分点;小   B.适运水分点;大

  C.流动水分点;大   D.适运水分点;小

6.流动水分点_____的固体散货流态性_____。

  A.越小;越小   B.越大;越大

  C.越大;越小   D.流动水分点与货物流态性无关

7.对易流态化固体散货进行沉降试验的目的是测定其_____。

  A.流动水分点   B.燃烧速度

  C.放射比度   D.含水量

8.易流态化货物是指_____的固体散货。

A.装载到船上容易移动

B.含水量较大

C.积载因数较小

D.当含水量过大时,装于船上因船舶振动而在表面形成浆状流动物

9.固体散货的流动水分点是指_____。

A.其在运输中不可能流态化的含水量

B.其最大含水量

C.其在运输中一定会流态化的含水量

D.其在运输中有可能流态化的含水量

10.易流态化货物的流动水分点是指_____。

A.货物受潮时的含水量

B.货物干燥时的含水量

C.货物达到发生流态化特性的含水量

D.易流态化货物安全运输公认的最大含水量

11.流动水分点是可用来衡量_____特性的一个指标。

A.一般固体散货   B.易流态化货物

C.具有化学危险的固体散货   D.包装危险性货物

12.易流态化货物具有_____的性质。

A.装在船上容易移动

B.含水量较大

C.积载因数较小

D.当含水量较大时,装于船上因船舶振动而在表面形成浆状流动物

13.倾箱法适用于测定粒度小于_____的非黏性固体散货的静止角。

A.6 mm   B.8 mm

C.10 mm   D.12 mm

14._____不属于易流态化货物。

A.钛铁精矿   B.泥铜

C.铜精矿   D.铜锭

15.根据 IMSBC 规则的规定,精选矿的适运水分限是其流动水分点的_____。

A.95%   B.80%

C.90%   D.10%

16.根据固体散货的特性,静止角较小的固体散货_____。

A.易流态化   B.流动水分点较大

C.在运输中易移动   D.适运水分限较大

17.易流态化货物的 *TML* 是_____。

A.流动水分点   B.相对湿度

C.实际含水量   D.适运水分限

18.固体散货中同时具有易流态化和化学危险特性的是_____。

A.铅矿　　　　　　　　　　　　　　B.铜精矿

C.黄铁矿　　　　　　　　　　　　　D.氟石

19.某些精矿粉具有_____特性。

①易流态化;②化学危险;③吸附性

A.①　　　　　　　　　　　　　　　B.②

C.③　　　　　　　　　　　　　　　D.①②

20.为保证安全,IMSBC 规则中取按流盘试验仪测定的流动水分点的_____作为该货物的适运水分限(TML)。

A.60%　　　　　　　　　　　　　　B.70%

C.80%　　　　　　　　　　　　　　D.90%

21.同一名称的散装危险货物与包装危险货物的分类号_____。

A.相同　　　　　　　　　　　　　　B.不同

C.视具体货物而定　　　　　　　　　D.不能确定

22.同名包装危险货物的隔离要求通常比散装危险货物_____。

A.视具体货物而定　　　　　　　　　B.高

C.相同　　　　　　　　　　　　　　D.低

23.IMSBC 规则的 B 类货物包括_____。

①列入《国际危规》的固体散装危险货物;②列入《国际危规》的包装危险货物;③MHB 货物

A.①②③　　　　　　　　　　　　　B.①③

C.②③　　　　　　　　　　　　　　D.①②

24.IMSBC 规则中的 MHB 货物,当用包装形式运输时_____。

A.按第 4 类危险货物对待　　　　　B.应满足 IMSBC 规则的要求

C.可按非危险货物对待　　　　　　D.应满足《国际危规》的要求

25.IMSBC 规则中的 MHB 是指_____。

A.易燃易爆的固体散货

B.危险性不能确定的固体散货

C.仅在散装运输时才会产生危险的固体散货

D.仅在包装运输时才会产生危险的固体散货

26.在散装鱼粉的运输中,如果托运人提供了其所在国家主管机关签发的证明书说明其在散装运输时无自热性,则该种鱼粉应属于_____货物。

A.A 类　　　　　　　　　　　　　　B.B 类

C.C 类　　　　　　　　　　　　　　D.A/B 类

27.下面哪些货物属于 MHB 货物?_____。

①木炭;②直接还原铁;③生石灰;④锯屑;⑤铁屑;⑥焦炭

A.②③④⑤⑥　　　　　　　　　　　B.①②③④⑥

C.①②③④⑤⑥　　　　　　　　　　D.①②③④⑤

28.根据 IMSBC 规则,散装固体废物属于_____。

A.C 类　　　　　　　　　　　　　　B.既属于 A 类也属于 B 类

C.A 类   D.B 类

29.散装固体废物在 IMSBC 规则中属于_____。

    A.A 类   B.B 类

    C.C 类   D.既属于 A 类也属于 B 类

30.直接还原铁在 IMSBC 规则中属于_____。

    A.易流态化货物   B.MHB 货物

    C.已列入《国际危规》的化学危险货   D.既不易流态化也无化学危险性的货物

31.仅在散装时有危险的货物(MHB)为_____。

    A.固体散装货物   B.液体散装货物

    C.某些包装货物   D.特殊包件货物

32.IMSBC 规则中的 B 类货物包括_____。

    ①第 4.1 类物质;②第 5.1 类物质;③第 7 类物质;④第 8 类物质;⑤第 9 类物质;⑥MHB 货物

    A.①②③④⑤⑥   B.①③④⑤⑥

    C.①②③④⑤   D.②③④⑤⑥

33.硝酸钡或硝酸铝属于_____固体散货。

    A.易流态化   B.氧化剂类

    C.遇水会产生可燃气体的   D.没有特别危险的

34.MHB 货物的运输注意事项可在_____中查找。

    A.IMDG Code   B.IMSBC Code

    C.CSS Code   D.IGC Code

35._____属于 MHB 货物。

    ①煤炭;②氟石;③铁精矿;④铜精矿;⑤生石灰;⑥鱼粉;⑦直接还原铁

    A.①②③④⑤⑥⑦   B.②④⑥⑦

    C.①②④⑤⑦   D.①②⑤⑦

36._____属于 IMSBC 规则中具有化学危险性固体散装货物的分类号。

    ①4.2;②7;③8

    A.①②   B.②③

    C.①③   D.①②③

37._____不属于 IMSBC 规则中具有化学危险性固体散装货物的分类号。

    A.4.1   B.5.1

    C.2.1   D.6.1

38.蓖麻籽属于 IMSBC 规则中具有化学危险性固体散装货物的第_____类。

    A.6.1   B.9

    C.8   D.4.1

39._____货物在 IMSBC 规则中既属于 A 类又属于 B 类。

    ①煅烧黄铁矿;②硫化金属精矿;③氟石

    A.①②   B.②③

    C.①③   D.①②③

40. _____属于 IMSBC 规则中具有化学危险性固体散装货物的分类号。

　　①2.1；②4.2；③6.1

　　A.①②　　　　　　　　　　　　B.②③

　　C.①③　　　　　　　　　　　　D.①②③

41.散装种子饼属于 IMSBC 规则中具有化学危险性固体散装货物的第_____类。

　　A.4.1　　　　　　　　　　　　B.4.2

　　C.4.3　　　　　　　　　　　　D.5.1

42._____不是固体散货船在运输过程中的危险性。

　　A.稳性减小或丧失

　　B.因化学反应而引起火灾、中毒等事故

　　C.船舶结构损坏

　　D.船舶操纵困难

43._____不属于 IMSBC 规则中既不易流态化又无化学危险的固体散货。

　　A.盐　　　　　　　　　　　　B.沙

　　C.滑石　　　　　　　　　　　D.种子饼

44.根据 IMSBC 规则,不属于 C 类货物特性的是_____。

　　A.C 类货物中一部分货物和 A 类货物及 B 类货物同名

　　B.某些 C 类货物仍具有很强的毒性或者腐蚀性

　　C.C 类货物中的某些货物仍需要满足隔离要求

　　D.使用倾箱法测定 C 类货物的静止角

45._____不是固体散装货物运输中易产生的危险。

　　A.由于积载不当造成船体结构的损坏

　　B.船舶在航行中稳性减小或丧失

　　C.易产生化学危险

　　D.易发生货差货损

46._____是固体散货船在运输过程中造成船体结构损坏的原因。

　　A.各舱重量分配不合理　　　　B.货物的化学反应

　　C.散货表面出现大量液体　　　D.航行中船舶振动

47.某些积载因数很小的固体散装货物在船舱内装载时,可能会使船舶_____,从而产生危险。

　　A.稳性减小　　　　　　　　　B.结构损坏

　　C.操纵困难　　　　　　　　　D.积载困难

48.船运易流态化货物的主要危险在于_____。

　　A.易冻结,不易装卸

　　B.水分含量高,易散发水分,影响其他货物质量

　　C.潜在移动性,使船舶稳性变差,甚至丧失

　　D.具有化学危险性

49.散装货船航行中稳性减小或丧失的原因可能是_____。

　　①未平舱导致货物移动;②易流态化货物的移动;③双层底油水的消耗

A.①②③   B.②③

C.①③   D.①②

50.固体散货运输对船舶可能产生的主要危害是_____。

①损坏船体结构；②降低船舶稳定性；③由于发生化学反应而造成事故

A.③   B.②

C.①②③均有可能   D.①

51.易流态化货物对船舶最大的危害在于_____。

A.具有相当的化学危险性

B.具有下沉性和散落性

C.流态化后使船舶的稳性减小或丧失

D.在舱内横移和纵移

52.BC 规则中所列散装货物_____。

A.仅属于一个类别   B.可既属于 C 类又属于 D 类

C.不一定仅属于一个类别   D.可属于三四个类别

53.硫酸铵化肥在 BC 规则中属于_____固体散装货物。

A.易流态化

B.具有化学危险的

C.既易流态化又具有化学危险的

D.既不易流态化又无化学危险的

54.硫酸铵化肥在 IMSBC 规则中属于_____固体散装货物。

A.A 类   B.B 类

C.C 类   D.D 类

55.如果硫酸铵化肥在运输中货舱内产生汗水,则会产生强烈的_____。

A.腐蚀性   B.易流态化

C.散落性   D.下沉性

56.湿精矿粉散运时,其最大的危险是_____。

①由于其颗粒小,运输途中易扬尘；②由于其含水量大,装卸作业较困难；③当其含水量超过适运水分限时,容易流态化,威胁船舶安全

A.①   B.②

C.③   D.①②③

57.易流态化货物对船舶稳性的危害有_____。

①流态化后在舱内货物表面形成自由液面；②流态化后能够发生化学反应,产生有害气体；③流态化后使船舶重心横移和垂向上移

A.①②   B.②③

C.①③   D.①②③

58.固体散装货物的化学危险性表现在散装货物_____。

①会使货舱内缺氧；②氧化作用易导致自热、自燃；③产生的可燃性粉尘与空气混合会导致爆炸；④会释放出有毒气体；⑤易流态化

A.①②③④   B.①②④⑤
C.①③④⑤   D.②③④⑤

59.下列固体散货中必须兼顾其易流态化的特性和化学危险性的是_____。
①硫化金属铜矿;②煤炭;③饲料;④铜精矿
A.①②③   B.①②④
C.①③④   D.②③④

60._____不是固体散货船在运输过程中使船舶稳性减小或丧失的原因。
①平舱不当使货物在恶劣天气中移动;②散货表面出现大量液体;③船舶重心因装货不当而过高
A.①   B.②
C.③   D.①②

61.固体散货船在运输过程中,其主要危险在于_____。
①因化学反应而引起火灾、中毒等事故;②运输中稳性减小或丧失;③船舶结构损坏
A.①②   B.②③
C.①③   D.①②③

第二节 散装固体货物装载计划编制

1.设置木井是_____装载中的一种装载方式。
A.易流态化货物   B.液化气体货物
C.液体散装化学品   D.集装箱

2.下列关于配载易流态化货物的说法不正确的是_____。
A.避免将其他的液体货配载装于 A 类散货的上面
B.怕湿的包装货物不能与 A 类散货相邻,但能同舱
C.配载后核算船舶稳性是否符合标准
D.配载 A 类货物的舱室应能防止任何液体流入

3.当运输高密度散货时,一般宜装于_____。
A.底舱   B.二层舱
C.底舱或二层舱   D.首部或尾部舱室

4.两种性质互抵的具有化学危险的固体散货在配装时至少应满足_____的要求。
A.隔离 3   B.隔离 1
C.隔离 2   D.隔离 4

5.在固体散货运输时,有隔离要求的是_____。
A.A 组货物   B.D 组货物
C.B 组货物   D.C 组货物

6.根据 IMSBC Code 的规定,散装运输的两种 B 类货物之间的隔离种类包括_____。
A.隔离 1 和隔离 2   B.隔离 2 和隔离 3

C.隔离 3 和隔离 4   D.远离和隔离

7.为保证安全,B 类固体散货之间的隔离等级有_____个。

    A.2   B.3

    C.4   D.无具体规定

8._____不属于 B 类固体散货之间的隔离等级要求。

    ①隔离 1;②隔离 2;③隔离 3;④隔离 4

    A.①②   B.①③

    C.②③   D.①④

9.B 类固体散货之间的最高隔离类别为_____。

    A.隔离 1   B.隔离 2

    C.隔离 3   D.隔离 4

10.IMSBC 规则中两种 B 类固体散货的最低和最高隔离等级分别是_____。

    A.隔离 1 和隔离 4   B.隔离 1 和隔离 3

    C.隔离 2 和隔离 3   D.隔离 2 和隔离 4

11.IMSBC 规则中 B 类固体散货与包装危险货的隔离等级中的"隔离"指_____。

    A.远离,但水平距离达 3 m 以上   B.隔离,即不同货舱

    C.用一个舱室做垂向或水平隔离   D.用一个货舱做纵向隔离

12.根据 SOLAS 2009 Ⅻ,船长为 150 m 及以上的散货船均应配备装载仪,该装载仪应能提供_____。

    ①船体梁的剪力和弯矩资料;②船舶完整稳性资料;③船舶破舱稳性资料;④水尺计重功能

    A.①   B.①②③

    C.①②   D.①②④

13.根据 SOLAS 2009,船长为 150 m 及以上的固体散货船装货之前,托运人应按要求向船长提供货物资料,包括_____等。

    ①积载因数;②平舱方法;③静止角(如适用);④易流态化货物的实际含水量 MC;⑤易流态化货物的适运水分限 TML

    A.①④⑤   B.④⑤

    C.①③④⑤   D.①②③④⑤

14.根据 SOLAS 2009 Ⅻ,船长为 150 m 及以上的固体散货船装货之前,托运人除应按要求提供相关货物资料外,还应进行_____。

    A.固体散货密度申报   B.散装固体危险货物申报

    C.易流态化货物含水量申报   D.固体散货静止角申报

15.对于船长_____m 及以上的散货船,配备装载仪器是强制要求。

    A.180   B.120

    C.150   D.100

16.不能从固体散货船装载仪获取的信息有_____。

    A.指定装载工况下核算船舶强度

    B.指定装载工况下核算船舶稳性

C.指定装载工况下计算船舶吃水和吃水差

D.指定装载工况下易流态化货物是否发生流态化

17.船舶的货物重量预装后,将_____等输入后,利用装载仪计算船舶稳性、强度和吃水差等指标是否满足要求。

①货物的重量;②油水及其他物品重量;③船舶常数

A.②③　　　　　　　　　　　　B.①②

C.①②③　　　　　　　　　　　D.①③

18.船舶的货物重量预装后,将货物重量、油水及其他储备量、船舶常数等输入后,通常可利用装载仪核算_____是否满足要求。

①船舶稳性;②船舶强度;③船舶吃水

A.①③　　　　　　　　　　　　B.①②③

C.①②　　　　　　　　　　　　D.②③

19.关于船舶配载仪功能,描述正确的是_____。

A.所有的海船都必须配备配载仪

B.船舶配载仪不具备报警功能

C.通常船舶的线型、空船重量分布等与稳性和强度计算相关的数据都固化在船舶配载仪中

D.船舶配载仪无法计算船舶的破舱稳性

20.关于船舶配载仪功能,描述错误的是_____。

A.散粮船的配载仪能够进行散粮的稳性计算

B.所有的数据都需要人工输入

C.通常能与船舶的液位遥测的接口直接相连,自动读取数据进行计算

D.基本功能是进行强度和稳性的计算

21.SOLAS 1974 规定,散货船配备的装载仪应能提供_____等资料。

①稳性;②抗沉性;③剪力和弯矩

A.①　　　　　　　　　　　　　B.①②③

C.②　　　　　　　　　　　　　D.③

22.关于船舶配载仪的配备和功能,说法错误的是_____。

A.船长 250 m 以上的远洋船舶,必须配备配载仪

B.有报警功能

C.可以计算船舶的破舱稳性

D.可以计算船舶的剪力

23.关于船舶配载仪的配备和功能,下列说法正确的是_____。

A.所有类型的海船都必须配备配载仪

B.通常船舶的线型、空船重量分布以及与稳性和强度计算相关的数据都固化在船舶配载仪中

C.不具备报警功能

D.不能计算船舶的破舱稳性

24.在船舶装卸货过程中对装卸货物舱室附近的压载舱打排压载水可以_____。

A.改善船舶的局部强度　　　　　　B.改善船舶的总纵强度

C.减小货物的亏舱率　　　　　　　　　　D.减少货物货损的数量

25.普通货船装运矿石时,航次货载在纵向上的分配应做到_____。

　　A.按舱容比例分配　　　　　　　　　　B.各舱平均分配

　　C.尽量集中在中部　　　　　　　　　　D.隔舱分配

26.大型散货船在装货的同时向舷外排放压载水,当压载水即将排尽时,船舶应_____。

　　A.适当增大尾倾　　　　　　　　　　　B.适当减小尾倾

　　C.适当减少吃水　　　　　　　　　　　D.适当增加吃水

27.固体散货船向全船各舱合理分配货物的重量主要是为了_____。

　　A.保证船舶具有适宜的稳性　　　　　　B.缩短装卸货作业时间

　　C.增加载货量　　　　　　　　　　　　D.避免产生过大的应力

28.固体散货配载时货物的整体布局应满足_____。

　　A.满载时各个货舱尽量装满,留一个部分装载舱

　　B.满舱时不能使用压载水调整船舶性能以防止船舶超载

　　C.中部货舱分配货物少,首、尾货舱分配货物多

　　D.根据船舶整体结构特点结合配载仪分配货物重量,使得船舶总纵强度符合要求

29.有关实际营运固体散货船许用静水剪力和许用静水弯矩腐蚀修正的说法,以下正确的是_____。

　　A.装载手册中提供的许用静水弯矩和剪力是经过腐蚀修正的

　　B.装载仪中使用的许用静水弯矩和剪力考虑了船体结构腐蚀的余量

　　C.装载仪中使用的许用静水弯矩和剪力无法进行腐蚀修正,因此使用者应根据船体结构具体情况和实际装载工况做适当的扣减

　　D.实船装载仪中使用的静水弯矩和剪力均会在船舶检验测厚后进行更新

30.固体散货船货物纵向分配不均匀,容易造成的危害是_____。

　　A.稳性不足

　　B.由于货物的散落性造成货物大量移动,船舶稳性不足

　　C.船体总纵强度不足,造成船体结构损坏

　　D.货物流态化

31.对固体散货船而言,充分利用船舶载货能力的基本途径包括_____。

　　①正确绘制积载图;②保证船舶具有适度的稳性;③提高船舶的载重能力

　　A.③　　　　　　　　　　　　　　　　B.①②③

　　C.①　　　　　　　　　　　　　　　　D.②

32.干散货船在运输固体散货时,主要应考虑_____。

　　A.隔离　　　　　　　　　　　　　　　B.舱位选择

　　C.强度和稳性　　　　　　　　　　　　D.吃水差

33.矿石船合理的装卸顺序是_____。

　　A.先中部,然后首、尾部交替进行　　　B.先尾部,再首部,然后中部

　　C.先首部,再尾部,然后中部　　　　　D.由首向尾顺序进行

第三节　散装固体货物装运

1. 易流态化货物在装载前应向船方提供货物的_____数据。
   ①含水量；②适运水分限；③积载因数
   A.①②③　　　　　　　　　　　　　　B.②③
   C.①③　　　　　　　　　　　　　　　D.①②

2. 装载固体散货之前,船方应当获取的所承载货物性质的资料包括_____。
   ①化学性质；②流动水分点；③积载因数；④密度；⑤静止角
   A.①②③④⑤　　　　　　　　　　　　B.②③④⑤
   C.①②③⑤　　　　　　　　　　　　　D.①③④⑤

3. 装载易流态化货物前,货方应提供货物的_____。
   A.倾点和云点　　　　　　　　　　　　B.流动水分点和适运水分限
   C.闪点和着火点　　　　　　　　　　　D.爆炸上限和爆炸下限

4. 散装固体货物安全运输的一般要求有_____。
   ①了解拟装货物的理化特性；②合理确定货物重量在各舱室的分配；③合理选择散货的舱位和货位；④对货物进行合理平舱；⑤每天测量货物的含水量；⑥有针对性地做好各种防范工作
   A.①②③④⑤⑥　　　　　　　　　　　B.①③④⑤⑥
   C.①②④⑤⑥　　　　　　　　　　　　D.①②③④⑥

5. 装运前,_____应该准确地向船长提供所载固体散货的每一种物质的详细资料。
   A.托运人或其代理人　　　　　　　　　B.收货人
   C.港口方　　　　　　　　　　　　　　D.船东

6. 固体散货装货前,船方应向托运人索取的货物性质资料包括_____。
   ①货物毒性；②化学危险性；③流动水分点；④积载因数；⑤含水量；⑥静止角
   A.①③⑤　　　　　　　　　　　　　　B.②③④
   C.①②③④⑤⑥　　　　　　　　　　　D.①②④⑤⑥

7. 装运煤炭前,托运人应向船长提供所运煤炭的_____等资料。
   ①所属种类；②岸上堆存时间；③特性；④煤堆温度
   A.①②③　　　　　　　　　　　　　　B.①③④
   C.②③④　　　　　　　　　　　　　　D.①②③④

8. 固体散货装运前要进行适运性鉴定,即_____应对货物进行采样和测试并提交适用于该货的试验证书。
   A.承运人　　　　　　　　　　　　　　B.收货人
   C.托运人　　　　　　　　　　　　　　D.港方

9. 对于专用固体散货船,装卸前船方应做的准备工作不包括对_____的准备。
   ①装卸设备；②装货处所；③照明设施
   A.①　　　　　　　　　　　　　　　　B.②

C.③   D.①②③

10.根据易流态化货物安全运输的特殊要求,在国际运输中,普通货船只限装载含水量_____的散货。

  A.不超过流动水分点

  B.不超过适运水分限

  C.我国交通运输部规定不超过10%

  D.不超过适运水分限和10%的较小者

11.装运易流态化散货前,托运人应向船方提交一份货物_____的证明文件,并需附上托运人声明。

  A.平均含水量   B.适运水分限

  C.平均含水量或适运水分限   D.平均含水量和适运水分限

12.IMSBC规则规定,测定含水量时采样/试验的时间应尽可能与装货时间接近,除非对货物加以充分遮盖而使其含水量不发生变化,否则,采样/试验与装货时间间隔不超过_____。

  A.3天   B.5天

  C.7天   D.8天

13.含水量超过适运水分限的易流态化货物可用_____运输。

  A.油船   B.装有特殊设备的船舶

  C.液化气体船   D.大型固定散货船

14.船运散装鱼粉,托运人应向船长提供所托运货物的_____资料。

  ①含水量;②脂肪含量;③剩余抗氧剂浓度;④出厂时的温度;⑤生产日期

  A.①②③④⑤   B.①②③④

  C.②③④⑤   D.①②③⑤

15.船舶装运易流态化货物,托运人应向船方提供货物的_____资料。

  ①平均含水量;②流动水分点;③积载因数;④静止角

  A.①②③④   B.①②③

  C.②③④   D.①②④

16.装运煤炭的船舶,装船前托运人应给船长提供关于待运煤炭的_____等相关资料。

  ①实际含水量MC;②含硫量;③粒度;④适运水分限TML;⑤积载因数;⑥安全装载及运输建议

  A.①②③⑥   B.①④⑤⑥

  C.①④   D.①②③④⑤⑥

17.装载第7类固体散货的货舱,_____。

  A.可再装载少量其他货物   B.可再装载任何数量的其他货物

  C.可再适量装载相容货物   D.不得装载其他货物

18.关于硫酸铵散装运输时对船体结构的腐蚀,以下表述错误的是_____。

  A.如果货物处所潮湿,则可能对骨架、舷侧壳板、舱壁等造成严重腐蚀

  B.硫酸铵卸货后,货物处所应彻底清扫和冲洗,以消除货物的所有痕迹并干燥,保护船体结构

  C.硫酸铵属于C类固体散货,没有化学危险性,所以对船体结构无腐蚀性

D.硫酸铵遇水会生成酸性溶液,因此散装运输中应保证其本身的干燥性和载货处所的干燥程度

19.在干散货船舱中_____最易受到锈蚀损坏。
A.肋骨的侧面　　　　　　　　　B.肋骨的正前面
C.肋骨的中部　　　　　　　　　D.肋骨的上、下端面

20.散装固体危险和有害物质在运送过程中,应_____,以确保货物和船舶的安全。
①定期测定舱内的温湿度;②按时测排沟井污水;③定时开舱通风;④定时下舱检查货物
A.②③④　　　　　　　　　B.①②③④
C.①②③　　　　　　　　　D.①②

21.船舶在装运固体散货之前要检查或准备货舱,以保证设备处于良好状态,满足所运固体散货的运输要求,对货舱的检查应包括_____。
①舱口盖水密检查;②污水系统检查;③通风系统检查;④报警系统检查
A.②③④　　　　　　　　　B.①②③④
C.①③④　　　　　　　　　D.①②

22.固体散货船在进行装卸时应尽可能保持船身正浮,即使存在短时横倾,也不应超过_____。
A.1°　　　　　　　　　B.0.5°
C.6°　　　　　　　　　D.3°

23.对于干燥时不具有黏性的散装固体货物,装完货之前,应根据货物的_____,使用合理的平舱措施。
A.流动水分点　　　　　　　　B.含水量
C.静止角　　　　　　　　　D.适运水分限

24.使用装有特殊设备和具有特殊结构的船舶装运含水量较高的易流态化货物时,应注意核算货物流态化时船舶的_____是否符合安全要求。
A.纵向强度　　　　　　　　B.局部强度
C.稳性　　　　　　　　　D.横倾角

25.IMSBC 规则规定:对于静止角为 30°~35° 的非黏性货物,货物表面平整程度(即货物表面最高点与最低点间的垂直距离 Δ_h)应不超过_____。
A.$\min\{B/10, 1.5\text{ m}\}$　　　B.$\min\{L/10, 2.0\text{ m}\}$
C.1.5 m　　　　　　　　D.$\min\{B/10, L/100\}$

26.净空高度是指_____。
A.从船底平板龙骨下缘至船舶最高点的垂直距离
B.从船舶当时的实际吃水水面至船舶最高点的垂直距离
C.从船底平板龙骨上缘至船舶最高点的垂直距离
D.从满载吃水线至船舶最高点的垂直距离

27.矿石船装货结束前,应_____。
①观测船舶吃水;②调整船舶浮态;③确认各压载舱排水状况
A.①②　　　　　　　　　B.①③
C.②③　　　　　　　　　D.①②③

28.针对固体散装货物运输中的危险性,平舱是防止货物_____的最有效措施。

    A.移动   B.流态化

    C.氧化   D.下沉

29.固体散货船在装货过程中,船舶应保持一定的_____,这对压载水排放有利。

    A.平吃水   B.首倾

    C.尾倾   D.横倾

30.固体散货船在装卸时应尽可能保证船舶的横倾不超过_____。

    A.0.5°   B.1.5°

    C.3°   D.8°

31.围井作为散粮船舶的止移装置,其正确的放置位置是_____。

    A.底舱舱口四周   B.底舱舱口位

    C.二层舱舱口四周   D.二层舱舱口位

32.防止易流态化货物流态化的主要措施是_____。

    A.货物表面压包   B.降低含水量

    C.避开海况恶劣区域航行   D.固定货物表面

33.散装货物平舱不是为了_____。

    A.便于货物计量   B.防止货物移动

    C.防止船舶横倾   D.让上面便于堆积其他货物

34._____不是散装货物平舱的目的。

    ①防止船舶横倾;②防止船舶纵倾;③便于在一种货物顶层装载其他货物

    A.①   B.②

    C.③   D.①②③

35.普通货船装运静止角较小的固体散货时,为防止其移位,可以采取的措施有_____。

    ①必须平舱;②装止移板;③货物表面压包

    A.①②   B.①③

    C.②③   D.①②③

36.关于固体散货安全装运要求的说法,不正确的是_____。

    A.装船运输的直接还原铁在装船前至少应存放 48 h

    B.固体散货装卸时应尽可能保持船体正浮,即使存在短时横倾,也不应超过 3°

    C.对静止角不超过 30°的固体散货,须按适用于谷物积载的规定进行平舱

    D.对高密度固体散货,装货时应防止过大冲击力使货舱结构及设备损坏

37.船舶装运具有化学危险货物的安全要求包括_____。

    ①装运第 5 类货物,应做到货舱彻底清扫;②性质不相容的货物不应同时装卸;③装卸第 4.3 类货物时在雨雪天气应停止作业;④装载第 7 类货物的货舱不得再装其他货物

    A.①②③④   B.①②③

    C.②③④   D.①②

38.装运易流态化货物,船方若经简易方法检验后,对货物含水量存有疑问时,应_____。

    A.以货方提供的含水量证明为准,可以装运

B.立即要求退关

C.要求货方申请重新检验

D.增加分隔设备后再装运

39.关于进入船舶密闭空间的程序,以下说法错误的是＿＿＿＿＿＿＿。

A.遵守 SMS 的程序规定

B.不可以签发无期限进入密闭空间的许可

C.必须先要对密闭空间进行充分的通风

D.做好准备工作就无须在入口处设置守护人员

40.若封闭舱室的通风设备损坏,则进入其内的人员应立即＿＿＿＿＿＿＿。

A.尽快完成其内的作业　　　　　　　B.对通风设备进行修理

C.报告当值驾驶员并原地待命　　　　D.撤出

41.当某船舶运输易于氧化并且有自热趋向的固体散货时,应选择＿＿＿＿＿＿＿作为货舱的通风方式。

A.自然排气通风　　　　　　　　　　B.机械通风

C.禁止通风　　　　　　　　　　　　D.对流循环通风

42.封闭处所进入与救援演习中,常用到的设备与仪器不包含＿＿＿＿＿＿＿。

A.手持式对讲机　　　　　　　　　　B.热电偶式温度计

C.自给式呼吸器　　　　　　　　　　D.气体分析仪

43.＿＿＿＿＿＿＿不是封闭舱室作业人员有可能遭受的主要风险。

A.中毒　　　　　　　　　　　　　　B.腐蚀

C.窒息　　　　　　　　　　　　　　D.爆炸

44.进入装载煤炭且未经通风的货舱,通常不会引发的危险是＿＿＿＿＿＿＿。

A.中毒　　　　　　　　　　　　　　B.麻醉

C.燃爆　　　　　　　　　　　　　　D.窒息

45.进入密闭处所的氧气测试中,其氧气含量至少达到＿＿＿＿＿＿＿才能安全进入。

A.15%　　　　　　　　　　　　　　B.21%

C.18%　　　　　　　　　　　　　　D.23%

46.船上＿＿＿＿＿＿＿可构成封闭处所。

①箱形龙骨;②干散货舱;③不确定是否能够安全进入的处所

A.①②　　　　　　　　　　　　　　B.①②③

C.①③　　　　　　　　　　　　　　D.②③

47.船上密闭处所的物理处所危险包括＿＿＿＿＿＿＿。

①处所内没有照明;②空间狭小;③入口有限;④地面湿滑;⑤触碰跌落

A.②③④⑤　　　　　　　　　　　　B.①②③④

C.①②③④⑤　　　　　　　　　　　D.①③④⑤

48.进入封闭舱室或有毒处所的预防措施有＿＿＿＿＿＿＿。

①应经常对处所内的空气进行检测,并在状况发生恶化时提醒人员离开;②应当为进入封闭处所的人员提供经校准的、试验合格的多种气体测试仪,用以在需要的情况下监控氧气、一氧

化碳和其他其气体的含量;③在人员进入处所后以及在人员临时休息期间,可不必再次对其处所内的空气测试

A.②③　　　　　　　　　　B.①②③

C.①③　　　　　　　　　　D.①②

49.根据 IMSBC 规则,以下有关固体散货腐蚀性对人命及船舶安全的影响说法错误的是_____。

  A.腐蚀危害达到损害人体组织或船舶结构程度的物质,应在已采取充分的预防措施和保护措施后方可装载

  B.为了减少第8类固体散货对船体结构的腐蚀影响,装载时应尽可能保持一定的湿度

  C.腐蚀性固体散货卸货后应特别注意装货处所的清洁,减少腐蚀

  D.应防止腐蚀性固体散货渗入其他货物处所、舱底污水井和舱底垫板的间隙

50.在封闭舱室中,_____代表的空气状态不能表明舱内具有危险性。

  A.氧气含量为24%(体积比)

  B.一氧化碳(CO)含量为 120 ppm(体积比)

  C.石油气体含量为12%(体积比)

  D.氮气含量为78%

51.船舶进港后进入装载煤炭且未经通风的货舱,通常会遇到的危险是_____。

  A.窒息　　　　　　　　　　B.机械爆炸

  C.撞击　　　　　　　　　　D.触电

52.进入封闭或有毒舱室最常出现的危险为_____。

  ①碰撞;②触电;③窒息;④中毒

  A.②③　　　　　　　　　　B.①④

  C.①②　　　　　　　　　　D.③④

53.人员进入封闭或有毒气体舱室时,要采取的安全措施包括_____。

  ①进入前充分通风;②舱室未通风需立即进入时,必须在进入的同时较正常通风加大通风量;③进入前检测舱室内氧气、毒气含量

  A.②③　　　　　　　　　　B.①③

  C.①②③　　　　　　　　　D.①②

54.关于进入封闭舱室,下列说法正确的是_____。

  ①进入封闭场所前,必须获得进入封闭场所工作许可;②未经船长或指定责任人的许可,任何人不准进入封闭舱室;③进入封闭舱室应至少取得水手长的许可

  A.②③　　　　　　　　　　B.①②

  C.①③　　　　　　　　　　D.①②③

55.紧急情况下,若要进入的封闭处所的空气确认不安全,则应戴_____才能进入,且进入住所的人员数量应为执行相应工作所需要的_____数量。

  A.EEBD;最多　　　　　　　B.自给式呼吸器;最多

  C.EEBD;最少　　　　　　　D.自给式呼吸器;最少

56.进入有毒气体舱室时,防止中毒的主要措施包括_____。

①及时通风;②检测有毒气体含量;③确保残留毒气含量超标小于5%
A.①②③　　　　　　　　　B.①③
C.①②　　　　　　　　　　D.②③

57.以下属于进入封闭舱室作业区域的是_____。
①双层底;②淡水舱;③尾轴舱;④空隔舱;⑤燃油舱;⑥压载舱
A.①③④⑤⑥　　　　　　　B.①②③④⑤⑥
C.①②③④⑤　　　　　　　D.①②④⑤⑥

58.进入封闭舱室时,造成危险的原因包括_____。
①未及时通风;②通风不彻底;③舱室内存在有毒气体;④未检测舱室内氧气含量
A.②③④　　　　　　　　　B.①③④
C.①②③　　　　　　　　　D.①②③④

59.装卸散货时,为减少进入船舶生活区或其他舱室的粉尘量,在装卸期间若可能应_____。
①关闭或遮盖通风系统;②将空调系统调为内部循环;③遮蔽甲板机械的活动部件及外部助航仪器
A.①②③　　　　　　　　　B.①②
C.①③　　　　　　　　　　D.②③

60.装卸散货时,为减少进入船舶生活区或其他舱室的粉尘量,在装卸期间应_____通风系统,空调应调节为_____运行方式。
A.关闭或遮盖;外部循环　　　B.关闭或遮盖;内部循环
C.打开或遮盖;外部循环　　　D.打开或遮盖;内部循环

61._____属于A类固体散货且可能在潮湿时对船体结构有腐蚀作用。
①硫酸铵;②氯化钾;③煤炭;④金属硫化精矿
A.①②　　　　　　　　　　B.①②③④
C.③④　　　　　　　　　　D.①④

62.水尺检量过程中,需测定的原始数据有_____。
①船舶的六面吃水;②舷外港水密度;③燃油、淡水、压载水等重量
A.①②③　　　　　　　　　B.③
C.①　　　　　　　　　　　D.②

63.水尺检量时,为减少误差,对船舶排水量应进行的修正是_____。
①纵倾修正;②首尾垂线修正;③港水密度修正
A.①②　　　　　　　　　　B.②③
C.①③　　　　　　　　　　D.①②③

64.船运_____可以采用水尺检量。
①散煤;②散矿砂;③袋装化肥;④原木;⑤散盐
A.②③④⑤　　　　　　　　B.①②⑤
C.①⑤　　　　　　　　　　D.①②④⑤

65.关于水尺计重的基本原理,说法准确的是_____。
A.根据首尾垂线修正和拱垂修正后平均吃水变化,计算载货量

B.装卸货前后,船舶对应排量之差扣除其他载荷的变化所得数值

C.就是毛重减去皮重

D.利用吃水与排水量的关系,载货时和无货时吃水对应排水量之差

66.下列散装货物中,适用于水尺计重的是_____。

①钢材;②煤炭;③生铁;④矿石;⑤化肥

A.①②③④ B.①②③④⑤

C.②③④ D.②③④⑤

67.我国水尺计量工作一般由_____负责并出具证明,而是否利用水尺计量作为货物交接的标准由_____确定。

A.商检;货方 B.港方;船方

C.商检,船方 D.港方;货方

68.水尺计量工作在国外一般由_____负责并出具证明。

A.船方 B.港务局

C.商检局 D.公证鉴定机构

69.水尺计量一般在观测吃水的同时,还会实测当时的港水密度。港水取样时应_____,用铅锤密度计测定。

①避开船舶排水管口;②避开码头下水道管口;③通常在舷外船中部吃水深度1/2处选取水样;④通常在舷外船中部吃水深度3/4处选取水样

A.①③ B.②④

C.①②③ D.①②④

70.水尺计重中,_____对装货量的计算不产生影响。

A.装货前油水数量 B.装货前吃水大小

C.装货后压载水数量 D.船舶常数

71.某水域的水密度 $\rho = 1.015 \text{ g/cm}^3$,查静水力参数表得海水排水量 $\Delta = 18\,334 \text{ t}$,则修正后的排水量为_____t。

A.18 155 B.19 251

C.17 035 D.17 461

72.水尺计重所需有关数据的测定包括_____。

①观测船舶六面吃水;②测定港水密度;③测定压载水数量及淡水数量;④计算燃油存量;⑤确定船员数量

A.②③⑤ B.①②③④

C.③④⑤ D.①②⑤

73.对于某种直达运输的固体散货,整个航次中应进行_____次水尺检量过程,_____次原始数据的测定。

A.1;4 B.2;4

C.1;2 D.4;4

74.根据静水力参数表,查到吃水为 9 m 时的排水量为 20 881 t,吃水为 9.20 m 时的排水量为 21 401 t,则吃水为 9.1 m 时的排水量为_____t。

A.20 981　　　　　　　　　　　　B.21 051

C.21 141　　　　　　　　　　　　D.21 381

75.某固体散货船装载前吃水差 $t=-1.20$ m,水尺检量中进行排水量纵倾修正时,可以_____。

　　A.只进行第一次修正　　　　　　B.只进行第二次修正

　　C.两次修正都进行　　　　　　　D.两次修正都不进行

76.某固体散货船装载后吃水差 $t=-0.8$ m,水尺检量中进行漂心修正时,可以_____。

　　A.两次修正都进行　　　　　　　B.只进行第一次修正

　　C.只进行第二次修正　　　　　　D.两次修正都不进行

77.某船 $L_{bp}=156$ m, $t=-1.03$ m,测得首吃水点至首垂线的水平距离 $I_F=0.5$ m,尾吃水点至尾垂线的水平距离 $I_A=5.0$ m,尾吃水标志位于尾垂线之前,则尾垂线修正量为_____m。

　　A.0.03　　　　　　　　　　　　B.-0.03

　　C.0.003　　　　　　　　　　　D.-0.003

78.水尺检量时,为减少误差,对船舶吃水应进行的修正是_____。

　　①港水密度修正;②拱垂修正;③首、尾垂线修正

　　A.②　　　　　　　　　　　　　B.①

　　C.③　　　　　　　　　　　　　D.②③

79.当漂心位于船中但有拱垂时,按 $d_m=(d_F+d_A)/2$ 计算的平均吃水的精度_____。

　　A.与吃水大小有关　　　　　　　B.与拱垂大小有关

　　C.与水密度有关　　　　　　　　D.与吃水差大小有关

80.水尺检量是用于_____的一种计量方法。

　　A.船运低廉固体散货　　　　　　B.船运价值较高的散货

　　C.船运大宗包装货　　　　　　　D.船运固体货物

81.某船装货前测得的平均吃水为 7.10 m, $TPC=22$ t/cm;装货后测得的平均吃水为 7.55 m, $TPC=23.5$ t/cm。若假定装货期间船上的油水等重量不变,则装货量估计为_____t。

　　A.990　　　　　　　　　　　　B.1 058

　　C.1 024　　　　　　　　　　　D.1 048

82.下列进口货物中,不宜采用水尺计重方法进行计重的货物是_____。

　　A.生铁　　　　　　　　　　　　B.盐

　　C.煤炭　　　　　　　　　　　　D.铝锭

83.水尺计量的基本原理是载货量_____。

　　A.根据船舶吃水求出排水量减去油水重量求得

　　B.根据装卸前、后吃水的变化求出排水量的变化值求得

　　C.根据船舶吃水求出排水量减去空船重量和油水重量求得

　　D.根据装卸前、后吃水变化求出排水量的变化,扣除其他载荷的变化即可求得

84.实际营运中,某运煤船航行途中测得某舱煤温超过 55 ℃,并急速上升,此时应采取的措施是_____。

　　A.开舱驱除可燃气体　　　　　　B.开舱灌水降温

　　C.开舱检查　　　　　　　　　　D.关闭所有开口,并用水冷却舱盖

85.煤炭在运输及装卸过程中,可能会发生爆炸,其原因有_____。
①煤发生化学反应产生易燃易爆的甲烷气体;②煤发生化学反应产生易燃易爆一氧化碳气体;③装卸时煤粉飞扬过多

A.①②③ B.①②
C.①③ D.②③

86.煤易发生氧化,导致舱内_____。

A.缺氧 B.二氧化碳减少
C.产生硫化氢气体 D.产生二氧化硫

87.装运煤炭的货舱在完货后平舱的目的是_____。
①防止货物移动;②均衡船舶所受货物压力,保证总纵强度;③便于计量;④防止形成积存气体的坑洼及空气渗入煤堆

A.①②③④ B.①④
C.①②③ D.②④

88.对于自热型煤,若装船时煤炭温度超过_____℃,则应谨慎处理并决定是否装船。

A.55 B.70
C.35 D.38

89.装运煤炭的船舶应配备测定_____参数的相应仪器。
①一氧化碳;②氧气;③甲烷

A.①② B.①③
C.②③ D.①②③

90.若装船时煤温达55℃以上或含水量超过TML,则应_____。

A.进行表面通风 B.报告大副或船长
C.将此情况记入航海日志 D.拒绝该煤炭装船

91.某些种类的煤炭在运输中会产生易燃易爆气体_____。

A.二氧化碳 B.氢气
C.甲烷 D.硫化氢

92.装运自热型煤炭的船舶,当测得舱内一氧化碳含量持续上升时,应_____。

A.继续封舱并停止通风,可用水冷却甲板和货舱外壁
B.开舱检查,然后根据情况采取措施
C.开舱用水雾冷却货煤
D.若天气条件允许,应通风排除一氧化碳并降温

93.煤的水分含量越高氧化性越_____。

A.弱 B.强
C.与水分含量无关 D.不能确定

94.关于煤的特性,以下说法错误的是_____。

A.挥发物含量越高的煤越容易发生自燃
B.每立方米空气中含煤粉量达5~10 g时,遇明火就会爆炸
C.新开采的煤容易自燃

D.微生物的活动会使煤炭自热

95._____不属于煤的特性。

A.产生易燃易爆气体　　　　　　　　B.易自热自燃

C.易流态化　　　　　　　　　　　　D.呼吸性

96.煤炭在海运过程中的主要危险性是_____。

①易产生甲烷气体;②发生粉尘爆炸;③自热和自燃性

A.①③　　　　　　　　　　　　　　B.①②③

C.②③　　　　　　　　　　　　　　D.①②

97.煤炭与运输有关的特性有_____。

①产生可燃易爆气体;②具有自热性和自燃性;③煤炭粉尘爆炸性

A.①②　　　　　　　　　　　　　　B.②③

C.①③　　　　　　　　　　　　　　D.①②③

98.关于煤炭安全的装运,以下说法错误的是_____。

A.装运煤炭的船舶应配备测温仪,使船员在装货或航行中不进入货舱即可测得煤温

B.为保证安全,不应将第5.1类物质与煤炭积载在一起

C.装运煤炭的船舶应配备不进入货舱即可测定舱内的甲烷、氧气及二氧化碳浓度等参数的设备

D.装运可产生甲烷的煤,若测得舱内甲烷气体含量超过其爆炸下限的50%时,应采取相应的控制防护措施

99.煤炭在自热过程中,会产生的有害气体是_____。

A.氮气　　　　　　　　　　　　　　B.一氧化碳

C.硫化氢　　　　　　　　　　　　　D.二氧化硫

100._____最不稳定,最易氧化发热。

A.棉籽饼　　　　　　　　　　　　　B.葵花籽饼

C.菜籽饼　　　　　　　　　　　　　D.玉米饼

101.种子饼内含有油类和水分,易发生氧化,导致舱内_____。

①二氧化碳增加;②货物自热;③货物自燃

A.①③　　　　　　　　　　　　　　B.②③

C.①②③　　　　　　　　　　　　　D.①②

102.散装种子饼装船前,应至少有_____个月的氧化期,以防航行中自热、自燃。

A.1　　　　　　　　　　　　　　　 B.2

C.3　　　　　　　　　　　　　　　 D.6

103.某船载运鱼粉返航途中发现某舱有烟雾,应采取的正确措施是_____。

A.自然通风　　　　　　　　　　　　B.开舱扑救

C.开舱检查　　　　　　　　　　　　D.封闭该舱所有通风筒

104.湿精矿是指用水选法选矿所得的含水量在_____以上的精选矿。

A.3%　　　　　　　　　　　　　　 B.5%

C.8%　　　　　　　　　　　　　　 D.12%

105.船运干精矿粉时,每天至少应测温_____次,发现货温升高应及时通风散热。

    A.2   B.3

    C.4   D.5

106.矿石不具有的特性为_____。

    A.吸附性   B.易散发水分

    C.静止角大   D.密度大

107.对于硫化金属精矿,装舱后在货物表面用塑料薄膜遮盖是为了_____。

    A.减少货物移动   B.便于上面堆货

    C.防止水分蒸发   D.抑制氧化

108.某矿石船装载易流态化散货,其主要危险在于_____。

    ①因化学反应而引起火灾;②因含水量过高易流态化而导致稳性减小或丧失;③船舶操纵困难

    A.①   B.②

    C.③   D.①②③

109.装运散装直接还原铁前,直接还原铁应存放至少_____或经空气钝化技术处理,或用其他等效方法使该物质的化学活性至少减至经存放后的水平。

    A.24 h   B.36 h

    C.48 h   D.72 h

110.对于装载煤炭的固体散货船,核算船舶载货能力的主要目的是_____。

    A.确定航次货物最大装载重量

    B.确定航次货物最大装载体积及件数

    C.确定航次货物最大装载体积

    D.确定航次货物最大装载件数

111.在航行中若散装鱼粉温度超过_____并继续上升,应停止通风。

    A.30 ℃   B.35 ℃

    C.45 ℃   D.55 ℃

112.根据SOLAS公约中加强海上安全的特别措施,_____应按规定进行加强检验。

    ①散货船;②滚装船;③油船;④客船

    A.②④   B.①④

    C.①③   D.②③

第四节　国际海运固体散装货物规则

1.IMSBC 规则的内容包括_____。

    ①海运固体散货的分类;②配载及装运一般注意事项;③货物安全适运性的评定;④散装谷物船配积载要求;⑤人员与船舶安全;⑥固体散货名称索引

    A.①②④⑤⑥   B.①②③⑤⑥

C.①②③④⑤⑥ D.①③④⑤⑥

2.IMSBC 规则的内容包括_____。

①货物安全适运性的评定;②散装谷物船配积载要求;③人员与船舶安全;④固体散货名称索引

A.②③④ B.①②③④

C.①② D.①③④

3.IMSBC 规则是指_____。

A.《木材船安全操作规则》

B.《散装谷物安全运输规则》

C.《国际海运固体散装货物规则》

D.《散装危险货物运输规则》

4.IMSBC 规则中的 MHB 货物,当用包装形式运输时,应按《国际危规》中_____的要求进行运输。

①第 9 类;②第 8 类;③第 4 类

A.① B.②

C.③ D.①②③都不对

5.IMSBC 规则中_____可以在 IMDG 规则中查到。

①所有货物;②A 类固体散装货物;③除 MHB 外的 B 类固体散装货物

A.① B.②

C.③ D.①②③

6.根据 IMSBC 规则,具有化学危险的固体散货可分成_____两大类。

A.列入 IMSBC 规则的固体散货和未列入其内的固体散货

B.列入《国际危规》的固体散货和列入 IBC 规则的固体散货

C.列入《国际危规》的固体散货和易流态化的货物

D.列入《国际危规》的与包装危险货物同名的固体散货和 MHB

7.从 IMSBC 规则中可以查到_____。

①装运一般注意事项;②人身与船舶安全;③货物适运性鉴定

A.①② B.①②③

C.①③ D.②③

8.IMSBC 规则中物质名称索引表以_____为索引。

A.货物类别 B.货物名称

C.联合国编号 D.货物性质

9.按货名查 IMSBC 规则物质名称索引表时可查得货物_____。

A.所属类别 B.所在页码

C.联合国编号 D.所具危险性

10.下列有关 IMSBC 规则使用方法的描述不正确的是_____。

A.根据货物名称查取明细表,可获取货物装运的详细信息

B.当拟装货物类别未知时,可从索引表中查取

C.IMSBC 规则为强制性规则,其全部内容均为强制性要求

D.索引表是按货物名称排列的

11.IMSBC 规则附录 I 中的各类固体散货明细表,是按照固体散货_____排列的。

A.正确运输名称第一个英文字母顺序

B.危险性编号顺序

C.正确运输名称第一个中文字的笔画顺序

D.危险特性分类

12.从 IMSBC 规则中可以查到固体散货_____。

①装运一般注意事项;②试样采集方法;③适运性测试方法

A.①② B.②③

C.①③ D.①②③

13.IMSBC 规则中的固体散装货物明细表包含_____等内容。

①危险性;②积载和隔离;③天气注意事项;④通风;⑤应急程序

A.①②③ B.①②③④

C.②③⑤ D.①②③④⑤

14.从 IMSBC 规则中的固体散装货物明细表内可查到_____信息。

①货物危险性;②货物的积载和隔离;③天气注意事项;④应急程序

A.①②③④ B.①②③

C.①②④ D.①②

15.B 类散货在《国际危规》中已列明的物质,在包装条件下安全运输的要求可查阅_____,在散货运输时的安全要求应查阅_____。

A.《国际危规》;《国际危规》

B.IMSBC 规则;IMSBC 规则

C.《国际危规》;IMSBC 规则

D.IMSBC 规则;《国际危规》

16.除散装谷物以外的散装固体货物适用的海上运输规则是_____。

A.BC Code B.IBC Code

C.IGC Code D.IMSBC Code

17.在 IMSBC 规则附录 I 的固体散装货物明细表中未列出其静止角的货物为_____。

A.潮湿散货 B.干散货

C.黏性散货 D.非黏性散货

18.船舶加强检验程序主要检查_____。

A.船舶压载是否符合要求

B.船舶稳性是否符合要求

C.船体救生消防设备是否在规定要求之内

D.船体变形及构件损减在极限范围之内

参考答案

第一节　散装固体货物分类及特性

1.A	2.B	3.D	4.A	5.C	6.C	7.A	8.D	9.D	10.C
11.B	12.D	13.C	14.D	15.C	16.C	17.D	18.B	19.D	20.D
21.A	22.A	23.B	24.C	25.C	26.C	27.B	28.D	29.B	30.B
31.A	32.A	33.B	34.B	35.D	36.D	37.C	38.B	39.D	40.B
41.B	42.D	43.D	44.B	45.D	46.A	47.B	48.C	49.A	50.C
51.C	52.C	53.D	54.C	55.A	56.C	57.C	58.A	59.B	60.C
61.D									

第二节　散装固体货物装载计划编制

1.A	2.B	3.A	4.C	5.C	6.B	7.A	8.D	9.C	10.C
11.B	12.A	13.D	14.A	15.C	16.D	17.C	18.B	19.C	20.B
21.B	22.A	23.B	24.B	25.A	26.A	27.D	28.D	29.C	30.C
31.A	32.C	33.A							

第三节　散装固体货物装运

1.A	2.C	3.B	4.D	5.A	6.C	7.D	8.C	9.A	10.B
11.D	12.C	13.B	14.A	15.A	16.D	17.D	18.C	19.A	20.D
21.B	22.D	23.C	24.C	25.A	26.B	27.D	28.A	29.C	30.C
31.C	32.B	33.A	34.B	35.D	36.A	37.A	38.C	39.D	40.D
41.C	42.B	43.B	44.B	45.C	46.B	47.C	48.D	49.B	50.A
51.A	52.D	53.B	54.B	55.D	56.C	57.B	58.D	59.A	60.B
61.C	62.A	63.C	64.B	65.B	66.D	67.C	68.D	69.C	70.D
71.A	72.B	73.B	74.C	75.C	76.B	77.A	78.D	79.B	80.A
81.C	82.D	83.D	84.D	85.A	86.A	87.B	88.A	89.D	90.D
91.C	92.A	93.B	94.B	95.D	96.A	97.D	98.D	99.B	100.B
101.C	102.B	103.D	104.C	105.A	106.A	107.D	108.B	109.D	110.A
111.D	112.C								

第四节　国际海运固体散装货物规则

1.B　　2.D　　3.C　　4.D　　5.C　　6.D　　7.B　　8.B　　9.A　　10.C

11.A　　12.D　　13.D　　14.A　　15.C　　16.D　　17.C　　18.D

第十八章

散装液体货物运输

第一节　石油及其产品的种类和特性

1.石油产品中密度最小、最易挥发的油品是_____。

　　A.锅炉油　　　　　　　　　　　　B.汽油

　　C.煤油　　　　　　　　　　　　　D.柴油

2.轻油不包括_____。

　　A.汽油　　　　　　　　　　　　　B.煤油

　　C.轻柴油　　　　　　　　　　　　D.燃料油

3.石油及其产品与运输和装卸有关的危险特性包括_____。

　　①易燃性;②爆炸性;③挥发性;④毒害性;⑤吸湿性

　　A.①②③④⑤　　　　　　　　　　B.①③④

　　C.②③④⑤　　　　　　　　　　　D.①②③④

4.为了方便和加强管理,国际上根据油品_____的高低,将石油产品划分为挥发性和非挥发性

　　两级。

　　A.闪点　　　　　　　　　　　　　B.燃点

　　C.沸点　　　　　　　　　　　　　D.凝点

5.石油的爆炸性以爆炸极限来衡量,爆炸下限越_____,爆炸上限越_____,其爆炸性越大。

　　A.大;小　　　　　　　　　　　　B.大;大

　　C.小;大　　　　　　　　　　　　D.小;小

6.石油的毒害性常用 MAC 来表示,MAC 是指_____。

　　A.有害气体浓度临界值　　　　　　B.有害气体最大容许浓度

　　C.半数致死剂量　　　　　　　　　D.半数致死浓度

7.石油的毒害性常用 TLV 来表示,TLV 是指_____。

　　A.紧急暴露极限　　　　　　　　　B.半数致死浓度

　　C.有害气体浓度临界值　　　　　　D.有害气体最大容许浓度

8.燃料油牌号越大,_____。

A.凝点越高　　　　　　　　　　B.黏度越大

C.黏度越小　　　　　　　　　　D.凝点越低

9.石油及其产品的挥发性的危害有_____。

①使数量减少；②使质量降低；③为燃烧爆炸提供了油气

A.①②　　　　　　　　　　B.②③

C.①③　　　　　　　　　　D.①②③

10.石油及其产品的主要特性有_____。

①爆炸性；②散落性；③静电性；④黏结性；⑤挥发性

A.①③④⑤　　　　　　　　　　B.①②③④

C.①②⑤　　　　　　　　　　D.①②③④⑤

11.石油及其制品的油气浓度在_____时，遇明火即可爆炸。

A.爆炸上限以上　　　　　　　　B.爆炸极限范围以内

C.爆炸下限以下　　　　　　　　D.8%

12.石油挥发的快慢与油温、密度有关，油温越_____，密度越_____，则挥发越慢。

A.低；大　　　　　　　　　　B.低；小

C.高；大　　　　　　　　　　D.高；小

13.石油及其产品的毒害性与其_____有着密切关系。

A.易燃性　　　　　　　　　　B.挥发性

C.静电性　　　　　　　　　　D.胀缩性

14.石油及其制品对人体造成毒害的主要途径是_____。

A.皮肤接触　　　　　　　　　　B.吞咽

C.吸入　　　　　　　　　　D.窒息

15.凝点是指在规定冷却条件下油品停止流动的_____温度，轻柴油牌号越高，凝点_____。

A.最高；越高　　　　　　　　　　B.最高；越低

C.最低；越高　　　　　　　　　　D.最低；越低

16.石油的易燃性通常用_____来衡量，该值越大，易燃性越_____。

A.闪点；大　　　　　　　　　　B.爆炸极限；小

C.爆炸极限；大　　　　　　　　　　D.闪点；小

17.石油及其制品的挥发性大小以_____衡量。

A.闪点　　　　　　　　　　B.TLV

C.雷氏蒸气压　　　　　　　　　　D.爆炸极限

18.石油及其产品容易燃烧的性能称为易燃性，它可以用_____来衡量。

A.闪点　　　　　　　　　　B.燃点

C.自燃点　　　　　　　　　　D.闪点、燃点和自燃点

19.汽油在我国交通运输部颁布实施的《油船安全生产管理规则》中属于_____。

A.一级石油　　　　　　　　　　B.二级石油

C.三级石油　　　　　　　　　　D.四级石油

20.燃料油的牌号是按_____来划分的。牌号越小，黏度越_____。

A.凝点;大 　　　　　　　　　　B.凝点;小

C.黏度;大 　　　　　　　　　　D.黏度;小

21.轻柴油的牌号是按_____来划分的,牌号越低,该指标越_____。

A.黏度;高 　　　　　　　　　　B.凝点;高

C.黏度;低 　　　　　　　　　　D.凝点;低

22.车用汽油的牌号是按油品的_____高低来划分的。

A.黏度 　　　　　　　　　　　　B.凝点

C.闪点 　　　　　　　　　　　　D.辛烷值

23.轻柴油按照其凝点划分牌号,其中 35 号轻柴油表示_____。

A.凝点不高于 35 ℃ 　　　　　　B.凝点不低于 35 ℃

C.凝点不高于-35 ℃ 　　　　　　D.凝点不低于-35 ℃

24.汽油的 TLV 值为 500,甲苯的 TLV 值为 200,则两者的毒害性相比_____。

A.前者小 　　　　　　　　　　　B.后者小

C.一样大 　　　　　　　　　　　D.无法确定

25.衡量石油及其产品黏结性的指标是_____。

①凝点;②闪点;③黏度

A.① 　　　　　　　　　　　　　B.②

C.③ 　　　　　　　　　　　　　D.①③

26.在石油及其产品的主要特性中,与毒害性有密切关系的特性是_____。

A.易燃易爆性 　　　　　　　　　B.腐蚀性

C.黏滞性 　　　　　　　　　　　D.挥发性

第二节　油船结构及设备

1.要求中型以上油船设置双层船壳的主要目的是_____。

A.增加船体强度

B.增加压载水舱

C.防止船舶发生海损事故后造成海洋油污染

D.增加船体横向强度

2.油船上,货油泵舱设置在_____,将_____与_____隔离,兼有隔离空舱的作用。

A.货舱之前;货油舱;首尖舱 　　B.货舱之前;货油舱;水手长库房

C.机舱之前;机舱;货油舱 　　　D.机舱之后;机舱;尾尖舱

3.油船隔离空舱舱壁间的距离应不小于_____。

A.760 mm 　　　　　　　　　　B.760 cm

C.780 mm 　　　　　　　　　　D.780 cm

4.下列关于隔离空舱的说法正确的是_____。

①隔离空舱又称深舱;②隔离空舱可用于隔开油舱与淡水舱;③隔离空舱的作用是防火、防爆、

防渗漏

A.① 　　　　　　　　　　　　B.①③

C.②③ 　　　　　　　　　　　　D.①②

5.IGS 系统的主要作用是在油船装卸、除气或原油洗舱等作业时_____。

  A.清除货油舱内不能用油管抽净的残油

  B.提供惰气,防止油气燃烧爆炸

  C.控制、检测货油、污油水、压载水和燃油

  D.避免气体对船体舱壁产生较大的额外压力

6.MARPOL 73/78 规定,油船专用压载舱的容量应使船舶的尾吃水差 t 在整个航次中_____。

  A.大于 $1.5\%L_{bp}$ 　　　　　　　　B.不大于 $1.5\%L_{bp}$

  C.不大于 $2.5\%L_{bp}$ 　　　　　　　　D.大于 $2.5\%L_{bp}$

7.将含油量高的污油水保留在污油舱内,通过静置将底部含油量较低的污水排出的方法称为_____法。

  A.LOT 　　　　　　　　　　　　B.CBT

  C.COW 　　　　　　　　　　　　D.SBT

8.油船机舱通常设置在_____。

  A.船尾 　　　　　　　　　　　　B.船中偏后

  C.船中 　　　　　　　　　　　　D.船首

9.油船中 CBT 是指_____。

  A.排油监控装置 　　　　　　　　B.清洁压载舱

  C.污油舱 　　　　　　　　　　　D.专用压载舱

10.油船中的 SBT 和 CBT 分别是指_____。

  A.双层底和专用压载舱 　　　　　　B.专用压载舱和清洁压载舱

  C.排油监控装置和油水分离器 　　　D.原油洗舱设备和清洁压载舱

11.油船中的 COW 是指_____。

  A.专用压载舱 　　　　　　　　　B.清洁压载舱

  C.装于上部法 　　　　　　　　　D.原油洗舱

12.考虑到防污染的要求,大型油船按照 MARPOL 73/78 的要求应设置较大的_____。

  A.隔离空舱 　　　　　　　　　　B.泵舱

  C.专用压载舱 　　　　　　　　　D.清洁压载舱

13.下列关于油船的结构特征的描述不正确的是_____。

  A.有隔离空舱

  B.核定的最小干舷较其他类型船舶大

  C.有专用压载舱

  D.采用纵骨架的船体结构

14.油船上通常用_____来布置货油泵、扫舱泵、压载泵等。

  A.货油舱 　　　　　　　　　　　B.舵机房

  C.泵房 　　　　　　　　　　　　D.压载舱

15.油船设置专用压载舱的缺点是_____。
　A.船体重量有所增大及造价有所升高　　B.降低了船舶的抗沉性能
　C.大大增加了货油舱内的结构腐蚀　　　D.延长了停港时间

16.油船清洁压载舱与专用压载舱的本质区别是_____。
　A.压载舱舱容大小　　　　　　　　B.压载舱位置
　C.压载系统　　　　　　　　　　　D.压载舱结构

17.关于油船货舱口的说法正确的是_____。
　①多为圆形或椭圆形的小舱口;②舱口设有至舱底的固定梯子,供人员上下货油舱;③椭圆形舱口的长轴应沿着船长方向布置;④舱口盖上应有测量孔与观察孔
　A.①②③④　　　　　　　　　　　B.①②
　C.①②④　　　　　　　　　　　　D.②③

18.尾机型油船有利于_____。
　①增加货舱容积;②防火、防爆和油密;③调整吃水差
　A.①②　　　　　　　　　　　　　B.②③
　C.①③　　　　　　　　　　　　　D.①②③

19.油船的货油监控系统的作用不包括_____。
　A.可连续显示货油舱的液位
　B.可自动检测和计算货油的密度、体积及重量
　C.当测量数据超过设定值时可报警
　D.可检测是否发生火灾并自动开启灭火系统

20.油船的机舱一般设置在船尾,原因不包括_____。
　A.保证油舱内和主甲板上管路的连续性,有利于船体的纵向强度
　B.减少瞭望的盲区
　C.提高船舶的载货能力
　D.可防止烟囱火星进入货油区

21.有关压载舱的说法正确的是_____。
　①压载舱可用于装载压载水以调节船舶的吃水差;②压载舱可用于装载压载水以调节纵横倾及重心高度;③清洁压载舱专门用来装载清洁压载水,不可以用来装货;④专用压载舱既可用来装载压载水也可用来装载货物
　A.①②③④　　　　　　　　　　　B.①②④
　C.②③　　　　　　　　　　　　　D.①②

22.下列不属于油船货舱液位报警系统的具体要求的是_____。
　A.每个液货舱均应设置高位报警系统和溢出报警系统
　B.每个液货舱的高位报警液位设定为该舱容的99%
　C.每个液货舱的溢出报警液位设定值不超过98.5%
　D.溢出报警系统应独立于高位报警系统和货舱液位测量系统

23.油船货运相关设备有_____。
　①货油装卸系统;②货舱液位报警系统;③应急拖带装置;④甲板洒水系统;⑤透气系统;⑥货

油加温系统

A.①②③④⑤   B.②③④⑤⑥

C.①②④⑤⑥   D.①③④⑤⑥

24.油船透气系统设置的主要目的是_____。

  A.便于扫舱   B.便于洗舱

  C.保证油舱气体的吸入或排出   D.保证氧气的吸入或排出

25.仅在油船上设置而一般货船上不设置的舱壁是_____。

  A.液体舱壁   B.水密纵向舱壁

  C.防火舱壁   D.制荡舱壁

26.关于油船专用压载舱的说法正确的是_____。

  ①专用压载舱与货油系统完全分开,永久只用作压载舱;②专用压载舱的缺点是船体的重量有所增加和造价有所升高;③油船设置专用压载舱目的是防止压载水排放含油而引起的海洋污染

  A.①②   B.①③

  C.②③   D.①②③

27.油船设置专用压载舱的优点是_____。

  ①可从根本上解决含油压载水排放而引起的海洋污染问题;②可减轻货油舱因装压载水而对舱内结构的腐蚀;③提高了结构强度和抗沉性;④船体的重量和造价有所降低

  A.①②③   B.②③④

  C.①②③④   D.①②④

28.关于油船污油水舱的说法正确的是_____。

  ①150总吨及以上的油船应设置污油水舱;②污油水舱用于装载洗舱产生的污油水、残油和污压载水等;③污油水舱的舱容有最低要求

  A.①②   B.①③

  C.②③   D.①②③

29.油船采用双层底和双层舷侧结构的主要目的是_____。

  A.防止严重污染   B.增加压载水舱

  C.增加船体强度   D.调整倾斜状态

第三节　油船配积载

1.油船在确定航次最大货运量时,应考虑_____。

  ①载重线的限制;②限制水深的约束;③油品密度较小时,油舱舱容的限制

  A.①②   B.①③

  C.②③   D.①②③

2.油船的航次储备量$\sum G$包括_____。

  ①船舶航行燃料淡水的需求量;②油船特殊技术作业所需燃料、淡水的数量;③油船上航次的

油脚和垫水的重量;④油船机舱锅炉中的燃料和淡水;⑤油船机舱冷凝器中的淡水

A.①②③④

B.①②③④⑤

C.①②

D.①②④⑤

3.某油船某航次 $\Delta=18\,000\ t$,空船重量 $\Delta_L=5\,500\ t$,航次储备量 $\sum G=1\,800\ t$,船舶常数 $C=200\ t$,油脚 $S=60\ t$,则本航次的航次净载重量为_____。

A.10 440 t

B.10 500 t

C.12 500 t

D.16 000 t

4.油船航次储备量包括_____。

①航行所需的油水;②粮食和供应品,船员和行李及船舶备品;③油舱积存的油脚或残水;④货油加温所需的燃油等

A.①②③④

B.①②③

C.①②④

D.①②

5.油船在确定装货顺序时应考虑的因素不包括_____。

A.尽可能同时使用所有的主要的货油干管,加速装卸

B.为了便于排放压载水,吃水差应该尽量大

C.保证船舶的纵向强度不受损伤

D.防止不同油种掺混,保证货油质量

6.油船在配载时用来保证适宜吃水差的经验方法有_____。

①按照舱容比分配各舱货重;②首、尾各留出一个货舱不装满,用来调整吃水差;③安排不同密度的油种在前后货舱;④留出中部货舱不装满

A.②③④

B.①④

C.②③

D.①②③④

7.油船在配载时接近满舱,若需留空舱,则空舱位置应选在_____。

A.船首部

B.船中部

C.船尾部

D.任意货舱

8.关于油船的货油配装,下列表述正确的是_____。

A.油船为尾机型船舶,满载时常处于较大中垂状态,空载时处于较大中拱状态

B.油船为尾机型船舶,当需留空舱时,空舱位置应选在近船首部

C.大型油船满载出港时,一般要求要有一定的吃水差

D.对于大型油船,配装及装载时要注意防止船体纵倾,应避免单边配装或装载

9.油船在配积载时用来调整吃水差的方法有_____。

①中部货舱留出一个油舱不装满;②首、尾部各留出一个油舱不装满;③安排不同密度的油种在前后舱位

A.①②

B.②③

C.①③

D.①②③

10.油船装运油品时若舱容有剩余,则空舱一般选在_____,两个以上的空舱应_____。

A.首尾;隔开

B.首尾;集中在一起

C.中区;适当隔开

D.中区;集中在一起

11.油船正确的卸货顺序是_____。

    A.先卸首部油舱,再卸尾部油舱,然后卸中部油舱

    B.先卸尾部油舱,再卸首部油舱,然后各舱均衡卸载

    C.先卸首部油舱,再卸尾部油舱,然后各舱均衡卸载

    D.先卸中部油舱,再卸首部油舱,然后各舱均衡卸载

12.油船空船压载的目的是_____。

    ①减小过大的中拱弯矩;②减轻船体振动;③有利于提高船舶的航速

    A.①②   B.②③

    C.①③   D.①②③

13.若仅考虑强度和吃水差,则油船装货大致的顺序是_____。

    ①装首部油舱;②各油舱均衡装载;③装中部货舱

    A.①②③   B.③①②

    C.①③②   D.②①③

14.尾机型船的特点是_____。

    ①空载吃水差大;②舱容利用率较高;③空载首压载易产生较大的纵向弯矩

    A.①②   B.②③

    C.①③   D.①②③

15.船体横向强度与局部强度好,结构简单,容易建造,肋骨和横梁尺寸较小,舱容利用率高且便于装卸,这种船体骨架结构属于_____。

    A.纵横混合骨架式   B.纵骨架式

    C.横骨架式   D.加强骨架式

16.油船的配载图内填写内容不包括_____。

    A.装货体积占舱容的百分比   B.货物的重量

    C.空档高度   D.货物的体积

17.一般油船的配载图为_____。

    A.俯视图   B.侧视图

    C.正视图   D.剖面图

18.油船的配积载图为_____。

    A.俯视图   B.侧视图

    C.侧视图+俯视图   D.侧视图+正视图

19.在油船配积载图中,每一货舱应显示_____内容。

    ①空档高度;②货油体积;③积载因数;④货油体积所占舱容比例

    A.①②③④   B.①②③

    C.②③④   D.①②④

第四节　货油计量

1.油量计算中,石油的视密度是指_____。

　A.在一定温度下,由密度计上观测的石油密度,不是石油的计量密度

　B.在一定温度下,由密度计上观测的石油密度,是石油的计量密度

　C.在一定温度下,由密度计上读得的石油密度,可直接用以计算油量

　D.在标准温度下,由密度计上观测的石油密度,不是石油的计量密度

2.在标准温度下石油单位体积的质量称为_____。

　A.视密度　　　　　　　　　　　B.标准体积

　C.标准密度　　　　　　　　　　D.体积温度系数

3.在油船货油计量中,某一温度下,单位体积石油的质量称为_____。

　A.石油视密度　　　　　　　　　B.石油标准密度

　C.石油密度　　　　　　　　　　D.石油相对密度

4.石油温度变化 1 ℃时,其体积的变化率称为_____。

　A.石油体积温度系数　　　　　　B.石油体积系数

　C.石油密度温度系数　　　　　　D.石油相对密度

5.根据我国的规定,石油在标准温度下的体积与任一温度下的体积之比称为_____。

　A.石油体积温度系数　　　　　　B.石油体积系数

　C.石油密度温度系数　　　　　　D.石油相对密度

6.油量计量中,石油密度是指_____。

　A.某一温度下单位体积石油的质量　　B.某一温度下单位重量石油的体积

　C.单位体积石油的重量　　　　　　　D.单位重量石油的体积

7.油量计算中,石油相对密度是指_____。

　A.石油的密度值与 4 ℃时纯水密度的比值

　B.在 t_1 温度下石油的密度值与纯水密度的比值

　C.在 t_1 温度下石油的密度值与 4 ℃时纯水密度的比值

　D.在 t_1 温度下石油的密度值与 t_2 温度下纯水密度的比值

8.目前世界上油量计算中常用的标准温度有_____。

　A.我国 20 ℃,日本和英国、美国 15 ℃

　B.我国 20 ℃,日本 15 ℃,英国、美国 60 ℉

　C.我国和日本 15 ℃,英国、美国 60 ℉

　D.我国和日本 20 ℃,英国、美国 15 ℃

9.油量计算中的石油体积系数 K 是指_____。

　A.标准油温时的石油体积与油温为 t 时的石油体积之比

　B.油温为 t 时的石油体积与标准体积之比

　C.把石油在真空中的质量换算到空气中的体积换算系数

D.将石油的标准体积换算为实际温度下体积的换算系数

10.日本石油标准比重是指石油密度在_____与纯水在温度为_____时的密度比值。

    A.15 ℃;4 ℃   B.15 ℃;15 ℃

    C.20 ℃;4 ℃   D.60 ℉;60 ℉

11.英国和美国的石油标准比重是指石油密度在_____与纯水在温度为_____时的密度比值。

    A.20 ℃;4 ℃   B.20 ℃;20 ℃

    C.60 ℉;15 ℉   D.60 ℉;60 ℉

12.我国石油标准体积是指油温在_____时的石油体积。

    A.15 ℃   B.20 ℃

    C.45 ℃   D.60 ℉

13.膨胀余量的确定与_____等因素有关。

    ①油舱舱容;②航线上最高和最低气温之间的温差;③石油体积温度系数;④航程的长短

    A.①②④   B.①③④

    C.②③④   D.①②③

14.在标准温度下,石油油温变化 1 ℃时的体积变化率称为石油的_____。

    A.体积换算系数   B.比重温度系数

    C.密度修正值   D.体积温度系数

15.船舶有纵倾,而量油孔的位置又不在油舱长的中点上,测得的空档高度就不是正浮时的空档高度,必须对所测空档高度进行_____修正。

    A.横倾   B.纵倾

    C.拱垂   D.首尾垂线

16.某油船 $L_{bp}=200$ m,尾吃水差 $t=-2.00$ m,油舱测孔中心在舱中心前 2.0 m,则该油船空档的修正量为_____ m。

    A.-0.015   B.+0.015

    C.-0.02   D.+0.02

17.在油船装油量计量的具体步骤中,_____是多余的。

    A.测定货油的密度   B.测量空档高度

    C.测定可燃性混合气体的浓度   D.测量油温

18.为避免货油溢出货舱,采取的主要措施是_____。

    A.甲板洒水降温   B.控制加油温度

    C.留出适当的膨胀余量   D.调整船舶吃水差

19.舱内液体很少,测深孔在舱长中点前部,则船舶_____时可能测不出液面高度。

    A.正浮   B.尾倾

    C.横倾   D.处于任何浮态

20.某油船装载原油后,实测第 3 油舱中舱空档为 3.0 m,该舱测孔中心在舱中心后 6.10 m,测空当时船舶吃水差 $t=-1.0$ m,船长 $L_{bp}=219$,则该油舱纵倾空档修正量为_____。

    A.+0.028 m   B.-0.028 m

C.+0.090 m　　　　　　　　　　D.−0.090 m

21.某油船船宽 40 m,当横倾 2°时,其局部吃水最多增加_____ m。

A.0.35　　　　　　　　　　B.0.70

C.1.40　　　　　　　　　　D.0.98

22.某油船船宽 30 m,装油后左倾 1.5°,则左舷吃水增加_____ m。

A.0.49　　　　　　　　　　B.0.44

C.0.39　　　　　　　　　　D.0.34

23.某船船宽为 30 m,当其右倾 2°时,左舷吃水减少_____ m。

A.0.48　　　　　　　　　　B.0.52

C.0.35　　　　　　　　　　D.0.38

24.某船船宽为 18 m,右倾 2.1°时,右舷吃水增加_____ m。

A.0.66　　　　　　　　　　B.0.29

C.0.33　　　　　　　　　　D.0.37

25.某船船宽为 20 m,左、右舷吃水均为 5 m,当其右倾 2°时,左舷吃水变为_____ m。

A.5.35　　　　　　　　　　B.4.65

C.4.30　　　　　　　　　　D.5.70

26.某船船宽为 20 m,当其右倾 2°时,左舷吃水减少_____ m。

A.0.175　　　　　　　　　　B.0.35

C.0.55　　　　　　　　　　D.0.60

27.载运石油货物时,考虑其膨胀性,通常每个油舱预留出舱容的_____左右。

A.1%　　　　　　　　　　B.2%

C.3%　　　　　　　　　　D.4%

28.船宽 20 m,船从静止正浮横倾至 5°,两舷侧吃水相差_____ m。

A.1.78　　　　　　　　　　B.1.82

C.1.70　　　　　　　　　　D.1.74

29.某船船宽 30 m,在航行中因排放压载水,横倾角从 5°增大到 10°,则右舷吃水的变化量为_____ m。

A.0.53　　　　　　　　　　B.0.84

C.1.17　　　　　　　　　　D.1.34

30.油船在确定各舱装货量时,_____。

①按各舱舱容比分配;②除留出膨胀余量外各舱尽量装满;③若舱容富裕,留出部分空舱

A.①②③　　　　　　　　　　B.②③

C.①③　　　　　　　　　　D.①②

第五节　石油安全装运

1.油船在港期间,白天应悬挂_____,晚上应悬挂_____。

A.A 旗；红灯   B.G 旗；红灯

C.B 旗；红灯   D.H 旗；绿灯

2.装油前,应把消防器材放在接管处,并在附近接妥_____消防水龙。

A.一根   B.两根

C.三根   D.四根

3.为了安全,在油船上的船员和其他人员严禁_____。

①穿带钉子的鞋,在甲板值班穿着化纤制品的衣服;②随身携带火种;③在规定以外的场所吸烟

A.①②③   B.②③

C.①②   D.①③

4.油船首部的应急拖带装置应能在港泊状态下不超过_____内投入使用。

A.30 min   B.60 min

C.90 min   D.120 min

5.油船在装卸货时准备的防火拖缆(应急缆)共有_____条,_____。

A.一;在船尾   B.两;首、尾各一

C.一;在船首   D.三;船首、船尾、船中各一

6.油船在港装卸期间应按规定悬挂相应的号灯号型,通常在白天应该悬挂_____旗,夜间应显示红灯。

A.A   B.B

C.H   D.Q

7.在装运原油及成品油时,船方应逐项检查并填写"船、岸安全检查项目表"的_____。

A.A 部分   B.B 部分

C.A 部分和 B 部分   D.A、B、C 部分

8.油船在装卸、压载、洗舱或除气等作业过程中,无线电通信设备_____。

A.只能发,不能收   B.只能收,不能发

C.均可收发   D.均不能收发

9.石油及其产品加温过度会_____。

A.加快挥发   B.加速装卸

C.使流速增加   D.产生静电

10.石油及其产品加温过度会_____。

①加快挥发;②加速装卸;③产生气阻,使流速降低

A.①③   B.①②

C.②③   D.①②③

11.油船惰气系统在任何规定的气流速率条件下都应能提供含氧量不超过_____的惰气,在任何时候油舱内都应保持正压且舱内含氧量不得超过_____。

A.5%;8%   B.7%;10%

C.9%;12%   D.11%;14%

12.油船产生静电的情况除了石油在管内流动时与管壁摩擦,从舱口灌注石油及用压缩空气扫除

管线存油等以外,还有_____。

A.水和石油渗混在油管内流动　　　　B.洗舱时喷射水花、水柱

C.灭火时喷注蒸汽及二氧化碳　　　　D.以上均有可能

13.油船装卸油时只有单一干管,则装油管系的使用顺序为先装_____,再装_____,卸货时_____。

A.白油;黑油;相反　　　　　　　　B.黑油;白油;相同

C.黑油;白油;相反　　　　　　　　D.白油;黑油;相同

14.根据我国的相关规定,在油船进行装卸、压载、除气作业时,禁止_____。

①甲板敲锈;②无线电发送通信;③明火作业;④人员上下船

A.②③④　　　　　　　　　　　　B.①③④

C.①②③　　　　　　　　　　　　D.①②③④

15.根据我国的相关规定,装卸一、二级石油及压载,洗舱,通气时,禁止_____。

①甲板敲锈;②无线电通信及电瓶充电;③明火作业

A.②③　　　　　　　　　　　　　B.①③

C.①②③　　　　　　　　　　　　D.①②

16.油船甲板洒水的目的是_____。

A.清除甲板上的残油　　　　　　　B.降低油温以减少挥发

C.防止货油因温度升高而溢出　　　D.降低油温以驱除油气

17._____不是油船防止尖端放电的措施。

A.量油时用非导电油尺

B.消除舱内漂浮的金属物

C.禁止人员在装油现场穿尼龙服装

D.伸入油舱的金属件必须与油舱绝缘

18.装卸石油产品时,油温越_____,管线越_____,流速越_____,则静电聚积越快。

A.低;短;快　　　　　　　　　　B.高;长;快

C.低;长;慢　　　　　　　　　　D.高;短;慢

19.油船装油时,为_____,应保持一定的尾倾。

A.保证排净压载水　　　　　　　　B.使主辅机运转良好

C.保证船舶的稳性　　　　　　　　D.保证船舶的总纵强度

20.油船装油过程中的注意事项中,特殊情况停止装卸作业的条件之一是风速超过_____,浪高_____且预计将继续增大。

A.15 m/s;1 m　　　　　　　　　B.15 m/s;1.5 m

C.18 m/s;1 m　　　　　　　　　D.18 m/s;1.5 m

21.遇到雷暴天气时,油船应停止_____。

①靠泊作业;②装油作业;③卸油作业

A.①　　　　　　　　　　　　　　B.②③

C.①②③　　　　　　　　　　　　D.①②

22.在油船装货过程中,其装油速度应保持_____,可以兼顾安全和效率。

A.快速   B."快-慢-快"的速度

C."慢-快-慢"的速度   D.慢速

23.不属于油船卸货作业特点的是＿＿＿＿＿＿＿。

  A.货油扫舱作业一般在卸货作业后进行

  B.在进行卸货作业前需完成油量计算和油样分析

  C.岸方人员检查油舱是否卸空后,签发干舱证书

  D.一般情况下,货油扫舱作业时应保证较大的尾倾

24.油船装油时使用＿＿＿＿＿＿的泵或自流,卸油时使用＿＿＿＿＿＿的货油泵。

  A.码头上;码头上   B.码头上;船上

  C.船上;码头上   D.船上;船上

25.油船货舱内在任何时候都应保持正压状态且舱内含氧量不能超过＿＿＿＿＿＿。

  A.4%   B.5%

  C.8%   D.11%

26.按照我国油码头装卸油的相关规定,油船装油前,应＿＿＿＿＿＿。

  ①地线、软管同时连接;②先接地线后接软管;③先接软管后接地线

  A.①   B.②

  C.③   D.①②③均可

27.根据我国的相关规定,装运一级石油的油船在外界气温超过＿＿＿＿＿＿时需对甲板进行洒水降温。

  A.37.5 ℃   B.30 ℃

  C.28 ℃   D.25 ℃

28.装油过程中控制装油速度的主要目的是＿＿＿＿＿＿。

  A.避免静电放电   B.预防电器火花

  C.减少油品挥发   D.减少静电积聚

29.油船卸高黏度货油时,应保持＿＿＿＿＿＿。

  A.正浮   B.首倾

  C.较大尾倾   D.较小尾倾

30.进行原油洗舱时舱内含氧量不得超过＿＿＿＿＿＿。

  A.14%   B.11%

  C.8%   D.5%

31.进行原油洗舱时使用的惰气中的氧气含量不得超过＿＿＿＿＿＿。

  A.14%   B.11%

  C.8%   D.5%

32.油船装油完毕后,应＿＿＿＿＿＿。

  A.地线、软管先拆哪个都可以   B.先拆软管后拆地线

  C.地线、软管同时拆   D.先拆地线后拆软管

33.油船装卸前,为保证安全,＿＿＿＿＿＿。

  A.应进行电瓶充电

B.应与码头工作人员商定装卸速度

C.用压缩空气将货油管内的油气吹入舱内

D.滴漏在甲板上的少量货油立即用水冲走

34.下述能够防止油船静电放电的措施是_____。

A.控制装油速度

B.洗舱时,洗舱机与大地绝缘

C.工作人员在装油现场应穿着尼龙化纤服装

D.装油结束后,用压缩空气将货油管内的残油吹入舱内

35.舱内载有可自由流动的液体时,应_____左、右连通阀,以减小自由液面的影响。

A.打开   B.关闭

C.打开或关闭   D.在停泊时打开而在航行中关闭

36.油船预防静电的主要途径是_____。

①预防静电积聚;②预防电器漏电;③预防尖端放电

A.①②   B.②③

C.①③   D.①②③

37.工作人员进入含油气的油舱前,应_____。

①对油舱彻底通风;②穿防护服和戴呼吸器;③认真测定舱内油气含量和氧气含量

A.①②   B.②③

C.①③   D.①②③

38.装油过程中值班驾驶员应严密监视各舱液位变化,通常_____记录一次并计算装货速率,每_____比较实测货舱液位与船舶所配备的固定液位测量系统及装载仪。

A.1 小时;1 小时   B.1 小时;2 小时

C.2 小时;1 小时   D.2 小时;2 小时

39.为了安全,油船进行原油洗舱时必须具备_____。

A.惰气系统   B.排油监控装置

C.污油舱   D.大型泡沫灭火系统

40.原油洗舱应在_____进行。

A.航行中   B.任何时间

C.卸货时   D.压载时

41._____不是控制和消除油污的措施。

A.记入航海日志   B.使用消油剂

C.围栏法或燃烧法   D.利用生物分解处理

42.下列控制和消除油污的方法中,适用大量溢油事故处理的是_____。

A.燃烧法   B.围栏法

C.化学处理法   D.生物处理法

43.船舶在海上发生溢油事故后,应尽快向就近的主管机关报告,并在进入第一港口后向主管机关提交报告书,其主要内容包括_____。

①船舶污染发生的时间、地点、范围;②当时的气象、水文状况;③事故的经过及施救和清除

措施

A.①③ B.①②

C.②③ D.①②③

44.原油洗舱过程中,舱内氧气浓度应保持在_____以下,充入的惰气中氧气的含量不超过_____。

A.5%;5% B.5%;8%

C.8%;5% D.8%;8%

45.油船为防止排油污染,主要的设备和防污染措施有_____。

①使用专用压载舱;②使用清洁压载舱;③采用原油洗舱法;④使用排油监控装置;⑤污油舱;⑥使用油水分离装置

A.①②③④ B.①②③④⑤

C.②③④⑤⑥ D.①②③④⑤⑥

46.油船洗舱系统的洗舱方式有_____。

①原油洗舱;②惰气洗舱;③水洗舱;④气体洗舱;⑤清洗液洗舱

A.②③④ B.①②③④⑤

C.①③⑤ D.①②③④

47.原油洗舱的注意事项中,通常情况下,每个货油舱每_____进行一次原油洗舱或每航次洗舱的数目为油舱总数的_____。

A.3 个月;1/3 B.3 个月;1/4

C.4 个月;1/3 D.4 个月;1/4

第六节　散装液体化学品运输

1.国际散装化学品船为安全装运散装化学品,应查阅《国际散装运输危险化学品船舶构造和设备规则》,该规则简称_____。

A.IBC 规则 B.IGC 规则

C.IMSBC 规则 D.IMDG 规则

2.国内散装化学品船为安全装运散装化学品,应查阅_____。

A.IMO 的《国际散装运输危险化学品船舶构造和设备规则》

B.CCS 的《散装运输危险化学品船舶构造和设备规范》

C.IMO 的《海船法定检验技术规则》

D.CCS 的《海船法定检验技术规则》

3.MARPOL 73/78 公约附则 II 根据散装化学品的_____予以分类。

①毒性;②对环境污染的影响;③化学成分

A.① B.②

C.③ D.①②

4.散装液体化学品的直接接触毒害性常用_____衡量。

①LD_{50}；②EEL；③LC_{50}

  A.①   B.②

  C.③   D.①③

5.散装液体化学品的间接接触毒害性常用＿＿＿＿＿＿＿衡量。

①LD_{50}；②紧急暴露限值；③LC_{50}；④货品的水溶性；⑤挥发性

  A.①②④⑤   B.②③④⑤

  C.②④⑤   D.③④⑤

6.散装液体化学品毒害性的衡量指标 EEL 是指＿＿＿＿＿＿＿。

①紧急暴露限值；②有害液体最大容许浓度；③一次临时性接触的允许浓度

  A.①   B.②

  C.③   D.①③

7.散装化学品的化学反应性是指＿＿＿＿＿＿＿。

①货物自身的分解、聚合反应；②货物与水的反应；③货物与空气的反应；④货物与货物之间的反应；⑤货物与冷却介质之间的反应；⑥货物与船体材料之间的反应

  A.①②③④   B.①②③④⑤⑥

  C.②④⑤   D.①③⑤

8.＿＿＿＿＿＿＿不是液体散装化学品的主要特性。

  A.易燃性   B.毒害性和腐蚀性

  C.化学反应性   D.自燃自热性

9.MARPOL 73/78 公约附则Ⅱ根据其毒性和对环境污染的影响将散装化学品分为 4 大类，其中毒性和对环境污染影响最大的是＿＿＿＿＿＿＿类。

  A.OS   B.Z

  C.Y   D.X

10.MARPOL 73/78 公约附则Ⅱ根据其毒性和对环境污染的影响将散装化学品分为＿＿＿＿＿＿＿大类，分别以＿＿＿＿＿＿＿表示。

  A.4；X、Y、Z、OS   B.4；L、M、N、O

  C.3；A、B、C   D.5；1、2、3、4、5

11.散化船是指按 IBC 规则的规定，从事运输温度在 37.8 ℃时其蒸气压力＿＿＿＿＿＿＿MPa 的液体危险化学品的船舶。

  A.不超过 0.07   B.大于 0.07

  C.不超过 0.28   D.大于 0.28

12.液体散化船的液舱舱顶设计压力＿＿＿＿＿＿＿的液舱称为重力液舱。

  A.大于 0.07 MPa   B.不超过 0.07 MPa

  C.小于 0.28 MPa   D.不超过 0.28 MPa

13.液体散化船的液舱舱顶设计压力＿＿＿＿＿＿＿的液舱称为压力液舱，舱顶设计压力＿＿＿＿＿＿＿的液舱称为重力液舱。

  A.大于 0.07 MPa；不超过 0.28 MPa

  B.大于 0.28 MPa；小于 0.07 MPa

   C.大于 0.07 MPa;不超过 0.07 MPa

   D.大于 0.28 MPa;不超过 0.28 MPa

14.根据现行 IBC 规则,适用于运输危险性最小的散化品,液货舱的位置没有特殊要求的船舶是_____。

   A.3 型散化船   B.2 型散化船

   C.1 型和 2 型散化船   D.1 型散化船

15.散装液体化学品船上,舱顶设计压力不大于 0.07 MPa 的液货舱_____。

   A.既可以是独立液货舱,也可以是整体液货舱

   B.只能是独立液货舱

   C.只能是整体液货舱

   D.称为松动液货舱

16.根据所运输散化品的_____,散化船分为_____种类型。

   A.危险程度;三   B.货舱结构形式;三

   C.危险程度;四   D.货舱结构形式;四

17.散装液体化学品船整体液货舱的特征是_____。

   A.货舱构成船体结构的一部分

   B.货舱的整体压力较大

   C.货舱不与船体结构相连接或不是船体结构的组成部分

   D.对船体结构的完整性不是必需的

18.散装液体化学品船整体液货舱的特征有_____。

   ①货舱构成船体结构的一部分;②以相同方式与邻近的船体结构一起承受相同的载荷;③货舱的整体压力较大;④对船体结构的完整性不是必需的

   A.③④   B.①②④

   C.②③④   D.①②

19.现行 IBC 规则将散装化学品船分成_____种类型,其中有_____种类型适合于装载危险性最大的散装化学品。

   A.4;1   B.4;4

   C.3;1   D.3;3

20.现行 IBC 规则将散装化学品船分成_____种类型,其中Ⅰ型船适合于装载_____的散装化学品。

   A.4;危险性最大   B.4;危险性最小

   C.3;危险性最大   D.3;危险性最小

21.液体散化船的液舱按其与船体结构的关系划分为_____。

   A.整体液舱和重力液舱   B.独立液舱和整体液舱

   C.重力液舱和压力液舱   D.独立液舱和重力液舱

22.液体散化船按液舱舱顶设计压力的大小划分为_____,其中_____只能是_____。

   A.重力液舱和压力液舱;压力液舱;独立液舱

   B.独立液舱和整体液舱;独立液舱;重力液舱

C.重力液舱和压力液舱;重力液舱;独立液舱

D.独立液舱和整体液舱;整体液舱;重力液舱

23.液体散化船按液舱舱顶设计压力的大小划分为_____。

①重力液货舱;②压力液货舱;③独立液货舱;④整体液货舱

A.①②③　　　　　　　　　　　　B.②③④

C.①②　　　　　　　　　　　　　D.③④

24.散化船装卸前,应准备好应急缆,置放危险标志,与其他船保持_____以上的距离。

A.100 m　　　　　　　　　　　　B.10 m

C.30 m　　　　　　　　　　　　 D.50 m

25.散装化学品装卸作业中,将液体、气体或蒸气充入液货舱系统,使货物与空气隔绝,称为_____。

A.隔绝法　　　　　　　　　　　　B.干燥法

C.通风法　　　　　　　　　　　　D.惰化法

26.散装化学品装卸作业中,用不助燃也不与货物反应的气体或蒸气充入液体货舱及其管系、液货舱周围空间,并维持这种状态,称为_____。

A.惰化法　　　　　　　　　　　　B.隔绝法

C.干燥法　　　　　　　　　　　　D.通风法

27.散装化学品装货前,对液货舱进行强制通风或自然通风,这种方法称为_____。

A.惰化法　　　　　　　　　　　　B.隔绝法

C.干燥法　　　　　　　　　　　　D.通风法

28.装货前,应对散化船液货舱进行环境控制,其中"将无水气体或在大气压力下其露点为-40 ℃或更低的蒸气充入液货舱及其管系"的控制方法称为_____。

A.惰化法　　　　　　　　　　　　B.隔绝法

C.干燥法　　　　　　　　　　　　D.通风法

29.易燃液体散货运输过程中,为了保证安全,取_____作为控制氧气含量的限制值。

A.6%　　　　　　　　　　　　　B.8%

C.10%　　　　　　　　　　　　　D.12%

30.散装化学品船装卸时的正常流速应限制在_____ m/s 以下。

A.1　　　　　　　　　　　　　　B.3

C.7　　　　　　　　　　　　　　D.5

31.散化船装运特点要求,装卸开始时应以低速进行(_____以下),为防止产生静电,装卸的正常流速应限制在_____以下。

A.1 m/s;1.5 m/s　　　　　　　　B.1 m/s;3 m/s

C.1.5 m/s;3 m/s　　　　　　　　D.1.5 m/s;5 m/s

32.散装化学品船装卸开始时应以低速进行,一般装载速度应控制在_____。

A.1 m/s 以下　　　　　　　　　　B.1 m/s 以上,3 m/s 以下

C.3 m/s 以下　　　　　　　　　　D.1.5 m/s 以下

33.当风速超过_____ m/s、浪高超过_____ m 时,散装化学品船不得进行靠泊和装卸作业。

A.15；1   B.12；1

C.15；1.5   D.12；1.5

34.当风速超过_____ m/s、浪高超过_____ m 时，液化气船应停止装卸作业。

A.10；0.5   B.15；0.7

C.20；0.9   D.25；1.1

35.承运散装化学品前，_____ 应提供所托运货物的完整资料。

A.货主   B.航运公司

C.装卸公司   D.海事局

36.散化船上应备有安全载运货物所必需的资料，如_____。

①所载运货物的物理化学(包括反应性)的详细说明；②发生溢出或泄漏事故时需要采取的应急程序；③对各种货物相应的消防程序和灭火剂；④货物输送、清除、压载、清洗液货舱和变更货物的程序；⑤防止人员由于意外接触而造成伤害的防范措施；⑥应急措施

A.①②③④⑤⑥   B.②③④⑤⑥

C.①③④⑤⑥   D.①②④⑤⑥

37.散化船船方应逐项检查并填写"船/岸安全检查项目表"中的_____。

A.A 部分和 B 部分   B.A 部分和 C 部分

C.B 部分和 C 部分   D.B 部分和 D 部分

第七节　散装液化气体运输

1.根据 IGC 规则，散装液化气体是指在 37.8 ℃时绝对蒸气压力超过_____的液体。

A.0.38 MPa   B.0.18 MPa

C.0.28 MPa   D.0.07 MPa

2.国际液化气船在安全装运散装运输液化气体时应查阅_____。

A.IBC 规则   B.IGC 规则

C.IMSBC 规则   D.BCH 规则

3.液化石油气在常温常压下是_____碳氢化合物。

A.液态   B.气态

C.固态   D.气液混合态

4.按_____将液化气分为液化石油气、液化化学气、液化天然气。

A.液化气体沸点的高低   B.液化气体临界温度

C.液化气体的主要成分   D.运输时的要求不同

5.运输温度最低的液化气体是_____。

A.液化石油气   B.液化天然气

C.液化化学气   D.人工煤气

6.冷冻式液化天然气运输船的冷却温度要求达到_____。

A.-165 ℃   B.-126 ℃

C.-65 ℃   D.-45 ℃

7.液化气体的沸点_____,挥发性_____,一旦泄漏,危险性非常大。

A.高;小   B.高;大

C.低;小   D.低;大

8.液化天然气的成分是以_____为主的烷烃混合物。

A.丁烷   B.乙烷

C.甲烷   D.丙烷

9.液化石油气的成分是以_____为主的烷烃混合物。

A.丙烷   B.丁烷

C.乙烷   D.甲烷

10._____属于低沸点液化气体。

A.二氧化硫   B.氨

C.甲烷   D.丙烷

11._____属于低沸点液化气体。

A.氢气   B.丙烷

C.二氧化硫   D.乙烯

12.液化气按主要成分不同可划分为_____。

A.LPG、LNG、LCG   B.LPG、LNG、LBG

C.LPG、LBG、LUG   D.LNG、LCG、LUG

13.液化气按沸点可划分为_____。

A.高沸点液化气、低沸点液化气

B.高沸点液化气、中沸点液化气、低沸点液化气

C.中沸点液化气、低沸点液化气

D.普通液化气、特殊液化气

14.液化气体的主要危险特性有_____。

①易燃易爆性;②毒害性;③低温危险性;④腐蚀性;⑤化学反应性;⑥压力危险性

A.①②③④⑥   B.①②④⑤

C.①②④⑥   D.①②③④⑤⑥

15.LNG 船舶的运输方式为_____。

A.低温式   B.加压式

C.常温式   D.加温式

16.下列属于非自身支持的液货舱的是_____。

①独立液货舱;②整体液货舱;③薄膜液货舱;④半薄膜液货舱;⑤内层绝热液货舱

A.①②③④⑤   B.①②③④

C.②③④⑤   D.①②④⑤

17.运输液化石油气的冷冻式液化气船的冷却温度为_____。

A.-55 ℃   B.-104 ℃

C.-165 ℃   D.-180 ℃

18.液化气船舶液舱的种类包括_____。

①整体液舱；②独立液舱；③压力液舱；④薄膜液舱；⑤重力液舱；⑥半薄膜液舱；⑦内部绝热液舱

A.①②③④⑤⑥　　　　　　　　B.①②④⑥⑦

C.④⑥⑦　　　　　　　　　　　D.①②③④⑤⑥⑦

19.按照所运输液化气体的危险程度，液化气船分为_____种船型，其中，ⅠG 型船舶适合于装载危险性_____的液化气。

A.三；最大　　　　　　　　　　B.四；最大

C.三；最小　　　　　　　　　　D.四；最小

20.按照所运输液化气体的危险程度，液化气船分为_____种船型，其中，ⅢG 型船舶适合于装载危险性_____的液化气。

A.三；最大　　　　　　　　　　B.四；最大

C.三；最小　　　　　　　　　　D.四；最小

21.下列哪种类型液化船需要再液化装置？_____。

①全加压式液化气船；②冷冻式液化气船；③半冷冻式液化气船

A.①②③　　　　　　　　　　　B.②③

C.②　　　　　　　　　　　　　D.①

22.以下关于低温式液化气船的特点，说法正确的是_____。

①液货舱采用耐低温材料绝热；②液货舱多为棱柱形或梯形；③载货量较压力式液化气船增加；④液舱周围需用惰气保护；⑤不需要再液化装置

A.①②③　　　　　　　　　　　B.①②③④

C.③④⑤　　　　　　　　　　　D.①②③④⑤

23._____是压力式液化气船舶的优点。

①操作简便；②不需设置再液化装置；③液舱管系不需要绝热

A.①②　　　　　　　　　　　　B.②③

C.①③　　　　　　　　　　　　D.①②③

24.液化气船受载前必须对货舱进行惰化作业，惰化后，一般要求货物系统中的含氧浓度不超过_____。

A.5%　　　　　　　　　　　　 B.6%

C.8%　　　　　　　　　　　　 D.7%

25._____不是液化气船舶在受载前必须对货舱进行的特殊作业。

A.货舱惰化　　　　　　　　　　B.货舱驱气

C.货舱预冷　　　　　　　　　　D.货舱通风

26.液体货物挥发可能造成货物_____。

①质量下降；②数量减少；③放出有害气体

A.①　　　　　　　　　　　　　B.②

C.③　　　　　　　　　　　　　D.①②③

27.液化气船装载时应注意各液舱的允许充装极限不超过液舱容积的_____。

A.85%　　　　　　　　　　B.88%

C.95%　　　　　　　　　　D.98%

28.液化天然气船在装载货物时有充装的限制,各液舱最大应装至液舱容积的_____。

A.50%~60%　　　　　　　　B.70%~80%

C.98%　　　　　　　　　　D.90%

29.液化气船受载前,必须对货舱进行_____。

①惰化;②驱气;③预冷

A.②③　　　　　　　　　　B.①

C.①②　　　　　　　　　　D.①②③

30.在_____液化气船的燃烧和爆炸的可能性最大。

A.锚泊时　　　　　　　　　B.装卸时

C.等待作业时　　　　　　　D.航行途中

31.散装化学品和液化气在装卸时限制装卸速度的主要原因是_____。

A.减少挥发　　　　　　　　B.防止货品泄漏

C.防止产生静电　　　　　　D.减小装卸管系的压力

32.在液化气体装卸过程中,船方应逐项检查并填写"船/岸安全检查表"中的_____部分。

①A;②B;③C

A.①②③　　　　　　　　　B.①②

C.①③　　　　　　　　　　D.②③

参考答案

第一节　石油及其产品的种类和特性

1.B　2.D　3.D　4.A　5.C　6.B　7.C　8.B　9.D　10.A
11.B　12.A　13.B　14.C　15.B　16.D　17.C　18.D　19.D　20.D
21.B　22.D　23.C　24.A　25.D　26.D

第二节　油船结构及设备

1.C　2.C　3.A　4.C　5.B　6.B　7.A　8.A　9.B　10.B
11.D　12.C　13.B　14.C　15.A　16.C　17.A　18.A　19.D　20.B
21.D　22.B　23.C　24.C　25.B　26.D　27.A　28.D　29.A

第三节　　油船配积载

1.D	2.C	3.B	4.C	5.B	6.C	7.B	8.A	9.B	10.C
11.D	12.D	13.B	14.D	15.C	16.B	17.A	18.A	19.D	

第四节　　货油计量

1.A	2.C	3.C	4.A	5.B	6.A	7.D	8.B	9.A	10.A
11.D	12.B	13.D	14.D	15.B	16.C	17.C	18.C	19.B	20.A
21.B	22.C	23.B	24.C	25.B	26.B	27.B	28.D	29.D	30.B

第五节　　石油安全装运

1.C	2.B	3.A	4.B	5.B	6.B	7.A	8.B	9.A	10.A
11.A	12.D	13.A	14.C	15.C	16.B	17.C	18.B	19.A	20.A
21.C	22.C	23.A	24.B	25.C	26.B	27.C	28.D	29.C	30.C
31.D	32.B	33.B	34.A	35.B	36.C	37.D	38.B	39.A	40.C
41.A	42.A	43.D	44.C	45.D	46.C	47.D			

第六节　　散装液体化学品运输

1.A	2.B	3.D	4.D	5.C	6.D	7.B	8.D	9.D	10.A
11.C	12.B	13.C	14.A	15.A	16.A	17.A	18.D	19.C	20.C
21.B	22.A	23.C	24.C	25.A	26.A	27.D	28.C	29.B	30.B
31.B	32.A	33.C	34.B	35.A	36.A	37.A			

第七节　　散装液化气体运输

1.C	2.B	3.B	4.C	5.B	6.A	7.D	8.C	9.A	10.C
11.D	12.A	13.B	14.D	15.A	16.C	17.A	18.B	19.A	20.C
21.B	22.B	23.D	24.A	25.D	26.D	27.D	28.C	29.D	30.B
31.C	32.C								